The Anatomy of Mystery

# Münsteraner Monographien zur englischen Literatur
## Münster Monographs on English Literature

Herausgegeben von / edited by
Bernfried Nugel und Hermann Josef Real

Bd./Vol. 30

PETER LANG
Frankfurt am Main · Berlin · Bern · Bruxelles · New York · Oxford · Wien

Michael Bähr

# The Anatomy of Mystery
## Wissenschaftliche und literarische Spurensicherungen im 19. Jahrhundert

PETER LANG
Europäischer Verlag der Wissenschaften

**Bibliografische Information Der Deutschen Bibliothek**
Die Deutsche Bibliothek verzeichnet diese Publikation in der
Deutschen Nationalbibliografie; detaillierte bibliografische
Daten sind im Internet über <http://dnb.ddb.de> abrufbar.

Zugl.: Münster (Westfalen), Univ., Diss., 2004

Gedruckt auf alterungsbeständigem,
säurefreiem Papier.

D 6
ISSN 0934-0300
ISBN 3-631-55411-7
© Peter Lang GmbH
Europäischer Verlag der Wissenschaften
Frankfurt am Main 2006
Alle Rechte vorbehalten.

Das Werk einschließlich aller seiner Teile ist urheberrechtlich
geschützt. Jede Verwertung außerhalb der engen Grenzen des
Urheberrechtsgesetzes ist ohne Zustimmung des Verlages
unzulässig und strafbar. Das gilt insbesondere für
Vervielfältigungen, Übersetzungen, Mikroverfilmungen und die
Einspeicherung und Verarbeitung in elektronischen Systemen.

Printed in Germany 1 2 3 4 5  7

www.peterlang.de

Meinem Vater

## Danksagung

Bei den literaturwissenschaftlichen und diskursgeschichtlichen Spurensicherungen, deren Resultat die vorliegende Arbeit bildet, sind mir eine Reihe von Menschen in unterschiedlicher Form und mit teilweise bewundernswertem Engagement hilfreich gewesen, denen ich an dieser Stelle herzlich danken möchte. Herrn Prof. Dr. Kurt Tetzeli von Rosador bin ich für Anregungen, Vorschläge und (nicht immer sanfte, aber stets gut begründete) Kritik sowie vor allem dafür dankbar, dass er mein Dissertationsprojekt überhaupt, so lange es ihm möglich war, als verlässlicher Betreuer begleitet hat. Frau Prof. Dr. Maria Diedrich danke ich dafür, dass ich an ihrem Doktorandenkolloquium regelmäßig teilnehmen durfte und dass sie sich in der Schlussphase des Projektes kurzfristig bereit erklärt hat, an Stelle von Herrn Tetzeli offiziell als Gutachterin zu fungieren. Herrn Prof. Dr. Fritz-Wilhelm Neumann möchte ich für seinen persönlichen Einsatz, für ebenso freundliche wie aufschlussreiche Gespräche sowie dafür danken, dass er mir als fairer Betreuer und sachkundiger Städteführer zur Seite gestanden hat. Ein ganz besonderer Dank geht an Herrn Prof. Dr. Hermann Josef Real, der mich unermüdlich mit wertvollen Hinweisen und frischem Kaffee versorgt und wiederholt enthusiastisch dazu motiviert hat, bestimmte Spuren weiterzuverfolgen.

Für die finanzielle Unterstützung, die mir in Form eines Graduiertenstipendiums zuteil geworden ist, bin ich der Universität Erfurt sowie dem Land Thüringen zu großem Dank verpflichtet.

Ferner möchte ich all jenen Freunden und engagierten Menschen herzlich danken, deren Anregungen, Korrekturvorschläge und anhaltendes persönliches Interesse maßgeblich dazu beigetragen haben, dass diese Studie zustande kommen konnte. Namentlich sind dies: Dr. Renate Werner, Marco Lehmann M. A., Kerstin Rüther M. A., und Dr. Jörg Löffler.

Wofür und wie sehr ich meinen Eltern in Dankbarkeit und Zuneigung verbunden bin, vermag ich weder im Einzelnen aufzuführen noch angemessen in Worte zu fassen. Meinem Vater, dessen schwere Krankheit mein Projekt von Anfang an wie ein Schatten begleitet hat, sei diese Arbeit gewidmet. Und schließlich danke ich Kirsten Juhas, deren Nähe, Zuspruch und tatkräftige Unterstützung mir stets Kraft und Zuversicht gegeben haben. Sie an meiner Seite zu wissen, war und ist für mich Glück.

Münster, im Januar 2006

## Inhalt

Verzeichnis der Abkürzungen .................................................................. 11

1. Einleitung ............................................................................................. 13
2. Spuren, Fossilien, Indizien ................................................................... 21
   2.1. *Louis Lambert*: Knochenfragmente und "Gedankentrümmer" ........... 60
3. "Missing Links" .................................................................................... 77
4. Sektion/Detektion ................................................................................ 105
   4.1. "A Window in the Breast": *Middlemarch* und Stethoskopie ............ 145
5. "Locked Rooms": Wilkie Collins und die Vivisektionisten .................... 165
6. Im Totenreich der Zeichen: Sheridan Le Fanu und
   die Grenzen der *detection* ................................................................ 189
7. Schluß ................................................................................................. 219
8. Literaturverzeichnis ............................................................................. 225

## Verzeichnis der Abkürzungen

*AP*  Honoré de Balzac, "Vorrede zur *Menschlichen Komödie*," *Eugénie Grandet*, trans. Gisela Etzel, and introd. by Hugo von Hofmannsthal (Frankfurt a. M. and Leipzig, 1996), pp. 31-48.

*ap*  Honoré de Balzac, "Avant-Propos," *Œuvres complètes*, by Honoré de Balzac, ed. La Societé des Études Balzaciennes, 28 vols (Paris, 1956), I, 77-90.

*ED*  Anthony Trollope, *The Eustace Diamonds*, ed. and introd. by W. J. McCormack, 3 vols (Oxford, 1993).

*HC*  Joseph Sheridan Le Fanu, *The House by the Churchyard*, ed. and introd. by Robert Lee Wolff, 3 vols (New York and London, 1979).

*HS*  Wilkie Collins, *Heart and Science: A Story of the Present Time*, ed. Steve Farmer (Peterborough, Ontario, 1996).

*LL*  Honoré de Balzac, *Louis Lambert*, trans., ed., and introd. by Ernst Sander, *Die Menschliche Komödie*, 12 vols (München, 1998), XII, 471-602.

*ll*  Honoré de Balzac, "Louis Lambert," *Œuvres complètes*, by Honoré de Balzac, ed. La Societé des Études Balzaciennes, 28 vols (Paris, 1961), XX, 503-604.

*LV*  George Eliot, "The Lifted Veil," *The Lifted Veil, Brother Jacob*, ed. and introd. by Helen Small (Oxford, 1999), pp. 1-44.

*MM*  George Eliot, *Middlemarch: A Study of Provincial Life*, ed. and introd. by Rosemary Ashton (Harmondsworth, 1994).

*MZ*  Thomas Henry Huxley, "On the Method of Zadig: Retrospective Prophecy as a Function of Science," *Collected Essays, 1893-1894*, 9 vols, *IV: Science and Hebrew Tradition*, eds Bernhard Fabian *et al.* (Hildesheim and New York, 1970 [1880]), pp. 1-23.

PC   Honoré de Balzac, *Das Chagrinleder*, trans. Hedwig Lachmann (Frankfurt a. M. and Leipzig, 1996).

pc   Honoré de Balzac, "La Peau de chagrin," *Œuvres complètes*, by Honoré de Balzac, ed. La Societé des Études Balzaciennes, 28 vols (Paris, 1960), XVIII, 69-316.

TE   Georges Cuvier, *Essay on the Theory of the Earth*, trans. Robert Kerr, with Mineralogical Notes, and an Account of Cuvier's Geological Discoveries by Robert Jameson (Edinburgh, 1971 [1813]).

## 1. Einleitung

In einem Brief, der auf den neunten Dezember 1864 datiert und an den von ihr geschätzten Lyriker, Dramatiker und Romancier Edward Bulwer-Lytton adressiert ist, setzt sich Mary Elizabeth Braddon mit zeitgenössischer Erzählliteratur, insbesondere jener Balzacs, kritisch auseinander. Von den 'Geschichten', die unter dem Titel *Comédie humaine* versammelt sind, gleichermaßen fasziniert wie irritiert, gelangt sie zu dem Schluß,

> that Balzac's stories – if stories they can be called – are *all* painful – so many studies in morbid anatomy. [...] Balzac seems to have been always peering into the most hideous sores in the social body – so that his novels seem so many *preparations*.[1]

Nachdem sie in ihrem Roman *The Doctor's Wife*, ebenfalls 1864 zunächst in monatlichen Fortsetzungen in der Zeitschrift *Temple Bar*, im Oktober desselben Jahres dann erstmals auch in Buchform publiziert, eine viktorianische Variante jener skandalträchtigen Ehebruchsgeschichte entfaltet hat, die im Mittelpunkt von Gustave Flauberts *Madame Bovary* steht,[2] ergreift Braddon gegenüber Bulwer-Lytton nachdrücklich für einen weiteren französischen Erzähler Partei, dessen literarischer Rang ihrer Ansicht nach kaum hoch genug einzuschätzen ist. Was etwa Balzacs "grim & garstly humour" betrifft, lautet ihr Urteil: "almost Shakespearean, if I dare say so."[3] Um ihrer Bewunderung für einen Autor Ausdruck zu verleihen, dessen Prosa ihr ausnahmslos 'schmerzvoll' ("painful") bzw. im doppelten Wortsinne 'peinlich' erscheint, scheut Braddon weder davor zurück, Shakespeare namentlich herbeizuzitieren, um generisch heterogene Texte wie *King Lear* und *Père Goriot* miteinander in Beziehung zu bringen, noch davor, wissenschaftliche, genauer: anatomische Studien als Maßstab heranzuziehen. Als Begründer eines großangelegten narrativen Projektes, das Braddon zufolge einer Sammlung von Präparaten gleicht, nimmt Balzac in dem oben zitierten Abschnitt die Gestalt eines pathologischen Anatomen an, wobei sein Interesse primär den vorgeblich kranken, 'wunden Stellen' ("sores") gilt.

---

[1] Mary Elizabeth Braddon, "Letter No 13, December 9th, 1864," *The Letters of Mary Elizabeth Braddon to Sir Edward Bulwer Lytton, 1862-1873*, Harvard Library Bulletin, 22 (1974), pp. 27–28.

[2] Zur Entstehungsgeschichte von *The Doctor's Wife* vgl. Robert Lee Wolff, *Sensational Victorian: The Life & Fiction of Mary Elizabeth Braddon* (New York and London, 1979), pp. 161–67.

[3] Braddon, "Letter No 13, December 9th, 1864," p. 28.

Der betont provokative Befund, mit dem Braddon den Adressaten ihres Briefes konfrontiert, stellt eine anschauliche Illustration dessen dar, was der Begriff "autopsy" meint. Wie im *Oxford English Dictionary* nachzulesen ist, sind mit diesem Terminus insgesamt drei verschiedene Praktiken konnotiert: das Sehen respektive genaue Beobachten ("Seeing with one's own eyes"), die postmortale Sektion ("Dissection of a dead body") sowie die kritische Zergliederung bzw. Analyse ("Critical dissection").[4] Obwohl an keiner einzigen Stelle des genannten Briefes der Begriff "autopsy" selbst Verwendung findet, ruft Braddon in ihren Ausführungen das gesamte Bedeutungsspektrum ab, das mit ihm assoziiert ist. Was sie, Balzacs *Comédie humaine* betreffend, darlegt, erscheint nicht nur in lexikalisch-semantischer, sondern vor allem auch in kulturarchäologischer Hinsicht bemerkenswert. Indem Braddon Balzac bescheinigt, Schreib- und Sektionstisch miteinander vertauscht zu haben, und ihm das Profil eines pathologischen Anatomen verleiht, verfolgt sie eine Strategie, anhand derer exemplarisch aufzuzeigen ist, worin das Erkenntnisinteresse der vorliegenden Studie besteht. Diese verfolgt das Ziel, am Beispiel diverser diskursiver und narrativer Texte Nachweise für die These zu erbringen, daß zwischen Verfahren und Konzepten, wie sie seit dem Ende des achtzehnten Jahrhunderts im Kontext so unterschiedlicher wissenschaftlicher Disziplinen wie der Geologie, Paläontologie, Evolutionstheorie und nicht zuletzt auch der pathologischen Anatomie entwickelt, erprobt und gegebenenfalls revidiert werden, und bestimmten, in der mittviktorianischen Erzählliteratur weit verbreiteten Schreibweisen ein enger, wenn auch nicht auf den ersten Blick ersichtlicher Zusammenhang besteht. Neben ausgewählten Texten von Balzac, dessen narratives Monumentalprojekt schon deshalb zu berücksichtigen ist, weil es nach Auskunft seines Urhebers auf naturwissenschaftlichen Prämissen, namentlich denen der vergleichenden Anatomie, beruht, gilt das Augenmerk dabei in erster Linie viktorianischen Erzählungen und Romanen aus den fünfziger, sechziger und siebziger Jahren, die fast ausschließlich in die generischen Rubriken *sensation* und *detective fiction* einzuordnen sind. Kennzeichnend für beide Gattungen, zu deren zeitgenössisch populärsten Repräsentanten die Verfasserin des eingangs erwähnten Briefes gehört, ist das Verfahren der *detection*, der rückwärts gerichtete, in der Regel erst gegen Ende des jeweiligen Textes erfolgreich beendete Versuch, Tathergänge zu rekonstruieren und Geheimnisse aufzudecken. Den in viktorianischen Bestsellern wie etwa *The Woman in White* und *Lady*

---

[4] *The Oxford English Dictionary*, eds J. A. Simpson and E. S. C. Weiner, 20 vols, 2nd ed. (Oxford, 1989), I, 576.

*Audley's Secret* inszenierten Prozeß der Konstitution und anschließenden sukzessiven Enthüllung von Geheimnissen mit einer Reihe von natur- und humanwissenschaftlichen Rekonstruktionstechniken in Relation zu setzen, um auf diese Weise eine Archäologie des detektivischen Blicks, mit Braddon gesprochen, 'herauszupräparieren' – darum geht es in dieser Arbeit. Denn so wie in Erzählungen und Romanen von Wilkie Collins, Sheridan Le Fanu oder eben Mary Elizabeth Braddon zumeist erst in den Schlußkapiteln offen zutage liegt, was lange zuvor mit dem Schleier des Geheimnisvollen sorgsam verdeckt worden ist, so sind im späten achtzehnten und neunzehnten Jahrhundert Geologen, Paläontologen, pathologische Anatomen und Verfechter der Evolutionstheorie gleichermaßen daran interessiert, mit Hilfe von retrograden Analysepraktiken Licht in das Dunkel einer Vergangenheit zu bringen, die sie nicht selten als 'mysteriös' wahrnehmen: die mit dem Tod unwiderruflich beendete Krankheitsgeschichte, die Entstehungs- und Entwicklungsgeschichte der Erde und all jener Lebewesen, die sie bevölkern – insbesondere der menschlichen Spezies.

Um das Verfahren der *detection* in seinen relevanten diskursgeschichtlichen Kontexten zu verorten, rückt diese Studie neben englischen Prosatexten, deren Analyse und Deutung ihren Schwerpunkt bildet, immer wieder auch französische in den Blick. Wenn sie, ungeachtet vermeintlich stabiler kultureller, nationalsprachlicher und generischer Grenzen, Balzac und Trollope mit dem Geologen und Paläontologen Cuvier, George Eliot mit den pathologischen Anatomen Bichat und Laennec und Wilkie Collins mit dem Vivisektionisten Bernard in Verbindung bringt, dann ist dies schlicht damit zu begründen, daß die in den jeweiligen literarischen Texten verhandelten wissenschaftlichen Prämissen und Praktiken im Verlauf des neunzehnten Jahrhunderts von Frankreich aus in Europa verbreitet worden sind. Methodisch an den diskursanalytischen Studien Michel Foucaults orientiert, von denen hier insbesondere *La naissance de la clinic* (1963) und *Les mots et les choses* (1966) hervorzuheben sind, macht diese Arbeit eine Vielzahl heterogener Texte zu ihrem Gegenstand, um sie auf homologe Strukturelemente hin zu untersuchen. Nach den Korrelationen und wechselseitigen Einflüssen von diskursiven und narrativen Praktiken, von 'Wissenschaft' und 'Literatur' zu fragen, erscheint, was das viktorianische Zeitalter betrifft, keineswegs abwegig, sondern geradezu unumgänglich. Denn wie Gillian Beer in der Einleitung zu seiner Monographie *Darwin's Plots: Evolutionary Narrative in Darwin, George Eliot and Nineteenth-Century Fiction* darlegt, zeichnet sich die Sprache englischer Wissenschaftler im neunzehnten

Jahrhundert sowohl dadurch aus, daß ihr abstrakte Formalisierungen, die ausschließlich für studierte 'Experten' verständlich wären, fremd sind, als vor allem auch dadurch, daß sie in einem hohen Maße literarisiert ist; ohne jemals ihren Wahrheitsanspruch aufzugeben, macht sie von Motiven, Topoi und Mustern Gebrauch, die sich aus dem Kanon der antiken und klassischen englischen Literatur herleiten.[5] Charles Lyell etwa, auf dessen diskursbildende *Principles of Geology* (1830-33) Beer in diesem Zusammenhang unter anderem verweist, stellt explizite intertextuelle Bezüge zu Miltons *Paradise Lost* und zum fünfzehnten Buch der *Metamorphosen* Ovids her, um Belege für seine eigenen Thesen anzuführen.

Dem *New Historicism*, dessen Vertreter seit den achtziger Jahren des vergangenen Jahrhunderts wiederholt demonstriert haben, wie Foucaults diskursanalytischer Ansatz für die literatur- und kulturwissenschaftliche Forschung fruchtbar gemacht werden kann, ist diese Studie insofern verpflichtet, als sie davon ausgeht, daß literarischen Texten gegenüber ihren jeweiligen (in diesem Fall wissenschaftshistorischen) Kon-Texten prinzipiell kein privilegierter Status zukommt.[6] Diese methodische Prämisse des *New Historicism* ist für sie auch in formaler Hinsicht von grundlegender Bedeutung. Denn obwohl sie in zwei Teile gegliedert ist, wobei der inhaltliche Schwerpunkt zunächst auf verschiedenen wissenschaftlichen Kontexten, dann auf einzelnen literarischen Texten liegt, verzichtet diese Arbeit – ganz im Sinne Foucaults und des *New Historicism* – von Anfang an darauf, diskursive und narrative Praktiken strikt voneinander getrennt abzuhandeln. Im ersten, primär diskursgeschichtlich ausgerichteten Teil stehen deshalb zudem zwei ihrem eigenen Anspruch nach paradigmatische Einzelanalysen literarischer Texte auf dem Programm. Am Beispiel von Balzacs *Louis Lambert* und George Eliots *Middlemarch* gilt es zu zeigen, welches Ausmaß an Irritations- und Widerstandspotential Erzähltexte des neunzehnten Jahrhunderts freizusetzen in der Lage sind, wenn sie Verfahren der zeitgenös-

---

[5] Vgl. Gillian Beer, *Darwin's Plots: Evolutionary Narrative in Darwin, George Eliot and Nineteenth-Century Fiction* (London, 1983), pp. 6–7.

[6] In der Einleitung zu seiner Studie *The of Power of Forms in the English Renaissance* führt Stephen Greenblatt aus: "The critical practice represented in this volume challenges the assumptions that guarantee a secure distinction between 'literary foreground' and 'political background' or, more generally, between artistic production and other kinds of social production" ("Introduction," *The Power of Forms in the English Renaissance*, ed. Stephen Greenblatt [Norman, Oklahoma, 1982], p. 6).

sischen Natur- und Humanwissenschaften verhandeln und für ihre eigenen Zwecke funktionalisieren. Um trotz der thematischen Vielfalt, die durch ihren interdisziplinären, kultur- und genreübergreifenden Ansatz bedingt ist, systematisch zu verfahren, geht diese Studie bewußt erst in den einzelnen Kapiteln auf die jeweils relevante Forschungsliteratur ein. Was die für sie zentrale Thematik des Geheimnisses betrifft, möchte sie hier lediglich anhand einiger Beispiele einen Eindruck davon vermitteln, wie breit gefächert das Spektrum der Forschung diesbezüglich ist. Auf die Fragen, was Geheimnisse eigentlich sind, wie sie sich mit wissenschaftlichen Mitteln begreif- und beschreibbar machen lassen, worin die gesellschaftlichen, kulturellen, historischen und psychologischen Bedingungen ihrer Möglichkeit bestehen und welche Funktionen sie in bestimmten Kontexten erfüllen, haben Vertreter diverser Disziplinen Antworten zu geben versucht.[7] Thematisch wie methodisch unterschiedlich ausgerichtete Studien aus den Bereichen der Soziologie,[8] der Geschichtswissenschaft,[9] der Kommunikations- und Systemtheorie[10] und der Medienwissenschaft[11] liegen vor. Ein Blick in die Inhaltsverzeichnisse der von Aleida und Jan Assmann edierten Sammelbände *Schleier und Schwelle* genügt, um zu sehen, welch hohen Stellenwert die Figur des Geheimnisses innerhalb der zeitgenössischen geistes- und gesellschaftswissenschaftlichen Forschung einnimmt. Georg Simmel ist das historische Verdienst zuzuschreiben, im frühen zwanzigsten Jahrhundert als wahrscheinlich erster Wissenschaftler überhaupt eine Theorie des Geheimnisses entwickelt zu haben. Unter der Überschrift "Das Geheimnis und die geheime Gesellschaft" versucht Simmel im fünften Kapitel seines 1908 publizierten umfangreichen

---

[7] Einen zumindest groben Überblick über den gegenwärtigen Stand der Forschung vermittelt die Bibliographie, die Joachim Westerbarkey in seiner Monographie *Das Geheimnis: die Faszination des Verborgenen* (Berlin, 2000) auf den Seiten 225–36 aufführt.

[8] Hier sind vor allem die beiden folgenden Texte zu nennen: Georg Simmel, *Soziologie: Untersuchungen über die Formen der Vergesellschaftung*, ed. Otthein Rammstedt (Frankfurt a. Main, 1992), pp. 383–455, und Wilhelm Stok, *Geheimnis, Lüge und Missverständnis: eine beziehungswissenschaftliche Untersuchung* (München, 1929).

[9] Vgl. Lucian Hölscher, *Öffentlichkeit und Geheimnis* (Stuttgart, 1979).

[10] Vgl. Burkhard Sievers, *Geheimnis und Geheimhaltung in sozialen Systemen* (Opladen, 1974) sowie das Kapitel "Geheimnis, Zeit und Ewigkeit" in der von Niklas Luhmann und Peter Fuchs gemeinsam verfaßten Studie *Reden und Schweigen* (Frankfurt a. M., 1989), pp. 101–37.

[11] Unter diese Kategorie fällt die oben erwähnte populärwissenschaftliche Studie von Westerbarkey.

Hauptwerkes *Soziologie: Untersuchungen über die Formen der Vergesellschaftung* zu ergründen, was seinem emphatischen Urteil zufolge "eine der größten Errungenschaften der Menschheit"[12] darstellt. Dabei gelangt er zu dem Schluß, daß Geheimnisse, unabhängig davon, wie 'privat' und intim sie auch immer sein mögen, und die Sphäre der Öffentlichkeit stets wechselseitig aufeinander bezogen sind. Um eine historische Perspektivierung dieser gesellschafts- und kommunikationstheoretisch begründeten These bemüht, arbeitet Simmel ein "allgemeine[s] Schema kultureller Differenzierung" heraus, demzufolge "das Öffentliche [...] immer öffentlicher, das Private immer privater"[13] geworden ist. Das neunzehnte Jahrhundert markiert innerhalb des von Simmel rekonstruierten kulturhistorischen Entwicklungsprozesses einen radikalen Wende- und (vorläufigen) Kulminationspunkt. Es ist laut Simmel dadurch gekennzeichnet, daß auf allen gesellschaftlichen Ebenen, den öffentlichen wie den privaten, grundlegende Veränderungen stattfinden – auch und gerade im Hinblick darauf, was als 'geheim' gilt:

> Im 19. Jahrhundert [...] erobert sich die Publizität die Staatsangelegenheiten in dem Maße, daß nun die Regierungen selbst die Daten offiziell veröffentlichen, ohne deren Geheimhaltung bis dahin überhaupt kein Regime möglich schien. So haben Politik, Verwaltung, Gericht ihre Heimlichkeit und Unzugänglichkeit in demselben Maße verloren, in dem das Individuum die Möglichkeit immer vollständigeren Zurückziehens gewann, in dem das moderne Leben eine Technik zur Sekretierung der Privatangelegenheiten inmitten der großstädtischen Zusammengedrängtheit ausbildete, wie sie früher allein durch räumliche Einsamkeit herstellbar war.[14]

Die Beobachtungen, die Simmel hier macht, sind um einen entscheidenden Aspekt zu ergänzen. Bei seinem Versuch, den Zusammenhang von Öffentlichkeit und Privatleben zu erläutern, so wie er sich nach seiner Analyse im neunzehnten Jahrhundert gestaltet, läßt Simmel ein Medium gänzlich außer acht: die Literatur, deren vermeintlich paradoxer Status eben gerade darin besteht, öffentlich zu sein und dabei zugleich private (Lektüre-)Interessen zu bedienen. Dies gilt auch für die *sensation* und *detective novel*, jene ebenfalls im neunzehnten Jahrhundert entstandenen Romangattungen, die im Zentrum der folgenden Untersuchungen stehen. Beide Genres bringen, in der Terminologie Simmels, "Technik[en] zur Sekretierung der Privatangelegenheiten" zur Dar-

---

[12] Simmel, *Soziologie*, p. 406.
[13] Simmel, *Soziologie*, p. 413.
[14] Simmel, *Soziologie*, pp. 412–13.

stellung, um ihnen in Form der *detection* eine weitere, prinzipiell überlegene Technik programmatisch entgegenzusetzen. Doch auch wenn die zuletzt genannte Technik am Ende des jeweiligen Textes stets zum gewünschten Erfolg, zur Identifizierung des Täters nämlich, führt, so steht, zumal für die Leserinnen und Leser von *sensation* und *detective fiction*, außer Frage, daß Geheimnisse, sobald ihre Aufdeckung erfolgt ist, ihren spezifischen Reiz unwiderruflich verlieren. Denn, so versichert Simmel in seiner Studie: "Was wir bis auf den letzten Grund deutlich durchschauen, zeigt uns eben damit die Grenze seines Reizes."[15]

---

[15] Simmel, *Soziologie*, p. 404.

> There came a surge of triumph – the triumph some specialist might feel who has succesfully reconstructed an extinct animal from a fragment of jawbone and a couple of teeth.
>
> Agatha Christie, *A Pocket Full of Rye*[1]

## 2. Spuren, Fossilien, Indizien

"Cuvier n'est-il pas le plus grand poète de notre siècle?"[2] Diese ebenso rhetorische wie eindringliche Frage richtet die Erzählinstanz in Honoré de Balzacs 1831 erstmals vollständig ediertem Roman *La Peau de chagrin* an den Leser, noch bevor der namentlich erst später genannte Protagonist des Textes, Raphael de Valentin, in den Besitz des titelgebenden, geheimnisvollen Chagrinleders gelangt ist, das ihm zum Verhängnis werden soll. Die Frage stiftet Verwirrung, insofern der angesprochene Zoologe, Paläontologe und vergleichende Anatom Georges Cuvier (1769–1832) nachweislich ausschließlich wissenschaftliche, keine literarischen Texte veröffentlicht hat. Um klären zu können, warum der Naturwissenschaftler Cuvier hier als Dichter, ja sogar als "der größte Dichter" des zu dieser Zeit noch nicht allzu weit fortgeschrittenen neunzehnten Jahrhunderts apostrophiert wird,[3] ist zunächst der Kontext zu skizzieren, in dem diese Frage gestellt wird.

Schauplatz des Handlungsabschnitts, um den es geht, ist ein Antiquitätenladen. Der verarmte und von Selbstmordgedanken geplagte, schon nach wenigen Seiten als "quelque secret génie"[4] (*pc* 78) ausgewiesene Protagonist sucht diesen Laden auf, nachdem er sich dazu entschlossen hat, nicht bei Tageslicht, sondern erst in der folgenden Nacht sein Leben freiwillig zu beenden. Er betritt einen

---

[1] Agatha Christie, *A Pocket Full of Rye* (New York, 2000 [1953]), p. 220.

[2] Honoré de Balzac, "La peau de chagrin," *Œuvres complètes,* by Honoré de Balzac, ed. La Societé des Études Balzaciennes, 28 vols (Paris, 1960 [1831]), XVIII, 92 [weitere Zitate aus der französischen Ausgabe im laufenden Text: *pc*].
"Ist nicht Cuvier der größte Dichter unseres Jahrhunderts?" (Honoré de Balzac, *Das Chagrinleder*, trans. Hedwig Lachmann [Frankfurt a. Main and Leipzig, 1996], p. 32 [weitere Zitate aus der deutschen Ausgabe in den Fußnoten: *PC*]).

[3] Forschungsliteratur, die sich mit Balzacs Cuvier-Rezeption(en) auseinandersetzt, liegt reichlich vor. Da sich der Fokus jedoch in aller Regel nicht auf einzelne Romane des Autors richtet, sondern auf das 1842 verfaßte "Avant-propos" zur *Comédie humaine*, in dem Balzac programmatisch auf Cuvier verweist, soll hier zunächst noch weitgehend darauf verzichtet werden, Sekundärtexte zu berücksichtigen.

[4] "[V]erborgenes Genie" (*PC* 14).

alltags- und gegenwartsfernen Raum, der als Kosmos alter, heterogen angeordneter und kaum mehr beachteter, vorgeblich bedeutungsloser Dinge dargestellt ist. Er trifft auf "une espèce de fumier philosophique"[5] (*pc* 88), einen hyperbolisch überformten "océan de meubles, d'inventions, de modes, d'œuvres, de ruines"[6] (*pc* 89–90), sieht sich verfolgt "par des créations merveilleuses assises sur les confins de la mort et de la vie"[7] (*pc* 91) und droht schließlich sogar "sous les débris de cinquante siècles évanouis"[8] (*pc* 92) zu ersticken. Der Weg in den Antiquitätenladen, der insgesamt über vier Galerien führt, ist gekennzeichnet als eine Reise in und durch die Vergangenheiten längst versunkener und nur bruchstückhaft überlieferter Kulturen. Gleich, worauf der Blick Raphaels im Halbdunkel des Ladens fällt, die Dinge beschwören vielfach Vorstellungen herauf, die den Protagonisten über die Grenze der Gegenwart weit hinausführen. Diese wie im Traum, "dans les enchantements d'un songe"[9] (*pc* 91), vollzogene Transgression gelingt, indem für kurze Zeit wieder zum Leben erwacht, was in zumindest figurativem Sinne mit dem Staub der Jahrhunderte bedeckt ist. Die temporäre, mit enormen rhetorischem Aufwand betriebene Wiederbelebung des Toten, das den Protagonisten umgibt, geht einher mit einem Aufschub des eigenen, zuvor ersehnten Todes; Indiz dafür ist "un squelette à peine éclairé qui pencha dubitativement son crâne de droite à gauche, comme pour lui dire: Les morts ne veulent pas encore de toi!"[10] (*pc* 94)

Der Weg, der in den Antiquitätenladen hinein- und dabei zugleich in die Vergangenheit zurückführt, bildet den Rahmen für eine unvermittelt einsetzende Abschweifung der Erzählinstanz. Gegenstand dieses in hymnischen Tönen gehaltenen Exkurses ist Cuvier, dem Balzac bescheinigt, mit den Mitteln der geologischen Wissenschaft die herkömmlichen Vorstellungen von Raum und Zeit revolutioniert zu haben. "Vous êtes-vous jamais lancé dans l'immensité de l'espace et du temps, en lisant les œuvres géologiques de Cuvier?" möchte die Erzählinstanz vom Leser wissen und fügt sogleich die folgende, ebenso eindringliche Frage hinzu: "Emporté par son génie, avez-vous plané sur l'abîme

---

[5] "[E]ine Art philosophischen Kehrichthaufens" (*PC* 25).
[6] "Meer von Hausrat, Erfindungen, Moden, Kunstwerken und Bruchstücken" (*PC* 27).
[7] "[U]mgaukelt von wunderbaren Schöpfungen aus dem Grenzbereich von Tod und Leben" (*PC* 29).
[8] "[U]nter den Trümmern fünfzig entschwundener Jahrhunderte" (*PC* 30).
[9] "[I]m Zauberbann eines Traums" (*PC* 29).
[10] "[E]in kaum wahrnehmbares Skelett, das zweifelnd mit dem Schädel wackelte, als wollte es sagen: 'Die Toten wollen noch nichts von dir wissen!'" (*PC* 34)

sans bornes du passé, comme soutenu par la main d'un enchanteur?"[11] (*pc* 92)
Kennzeichnend für den Exkurs, der sich über nahezu zwei Seiten erstreckt, wie auch für die beiden zitierten Fragen, mit denen er beginnt, ist, daß die Kategorien der Zeit und des Raumes ineinander verschränkt werden. Die Erzählinstanz schreibt Cuvier das historische Verdienst zu, eine buchstäblich abgründige Vergangenheit erschlossen zu haben, die jenseits aller tradierten Grenzen liegt, auch denen der Endlichkeit. Lesern der geologischen Werke Cuviers könne die Erfahrung zuteil werden, in eine andere Welt, fernab der Gegenwart, zu gelangen, um auf diese Weise im positiv konnotierten Sinne den Boden unter den Füßen zu verlieren ("lancé," "[e]mporté," "plané"). Der prominente Naturwissenschaftler wird als "génie" gepriesen, ebenso wie zuvor der lebensmüde Protagonist des Romans. Das Konzept des 'Genies', von Balzac erneut bemüht, leitet sich aus der philosophischen Tradition des achtzehnten Jahrhunderts her. Dieser Tradition ebenfalls verpflichtet ist das Modell der Erhabenheit, das der gesamten Cuvier gewidmeten Passage zugrundegelegt ist.[12] Das in den ästhetischen Theorien des achtzehnten Jahrhunderts vielfach beschriebene Wechselspiel von Attraktion und Repulsion,[13] das jedwede Erfahrung des Erhabenen begleitet, ist hier jedoch auf keinen räumlich-konkreten, in Natur oder Kunst verorteten 'Abgrund' bezogen, sondern auf den metaphorisch entworfenen "Abgrund der Vergangenheit." Ferner erscheint bemerkenswert, daß Balzac Cuvier mit einem "enchanteur" vergleicht. Naturwissenschaft weist magische Merkmale auf, obgleich sie vorgibt, Magie längst abgelöst zu haben;[14]

---

[11] "Hast du dich jemals bei der Lektüre der geologischen Werke von Cuvier in die Unendlichkeit von Raum und Zeit geschwungen? Hast du, getragen von seinem Genie, wie von der Hand eines Zauberers, über dem grenzenlosen Abgrund der Vergangenheit geschwebt?" (*PC* 31)

[12] An einer Stelle wird es sogar wortlich herbeizitiert: "Il est poète avec des chiffres, il est sublime en posant un zéro près d'un sept" (pc 93). Hier, wie in dem zu behandelnden Abschnitt insgesamt, stehen ästhetische und naturwissenschaftlich-mathematische Kategorien gleichwertig nebeneinander.

[13] Vgl. hierzu etwa § 27 ("Von der Qualität des Wohlgefallens in der Beurteilung des Erhabenen") aus der *Kritik der Urteilskraft* (1790), wo Kant ausführt: "Das Gemüt fühlt sich in der Vorstellung des Erhabenen in der Natur bewegt: [...] Diese Bewegung kann (vornehmlich in ihrem Anfange) mit einer Erschütterung verglichen werden, d. i. mit einem schnellwechselnden Abstoßen und Anziehen eben desselben Objekts." Immanuel Kant, *Kritik der Urteilskraft*; ed. Wilhelm Weischedel (Frankfurt a. Main, 1974 [1790]), p. 181.

[14] Wie zwiespältig innerhalb dieser Passage die Relation von Naturwissenschaft und Magie kodiert ist, wird am Beispiel des folgenden Satzes ersichtlich: "Il réveille le néant sans

vergleichbare Synthesen von Naturwissenschaft und Magie sind auch in anderen Texten, die es weiter unten zu analysieren gilt, zu beobachten. Nachdem die Erzählinstanz die zu Beginn zitierte Frage, ob Cuvier nicht "le plus grand poète de notre siècle" sei, aufgeworfen hat, nimmt sie ausdrücklich Bezug auf einen bis heute als kanonisch geltenden Repräsentanten romantischer Denk- und Schreibweisen:

> Lord Byron a bien reproduit par des mots quelques agitations morales; mais notre immortel naturaliste a reconstruit des mondes avec des os blanchis, a rebâti comme Cadmus des cités avec des dents, a repeuplé mille forêts de tous les mystères de la zoologie avec quelques fragments de houille, a retrouvé des populations de géants dans le pied d'un mammouth.[15] (*pc* 92–93)

Programmatisch verweist die Erzählinstanz auf Byron, dessen literarisches Talent sie emphatisch lobt, um es jedoch sogleich Cuviers geologischem Projekt qualitativ unterzuordnen. Während mit dem Namen Byron in dem oben zitierten Abschnitt eine Diskursform assoziiert ist, die auf den Ausdruck subjektiver "Erschütterungen" abzielt, vermag Balzacs zum Zeitpunkt der Veröffentlichung des Romans noch lebender "unsterblicher Forscher" Cuvier wieder zum Leben zu erwecken, was lange Zeit tot, vergessen und verschüttet war. Ein signifikanter Diskurs- und Medienwechsel ist vollzogen worden: Zeitgenössische, mit der Aura des Magischen versehene Naturwissenschaft ist an die Stelle einer romantischen Kultur des Gefühls getreten. Die "erschütterten," vornehmlich im Medium des Gedichts evozierten Innenwelten Byrons sind der geologischen Beschwörung verschütteter Urwelten im Roman Balzacs gewichen. Cuviers Verfahren, so wie es in *La Peau de chagrin* zur Darstellung gelangt, verfolgt das Ziel, mittels kleiner, fragmentarischer Funde ("avec des os blanchis," "avec des dents," "avec quelques fragments de houille," "dans le pied d'un mammouth") ein für immer verloren geglaubtes homogenes Ganzes wiederherzustellen. Byrons Dichtungen hingegen, die lediglich "quelques agitations morales" des Autors zum Ausdruck gebracht haben sollen, stehen bei Balzac ganz im Zeichen

---

prononcer des paroles artificiellement magiques" (*pc* 93). Unter demonstrativem Verzicht auf 'magische Worte' wird ein magischer Akt vollzogen.

[15] "Lord Byron hat wohl ein paar seelische Erschütterungen vortrefflich in Worte gebannt; aber unser unsterblicher Forscher hat aus gebleichten Knochen Welten wiederstehen lassen, hat, wie Kadmos, mit Zähnen Städte neu erbaut, hat mit einigen Brocken Kohle tausend Wälder mit allen Geheimnissen der Tierwelt wieder lebendig werden lassen, hat am Fuß eines Mammuts erkannt, daß Völker von Riesen gelebt haben" (*PC* 32).

der Vereinzelung und Fragmentarisierung. Im Gegensatz dazu erscheint die Totalität, die Cuvier wiederherzustellen in der Lage ist, überwältigend groß ("mondes," "mille forêts"), mysteriös ("tous les mystères de la zoologie") und märchenhaft ("populations de géants").
Balzac entrückt Cuviers wissenschaftliche Praxis in mythische Dimensionen, wenngleich auch nur auf der Vergleichsebene ("a rebâti comme Cadmus des cités avec des dents"). Seine Anspielung auf den sagenhaften Gründer Thebens verdient nähere Betrachtung. Wie Ovid im dritten Buch der *Metamorphosen* (1–137) erzählt, zieht Kadmos aus, um eine Stadt zu gründen, nachdem es ihm nicht gelungen ist, die von Jupiter entführte Europa zu finden; er tötet einen Drachen und sät dessen Zähne, aus denen Krieger wachsen, auf Athenes Befehl in die Erde; fünf dieser Krieger helfen Kadmos schließlich dabei, Theben zu gründen. Ovids Fassung der Sage legt sichtlich Wert darauf, zu betonen, daß nicht ohne Weiteres glaubwürdig erscheinen mag, wovon sie berichtet. Mittels eines äußerst lakonischen, parenthetisch eingeschobenen Kommentars klassifiziert der Text die Vorstellung einer aus Drachenzähnen erwachsenen Kriegerschar als schier 'unglaublich' ("fide maius").[16] Vergleichbares Erstaunen tritt in *La Peau de chagrin* dort zutage, wo die Erzählinstanz ihre Aufmerksamkeit der Auferstehung prähistorischer Welten, "cette épouvantable résurrection"[17] (*pc* 93), widmet, oder wo sie "les merveilles"[18] (*pc* 94) zu beschreiben versucht, von denen sich Raphael de Valentin im Antiquitätenladen umgeben sieht. Der Vergleich Cuvier/Kadmos ist noch in anderer Hinsicht von Bedeutung für den Roman. Innerhalb der Geschichtsschreibung Herodots ist mit dem Namen Kadmos weitaus mehr verknüpft als die Gründung Thebens. Herodot erteilt im fünften Buch seiner *Historien* Auskunft darüber, wie Kadmos, als er mit den Phöniziern nach Griechenland gelangt sei, dort zahlreiche Kulturtechniken eingeführt habe, und zwar unter anderem, "among many other kinds of learning," die Schrift ("the alphabet"), "which had hitherto been unknown, as I think,

---

[16] Die in Klammern gesetzte Parenthese befindet sich in Vers 106 des dritten Buches. In der englischen Übersetzung von Frank Justus Miller lautet die entsprechende Stelle wie folgt: "He [Cadmus] obeys and, having opened up the furrows with his deep-sunk plow, he sows in the ground the teeth as he is bid, a man-producing seed. Then, a thing beyond belief, the plowed ground begins to stir; and first there spring up from the furrows the points of spears, then helmets with coloured plumes waving" (Publius Ovidius Naso, *Metamorphoses*, trans. Frank Justus Miller, 2 vols [Cambridge, Massachusetts, and London, 1960], I, iii, 131–32).
[17] "[D]ieser ungeheuren Auferstehung" (*PC* 32).
[18] "Wunder" (*PC* 33).

to the Greeks."[19] In *La Peau de chagrin* teilt Cuvier mit Kadmos zwar einzig die Fähigkeit, "mit Zähnen Städte" erbauen zu können, ein Vergleich mit der mythischen Figur ruft aber auch jene kulturelle Vermittlerrolle ab, die Herodots *Historien* Kadmos zuschreiben. Balzacs Text verweist nicht ausdrücklich auf das Medium der Schrift, das mit Kadmos und den Phöniziern nach Griechenland gelangt sein soll. Das Entziffern fremder, unverständlich oder gar 'bedeutungslos' erscheinender (Schrift-)Zeichen ist jedoch ein durchaus zentraler Vorgang in und für Balzacs Roman. Dies läßt sich an zwei signifikanten Beispielen aufzeigen.

Nachdem der greise Antiquitätenhändler Raphael de Valentin auf das Chagrinleder aufmerksam gemacht hat, lenkt er dessen Blick auf zunächst nicht erkennbare Schriftzeichen: "des caractères incrustés dans le tissu cellulaire de cette Peau merveilleuse, comme s'ils eussent été produits par l'animal auquel elle avait jadis appartenu"[20] (*pc* 102). Balzacs Chagrinleder ist 'Gewebe' im doppelten Wortsinne, Oberfläche eines nicht mehr lebenden tierischen Organismus und Text zugleich. Es wird als geheimnisvoll klassifiziert, ebenso wie die arabischen Schriftzeichen, die ihm eingeschrieben worden sind. Raphael de Valentin, der sich kurz zuvor noch selbst zum "homme de science et de poésie"[21] (*pc* 100) stilisiert hat,[22] vermag "les paroles mystérieuses"[23] (*pc* 103) ohne Mühe in seine eigene Sprache (wie auch die der jeweiligen Leserinnen und Leser) zu übersetzen. Im Gegensatz dazu verzichtet das Zeichen, das Balzac seinem Roman als Motto vorangestellt hat, demonstrativ auf jegliche eindeutige Übersetzbarkeit und Referenz. Es handelt sich um die ironisch präzise nachgezeichnete, schlangenlinienförmig verlaufende Bewegung eines Stocks, mittels derer Corporal Trim in Lawrence Sternes *Tristram Shandy* seiner strikten Ab-

---

[19] Herodotus, *Works*, trans. A. D. Godley, 4 vols (Cambridge, Massachusetts, and London, 1963), III, 63. Herodot gibt zudem vor, mit eigenen Augen "Cadmean characters in the temple Ismenian Apolloat Thebes of Boetia" (p. 65) gesehen zu haben.

[20] "Schriftzeichen, die in das Zellgewebe dieser Wunderhaut eingekerbt waren, als ob sie das Tier, dem sie vormals angehört hatte, selbst hervorgebracht hätte" (*PC* 41).

[21] "Mann der Wissenschaft und Poesie" (*PC* 38).

[22] Lucien Chardon, der Protagonist der *Illusions perdues*, neigt in jungen Jahren ebenfalls gleichermaßen zu Literatur und Naturwissenschaft. Auf seiner Lektüreliste (und der seines Freundes David Séchard) stehen "les ouvrages de Schiller, de Gœthe, de *lord Byron*, de Walter Scott, de Jean Paul, de Berzélius, de Davy, de *Cuvier*, de Lamartine, etc." Honoré de Balzac, *Illusions perdues*, *Œuvres complètes*, by Honoré de Balzac, ed. La Societé des Études Balzaciennes, 28 vols (Paris, 1958 [1843]), VIII, 69 [meine Hervorhebungen, M. B.].

[23] "[M]ysteriösen Worte" (*PC* 42).

lehnung gegenüber der Institution der Ehe Ausdruck verleiht.[24] Anders als bei Sterne verläuft die Linie in Balzacs Text horizontal, nicht vertikal. Das Zeichen ist demnach nicht nur offenkundig 'sinnlos', sondern auch 'falsch' zitiert, verdreht. Thematische Bezüge zwischen Balzacs Text und seinem rätselhaften, nicht-sprachlichen Motto bzw. der energisch ablehnenden Geste, die bei Sterne mit ihm verknüpft ist, lassen sich nur indirekt herstellen. Zentrales Sujet des Romans ist nicht die Institution der Ehe, wie das zitierte piktorale Element aus *Tristram Shandy* nahezulegen scheint. Worum es vielmehr geht, ist das Begehren des Protagonisten, das als exemplarisch im Sinne einer anthropologischen Konstante begriffen wird. Raphael de Valentins Begehren bringt Erfüllung, aber unweigerlich auch den Tod mit sich. Balzacs Chagrinleder ist doppelt, paradox kodiert. Indem das Leder seinem jungen Besitzer, in dessen Besitz es im ersten Teil des Romans gelangt, jedweden Wunsch erfüllt, raubt es ihm zugleich Lebenskraft, bis "Raphaël, ivre d'amour"[25] (*pc* 312), am Ende schließlich tot zusammenbricht.[26] Cuviers Beschwörung prähistorischer Zeiten, die Balzacs Text in einen narrativen Kontext einträgt, steht am Beginn eines lusterfüllten Lebens, das vom drohenden Tod stets überschattet ist.

*La Peau de chagrin* kommt unvermittelt auf Cuvier zu sprechen, weil "l'abîme sans bornes du passé"[27] (*pc* 92), welchen der Naturwissenschaftler eröffnet haben soll, aus der Sicht der Erzählinstanz Ähnlichkeit aufweist mit den im Antiquitätenladen inszenierten "fantasmagories de ce panorama du passé"[28] (*pc* 94). Doch der oben diskutierte Hymnus ist nicht hinreichend gedeutet, wenn ausschließlich der *plot* des Romans Berücksichtigung findet. Was der vor-

---

[24] Zu diesem 'Zitat' aus dem vierten Kapitel des neunten Bandes von *Tristram Shandy*, in dem Corporal Trim seinen Stock schwingt (Laurence Sterne, *The Life and Opinions of Tristram Shandy, Gentleman*, eds Melvyn New and Joan New, with an introd. and notes by Melvyn New [London and New York, 1997], IX, 506), vgl. Jeri D. Kings Aufsatz "Balzac's *Tristram Shandy*: Sterne and *La Peau de chagrin*," *The Comparatist: Journal of the Southern Comparative Literature Association*, 16 (1992), 49–61, besonders pp. 52–54.
[25] "[L]iebestrunkenen Raphael" (*PC* 307).
[26] Zum Aspekt des Begehrens als Motiv innerhalb des Romans wie auch als Motor für den Text selbst vgl. den narratologisch und psychoanalytisch ausgerichteten Deutungsversuch, den Peter Brooks in seinem Essay "Narrative Desire" (*Style*, 18 [1984], 312–27) entwickelt. Eine an poststrukturalistischen Theorien orientierte, überaus detailreiche Lektüre des Romans hat Samuel Weber in seiner Monographie *Unwrapping Balzac: A Reading of 'La Peau de Chagrin'* (Toronto, 1979) entfaltet.
[27] "Abgrund der Vergangenheit" (*PC* 31).
[28] "Blendwerk dieses Panoramas der Vergangenheit" (*PC* 33).

liegende Text als "régard rétrospectif"[29] (*pc* 93) bezeichnet, verweist auf ein in der ersten Hälfte des neunzehnten Jahrhunderts entwickeltes naturwissenschaftliches Projekt, das für Balzacs literarische Praxis generell, nicht nur für *La Peau de chagrin*, von grundlegender poetologischer Bedeutung ist. Im "Avant-Propos," seiner 1842 verfaßten "Vorrede" zur *Comédie humaine*, nimmt Balzac programmatisch Bezug auf dieses Projekt, das mit dem Namen Cuvier untrennbar verknüpft ist.[30]

Balzacs "Avant-Propos," das der *Comédie humaine* vorangestellt, zahlreichen Texten des monumentalen Unternehmens aber zeitlich nachgeordnet ist,[31] läßt sich als Versuch beschreiben, moderne naturwissenschaftliche, insbesondere zoologische Prämissen in eine Poetik des Romans zu überführen. Es hat primär zum Ziel herzuleiten, wie, warum und mit welchen Intentionen die *Comédie humaine* einst, "depuis bientôt treize ans,"[32] ins Leben gerufen worden ist.

[29] "[R]ückwärtsschauenden Blick des Forschers" (*PC* 32).

[30] In seiner prominenten, 1946 erstmals veröffentlichten Studie *Mimesis: dargestellte Wirklichkeit in der abendländischen Literatur* (6th ed. [Bern and München, 1977 (1946)], pp. 442–49) hat sich Erich Auerbach bereits mit den naturwissenschaftlichen Prätexten des "Avant-Propos" auseinandergesetzt. Weitere Beiträge zu dieser Thematik stammen vornehmlich aus den achtziger Jahren; für diese Arbeit relevant sind die folgenden Titel: Peter Demetz, "Balzac and the Zoologists: A Concept of the Type," *The Disciplines of Criticism: Essays in Literay Theory, Interpretation, and History*, eds Peter Demetz, Thomas Greene, and Lowry Nelson, Jr (New Haven and London, 1968), pp. 397–418; Winfried Wehle, "Littérature des Images: Balzacs Poetik der wissenschaftlichen Imagination," *Honoré de Balzac*, eds Hans-Ulrich Gumbrecht, Karl-Heinz Stierle, and Rainer Warning (München, 1980), pp. 57–81; Françoise Gaillard, "La Science: Modèle ou Vérité, Réflexions sur 'l'avant-propos' à *La comédie humaine*," *Balzac: L'invention du roman*, eds Claude Duchet and Jacques Neefs (Paris, 1982), pp. 57–83; Gerhard C. Gerhardi, "Balzac et le modèle biologique: quelques interferences entre le discours scientifique et le discours politique aux XIXe siècle," *Œuvres et Critiques*, 11, no 3 (1986), 263–75.

[31] Wie Françoise Gaillard in ihrem oben genannten Aufsatz (vgl. "La Science," p. 57) treffend bemerkt, handelt es sich bei Balzacs "Avant-propos" im strengen Sinne um ein "Après-propos," eine Textform, die ihren eigenen Gattungsregeln zufolge gemeinhin dem Paradoxon unterliegt, (zeitlich) nachfolgend und (inhaltlich/argumentativ) vorgeschaltet zu sein.

[32] Honoré de Balzac, "Avant-Propos," *Œuvres complètes*, by Honoré de Balzac, ed. La Societé des Études Balzaciennes, 28 vols (Paris, 1956 [1842]), I, p. 77 [weitere Zitate aus der französischen Ausgabe im Haupttext: *ap*].

"[V]or nun bald dreizehn Jahren" (Honoré de Balzac, "Vorrede zur Menschlichen Komödie," *Eugénie Grandet*, by Honoré de Balzac, trans. Gisela Etzel, with an introd. by Hugo von Hofmannsthal [Frankfurt a. Main and Leipzig, 1996], p. 31 [weitere Zitate aus der deutschen Ausgabe in den Fußnoten: *AP*]).

Darüber hinaus soll dargelegt werden, was Balzac "le plan"[33] (*ap* 77) seines Werkes nennt. Eine zentrale Frage, die gleich zu Beginn des Textes aufgeworfen und (zumindest vorläufig) beantwortet wird, betrifft den Ausgangspunkt der *Comédie humaine*. Rhetorisch aufwendig erteilt Balzac über "[l]'deé première"[34] (*ap* 77) seines weit fortgeschrittenen, doch längst nicht beendeten narrativen Projektes Auskunft. Dabei verfolgt er die Strategie, den vorgeblichen Ursprung seiner literarischen Inspiration in alltagsfernen, erhabenen Bereichen zu verorten, welche dem von jener "ersten Idee" inspirierten Autor keinen unmittelbaren Zugang und Zugriff gewähren. "L'idée première de *La Comédie Humaine* fut d'abord chez moi comme un rêve," behauptet Balzac,

> comme un de ces projets impossible que l'on caresse et qu'on laisse s'envoler; une chimère qui sourit, qui montre son visage de femme et qui déploie aussitôt ses ailes en remontant dans un ciel fantastique.[35] (*ap* 77–78)

Vergleiche und Metaphern dominieren und strukturieren den zitierten Teil des Abschnitts. Sie tragen maßgeblich dazu bei, den 'Ursprung' der *Comédie humaine* ins Traumhafte, Visionäre, Ungeheuerliche und Phantastische, also in semantische Bereiche hinein zu verlagern, in die auch *La Peau de chagrin* führt, wenn im ersten Teil des Romans der Weg in das "cabinet mystérieux"[36] (*pc* 96) eingeschlagen und Cuviers geologische Totenerweckung verklärt wird. Attraktion vermag die hier beschworene "chimère" vor allem deshalb auf den Autor auszuüben, weil sie weiblichen Geschlechts ist und als ebenso engelsgleich wie verführerisch imaginiert wird. Für die latent erotische Qualität der "chimère" steht metonymisch das lächelnde Frauengesicht ("visage de femme"), das sich, kaum sichtbar geworden, dem Blick des Autors sogleich wieder entzieht, um in einem als "fantastique" klassifizierten, religiösen Konnotationen weitgehend enthobenen "ciel" zu verschwinden.

So wenig (be-)greifbar die "chimère" dem Autor zunächst erscheint, so unvermittelt nimmt sie, ungeachtet ihrer engelhaften und verführerischen Gestalt, im folgenden Satz reale und zugleich bedrohliche Züge an: "Mais la chimère,

---

[33] "[D]en Plan" (*AP* 31).
[34] "Die erste Idee" (*AP* 31).
[35] "Die erste Idee [...] tauchte mir wie ein Traum auf, wie einer jener ungeheuren Pläne, denen man liebevoll nachhängt und die man entfliegen läßt; wie eine Schimäre, die lächelt, die ihr Frauengesicht zeigt, und die alsbald ihre Flügel entfaltet, um in einen phantastischen Himmel zurückzukehren" (*AP* 31).
[36] "[D]ieses geheimnisvolle Kabinett" (*PC* 36).

comme beaucoup de chimère, se change en réalité, elle a ses commandements et sa tyrannie auxquels il faut céder"[37] (*ap* 78). Der Metamorphose, die sich hier plötzlich vollzieht, korrespondiert ein nicht minder abrupter Wechsel der Bedeutungsebenen. Diese semantische Verschiebung führt zur Ausgangsfrage nach dem 'Ursprung' der *Comédie humaine* zurück. Während zuvor noch mit beachtlichem rhetorischen Aufwand die oben genannten Isotopien des Erhabenen, Visionären und Phantastischen bemüht worden sind, formuliert der Text nur wenige Sätze später lakonisch sein zentrales, naturwissenschaftlich fundiertes Thema: "Cette idée vint d'une comparaison entre l'Humanité et l'Animalité"[38] (*ap* 78). Balzacs "Avant-Propos" verfolgt strukturell homologe Strategien wie der elf Jahre zuvor veröffentlichte Roman *La Peau de chagrin*, denn beide Texte lassen, jeder auf seine Weise, erhabene und naturwissenschaftliche Diskursebenen unvermittelt aufeinandertreffen.

Im Zentrum dessen, was das "Avant-Propos" im folgenden ausführt, steht die Debatte zwischen zwei ihrerzeit prominenten Naturwissenschaftlern, Cuvier und Geoffroy de Saint-Hilaire, die in den zwanziger und dreißiger Jahren des neunzehnten Jahrhunderts weit über die Grenzen Frankreichs hinaus unter zahlreichen, teils namhaften Intellektuellen für Aufsehen gesorgt hatte.[39] Die Debatte ist noch zu Lebzeiten der beiden Kontrahenten zu einem Konflikt zwischen zwei diametral einander entgegengesetzten 'Schulen' stilisiert worden, einer empirischen *école des faits* (Cuvier) und einer spekulativen *école des idées* (Geoffroy).[40] Beide Wissenschaftler, insbesondere Cuvier, haben nachweislich zu dieser Stilisierung beigetragen.[41] Worum es im Rahmen der Debatte zunächst

---

[37] "Aber die Schimäre wandelt sich wie viele Schimären zur Wirklichkeit; sie übt eine Herrschaft und Tyrannei aus, der man gehorchen muß" (*AP* 31).

[38] "Die vorliegende Idee entsprang einem Vergleich zwischen dem Menschlichen und dem Tierischen" (*AP* 31).

[39] In seiner Monographie *The Cuvier-Geoffroy Debate: French Biology in the Decades before Darwin* (New York and Oxford, 1987) hat Toby A. Appel die Vorbedingungen und den Verlauf der Debatte präzise und detailreich rekonstruiert. Im siebten Kapitel der Monographie geht Appel zudem auf zeitgenössische literarische Rezeptionen der Debatte, u. a. von Balzac und George Sand, ein (pp. 175–201).

[40] Zu dieser im neunzehnten und zwanzigsten Jahrhundert weit verbreiteten Sicht der Debatte vgl. William Coleman, *Georges Cuvier, Zoologist: A Study in the History of Evolution Theory* (Cambridge, Massachusetts, 1964), pp. 151–52.

[41] So formuliert Cuvier gleich zu Beginn seiner *Histoire naturelle des poissons* (4 vols [Paris, 1828], I, 1) das folgende prägnante Credo, mit dem er sich implizit gegen Geoffroys

und in erster Linie geht, ist die Frage, wie, also unter welchen methodischen Prämissen, die Anatomie eines Tieres, gleich welcher Gattung oder Art, adäquat beschrieben und erklärt werden könne.[42] Geoffroys morphologischer, nicht selten auch als 'transzendental' bezeichneter Ansatz grenzt sich radikal ab von den Verfahren seines ehemaligen Mitstreiters, die es weiter unten auf der Basis von Cuviers bekanntester Studie noch ausführlich darzustellen gilt.[43] In seiner *Philosophie anatomique* aus dem Jahre 1818 ist Geoffroy darum bemüht, die Disziplinen der vergleichenden Anatomie und der Naturgeschichte auf ein neues, einheitliches Prinzip zu gründen, das an die Stelle der Beschreibungs- und Klassifikationsversuche treten soll, wie sie im achtzehnten Jahrhundert vorgenommen worden sind. Er stellt darin die These auf, daß die Anatomien aller bekannten Wirbeltiere, von den Fischen bis hin zu den Säugetieren, auf eine einzige, empirisch nicht erfaßbare Urform zurückzuführen seien. Das Konzept der "unité de composition," das Geoffroy hier entwickelt und zu Beginn der zwanziger Jahre auch auf wirbellose Tiere zu übertragen versucht,[44] ist zentraler Bestandteil dessen, was im Frankreich und England des neunzehnten Jahrhunderts "philosophical" oder eben auch "transcendental anatomy" heißt.[45] Cuvier erhebt Einspruch gegen dieses abstrakte Konzept, das seines Erachtens nicht stichhaltig zu begründen ist. In der Einleitung zu seiner vierbändigen *Histoire naturelle des poissons* polemisiert er gegen Geoffroy und andere 'spekulative' Naturwissenschaftler und macht ihnen zum Vorwurf, mehr Dichter als Beobachter ("plus poète qu'observateur"[46]) zu sein. Wenige Jahre

---

vorgeblich spekulative Fassung der Naturgeschichte richtet: "L'histoire naturelle est une science de faits."

[42] Vgl. Coleman, *Georges Cuvier*, p. 43, und Appel, *The Cuvier-Geoffroy Debate*, pp. 2–4.

[43] Zum Ansatz Geoffroys vgl. Appel, *The Cuvier-Geoffroy Debate*, 69–104, und Peter J. Bowler, *Fossils and Progress: Paleontology and the Idea of Progressive Evolution in the Nineteenth Century* (New York, 1976), pp. 22–28.

[44] Vgl. Appel, *The Cuvier-Geoffroy Debate*, p. 4.

[45] Zur Entstehung und Rezeption der "philosophical anatomy" in Frankreich und England vgl. Appel, *The Cuvier-Geoffroy Debate*, pp. 90–104, sowie Adrian Desmond, *The Politics of Evolution. Morphology, Medicine and Reform in Radical London* (Chicago and London, 1989), pp. 8–10, pp. 51–59. Der bei weitem bekannteste und einflußreichste Repräsentant der 'philosophischen Anatomie' im England der mittviktorianischen Zeit ist Richard Owen, dessen Ansatz Adrian Desmond in seiner Studie *Archetypes and Ancestors: Paleontology in Victorian London, 1850-1875* ([London, 1982], pp. 19–55) unter Berücksichtigung relevanter sozio-kultureller Kontexte anschaulich darstellt.

[46] Cuvier, *Histoire naturelle*, I, 551.

später wendet *La Peau de chagrin* diesen Vorwurf, indem Balzac ihn zugleich in ein Kompliment verkehrt, auf seinen Urheber zurück, ohne dabei auf Cuviers Polemik Bezug zu nehmen, und erklärt den Widersacher Geoffroys nachdrücklich zum "plus grand poète de notre siècle" (pc 92).

Das Konzept der "unité de composition" bildet den zentralen programmatischen Referenzpunkt des "Avant-Propos."[47] Dieses versäumt nicht, den wissenschaftlichen Kontext zu bezeichnen, aus dem es sich herleitet. Geoffroys theoretischem Selbstverständnis setzt Balzac jedoch zugleich die These entgegen, daß "la grande querelle," der fast schon legendäre Streit zwischen Cuvier und Geoffroy, keineswegs "sur une innovation scientifique"[48] (*AP* 78) beruht habe.[49] Balzacs Text unternimmt den Versuch, Geoffroys Konzept innerhalb einer langen Tradition zu verorten, die auch "les plus grands esprits des deux siècles précédents"[50] (*ap* 78) umfaßt. Naturwissenschaftler und Philosophen wie etwa Buffon und Leibniz werden ihr zugeordnet, aber auch mystische Schriftsteller, "qui se sont occupés des sciences dans leurs relations avec l'infini"[51] (*ap* 78).[52] Indem die "Vorrede" so unterschiedliche Autoren wie zum Beispiel Buffon und Swedenborg gleichwertig nebeneinander stellt und sie als Vorläufer eines zeitgenössischen biologischen Projektes ausweist, blendet sie, ungeachtet aller offenkundigen Differenzen, Naturwissenschaft und Mystik ineinander. Damit vollzieht der Text in explikativer Form, was auf narrativer Ebene in Romanen wie *La Peau de chagrin* und vor allem *Louis Lambert*, von dem später noch die Rede sein wird, ebenfalls zu beobachten ist.

Um zu erläutern, welche Prämisse dem Programm der *Comédie humaine* zugrunde liegt, zitiert das "Avant-Propos" eine zentrale Hypothese Geoffroys, ohne sie als Zitat kenntlich zu machen, und überführt sie in (mystische) Theologie: "Il n'y a qu'un animal. Le créateur ne s'est servi que d'un seul et même

---

[47] Vgl. Demetz, "Balzac and the Zoologists," pp. 402–4; Wehle, "Littérature des Images," pp. 61–63; Gerhardi, "Balzac et le modèle biologique," p. 267.

[48] "Es wäre ein Irrtum, wollte man glauben, der große Streit, der sich vor einiger Zeit zwischen Cuvier und Geoffroy Saint-Hilaire entspann, habe auf einer neuen wissenschaftlichen Entdeckung beruht" (*AP* 31).

[49] Geoffroy hingegen war der Überzeugung, daß die "unité de composition" am Beginn einer neuen wissenschaftlichen Ära stehe. Vgl. Appel, *The Cuvier-Geoffroy Debate*, p. 69.

[50] "[D]ie größten Geister der beiden vorhergehenden Jahrhunderte" (*AP* 31).

[51] "[D]ie sich mit den Wissenschaften in ihren Beziehungen zum Unendlichen befassen" (*AP* 31–32).

[52] Zu den diversen wissenschaftlichen und mystischen Autoritäten, auf die Balzac sich beruft, vgl. Auerbach, *Mimesis*, pp. 442–43.

patron pour tous les êtres organisés"[53] (*ap* 78). Geoffroys Diktum "il n'y a qu'un animal," das aus dem *Fragment sur la nature* stammt,[54] wird in der ersten Fassung der "Vorrede" noch ergänzt und erweitert durch Balzacs parallele, ebenso pauschale These "il n'y a qu'un homme;"[55] alle späteren Fassungen verzichten auf diese Ergänzung. Balzac gibt vor, Geoffroys "système" verinnerlicht zu haben, "bien avant les débats auxquels il a donné lieu," und folglich erkannt zu haben, "[que] la Société ressemblait à la Nature"[56] (*ap* 78). Hier kommt die zentrale Strategie des "Avant-Propos" zum Einsatz. Der Text verfolgt das Ziel, ein (seinem eigenen Urteil zufolge keineswegs) modernes zoologisches Konzept in eine gesellschaftstheoretisch fundierte Theorie des Romans zu übersetzen. Dieses Ziel, das, anders formuliert, darin besteht, eine Symbiose zwischen zwei traditionell gegensätzlichen Diskurstypen, 'Naturwissenschaft' und 'Literatur', herzustellen, versucht er dadurch zu erreichen, daß er 'Natur' und 'Gesellschaft' ausführlich miteinander vergleicht und dabei fortlaufend Analogien aufzeigt.[57] "La Société," so fragt er zunächst rhetorisch, "ne fait-elle pas de l'homme, suivant les milieux où son action se déploie, autant d'hommes différents qu'il y a de variété en zoologie?"[58] (*ap* 78) Die Frage erscheint ihm deshalb berechtigt und theoretisch naheliegend, weil soziale und biologische "milieux" gleichermaßen prägend sein sollen für die jeweiligen Entwicklungsprozesse von Mensch und Tier.[59] Es folgt eine heterogene, dem Anspruch nach durchaus umfassende Auflistung von Tätigkeiten und Berufen,

---

[53] "Es gibt nur ein Tier. Der Schöpfer hat sich für alle organischen Wesen nur eines einzigen Musters bedient" (*AP* 31–32).

[54] Étienne Geoffroy Saint-Hilaire, *Fragment sur la nature* (Paris, 1828), p. 27. Vgl. auch Demetz, "Balzac and the Zoologists," p. 409.

[55] Vgl. Demetz, "Balzac and the Zoologists," p. 409, der in diesem Beitrag auch die Entwicklung der "l'unité de composition" sowie deren unterschiedliche Fassungen ("plan unique," "le type primordial" etc.) im Werk Geoffroys aufarbeitet (vgl. pp. 403–4).

[56] "Da ich von diesem System durchdrungen war, längst ehe es zu all den Streitigkeiten Anlaß gab, so erkannte ich, daß die Gesellschaft in dieser Hinsicht der Natur glich" (*AP* 32).

[57] Zu dieser Strategie, an der sich das gesamte Programm der *Comédie humaine* festmachen läßt, vgl. Auerbach, *Mimesis*, pp. 442–44; Wehle, "Littérature des Images," pp. 61–62; Gaillard, "La Science," pp. 64–65; Gerardi, "Balzac et le modèle biologique," pp. 263–67.

[58] "Macht nicht auch die Gesellschaft aus dem Menschen je nach den Umgebungen, in denen sein Handeln sich entfaltet, ebenso viele verschiedene Menschen, wie es in der Zoologie Variationen gibt?" (*AP* 32)

[59] Zur programmatischen Analogisierung der "Espèces Zoologiques" und der "Espèces Sociales" vgl. Auerbach, *Mimesis,* pp. 440–43; Gaillard, "La Science," p. 66; Gerhardi, "Balzac et le modèle biologique," p. 264.

in der weder der gesellschaftlich angesehene "homme d'État"[60] (*ap* 78) noch der gemeinhin geächtete "oisif"[61] (*ap* 78) fehlt. Kein Zweifel besteht für Balzacs Text daran, daß diese Tätigkeiten und Berufe, deren Aufzählung sich über mehrere Zeilen erstreckt, in vielfacher, zumal struktureller Hinsicht den Gattungen des Tierreichs entsprechen. Überall dort, wo gesellschaftstheoretische und zoologische Bestandsaufnahmen unabhängig voneinander Differenzen ausmachen, glaubt die "Vorrede" Korrespondenzen feststellen zu können. Sie stellt schließlich die folgende Gleichung auf, für die sie nachdrücklich zeitlose Gültigkeit einfordert: "Il a donc existé, il existera donc de tout temps des Espèces Sociales comme il y a des Espèces Zoologiques"[62] (*ap* 79).

Wie schon *La Peau de chagrin*, so kommt auch das "Avant-Propos" auf einen prominenten Autor der englischen Romantik zu sprechen, Walter Scott in diesem Fall, von dem es sich, bei allem Respekt, ebenfalls programmatisch abgrenzt.[63] Der Name des Romanciers taucht in Verbindung mit dem Begriff des Typus auf, einer weiteren Zentralkategorie des Texts.[64] Während "les plus célèbres conteurs," zu denen Balzac auch Scott zählt, bis in die unmittelbare Gegenwart der 1840er Jahre hinein ihr gesamtes Talent darauf verwandt hätten, lediglich "un ou deux personnages typiques, [...] une face de la vie"[65] (*ap* 80) zu entwerfen, richtet sich der Fokus der *Comédie humaine* auf gesellschaftliche Totalität. Nicht um Einzelnes, Disparates gehe es, sondern darum, im Medium des modernen Romans "le drame à trois ou quatre mille personnages que présente une Société"[66] (*ap* 80) in Szene zu setzen. Ein solches "Drama" könne nur dann adäquat erfaßt und in Literatur überführt werden, wenn die Kategorie des Typus einer kritischen Revision unterzogen werde. Die vereinzelten "per-

---

[60] "Staatsmann" (*AP* 32).

[61] "Müßiggänger" (*AP* 32).

[62] "Es hat also ewig soziale Gattungen gegeben und wird ihrer ewig geben, wie es zoologische Gattungen gibt" (*AP* 33).

[63] Zum Verweis auf Scott, dessen historische Romane hier als Gegenmodell dienen, vgl. Auerbach, *Mimesis*, p. 444; Gaillard, "La Science," pp. 59–60.

[64] Zu dieser Kategorie vgl. die wissenschaftshistorisch fundierte Studie von Demetz, "Balzac and the Zoologists," sowie Auerbach, *Mimesis*, pp. 442–43, Wehle, "Littérature des Images," pp. 70–71, und Gerhardi, "Balzac et le modèle biologique," p. 272.

[65] "[D]enn bis auf unsere Zeit hatten die berühmtesten Erzähler ihr ganzes Talent darauf verwandt, eine oder zwei typische Gestalten zu schaffen, eine Seite des Lebens darzustellen" (*AP* 34-35).

[66] "[D]as Drama mit drei- bis viertausend handelnden Personen, wie eine Gesellschaft es darstellt" (*AP* 34).

sonnages typiques," denen Balzac in Scotts Romanen begegnet, werden infolge dieser Revision ersetzt durch eine Pluralität von Typen, wie sie dem Gegenstand der *Comédie humaine* entspreche.[67] Darüber hinaus fordert der Text, sich nicht mit der Außenseite der gesellschaftlichen Phänomene zufriedenzugeben, sondern ihnen stets im Wortsinne auf den Grund zu gehen, gleich, wie wenig transparent sie jeweils auch sein mögen. Balzacs literarisches Lebensprojekt, soweit es im Jahre 1842 realisiert worden ist, stammt aus der Feder eines Autors, der sich nicht damit begnügt, ein oberflächlicher, Traditionen des achtzehnten Jahrhunderts verpflichteter "peintre [...] des types humains," ein "conteur des drames de la vie intime," ein "archéologue du mobilier social," ein "nomenclateur des professions" oder ein "enregistreur du bien et du mal"[68] (*ap* 81) sein zu wollen. Sein Erkenntnisinteresse gilt keinem Objekt, das offen zutage liegt. Vielmehr richtet es sich auf unsichtbare, entlegene Größen, die hergeleitet, aufgedeckt und sichtbar gemacht werden sollen: auf "les raisons ou la raison de ces effets sociaux" sowie vor allem auch auf "le sens caché dans cet immense assemblage de figures, de passions et d'événements"[69] (*ap* 81).[70] In seiner "Vorrede" entwirft Balzac das Konzept eines Autors, der aufzuspüren und in Worte zu fassen vermag, was kein Literat zuvor im Blick gehabt hat, auch Walter Scott nicht. Wo für Balzac das Telos der literarischen Erkenntnis liegt, darauf weisen Kategorien wie die des "sens caché"[71] (*ap* 81) hin, und zwar auch und gerade in topographischer Hinsicht: unterhalb einer behaupteten Oberfläche, in einer bedeutsamen, genau zu ergründenden Tiefe, jenseits der Konventionen der Sichtbarkeit.

---

[67] In Anbetracht des riesigen und überaus vielfältigen Figureninventars der *Comédie humaine* "kommt," so Auerbach, "kein Leser von selbst auf den Gedanken, den er [Balzac] im Avantpropos zu vertreten scheint, daß es ihm auf den Typus 'Mensch' oder auch nur auf Arttypen ('Soldat', 'Kaufmann') ankomme" (Auerbach, *Mimesis*, p. 443).
[68] "Schilderer der menschlichen Typen, ein Erzähler der Dramen des Alltagslebens, ein Archäologe des sozialen Apparates, ein Namengeber für die Berufe und ein Registrator des Guten und Bösen" (*AP* 36).
[69] "[M]ußte ich da nicht die Ursachen oder die Ursache für all diese sozialen Wirkungen studieren? Mußte ich nicht den verborgenen Sinn in dieser ungeheuren Häufung von Gestalten, Leidenschaften und Ereignissen erhaschen?" (*AP* 37)
[70] Gerhardi macht den Vorschlag, Balzacs Werk als das eines Archäologen (durchaus im Sinne Michel Foucaults) zu klassifizieren, der darum bemüht sei, den "sens caché" der "effects sociaux" freizulegen und den "moteur social" zu finden (vgl. Gerhardi, "Balzac et le modèle biologique," p. 269). Vgl. ferner Wehle, "Littérature des Images," pp. 63–64.
[71] "[V]erborgenen Sinn" (*AP* 37).

In beiden Texten Balzacs, die im Rahmen dieser Arbeit bisher untersucht worden sind, fällt an zentraler Stelle der Name Georges Cuvier. Doch *La Peau de chagrin* scheint zu einem gänzlich anderen Resultat zu kommen als das "Avant-Propos," was die Bewertung des wissenschaftlichen Unternehmens betrifft, für das dieser im neunzehnten Jahrhundert nicht nur in Frankreich klangvolle Name steht.[72] Während Cuvier einerseits zum "Dichter" gekrönt und ihm das Verdienst zugeschrieben wird, einen neuen, revolutionären Zeitbegriff etabliert zu haben, wird ihm andererseits bescheinigt, in der Debatte mit Geoffroy seinem Gegner eindeutig unterlegen gewesen zu sein (vgl. *AP* 78). Zeitgenössische naturwissenschaftliche Konzepte und Theorien, wie sie in Frankreich vor, während und nach der Debatte zwischen Cuvier und Geoffroy hervorgebracht und diskutiert werden, halten Einzug in Balzacs *La Peau de chagrin* wie auch in dessen "Avant-Propos." Sie sind für beide Texte modell- und strukturbildend, wobei sie zugleich den Punkt markieren, auf den Balzac die gesamte *Comédie humaine* zurückführt. Wenn die "Vorrede" postuliert, den "sens caché" (*ap* 81) zu suchen, der den gesellschaftlichen Phänomenen zugrunde liegen soll, oder wenn im ersten Teil des *Chagrinleders* ein Antiquitätengeschäft betreten, zeitliche Grenzen überschritten und Totes wieder zum Leben erweckt wird, so führt der Weg weit hinaus über das, was 'von außen' und 'an der Oberfläche' sichtbar ist. Nach dem Urteil des "Avant-Propos" stellt Geoffroy "le vainqueur de Cuvier" dar, "dont le triomphe a été salué par le dernier article qu'écrivit le grand Gœthe"[73] (*ap* 78).[74] Die vorliegende Arbeit verzichtet darauf, zu entscheiden, wer aus der Debatte tatsächlich als 'Sieger' hervorgegangen ist. Statt dessen möchte sie im folgenden den Nachweis dafür erbringen, daß zwischen Cuviers anatomischen und paläontologischen Verfahren und literarischen Schreibweisen, wie sie in

---

[72] Zur Popularität Cuviers in der ersten Hälfte des neunzehnten Jahrhunderts vgl. Appel, *The Cuvier-Geoffroy Debate*, p. 43 und pp. 175–201. Balzac selbst weist auf Goethe hin (vgl. *AP* 32), der die Debatte mit großem Interesse direkt vor Ort, in der Pariser *Académie des Sciences*, verfolgt hat.

[73] "[D]er in dieser Streitfrage der Wissenschaft über Cuvier siegte und dessen Triumph durch den letzten Aufsatz begrüßt wurde, den der große Goethe schrieb" (*AP* 32).

[74] Der Text bezieht sich hier wahrscheinlich auf Goethes 1832 veröffentlichte Schrift *Principes de philosophie zoologique*. Während Goethe in früheren Studien wie dem "Ersten Entwurf einer allgemeinen Einleitung in die vergleichende Anatomie" aus dem Jahre 1795 Geoffroys 'universalistischen' Ansatz für seine Zwecke fruchtbar zu machen versucht (Johann Wolfgang Goethe, *Werke*, ed. Erich Trunz, 14 vols [München, 1981], XIII, 219–50), unternimmt Goethe hier hingegen den Versuch, Geoffroys und Cuviers Positionen einander anzunähern.

Frankreich und nicht zuletzt auch, seit den fünfziger Jahren, im viktorianischen England hervortreten, enge methodische und intertextuelle Zusammenhänge bestehen. Dies gilt in erster Linie für Texte, in denen Spuren gelesen, Tathergänge rekonstruiert und Geheimnisse aufgedeckt werden. Um die vielfältigen Relationen erfassen und beschreiben zu können, die zwischen Cuviers wissenschaftlichen Verfahren und literarischen Praktiken des neunzehnten Jahrhunderts herzustellen sind, ist zunächst auf Geoffroys Rivalen näher einzugehen.

Wenn im Juni des Jahres 1793 in Paris der *Jardin du Roi* umgetauft und verwandelt wird in das *Muséum National d'Histoire Naturelle*, findet ein Transformationsprozeß statt, der sich für die Entwicklung der französischen Naturwissenschaften um und nach 1800 als ebenso signifikant wie folgenreich erweist.[75] Erstmals besteht offiziell die Möglichkeit, Zoologie zu studieren, eine Disziplin, die vor der Gründung des *Muséum* nirgendwo in Frankreich gelehrt wurde.[76] Der Transformation auf institutioneller Ebene korrespondieren nicht minder radikale epistemologische Umbrüche. Diese sind vorwiegend im Kontext jener Wissenschaften zu beobachten, die der Anatom, Zoologe und Paläontologe Cuvier teils grundlegend reformiert, teils neu begründet. Seit 1795 am *Muséum* wissenschaftlich tätig, verfaßt Cuvier viele seiner Studien an einem Ort, wo er in Form von Ausstellungsobjekten reichlich Forschungsmaterial vorfindet;[77] so auch die in den Jahren 1800 bis 1805 veröffentlichten *Leçons d'anatomie comparée*. Das fünf Bände umfassende, enzyklopädisch angelegte Werk basiert auf Vorträgen, die Cuvier in seiner Funktion als Professor für vergleichende Anatomie am *Muséum* hält.[78] Wenngleich die *Leçons* an eine wissenschaftliche Tradition anknüpfen, die sich bis in die Antike zurückverfolgen läßt,[79] bilden sie die Grundlage für ein Forschungsprojekt, das mit dieser Tradition radikal bricht. Anders als frühere Studien zur vergleichenden Anatomie, die sich primär an Mediziner richten, sind die *Leçons* in erster Linie im Kontext der Naturgeschichte und der neuen zoologischen Wissenschaft zu

---

[75] Vgl. Appel, *The Cuvier-Geoffroy Debate*, pp. 16–19.
[76] Vgl. Appel, *The Cuvier-Geoffroy Debate*, p. 13.
[77] Vgl. Appel, *The Cuvier-Geoffroy Debate*, pp. 34–39.
[78] Zu Cuviers *Leçons* und den darin entwickelten Ansatz vgl.: Coleman, *Georges Cuvier*, pp. 44–73; Appel, *The Cuvier-Geoffroy Debate*, pp. 40–68. Foucault, der im zweiten Teil von *Les mots et les choses* Cuvier ein eigenes Kapitel widmet, soll später zur Sprache kommen.
[79] Zur vergleichenden Anatomie vor Cuvier vgl. F. J. Coles bereits 1944 publizierte Monographie *A History of Comparative Anatomy: From Aristotle to the Eighteenth Century* (London).

verorten.[80] Was Cuviers monumentales Werk, nach dem Urteil William Colemans "the first truely complete work in the history of comparative anatomy,"[81] von Arbeiten anderer vergleichender Anatomen fundamental unterscheidet, ist zum einen sein Anspruch, den Aufbau sämtlicher um 1800 in Europa bekannten Tiere ausführlich und präzise zu beschreiben.[82] Zum anderen grenzt sich Cuvier durch das Verfahren, das er hier entwickelt, von seinen wissenschaftlichen Vorläufern ab. Während sich die vergleichende Anatomie zuvor durch morphologische Beschreibungen und Klassifizierungen ausgezeichnet hat, gilt das Interesse der *Leçons* funktionalen Zusammenhängen.[83] Ein tierischer Organismus, wie Cuvier ihn begreift, stellt eine homogene Totalität dar, dessen einzelne Teile in genau zu bestimmenden funktionalen Korrelationen zueinander stehen. Diese "corrélation des formes," so der Wortlaut des ersten anatomischen Gesetzes,[84] bilden das Paradigma, auf das Cuvier auch in anderen Texten immer wieder verweist. Sie spielen überall dort eine zentrale Rolle, wo Cuvier darum bemüht ist, die wechselseitig aufeinander bezogenen Funktionen der Organe und anatomischen Strukturen zu bestimmen, aus denen ein Tier besteht. Das zweite anatomische Gesetz, das unter dem Schlagwort von der "subordination des formes" firmiert, ist insofern grundlegend für Cuviers Ansatz, als es dazu dient, die verschiedenen Organe und ihre jeweiligen Funktionen hierarchisch zu ordnen.[85]

Wie Cuvier in seinen *Leçons* wiederholt betont, gilt das Hauptaugenmerk des Textes inneren Strukturen.[86] In einem Brief, der an Bernard Germain Étienne Lacépède, einen ebenfalls am *Muséum* lehrenden Zoologen, gerichtet und dem dritten Band der *Leçons* vorangestellt ist, stellt er die These auf, "qu'il est impossible d'obtenir une bonne méthode dans l'histoire naturelle des animaux, sans consulter, sans étudier profondément leur structure intérieure."[87] In diesem

---

[80] Vgl. Appel, *The Cuvier-Geoffroy Debate*, p. 4 und pp. 42–43.

[81] Coleman, *Georges Cuvier*, p. 62.

[82] Vgl. Georges Cuvier, *Leçons d' anatomie comparée*, 5 vols (Paris, 1805), III, xvii; vgl. ferner Coleman, *Georges Cuvier*, p. 62.

[83] Vgl. Coleman, *Georges Cuvier*, p. 43 und pp. 46–51; Appel, *The Cuvier-Geoffroy Debate*, p. 11 und p. 33.

[84] Das Gesetz wird im ersten Band der *Leçons* (I, 45–60) in dem Abschnitt "Tableau des rapports qui existent entre les variations des divers systèmes d'organes" formuliert.

[85] Zu den beiden anatomischen Gesetzen Cuviers vgl.: Coleman, *Georges Cuvier*, pp. 3, 43, 50 und 67; Appel, *The Cuvier-Geoffroy Debate*, p. 12 und pp. 42–43.

[86] Vgl. Coleman, *Georges Cuvier*, p. 53.

[87] Georges Cuvier, *Leçons d'anatomie comparée*, 5 vols (Paris, 1805 [1800]), III, xxvii.

Brief benennt Cuvier jenen Ort, an dem sich die wichtigsten Organe seiner Ansicht nach befinden: "à l'intérieur,"[88] dort, wohin die vergleichende Anatomie kaum jemals vorgedrungen sei. Cuvier setzt das Innere gegenüber dem Äußeren dominant, was er wie folgt begründet: "ceux [organes] qui l'on aperçoit audehors, sont essentiellement gouvernés et modifiés par leur rapports avec ceux dedans."[89]

An das, was Cuvier zu Beginn des dritten Bandes seiner *Vorlesungen* ausführt, läßt sich der diskursanalytische Befund anbinden, zu dem Michel Foucault in *Les mots et les choses* gelangt.[90] Foucault zeigt auf, wie Cuvier die europäischen Naturwissenschaften auch und gerade dadurch revolutioniert, daß er stets nur jenen Organen primäre Bedeutungen zuschreibt, die unterhalb der Körperoberfläche liegen. Cuvier stelle die taxonomischen Modelle des siebzehnten und achtzehnten Jahrhunderts grundsätzlich in Frage, indem er die Organe nicht länger nach ihren sichtbaren Unterschieden ordnet, sondern in Relation zu ihren (unsichtbaren) Funktionen. Seit Cuvier bestehe die Möglichkeit, Elemente zueinander in Beziehung zu setzen, "die der geringsten sichtbaren Identität ermangeln."[91] Nach Foucault verfolgt Cuvier, vereinfacht gesagt, das Ziel, essentiell Unsichtbares sicht- und begreifbar zu machen. Sektionen sind ein unverzichtbarer Bestandteil des anatomischen Programms, das Cuvier in den *Leçons* entfaltet, da sie die Räume freilegen, in denen die 'primären' Organe verborgen sind.

Foucault geht ferner davon aus, daß mit Cuvier erstmals in Europa die Bedingungen der Möglichkeit einer Biologie gegeben sind. Im Gegensatz zu den Taxonomien des siebzehnten und achtzehnten Jahrhunderts, die 'Natur' als Kontinuum und als Summe stabiler Identitäten und Differenzen fixieren, setzt Cuvier bei den organischen Funktionen an, also bei den Bedingungen für die Existenz von 'Natur' und 'Leben'. Cuvier unterlaufe die Naturgeschichte, um 'Natur' als geschichtlich denkbar zu machen. Er habe eine "dem Leben eigene Historizität" entdeckt: "die seiner Aufrechterhaltung in seinen Existenzbedingungen."[92] Daß Cuvier der 'Natur' und dem 'Leben' eine eigene, mitunter ab-

---

[88] Cuvier, *Leçons*, III, xxi.
[89] Cuvier, *Leçons*, III, xxi.
[90] Vgl. Michel Foucault, *Die Ordnung der Dinge: Eine Archäologie der Humanwissenschaften*, trans. Ulrich Köppen (Frankfurt a. Main, 1974 [1966]), pp. 322–41.
[91] Foucault, *Die Ordnung der Dinge*, p. 324.
[92] Foucault, *Die Ordnung der Dinge*, p. 337. Zur Kategorie der "conditions of existence" vgl. ferner Coleman, *Georges Cuvier*, p. 43.

gründige Geschichte verleiht, ist ein Aspekt, den diese Arbeit im folgenden genauer (und anders als Foucault) beleuchten möchte.

In seinen zoologischen und paläontologischen Studien greift Cuvier auf die Prinzipien und Verfahren zurück, die er im Rahmen seiner *Leçons d'anatomie comparée* zuvor formuliert hat. Ein Zoologe im Sinne Cuviers verfügt über umfassende und detaillierte Kenntnisse, was den inneren Aufbau der Tiere betrifft, die es zu beschreiben und klassifizieren gilt.[93] Der funktionale Ansatz der *Leçons* und die darin postulierten "corrélation des formes" sind von nicht minder basaler Bedeutung, wenn Cuvier als 'Zoologe der Vergangenheit'[94] anhand einzelner Knochen versucht, die verlorene Totalität eines tierischen Organismus zu rekonstruieren.

1812 erscheint Cuviers paläontologisches Mammutwerk, die *Recherches sur les ossemens fossiles des quadrupèdes*, in vier umfangreichen Bänden. Es enthält sämtliche Studien über archaische Vierfüßler und deren fossile Gebeine, die Cuvier bis zu diesem Zeitpunkt verfaßt hat, und ist als Basistext der modernen Paläontologie in die Wissenschaftsgeschichte des neunzehnten Jahrhunderts eingegangen.[95] Dem ersten Band der *Recherches* ist die ihrerzeit populärste und einflußreichste Schrift des Autors vorangestellt, der *Discours prélimiaire*, den Cuvier später für die zweite Auflage des Monumentalwerks (1825) überarbeitet und unter dem heute wesentlich geläufigeren Titel *Discours sur les révolutions de la surface du globe* auch eigens in Buchform publiziert.[96] 1813, ein Jahr nach der Erstveröffentlichung der *Recherches* in Frankreich, gibt der schottische Geologe Robert Jameson in England den *Essay on the Theory of the Earth* heraus, eine Übersetzung des *Discours préliminaire*, die Robert Kerr im Auftrag von Jameson besorgt hat. Diese viktorianische Standardübersetzung des *Discours* weicht von ihrer französischen Vorlage bewußt ab.[97] Da Cuvier an keiner Stelle des *Discours* eine wie auch immer begründete 'Theorie der Erde' entfaltet, erweist sich der Titel der englischen Fassung, *Essay on the Theory of the Earth*, als Etikettenschwindel. Jameson ist zudem darum bemüht, zentrale Thesen des

---

[93] Vgl. Coleman, *Georges Cuvier*, p. 38; Appel, *The Cuvier-Geoffroy Debate*, p. 42.

[94] Vgl. Coleman, *Georges Cuvier*, p. 106.

[95] Zur wissenschaftshistorischen Bedeutung der *Recherches* vgl. Martin J. S. Rudwick, *The Meaning of Fossils: Episodes in the History of Paleontology* (London and New York, 1972), pp. 131–32; Donald K. Grayson, *The Establishment of Human Antiquity* (New York and London, 1983), pp. 46–54; Peter J. Bowler, *The Invention of Progress: The Victorians and the Past* (Cambridge, Massachusetts, 1990), p. 161; Appel, *The Cuvier-Geoffroy Debate*, p. 43.

[96] Vgl. Rudwick, *Meaning of Fossils*, pp. 132–34; Bowler, *Invention of Progress*, p. 17.

[97] Vgl. dazu ausführlich Rudwick, *Meaning of Fossils*, pp. 133–36.

*Discours* viktorianischen Wissensstandards anzugleichen. Denn während Cuvier zu zeigen versucht, daß die gesamte Erdoberfläche seit ihrer Entstehung wiederholt von Überflutungen und Verwüstungen heimgesucht worden ist, läßt Jameson nur eine einzige Katastrophe globalen Ausmaßes gelten: die biblische Sintflut. Er verfolgt die Strategie, geologische Wissenschaft mit jenen Ereignissen, von denen die Mosaische *Genesis* berichtet, in Einklang zu bringen. "The deluge, one of the grandest natural events described in the Bible," stellt Jameson im "Preface" zum *Essay* fest, "is [...] confirmed, with regard to its extent and the period of its occurence, by a careful study of the various phenomena observed on and near the earth's surface."[98] Cuviers Katastrophentheorie wird im Sinne der "natural theology," einer im viktorianischen England weit verbreiteten Synthese aus Naturwissenschaft und Theologie, von einer Beschwörung der biblischen Urkatastrophe überblendet.[99] So formuliert Jameson gleich im ersten Satz des "Preface" die These, daß der biblische Schöpfungsbericht zwar unabhängig von "human observation and experience" (*TE* v) wahr sei, doch mit jenen Phänomenen übereinstimme, die im Rahmen geologischer Forschungen beobachtet worden sind (vgl. *TE* v). Im Gegensatz dazu leistet Cuviers *Discours* auf jegliche Form von Theologie entschieden Verzicht. Keinen göttlichen Plan gilt es zu entschlüsseln und/oder zu bestätigen.[100] Ohne auf eine überirdische Instanz zu verweisen, widmet sich der Text Phänomenen, wie sie sich ober- und unterhalb der Erdoberfläche dem Auge eines geologisch und paläontologisch geschulten Betrachters darbieten.

Im ersten Paragraphen legt Cuvier unter der Überschrift "Preliminary Observations" dar, worum es in seiner Studie geht:

> It is my object, in the following work, to travel over ground which has as yet been little explored, and to make my reader acquainted with a species of Remains, which, though absolutely necessary for understanding the history of the globe, have been almost uniformly neglected. (*TE* 1)

---

[98] Robert Jameson, "Preface," *Essay on the Theory of the Earth*, by Georges Cuvier, trans. Robert Kerr, with Mineralogical Notes, and an Account of Cuvier's Geological Discoveries by Robert Jameson (Edinburgh, 1971 [1813]), p. vi [weitere Zitate aus dieser Ausgabe im laufenden Text: *TE*].

[99] Zur Rezeption der Katastrophentheorie im viktorianischen England vgl. Bowler, *Fossils and Progress*, pp. 28–39.

[100] Auf Cuviers Verhältnis zur christlichen Religion und zur im zeitgenössischen England vorherrschenden Naturtheologie geht Appel ausführlich ein (vgl. Appel, *The Cuvier-Geoffroy Debate*, pp. 53–59).

Die Metaphorik des Reisens und Entdeckens, hier erstmals verwendet, durchzieht leitmotivisch den gesamten *Essay*. Cuvier erhebt den Anspruch, in und mit seinem Text wissenschaftliches Neuland zu betreten, um auf diese Weise Räume zu erschließen und zu durchqueren, denen zuvor kaum Beachtung entgegengebracht worden ist. Er entwirft sich als Ent-decker von Fragmenten, die aus einer weit zurückliegenden, prähistorischen Zeit stammen und dazu dienen, längst Vergangenes wieder zu vergegenwärtigen. Cuviers Interesse gilt 'Überresten' ("Remains"), Bruchstücken zerstreuter Ganzheiten, anhand derer eine Geschichte erstmals vollständig, vom Anfang bis zur Gegenwart, aufgedeckt und (nach-)erzählt werden soll. Was diese "Remains" generell auszeichnet, ist ihr Zeichencharakter; die Majuskel deutet bereits auf allegorisches Potential hin. Denn zum Verständnis der "history of the globe" können die Bruchstücke nach Cuvier nur dann beitragen, wenn sie als Zeichen begriffen und gelesen werden.[101]

Auf die Lesbarkeit der Fossilien kommt der Text im zweiten Abschnitt erstmals ausdrücklich zu sprechen. Hier schreibt Cuvier sich selbst das Verdienst zu, eine 'Kunst' ins Leben gerufen zu haben, die bis zur Veröffentlichung des *Essay* allerorten "almost unknown" (*TE* 2) gewesen sei. Es handelt sich um

> the art of decyphering and restoring these remains, of discovering and bringing together [...] the scattered and mutilated fragments of which they are composed, of reproducing, in all their original proportions and characters, the animals to which these fragments formerly belonged. (*TE* 1)

Dem Katalog zufolge, den Cuvier hier entfaltet, besteht die 'Kunst' eines modernen Paläontologen zum einen darin, Fragmente zu sammeln, zu ordnen und zu entziffern, um zum anderen Totalitäten wiederherzustellen, von denen lediglich eben diese Fragmente überliefert sind. So verstreut ("scattered") und verstümmelt ("mutilated") die Fossilien auch sein mögen, für Cuvier stellen sie Zeichen dar, die, richtig gelesen, Tiere wieder zum Leben erwecken können, die

---

[101] Den gesamten Text hindurch entwirft Cuvier sich als Leser von Zeichen, die auf vergangene Ereignisse und deren Geschichte zurückverweisen. So heißt es zum Beispiel an einer Stelle in bezug auf die bereits erwähnten globalen Katastrophen: "Every part of the globe bears the impress of these great and terrible events so distinctly, that they must be visible to all who are qualified to read their history in the remains which they have left behind" (*TE* 17). Hier wird sicht- und lesbar, was selbst buchstäblich gezeichnet ist.

längst ausgestorben sind.[102] Indem Cuvier Bruchstücke sichtet, sammelt und entziffert, geht er Tätigkeiten nach, die – auch aus seiner Sicht – denen eines Antiquars gleichen: "antiquary of a new order" (*TE* 1), so die Berufsbezeichnung, die am Beginn des Abschnitts steht – der Paläontologe als Antiquar, der Dinge ausgräbt und vor der Bedeutungslosigkeit bewahrt, zu der sie ansonsten, unterhalb der Erdoberfläche, unwiderruflich verurteilt gewesen wären. In *La Peau de chagrin* baut Balzac eine strukturell homologe Konstellation auf. Auch in diesem Text kreuzt er zwei Dingkulturen, eine antiquarische und eine paläontologische, miteinander, auch hier stehen Kuriositätensammlungen und ausgegrabene Fossilien metaphorisch füreinander ein. Im ersten Teil des Romans trifft Raphael de Valentin auf einen einhundertundzwei Jahre alten Antiquar (vgl. *pc* 104-5), der sich seiner eigenen Auskunft nach darauf versteht, "des journées délicieuses" zu verbringen, indem er einer gleichermaßen kontemplativen wie evokativen Tätigkeit nachgeht: "en jetant un regard intelligent dans le passé, j'évoque des pays entiers, des sites, des vues de l'Océan, des figures historiquement belles!"[103] (*pc* 106) Bereits in *La Peau de chagrin* begegnet der Prozeß des Sammelns, Bewahren und Lesens von Gegenständen, die aus einer fernen Vergangenheit stammen und einzig dem geschulten Blick noch bedeutsam (und sogar kostbar) erscheinen; wie Cuviers *Essay*, so stellt auch dieser Text dabei einen semantischen Konnex zur Paläontologie her. Balzacs Antiquar vermag Vergangenes zu evozieren, sei es in Gedanken, sei es in dem Kabinett, für das er metonymisch steht. Es liegt folglich nahe, diese Figur, die einem Paläontologen gleicht, in eine kulturhistorische Reihe mit Cuvier zu stellen, dem selbsternannten "antiquary of a new order" (*TE* 1).

Nachdem Cuvier den Aufbau seiner Studie erläutert hat, greift er im dritten Paragraphen ("Of the first Appearance of the Earth," *TE* 6-7) die zu Beginn des *Essay* programmatisch gesetzte Metaphorik des Reisens und Entdeckens wieder auf. Anders als zuvor tritt Cuvier in diesem Paragraph als Erzähler hervor, der wissenschaftliche Theorie in überwiegend narrativer Form vermittelt. Im Zentrum des Paragraphen steht die Figur eines neugierigen "traveller," der eine auf

---

[102] Die Tatsache, daß Tiere aussterben können, wurde bis ins neunzehnte Jahrhundert hinein beharrlich bestritten. Grayson betont, daß Cuvier der erste Wissenschaftler war, "who put an end to arguments against the possibilty of extinction" (Grayson, *Establishment of Human Antiquity*, p. 46). Vgl. dazu ausführlich ebd., pp. 43-54.

[103] "Ich verbringe köstliche Tage, wenn ich in Gedanken den Blick in die Vergangenheit schweifen lasse; ganze Länder, Landschaften, Bilder des Meeres, Gestalten von historischer Schönheit beschwöre ich herauf" (*PC* 45).

den ersten Blick idyllische Landschaft nacheinander aus zwei gegensätzlichen Perspektiven betrachtet: aus einer oberflächlichen, 'falschen' und aus einer wissenschaftlichen Perspektive, die buchstäblich in die Tiefe dringt. Zunächst wandert Cuviers Reisender durch "fertile plains where gently flowing streams nourish in their course an abundant vegetation" (*TE* 6); dort trifft er auf "a numerous population" und deren "flourishing villages, opulent cities, and superb monuments" (*TE* 6–7). Vor dem Auge des Reisenden (und dem des Lesers) wird eine eminent fruchtbare Landschaft entfaltet, in der sich natürliche Vegetation und menschliche Zivilisation prachtvoll entfalten und harmonisch nebeneinander existieren. Doch der schöne Schein trügt. Denn zum einen ist Cuviers Idylle keine 'reale'. Was als 'Natur' ausgegeben wird, erweist sich als höchst artifizielles, Konventionen der Bukolik verpflichtetes Konstrukt, das dem Topos des *locus amoenus* deutlich nachgebildet ist. Zum anderen möchte Cuviers *Essay* vor Augen führen, daß die Oberfläche der friedlich erscheinenden Erde lesbare Spuren von "successive revolutions and various catastrophies" (*TE* 7) aufweist. Die Idylle zerbricht, sobald der Reisende eine andere Perspektive, eben die eines Geologen im Sinne Cuviers, einnimmt. Der Wechsel der Perspektiven erfolgt in sowohl topographischer als auch theoretischer Hinsicht:

> But his [the traveller's] ideas change as soon as he digs into that soil which presented such a peaceful aspect, or ascends the hills which border the plain; they are expanded, if I may use the expression, in proportion to the expansion of his view; and they begin to embrace the full extent and grandeur of those ancient events to which I have alluded, when he climbs the more elevated chains whose base is skirted by these first hills, or when, by following the beds of the descending torrents, he penetrates into their interior structure, which is thus laid open to his inspection. (*TE* 7)

Indem der Reisende Hügel hinauf- oder, entlang von Sturzbächen, in die Erde hinabsteigt, weitet sich sein Blick (und mit ihm "his ideas," sein Wissen) desto mehr aus, je höher respektive tiefer er gelangt. Er bewegt sich im Raum voran, in der Zeit hingegen wandert er zurück. Ziel seiner Wanderung sind die erhabenen "ancient events," welche ihre Spuren ober- und unterhalb der Erdoberfläche hinterlassen haben. Was er am Ende erreicht, ist ein Über-Blick, dem nichts entgeht, der also auch erfaßt, was dem Wanderer zu ebener Erde prinzipiell verborgen bleibt. Voraussetzung für die sukzessive "expansion of his view" ist eine räumlich erhöhte bzw. erniedrigte Position des Betrachters. Diese Expansion des Blicks ist kulturell kodiert. Konzipiert ist sie nach dem Modell eines ästhetischen Mediums, das gegen Ende des achtzehnten Jahrhunderts in

England auftaucht und seitdem dort wie wenig später auch in Frankreich und Deutschland enorme Popularität genießt; gemeint ist das Panorama, jenes im neunzehnten Jahrhundert weit verbreitete Projekt einer prinzipiell rahmen- und virtuell grenzenlosen "Alles-Schau."[104] Wenn am 19. Juni 1787 Robert Barker, einem Porträtmaler aus Edinburg, in London ein neues ästhetisches Verfahren patentiert wird, ist zunächst noch nicht vom "Panorama" die Rede, sondern von "*La nature à coup d'œil*," dem Versuch einer "entire view of any country or situation, as it appears to an observer turning quite round".[105] In der oben zitierten Passage macht sich Cuviers *Essay* das panoramatische Verfahren, wie Robert Barker es kaum dreißig Jahre zuvor entwickelt hat, zu eigen. Er inszeniert eine geologische "Alles-Schau," eine Sicht auf die Erde, die proportional zur Position des Betrachters expandiert und einen tiefen Einblick in deren katastrophische Vergangenheit freigibt.[106] Folgt der Reisende den "beds of the descending torrents," werden ihm Innenansichten zuteil: "[H]e penetrates into their interior structure, which is thus laid open to his inspection."[107] Hier nimmt

---

[104] Zur Entstehung und Verbreitung des Panoramas im neunzehnten Jahrhundert vgl. Heinz Buddemeier, *Panorama, Diorama, Photographie: Entstehung und Wirkung neuer Medien im 19. Jahrhundert* (München, 1970), pp. 15–49; Stephan Oettermann, *Das Panorama: Die Geschichte eines Massenmediums* (Frankfurt a. Main, 1980), pp. 7–40. Zum Panorama in England und Frankreich vgl. Scott Wilcox, "Erfindung und Entwicklung des Panoramas in Großbritannien," *Sehsucht: das Panorama als Massenunterhaltung des 19. Jahrhunderts* eds Marie-Louise von Plessen *et al.* (Bonn, 1993), pp. 28–35; François Robichon, "Die Illusion eines Jahrhunderts – Panoramen in Frankreich," *Sehsucht: das Panorama als Massenunterhaltung des 19. Jahrhunderts*, eds Marie-Louise von Plessen *et al.* (Bonn, 1993), pp. 52–63.

[105] "Specification of the Patent granted to Mr Robert Barker, of the City of Edinburg, Portait-Painter; for his Invention of an entire new Contrivance or Apparatus, called by him *La Nature à Coup d'Œil*." Zitiert in: Buddemeier, *Panorama, Diorama, Photographie*, p. 163.

[106] In seiner 1776 veröffentlichten *Voyages dans les Alpes* entwirft Horace-Bénédict de Saussure bereits das Bild eines Naturforschers, der 'die gebahnten Wege' bewußt verläßt, um dorthin zu gelangen, wo 'auf einen Blick' wenn nicht alle, so doch 'eine Vielzahl von Gegenständen' sichtbar werden: "[I]l faut quitter les routes battues et gravier sur des sommités élevées où l'œil puisse embrasser à la fois une multitude d'objets" (Horace-Bénédict de Saussure, *Voyage dans les Alpes, précédés d'un essai sur l'histoire naturelle des environs de Genève*, 4 vols [Neuchatel, 1776], I, iv). Zum Panorama "als Hilfsmittel der 'Erdwissenschaften'" vgl. Oettermann, *Das Panorama*, pp. 26–33.

[107] Der grammatische Bezug des Pronomen "their" ist hier nicht eindeutig. Es kann sowohl mit den zitierten "chains" und "hills" als auch mit "those ancient events" in Verbindung gebracht werden.

der Reisende die Gestalt eines geologischen Inspektoren an, eines Anatomen der Erde, der innere Strukturen freilegt und durchdringt. Dabei gibt der Text zu erkennen, daß er auf Verfahren und Prinzipien rekurriert, wie Cuvier sie im Kontext seiner *Leçons* entwickelt hat. Was auch immer erforscht wird, ob es Tiere sind (auch solche, von denen lediglich fossile Bruchstücke vorhanden sind), oder ob es die Erde ist – das Interesse gilt "interior structure[s]."
Eindringlich fordert Cuvier dazu auf, Grenzen zu überschreiten, die seiner eigenen Auskunft nach über Jahrhunderte hinweg von keiner Instanz jemals grundsätzlich in Frage gestellt worden sind. Wie er gleich im ersten Satz seines *Essay* betont, soll ein Terrain betreten und erforscht werden, "which has as yet been little explored" (*TE* 1). Daß es Cuvier dabei nicht primär um räumliche Grenzen geht, zeigt die folgende rhetorische Frage:

> Would it not [...] be glorious for man to burst the limits of time, and, by a few observations, to ascertain the history of this world, and the series of events which preceded the birth of the human race? (*TE* 4)

Mittels eines heroischen Aktes sollen zeitliche Grenzen 'gesprengt' und vergangene Ereignisse rekonstruiert werden. Letztere trugen sich zu, lange bevor die Bedingungen der Möglichkeit von 'Kultur' (und somit zugleich von 'Gedächtnis') gegeben waren. Anhand von zeichenhaften Spuren soll rekonstruiert werden, woran sich niemand erinnern kann. Um seiner Forderung, über "the limits of time" hinaus zu gelangen, Nachdruck zu verleihen, stellt der Text eine Analogie zur Astronomie her. So wie einst Kopernikus, Kepler und schließlich Newton tradierte Grenzen, "the limits of space" (*TE* 3), 'gesprengt' hätten, so soll nach dem Vorbild dieser Astronomen eine kopernikanische Wende innerhalb der Naturgeschichte vollzogen werden. "[W]e have had our Copernicuses, and our Keplers, who pointed out the way to Newton," stellt Cuvier lakonisch fest und möchte sodann wissen: "[W]hy should not natural history also have one day its Newton?" (*TE* 4) Eine für den Autor des *Essay* bereits historische Transgression dient als Modell für den Versuch, neue zeitliche Dimensionen zu eröffnen. Vor dem Hintergrund von Hans Blumenbergs Analyse der "theoretischen Neugierde" wird deutlich, was es mit Cuviers Verweis auf Kopernikus und die frühneuzeitliche Astronomie genau auf sich hat.[108] Nach Blumenberg

---

[108] Als Bezugsrahmen dient im folgenden das neunte Kapitel ("Das Interesse am innerweltlich Unsichtbaren") aus dem "Prozeß der theoretischen Neugierde." Vgl. Hans Blumenberg, *Die Legitimität der Neuzeit* (Frankfurt a. Main, 1999 [1966]), pp. 422–39.

wird im Zuge der kopernikanische Reform erstmals und gerade theoretisch Anspruch auf das erhoben, was zuvor, unter den Prämissen der antiken Physik und Kosmologie, als prinzipiell unerreichbar für die menschliche Erkenntnis erachtet worden ist. Der Raum, so wie er im sechzehnten Jahrhundert vorgestellt und erforscht wird, dehnt sich aus und gewinnt neue Dimensionen. Dies gilt bei weitem nicht nur für die Astronomie. Denn "neben der Faszination durch den gestirnten Himmel" macht Blumenberg in der frühen Neuzeit unter anderem auch "ein neues Interesse an der Tiefe" aus, "die Wißbegier nach dem, was unter der irdischen Oberfläche liegt."[109] Im Jahrhundert der kopernikanischen Reform kennt die theoretische Neugierde innerhalb der Welt (so gut wie) keine räumlichen Grenzen. So dringt sie auch in Regionen vor, die Cuviers *Essay* weiter auslotet; vom frühneuzeitlichen "Interesse an der Tiefe" nimmt der Text jedoch keine Notiz.

Wie Cuvier anfangs betont, möchte er seine Leser mit einem seines Erachtens essentiell wichtigen Fund vertraut machen, einer "species of Remains" (*TE* 1), ohne die "the history of the globe" (*TE* 1) letzten Endes nicht vollständig rekonstruiert werden könne. Welche "species of Remains" gemeint ist, und was es mit ihr auf sich hat, wird erst wesentlich später ausgeführt, nach dreiundzwanzig, zum Teil umfangreichen Paragraphen, in denen überwiegend geologische Themen verhandelt werden. Für Cuvier selbst ist der im Titel benannte Gegenstand der *Recherches* von primär paläontologischem Interesse: fossile Gebeine diverser Vierfüßler (*ossemens fossiles des quadrupèdes*) – sie sind die (oftmals ihrerseits gezeichneten)[110] Zeichen, die geordnet, gelesen und in kohärente, 'sinnvolle' Bedeutungszusammenhänge gebracht werden sollen. Deshalb gilt Cuviers Aufmerksamkeit zunächst der Frage, wo die Fossilien verborgen sind. Erst wenn berücksichtigt werde, in welchen Erdschichten welche Knochenfunde gemacht worden sind, werde ein Einblick in prähistorische Vergangenheiten, in "the revolutions which have changed the surface of the our earth" (*TE* 59), möglich.[111] Rückblickend soll die Geschichte der Katastrophen aufgedeckt werden, denen die partiell konservierten Vierfüßler einst zum Opfer fielen.

---

[109] Blumenberg, *Die Legitimität der Neuzeit*, p. 424.

[110] Im zweiten Absatz der "Preliminary Observations" ist zum Beipiel, wie gesagt, von "scattered and mutilated fragments" (*TE* 1) die Rede.

[111] Zum stratigraphischen Verfahren Cuviers vgl. das folgende Zitat aus dessen *Essay*: "In regard to the quadrupeds [...] every thing is precise. The appearance of their bones in strata, and still more of their carcases, clearly establishes that the bed in which they are found must have been previously laid dry, or at least that dry land must have existed in its immediate

Als Paläontologe verfolgt Cuvier das erklärte Ziel, anhand von Knochen oder Knochenfragmenten ausgestorbene Lebewesen in ihrer ursprünglichen, nirgends dokumentierten Gestalt derart präzise zu rekonstruieren, daß der Eindruck entstehen könnte, das jeweilige Tier stehe leibhaftig vor uns ("as if we had the entire animal before us," *TE* 101). Wie dieses Ziel zu erreichen sei, wird in Paragraph 27 ("Of the Difficulty of distinguishing the Fossil Bones of Quadrupeds," *TE* 88–103), dem in methodologischer Hinsicht zweifellos wichtigsten des gesamten Textes, dargelegt. Als Basis dient Cuvier die von ihm selbst entwickelte Variante der vergleichenden Anatomie. Wer die Prinzipien dieser Wissenschaft beherrsche, verfüge zugleich über das notwendige Wissen, um die Anatomie eines Tieres vollständig herleiten zu können; dies soll selbst dort möglich sein, wo nur ein einziger Knochen geborgen werden konnte: "a critical survey of any one bone by itself" (*TE* 95) genügt, und "a person who is sufficiently master of the laws of organic structure, may [...] reconstruct the whole animal to which that bone had belonged" (*TE* 95). Hier wird das zentrale methodische Paradigma sowohl des *Essay* als auch generell der *Recherches* erstmals explizit benannt. Ein 'kritischer', anatomisch geschulter Blick aufs Detail geht der tatsächlichen Rekonstruktion des Ganzen voraus. Welches Detail betrachtet und untersucht wird, ist von allenfalls sekundärem Interesse, weil Cuvier davon ausgeht, daß es in einem tierischen Organismus grundsätzlich keine bedeutungs- und funktionslosen Details gibt. Das Ganze ("the whole animal to which that bone had belonged") ist mit einem Netzwerk funktionaler Korrelationen überzogen, dessen Elemente mit anatomisch und paläontologisch relevanten Informationen gesättigt sind. In der homogenen Totalität des tierischen Organismus ist potentiell alles von Bedeutung, selbst fragmentarisch Überliefertes wie zum Beispiel "the extremity of a well-preserved bone" (*TE* 101) weist auf sie zurück. Doch Cuvier geht noch weiter. In einer vielzitierten Passage demonstriert er anhand eines weiteren, besonders augenfälligen Beispiels, wozu ein moderner Paläontologe seines Erachtens in der Lage ist:

> [A]ny one who observes merely the print of a cloven hoof, may conclude that it has been left by a ruminant animal, and regard the conclusion as equally certain with any other in physics or in morals. Consequently, this single foot-mark clearly indicates to the observer the forms of the teeth, of the vertebrae, of all the legbones, thighs,

---

neighbourhood. Their disappearance as certainly announces that this stratum must have been inundated, or that the dry land had ceased in that state" (*TE* 58). Vgl. hierzu allgemein Grayson, *Establishment of Human Antiquity*, pp. 48–54.

shoulders, and of the trunk of the body of the animal which left the mark. It is much surer than all the marks of Zadig. (*TE* 98–99)

Bemerkenswert, zumal aus kulturarchäologischer Perspektive, ist die Passage allein deshalb, weil Cuvier Paläontologie hier ausdrücklich und im Wortsinne als Spurensuche (bzw. -analyse) definiert, als Disziplin, die zu ebenso sicheren Resultaten komme wie die Physik oder die Moralwissenschaften.[112] Mittels genauer Beobachtung wird aus einem bloßen Hufabdruck das Tier, welches diesen hinterlassen hat, sukzessive, von den Zähnen bis zum Rumpf, 'herausgelesen'. Bemerkenswert und einer näheren Betrachtung fraglos würdig ist der zitierte Abschnitt ferner wegen des Namens, der am Ende der Passage fällt: Zadig. Cuvier nimmt auf keinen wissenschaftlichen Vorläufer Bezug, sondern auf eine literarische Figur, den unglücklichen Titelhelden von Voltaires *Zadig ou la Destinée*, genauer: auf das dritte Kapitel der 1747-48 veröffentlichten Erzählung. In diesem Kapitel, dessen Titel "Le chien et le cheval" lautet, verblüfft und verärgert Zadig seine Zeitgenossen, da es ihm gelingt, zwei verzweifelt gesuchte Tiere des babylonischen Königspaares, eine Hündin und ein Pferd, auf der Basis von Spuren minuziös zu beschreiben, ohne sie selbst je gesehen zu haben. Des Diebstahls bezichtigt und vor ein Gericht gebracht, sieht er schweren Strafen, körperlichen Züchtigungen und einer lebenslangen Verbannung nach Sibirien, entgegen. Doch unmittelbar nachdem das Urteil verkündet worden ist, tauchen beide Tiere wieder auf. Zadig wird dennoch bestraft, wenn auch deutlich weniger streng als anfangs befürchtet, "pour avoir dit qu'il n'avait point vu ce qu'il avait vu."[113] Mit dieser Urteilsbegründung bringt Voltaires satirische Erzählung eine zentrale Strategie der *Recherches* mehr als fünfzig Jahre vor deren Veröffentlichung auf eine prägnante Formel. Was Zadig noch zum Vorwurf gemacht worden ist, erhebt Cuvier nun zum Prinzip: das Vermögen, Unsichtbares, längst nicht mehr Gegenwärtiges wieder sichtbar zu machen. Cuviers Modell einer wissenschaftlich fundierten Spurensuche ist nach dem Vorbild einer literarischen Figur konzipiert, die es zugleich zu übertrumpfen gilt: "It [this single footmark, A.d.V.] is much surer than all the marks of Zadig."

---

[112] Im Sinne der Spurenwissenschaft, die Cuvier im *Essay on the Theory of the Earth* begründet, gilt das geologische Erkenntnisinteresse des Textes analog diversen "traces of revolutions" (*TE* 9).

[113] Voltaire, *Zadig ou la Destinée: Histoire orientale*, ed. and with an introd. and notes by Georges Ascoli, 2 vols (Paris, 1962 [1747]), I, 15.

"Une marque plus sûre que toutes celles de Zadig" – 1880 stellt Thomas Henry Huxley einem programmatischen Essay, dessen Titel "On the Method of Zadig. Retrospective Prophecy as a Function of Science" Voltaires scharfsinnigen Spurenleser ausdrücklich herbeizitiert, wiederum Cuviers kühne Behauptung als Motto voran. Dieser zunächst als Vortrag konzipierte, später (1893) in den Sammelband *Science and Hebrew Tradition* integrierte Text nimmt auf eine literarische Figur wie auch auf deren wissenschaftliche Rezeption in "one of the most important chapters of Cuvier's greatest work"[114] Bezug. Wer jedoch die intertextuelle Verweisspur aufmerksam zurückverfolgt, welche dem Namen der Figur eingeschrieben ist, sucht in Voltaires *Zadig* vergeblich einen Ausgangspunkt. Die unter der Überschrift "Le chien et le cheval" erzählte Geschichte ist keine Erfindung des französischen Aufklärers. Sie leitet sich vielmehr aus dem *Peregrinaggio di tre giovani figliuoli del re di Serendippo* her, einer italienischen Novellensammlung aus dem sechzehnten Jahrhundert, die Voltaire seinerseits nachweislich in einer 1719 veröffentlichten französischen Übersetzung mit dem Titel *Le voyage et les aventures de trois princes de sarendip* rezipiert hat.[115] Dementsprechend stand das dritte Kapitel des *Zadig* noch zu Lebzeiten des Autors temporär unter dem Verdacht, ein Plagiat zu sein, bei dem lediglich ein Kamel durch ein Pferd und eine Hündin ersetzt worden sei.[116] Ohne darauf hinzuweisen, knüpft Huxley mit "On the Method of Zadig" an eine literarische Tradition an, welche durch mehrere Sprachen und Jahrhunderte hindurch bis ins Italien der frühen Neuzeit zurückführt.

Was Huxleys Text an Zadig primär interessiert, ist dessen "Method," wie sie im Titel mit dem Namen der Figur assoziiert und im Untertitel "Retrospective Prophecy as a Function of Science" bereits benannt wird. "Our only real interest in Zadig" richtet sich auf "the conceptions of which he is the putative father"

---

[114] Thomas Henry Huxley, "On the Method of Zadig: Retrospective Prophecy as a Function of Science," *Collected Essays, 1893-1894*, 9 vols, IV: *Science and Hebrew Tradition*, eds Bernhard Fabian *et al.* (Hildesheim and New York, 1970 [1880]), p. 1 [künftig im laufenden Text zitiert: *MZ*].

[115] Über diesen Prätext des *Zadig* gibt Carlo Ginzburg in seiner Studie "Spurensicherung: Der Jäger entziffert die Fährte, Sherlock Holmes nimmt die Lupe, Freud liest Morelli – die Wissenschaft auf der Suche nach sich selbst" (Carlo Ginzburg, *Spurensicherungen: über verborgene Geschichte, Kunst und soziales Gedächtnis*, trans. Karl Friedrich Hauber [Berlin, 1983 (1979)], p. 83) Auskunft. Von Ginzburgs Aufsatz wird in diesem Kapitel noch ausführlich die Rede sein.

[116] Es war Élie Fréron (1718–1776), ein erklärter Feind Voltaires, der in den *Année littéraire* den Satiriker als Plagiator bloßzustellen versuchte. Vgl. Voltaire, *Zadig*, II, 32–33n23.

(*MZ* 2), weder biographische noch literarische Aspekte werden eigens behandelt. Als prätextuelle Basis dient erneut das dritte Kapitel des *Zadig*. Doch anders als im *Essay on the Theory of the Earth* wird es hier nicht beiläufig aufgerufen, sondern in einer englischen Übersetzung fast vollständig zitiert und ausgiebig kommentiert, wobei von Anfang an ersichtlich ist, welche Funktion Huxley der Geschichte von den zwei entlaufenen, nur anhand von Spuren identifizierten Tieren zuweist: Sie dient ihm als Beleg für ein Verfahren, dessen "putative father" Zadig sein soll, und das er "retrospective prophecy" nennt; eine Episode aus einem narrativen Text avanciert zum wissenschaftshistorisch wegweisenden Dokument.

Zweierlei streicht Huxleys Text hervor, wenn er auf Zadigs intellektuelle Entwicklung zu sprechen kommt, wie sie Voltaire in den ersten drei Absätzen des Kapitels "Le chien et le cheval" lakonisch beschreibt: seine "incessant and patient observation of the plants and animals about him" (*MZ* 2–3) und die mit dieser Beobachtungspraxis verknüpfte Kodierung der Wahrnehmung. Infolge ehelichen Unglücks zieht sich der Protagonist der literarischen Vorlage in ein Haus am Ufer des Euphrat zurück, um sein Glück fortan "dans l'étude de la Nature"[117] zu suchen. Indem Zadig "les propriétés des animaux & des plantes" intensiv studiert, wird ihm "une sagacité" zuteil, "qui lui découvrait mille différences où les autres hommes ne voyent rien que d'uniforme."[118] Dort, wo alle Anderen stets nur Gleiches sehen, entdeckt Voltaires beflissener Einsiedler eine hyperbolisch große Vielzahl an vormals unsichtbaren Differenzen, in Huxleys Paraphrase: "endless minute differences among objects which, to the untutored eye, appeared absolutely alike" (*MZ* 3). Aus botanischen und zoologischen Studien resultiert bei Voltaire das Vermögen, ungleich besser, differenzierter und schlicht mehr zu sehen als "the untutored eye." In *Zadig* ist die Formation eines Blicks zu beobachten, der sich als ebenso privilegiert wie mikroskopisch präzise erweist. Zunächst im Kontext naturkundlicher Studien verortet, kommt dieser Blick einen Absatz später bei dem Versuch, Spuren im Erdboden zu entziffern, erfolgreich zum Einsatz. Zadigs vorgeblich 'geschultes Auge' stellt nach Huxley einen idealtypischen Fall dar, an dem sich die moderne Wissenschaft immer dann, wenn sie sich um "retrospective prophecies" bemüht, ein Beispiel nehmen sollte.

Was ist die 'Methode Zadigs'? Auf diese Frage gibt der Text eine Antwort, nachdem er aus Voltaires satirischer "histoire orientale" ausgiebig zitiert und erläu-

---

[117] Voltaire, *Zadig*, I, 13.
[118] Voltaire, *Zadig*, I, 13–14.

tert hat, daß er "this brief excerpt" (*MZ* 5) ausschließlich unter methodologischen Gesichtspunkten betrachten möchte, als "exemplification of the nature of his [Zadig's] conclusions and of the methods by which he has arrived at them" (*MZ* 5). Im folgenden entfaltet Huxleys Studie ihre bewußt paradoxe Zentralkategorie, die im Untertitel zwar begrifflich fixierte, aber nicht definierte "retrospective prophecy." Diese stelle "a contradiction in terms" (*MZ* 6) dar, insofern der Begriff "prophecy," zumindest "in ordinary use" (*MZ* 6), auf die sprachliche Handlung des "foretelling" (*MZ* 6) verweise, sich also stets auf die Zukunft beziehe. Dem hält Huxley entgegen, daß "the essence of the prophetic operation" nicht in ihrer "backward or forward relation to the course of time" begründet liege,

> but in the fact that it is the apprehension of that which lies out of the sphere of immediate knowledge; the seeing of that which, to the natural sense of the seer, is invisible. (*MZ* 6)

Huxleys Begriff der "retrospective prophecy" basiert auf einer Inversion der Zeitstruktur. Er bezeichnet ein Verfahren, bei dem der Wissenschaftler als "rückwärts gekehrter Prophet" (durchaus im Sinne Friedrich Schlegels, dessen achtzigstes Athenäumsfragment der Text aufruft, ohne auch nur ein einziges Mal den Namen des romantischen Autors zu nennen[119]) seinen Blick zurück in ferne Vergangenheiten richtet und Aussagen über Sachverhalte trifft, die sich seiner "sphere of immediate knowledge" entziehen. Nach Huxley zeichnet sich ein "retrospective prophet" generell dadurch aus, daß er zu sehen imstande ist, was zeitlich weit entrückt und demnach eigentlich, "to the natural sense of the seer," nicht (mehr) sichtbar ist. Huxleys "retrospective prophecy" ist paradox kodiert, da sie, zumindest ihrem Begriff nach, die Ordnung der Zeit auf den Kopf stellt. Als zutiefst und offensichtlich bewußt widersprüchliches Konstrukt erweist sie sich ferner deshalb, weil sie ein wissenschaftlich avanciertes Ver-

---

[119] "Der Historiker ist ein rückwärts gekehrter Prophet" lautet vollständig das achtzigste Athenäumsfragment. Vgl. Friedrich Schlegel, *Kritische Friedrich-Schlegel-Ausgabe*, ed. Ernst Behler, 35 vols (München, 1967 [1798]), II, 182. Es erscheint allerdings in der Tat fraglich, ob es sich beim Begriff des "retrospective prophet" um ein bewußtes Schlegelzitat handelt, da "On the Method of Zadig" an keiner Stelle direkt oder indirekt auf den Autor bzw. generell auf die deutsche Romantik Bezug nimmt. Umso mehr mag erstaunen, daß zwei so unterschiedliche Autoren wie Schlegel und Huxley – offensichtlich unabhängig voneinander – im jeweils ästhetisch-philospohischen bzw. wissenschaftstheoretischen Kontext einen (fast) identischen, hochartifiziellen Terminus verwenden.

fahren bezeichnet, das einer magischen Praxis gleicht. Indiz für diese Affinität zur Magie ist bereits die keineswegs 'moderne' Berufsbezeichnung "prophet," aber auch das oben zitierte, direkt und ausdrücklich von Voltaire und Cuvier hergeleitete Postulat eines im Wortsinne übersinnlichen, übernatürlichen Sehvermögens ("the seeing of that which, to the natural sense of the seer, is invisible"). Blickt Huxleys "retrospective prophet" zurück, vollzieht er eine durch das Signalwort "beyond" angezeigte Transgression. Wie seine Kollegen, der "foreteller" und der "clairvoyant," so bewegt sich auch er, der "backteller" (*MZ* 6), außerhalb der Sphäre sichtbarer Präsenz. Daß ein "backteller" anders verfährt als ein "foreteller" und ein "clairvoyant," bestreitet der Text nicht, jedoch: "In all these cases, it is only the relation to time which alters – the process of divination beyond the limits of possible direct knowledge remains the same" (*MZ* 6).
'Zadigs Methode' im Sinne Huxleys stellt keine Methode unter vielen anderen, mindestens gleichrangigen Ansätzen dar. Sie wird vielmehr als ebenso basales wie universelles Verfahren gehandelt, dessen vormalige und gegenwärtige kulturelle Relevanz kaum zu überschätzen ist. "In fact, Zadig's method was nothing but the method of mankind" (*MZ* 8), stellt der Text schon nach wenigen Seiten fest und behauptet nicht minder apodiktisch, das in Frage stehende Verfahren sei all denen vertraut, "who have watched the daily life of nomadic people." (*MZ* 8) Huxleys Interesse gilt einer ursprünglich präzivilisatorischen, 'wilden' Kulturtechnik. Diese "methodised savagery" (*MZ* 8) hat, entsprechend modifiziert, aus seiner Sicht als Fundament jener 'zivilisierten' Wissenschaften gedient, denen es um "the reconstruction in human imagination of events" geht, "which have vanished and ceased to be" (*MZ* 9). Drei Disziplinen führt der Text als Paradigmen an: die Geschichtswissenschaft, die Archäologie und die Geologie. "On the Method of Zadig" stellt die These auf, daß diese Wissenschaften sich gegenseitig bedingen, insofern sie, logisch und zeitlich dicht aufeinander folgend, dort ansetzen, wo ihre jeweilige Vorgängerin an deren eigene Grenzen gelangt ist. Während "history" auf der "interpretation of documentary evidence" (*MZ* 9) basiert, führt die Archäologie "beyond the point at which documentary evidence fails us" (*MZ* 9); und schließlich die Geologie, "which traces back the course of history beyond the limits of archeology" (*MZ* 10). Beharrlich dringt die wissenschaftliche Neugier hier immer weiter in Bereiche vor, die "beyond" (im zeitlichen wie im epistemologischen Sinn) vormals gültiger "limits" lokalisiert sind. Einen vorläufigen Kulminationspunkt dieser zugleich vor- und rückwärts gerichteten Bewegung bildet nach Huxley die Paläontologie, als deren promi-

nentester Vertreter Cuvier auf den Plan gerufen wird. In den *Recherches* nimmt Cuvier auf seinen Vorläufer, Voltaires orientalischen Spurensucher, ausdrücklich Bezug. Mehr noch: Wer das achtbändige Riesenwerk aufmerksam studiere, finde Seite für Seite "nothing but the application of the method of Zadig" (*MZ* 18) vor. Als Grundlage eines Verfahrens, das sich seinerseits als grundlegend erweist, fungiert ein vorgeblich 'banales', alltägliches Prinzip:

> the coarse commonplace assumption, upon which every act of our daily lives is based, that we may conclude from an effect to the pre-existence of a cause competent to produce that effect. (*MZ* 7)

Wie Voltaires Erzählung ihrer Titelfigur, so schreibt Cuvier im *Discours préliminaire*, seiner im viktorianischen England unter gänzlich anderem, irreleitendem Titel bekannten Programmschrift, sich selbst die Kompetenz zu, Tiere vollständig und exakt herleiten zu können, von denen nur noch Spuren vorhanden sind. Bei Voltaire sind es vornehmlich "les traces d'un animal,"[120] die als Zeichen begriffen und erfolgreich entziffert werden. Im *Discours préliminaire* hingegen ist der Fokus auf Spuren anderen Typs gerichtet. Cuvier entwickelt hier, wie gesagt, ein Verfahren, das ihn seines Erachtens dazu ermächtigt, mittels zerstreuter Fragmente (fossilen "Remains," *TE* 1) zerbrochene Totalitäten wieder zusammenzufügen. Nach Huxley liegt dieser vielfach als magisch ausgewiesenen Technik das keineswegs originelle, im Alltag omnipräsente Prinzip der Kausalität zugrunde: Zadig wie auch Cuvier schließen von einer sichtbaren Wirkung auf deren unsichtbare Ursache. Huxley spricht der Methode, die er nach ihrem "putative father" (*MZ* 2) benennt, einen ungleich größeren Geltungsbereich zu als Voltaire und Cuvier. Er glaubt ihr überall dort begegnen zu können, wo auf der Basis von Zeichen rekonstruiert werden soll, was unwiderruflich der Vergangenheit angehört. Unabhängig davon, wie auch immer Huxleys Universalisierungsversuch rückblickend einzuschätzen sein mag, bietet es sich an, 'Zadigs Methode' mit einem anderen Verfahren in Relation zu setzen, welches ihr in mehrfacher Hinsicht korrespondiert. Seit den fünfziger Jahren taucht dieses Verfahren in der viktorianischen Literatur vermehrt (und fraglos häufiger als je zuvor) auf; es bildet das Sujet zahlloser, zum Teil inzwischen längst in Vergessenheit geratener Romane und Erzählungen, zugleich erscheint es für diese Texte in der Regel strukturbildend. Eine besonders prekäre Variante der Spurensuche ist gemeint: die Detektion.

---

[120] Voltaire, *Zadig*, I, 15.

Forschungsliteratur zur Detektion als Thema und Strukturprinzip viktorianischer Erzähltexte gibt es mehr als reichlich; Autorinnen und Autoren wie zum Beispiel Mary Elizabeth Braddon, Wilkie Collins und vor allem Arthur Conan Doyle sind ebenso zum Gegenstand literatur- und kulturwissenschaftlicher Untersuchungen gemacht worden wie generell die ihrerzeit enorm populären Gattungen der *sensation novel* und der *detection novel*. In diesem schier undurchdringlichen Dickicht von Sekundärtexten findet sich eines jedoch nicht: ein entsprechend umfassend angelegter Versuch, das Verfahren der Detektion im Kontext zeitgenössischer Natur- und Humanwissenschaften zu positionieren (allen voran der Geologie, Paläontologie und der pathologischen Anatomie) und mit Sichtweisen, Methoden und Rekonstruktionstechniken zu konfrontieren, wie sie seit zirka 1800 in Frankreich und England innerhalb dieser Disziplinen hervorgebracht, erprobt, bestätigt und/oder revidiert werden. Entscheidende Impulse für einen solchen Versuch liefert Carlo Ginzburgs "Spurensicherung."[121] Thema der kleinen Studie ist das Auftauchen eines neuen Paradigmas in den Humanwissenschaften gegen Ende des neunzehnten Jahrhunderts. Ein Detektiv (Sherlock Holmes), ein Psychoanalytiker (Sigmund Freud) und ein Kunsthistoriker (Giovanni Morelli) erweisen sich als Vertreter einer Methode, deren zentrales Merkmal der Blick fürs scheinbar unwichtige Detail ist. Sherlock Holmes kommt den Tätern auf die Schliche, indem er Indizien erkennt und deutet, über die sein treuer Begleiter Watson zumeist hinwegsieht; Freud nimmt Symptome wahr, wo Andere nur Triviales vermuten; Morelli gelingt es, aufgrund intensiver Detailstudien vermeintliche Originale als Fälschungen zu entlarven. In allen drei Fällen gilt das Interesse "unendlich feine[n] Spuren," die es ermöglichen, "eine tiefe, sonst nicht erreichbare Realität einzufangen."[122] Ginzburg bietet zunächst eine seines Erachtens naheliegende Erklärung für

---

[121] Eine englische Übersetzung der ursprünglich in italienischer Sprache verfaßten, 1979 erstmals veröffentlichten Untersuchung findet sich unter dem Titel "Morelli, Freud, and Sherlock Holmes: Clues and Scientific Method" in dem von Umberto Eco und Thomas A. Sebeok gemeinsam ediertem Sammelband *The Sign of Three: Dupin, Holmes, Peirce* (Bloomington, 1983 [1979]), pp. 81-118. Neun Jahre vor Ginzburg veröffentlicht Phyllis Rose einen knapp dreiseitigen Essay mit dem Titel "Huxley, Holmes, and the Scientist as Aesthete" (*The Victorian Newsletter*, 38 [1970], pp. 22-24), worin sie die Verfahren des Meisterdetektivs bereits mit Zadig und Huxley in Relation setzt. Rose weist demnach zwar auf Ginzburg voraus, dem dieser Essay offensichtlich nicht bekannt war, ihr allzu knapp geratener Text steht insgesamt jedoch weit hinter der "Spurensicherung" des Italieners zurück, zumal er auf jegliche kulturhistorische Perspektivierung verzichtet.

[122] Ginzburg, "Spurensicherung," p. 68.

diesen Befund an. Conan Doyle, Freud und Morelli waren ausgebildete Mediziner. Demnach könnte eine Wissenschaft modellbildend gewesen sein, "die es erlaubt, die durch direkte Beobachtung nicht erreichbaren Krankheiten anhand von Oberflächensymptomen zu diagnostizieren, die in den Augen eines Laien – etwa Dr. Watsons – manchmal irrelevant erscheinen."[123] So plausibel diese Erklärung erscheinen mag, Ginzburg läßt es nicht bei ihr bewenden und nimmt die oben gezeigte Konvergenz von kriminalistischer, psychoanalytischer und kunsthistorischer Methodik zum Anlaß dafür, die These zu formulieren, daß sich innerhalb des betroffenen Zeitraums, zwischen 1870 und 1878, in den Humanwissenschaften ein neues Paradigma durchzusetzen beginnt. Im Rekurs auf die Kriminalistik entfaltet Ginzburg die Zentralkategorie seiner Studie: das "Indizienparadigma."[124] Dieses Paradigma stütze sich auf die medizinische Semiotik,[125] seine Wurzeln hingegen reichten sehr viel weiter zurück. In einer kulturhistorischen *tour de force*, die vom klassischen Mesopotamien über die hippokratische Medizin bis zur wissenschaftlichen Analyse von Fingerabdrücken im neunzehnten Jahrhundert reicht, zeigt Ginzburg vielfältigste Kontexte auf, in denen das Indizienparadigma über Jahrhunderte und -tausende hinweg seinerseits deutliche Spuren hinterlassen hat. Cuvier, Voltaire und Huxley werden ebenfalls erwähnt.[126] Ginzburgs fraglos plausibler Ansatz, Analyseverfahren, wie sie aus der Detektivliteratur weithin bekannt sein dürften, nämlich den kriminalistisch geschärften Blick fürs Detail (oder für *clues*), aus kultur- bzw. wissenschaftshistorischer Sicht zu untersuchen, bleibt bewußt skizzenhaft. Nicht zuletzt aufgrund dieser durchaus intendierten Skizzenhaftigkeit liegt es nahe, an Ginzburgs "Spurensicherung" anzuknüpfen, sie fortzuführen und durch weitere Kontexte zu ergänzen, zumal die Studie innerhalb der Forschungs-

---

[123] Ginzburg, "Spurensicherung," p. 69.

[124] Ginzburg, "Spurensicherung," p. 69.

[125] Auf die Frage, welche möglichen Korrelationen zwischen dem Verfahren der Detektion und zeitgenössischen medizinischen, vor allem anatomischen Theorien und Praktiken bestehen könnten, wird die vorliegende Arbeit im vierten Kapitel zurückkommen.

[126] Im Zentrum steht dabei in allen drei Fällen 'Zadigs Methode'. Neben Ginzburg hat auch Umberto Eco dieses Verfahren, allerdings unter Berufung auf Charles Sanders Peirce, als Vorform bzw. Variante der Detektion interpretiert. Vgl. Umberto Eco, "Horns, Hooves, Insteps: Some Hypotheses on three Types of Abduction," *The Sign of the Three: Dupin, Holmes, Peirce*, eds Umberto Eco and Thomas A. Sebeok (Bloomington, 1983), pp. 207–12. So ist in der 1983 von Bruce Cassiday herausgegebenen Anthologie *Roots of Detection: The Art of Deduction before Sherlock Holmes* (New York, 1983) unter anderem auch das Kapitel "The Dog and the Horse" abgedruckt (pp. 26–29).

literatur zur Detektion bzw. zur Detektivliteratur bisher erstaunlich wenig Beachtung gefunden hat.[127] Ginzburg versäumt nicht, eine kulturelle Praxis zu benennen, auf die er das Indizienparadigma hypothetisch zurückführt. Es sei "fernen, vermutlich jägerischen Ursprung[s]."[128] Korrespondenzen zwischen der Jagd als einer der wahrscheinlich ältesten Kulturpraktiken überhaupt und der literarisch vermittelten Detektion, der 'Verbrecherjagd', sind bereits im viktorianischen England festgestellt worden, zu einer Zeit, als *sensation* und *detective novels* beginnen, sich als neue, ausgesprochen populäre Gattungen zu behaupten. So erscheint zum Beispiel am 18. November 1862 in der *Times* eine Rezension zu *Lady Audley's Secret*, Mary Elizabeth Braddons seinerzeit sensationell erfolgreichem Roman. E. S. Dallas, der namentlich nicht genannte Autor der Rezension, erklärt eine bestimmte Form der Lektüre zum sportlichen Freizeitvergnügen. "Tell us not that one hunt is like another," schreibt Dallas und konstatiert: "So it is; but whether over grass or over paper, it comes always new to the keen sportsman, and he who has been at the hunt oftenest enjoys it best."[129] Dallas zufolge bedarf auch die Jagd 'auf dem Papier' eines gewissen Trainings, da sie desto mehr Vergnügen bereite, je besser man in ihr geübt sei.

In Anthony Trollopes *The Eustace Diamonds*, 1873 erstmals in Buchform veröffentlicht, kommt die Spurensicherung 'auf dem Rasen' als eine der Detektion verwandte Praxis ihrerseits zur Darstellung. Am Ende des ersten Bandes begibt sich die Protagonistin des Textes, Lizzie Eustace, in Schottland auf die Jagd, wobei sich ein Großteil des bis dahin vorgestellten Figureninventars um sie herum gruppiert. Unter dem illustren Begleitpersonal macht im 37. Kapitel ein zuvor mit keinem Wort erwähnter, einzig durch seinen 'Enthusiasmus' gekenn-

---

[127] In ihrer Monographie *Entziffernde Hermeneutik: zum Begriff der Lektüre in der psychoanalytischen Theorie des Unbewußten* (München, 1991) kommt Ulla Haselstein auf Ginzburgs Vorschlag, Analysetechniken Sigmund Freuds mit denen des Detektivs Sherlock Holmes zu parallelisieren, zurück und deutet Texte Freuds und Lacans (u. a. auch dessen Studie zu Poes "Purloined Letter") als Manifestationen einer hermeneutischen Spurenwissenschaft. Vgl. dazu ferner Joachim Küchenhoff, "'Aus allen Poren dringt ihm der Verrat': Die Neugierde des Psychoanalytikers und das Geheimnis des Analysanden," *Schleier und Schwelle: Archäologie der literarischen Kommunikation*, III: *Geheimnis und Neugierde*, eds Aleida and Jan Assmann (München, 1999), pp. 191–208.

[128] Ginzburg, "Spurensicherung," p. 83.

[129] Eneas Sweetland Dallas [anon.], "Rev. Mary Elizabeth Braddon, *Lady Audley's Secret*," *The Times*, November 18 (1962), 8 (c).

zeichneter Mann dadurch auf sich aufmerksam, daß er seine mikroskopisch subtile Wahrnehmung demonstrativ unter Beweis stellt:

> One enthusiastic man, who had been lying on his belly, grovelling in the mud for five minutes, with a long stick in his hand, was now applying the point of it scientifically to his nose. An ordinary observer with a magnifying-glass might have seen a hair at the end of the stick. "He's there," said the enthusiastic man, covered with mud, after a long-drawn, eager sniff at the stick. The huntsman deigned to give one glance. "That's rabbit," said the huntsman. A conclave was immediately formed over the one visible hair that stuck to the stick, and three experienced farmers decided that it was rabbit.[130]

Trollopes "enthusiastic man" macht aus der Jagd eine Wissenschaft ("scientifically"), indem er ein fast unsichtbares Detail in Gestalt eines schlammbeschmierten Haars freilegt, fokussiert und schließlich ganz im Sinne Ginzburgs als entscheidendes Indiz dekodiert. Er ist mit einem privilegierten, buchstäblich außer-ordentlichen Geruchssinn ausgestattet. Wo das ungeschulte Auge des "ordinary observer" eines Vergrößerungsglases bedarf, um überhaupt etwas sehen zu können, genügt dem namenlosen Spurenleser "a long, eager sniff at the stick." Das zitierte Verfahren, dessen Wissenschaftlichkeit Trollope ebenso emphatisch behauptet wie ironisch überspitzt, führt ein allseits sichtbares Zeichen zutage. Es bleibt jedoch Experten, "three experienced farmers" und dem nicht minder professionellen "huntsman" Morgan, vorbehalten, die Bedeutung des "one visible hair" zu bestimmen.[131]

Trollopes Roman läßt es sich nicht nehmen, die am Ende des ersten Bandes programmatisch gesetzte Semantik der Jagd im weiteren Verlauf der Handlung wiederholt aufzugreifen und dabei zugleich in unterschiedliche Kontexte zu überführen. Nachdem im letzten Kapitel des ersten Bandes ein als "stupid" ausgewiesener Fuchs schließlich erlegt worden ist,[132] machen im zweiten Band

---

[130] Anthony Trollope, *The Eustace Diamonds*, ed. and with an introd. and notes by W. J. McCormack (Oxford, 1983 [1871–73]), I, 343 [Künftig zitiert im laufenden Text: *ED*].

[131] *The Eustace Diamonds* führen im folgenden Absatz deutlich und mit unverkennbar satirischem Impetus vor Augen, daß nur wenige Auserwählte, 'Weise' über das Wissen verfügen sollen/wollen, welches aus den Spuren eines flüchtigen Hasen destilliert wird: "He's here, my lord," said the huntsman to his noble master, "only we ain't got nigh him yet." He spoke almost in a whisper, so that the ignorant crowd should not hear the words of wisdom, which they wouldn't understand or perhaps believe" (*ED* I, 343).

[132] Vgl. *ED* I, 357: "They were off again now, and the stupid fox absolutely went back across the river. But, whether on one side or on the other, his struggle for life was now in vain." An dieser Stelle hält zudem Darwins Evolutionstheorie in Form des vergeblichen "struggle for

zahlreiche, zumeist männliche Figuren im erotischen, juristischen und nicht zuletzt kriminalistischen Sinne explizit Jagd auf sexuell begehrte, polizeilich gesuchte und/oder generell verdächtige Frauenfiguren. Lizzie Eustace, noch im Besitz der Diamanten, die seit ihrer Rückkehr aus Schottland als gestohlen gelten, kommt bereits nach wenigen Kapiteln als Täterin in Betracht. Ihr wird zugeschrieben, Repräsentanten sowohl des rechtlichen als auch des polizeilichen Ordnungssystems 'auf falsche Fährten' bringen zu wollen.[133] Daß dem Roman daran gelegen ist, den überwiegend in London verorteten Prozeß der Verbrechensaufklärung mit den zuvor ausladend geschilderten, in Schottland situierten Jagdvergnügungen semantisch zu kreuzen, wird wohl nirgends so deutlich wie im 52. Kapitel. Dort warnt ein Superintendent von Scotland Yard pauschal vor jungen Frauen, nachdem eine Hausangestellte von Lizzie Eustace unter Verdacht geraten ist, die titelgebenden Diamanten entwendet zu haben: "They look as soft as butter, and they're sly as foxes, and as quick, as quick, – as quick as greased lightning" (*ED* II, 113). Im Fall des patriarchalen Superintendent sind es keine animalischen "stupid," sondern diebische "sly foxes," die als potentielle Zielscheibe eines männlich konnotierten Jagdtriebes fungieren.[134] Vor dem Hintergrund von Ginzburgs kulturarchäologischer "Spurensicherung" gelesen, erweisen sich *The Eustace Diamonds* als geradezu klassischer Detektivroman, dessen unterschiedliche Handlungs- und Bedeutungsebenen fast ausnahmslos im Paradigma der Jagd konvergieren.

Bevor sich der Fokus dieser Arbeit erneut auf das viktorianische England und folglich zugleich auf weitere methodische und semantische Interdependenzen zwischen naturwissenschaftlichen, insbesondere evolutionstheoretischen Diskursstrategien und dem Verfahren der Detektion richtet, stehen im folgenden Kapitel noch einmal Honoré de Balzac und George Cuvier zur Diskussion. Es gilt, eine exemplarische Analyse zu einem Text zu erarbeiten, der eindeutig

---

life" Einzug in den Roman. Den strukturellen Vernetzungen zwischen detektivischem Spürsinn und evolutionstheoretischen Prämissen ist das dritte Kapitel dieser Arbeit gewidmet.

[133] So zum Beispiel in dem Brief, den Barrington Erle an Lady Glencora richtet. Vgl. *ED* II, 71–72.

[134] Tiermetaphern durchziehen den gesamten Text und begegnen nicht zuletzt auch dort, wo eine Ehe geschlossen oder allgemein das Verhältnis der Geschlechter thematisiert wird. So tröstet sich Mrs. Carbuncle bereits im dritten Kapitel vom zweiten Band mit einem Lied, dessen Zeilen "The rabbits and hares all go in pairs; And likewise the bears in couples agree" (*ED* II, 16) die Erzählinstanz programmatisch zitiert, nachdem Lucinda wenig leidenschaftlich einem Zweckbündnis mit Sir Griffin zugestimmt hat.

Strukturprinzipien des Detektivromans aufweist, ohne sich dem Genre ansonsten zuordnen zu lassen.

## 2.1. *Louis Lambert*: Knochenfragmente und "Gedankentrümmer"

> Origenes, der [...] an der Katechetenschule zu Alexandrien wirkte, vollzog eine Tat, die zwar noch unreifen jugendlichen Sinn verriet, aber zugleich auch ein herrliches Zeugnis von seinem Glauben und seiner Enthaltsamkeit gab. Er faßte das Wort 'Es gibt Verschnittene, die sich um des Himmelreichs willen selbst verschnitten haben' allzu wörtlich und unbesonnen auf. In dem Glauben, das Heilandswort zu erfüllen, und zugleich in der Absicht, damit jedem Verdachte und schändlicher Verleumdung, wie sie von heidnischer Seite wider ihn, den noch jugendlichen christlichen Lehrer von Männern und Frauen, erhoben werden könnten, den Boden zu entziehen, ließ er sich dazu hinreißen, dieses Herrenwort in die Tat umzusetzen.[135]

Wenn Louis Lambert, die Titelfigur in Balzacs gleichnamigem Roman, kurz vor seiner Hochzeit mit Pauline de Villenoix einen vergeblichen Versuch unternimmt, sich selbst zu kastrieren, verzichtet der Text auf eine explizite Darstellung zugunsten einer perspektivisch gefilterten, scheinbar beiläufigen Anspielung, die sich jedoch als überaus signifikant für den Roman und dessen narrative Organisation erweist. Monsieur Lefebure, ein Onkel Lamberts, in dessen Obhut sich der als "fou"[136] klassifizierte Protagonist befindet, erstattet dem Ich-Erzähler Bericht, als beide zufällig in einer Kutsche erstmals aufeinandertreffen. Der alte, um seinen kranken Neffen besorgte Mann behauptet, daß er ihn eines Tages gerade noch rechtzeitig ertappt habe, "heureusement au moment où il allait pratiquer sur lui-même l'opération à laquelle Origène crut devoir son talent"[137] (*ll* 590). Um zu verdeutlichen, von welcher vermeintlichen

---

[135] Eusebius Caesariensis, *Kirchengeschichte*, trans. Philipp Haeuser, *Bibliothek der Kirchenväter*, 2nd series, I: *Des Eusebius von Cäsarea ausgewählte Schriften*, 2 vols (München, 1932), II, 272.

[136] Honoré de Balzac, "Louis Lambert," *Œuvres complètes*, by Honoré de Balzac, ed. La Societé des Études Balzaciennes, 28 vols (Paris, 1961 [1836]), XX, 503–604; hier p. 588 [Weitere Zitate aus der französischen Ausgabe im Haupttext: *ll*].
Honoré de Balzac, "Louis Lambert," trans., ed., and with an introd. by Ernst Sander, *Die Menschliche Komödie*, 12 vols (München, 1998), XII, 573: "irrsinnig" [Weitere Zitate aus der deutschen Ausgabe in den Fußnoten: *LL*].

[137] "[Ich] ertappte ihn glücklicherweise in dem Augenblick, da er an sich selbst die Operation vornehmen wollte, der Origenes sein Talent zu verdanken vermeinte" (*LL* 576).

"Operation" er seinen Neffen noch rechtzeitig abhalten konnte, verweist Monsieur Lefebure auf den frühchristlichen Exegeten und Kirchenvater Origenes.[138] Mit diesem Vergleich stilisiert er Lambert, den ehemaligen Swedenborg-Leser, dem der Ich-Erzähler gleich im ersten Absatz des Romans bescheinigt hatte, schon als Kind "la mystérieuse profondeur des Écritures" verstanden zu haben und dem "Esprit Saint dans son vol à travers les mondes"[139] (*ll* 505) gefolgt zu sein, zum traurigen Zerrbild einer namhaften, nachhaltig einflußreichen Ketzer- und Märtyrerfigur.[140] Über das Ereignis, auf das Monsieur Lefebure anspielt, gibt Eusebius in seiner opulenten *Kirchengeschichte* unverschlüsselt Auskunft. Im Gegensatz zum medizinisch untersuchten 'Fall' Louis Lambert wird die 'Tat' des "noch jugendlichen christlichen Lehrer[s]" Origenes weder im letzten Moment vereitelt noch nachträglich pathologisiert.[141] Nach dem Urteil des Historikers Eusebius zeugt sie von altersbedingter 'Unreife' statt von unheilbarem 'Irrsinn' – und von einem zwar punktuellen, doch folgenschweren Mangel an Deutungskompetenz.[142] Eine biblische Sentenz (Matth. 19, 12) soll Origenes "allzu wörtlich und unbesonnen" aufgefaßt haben.[143] Zitiert nun Balzacs Roman

---

[138] In seinem Aufsatz "L'Aventure de Louis Lambert" (*L'Année balzacienne*, 11 [1971], 127–62) weist Michel Lichtlé darauf hin, daß in einer frühen, nicht publizierten Fassung des Romans statt Origenes der scholastische Philosoph Abaelard aufgerufen wird (vgl. p. 150).

[139] "Vermochte die kindliche Einbildungskraft bereits die geheimnisvolle Tiefe der Heiligen Schrift zu verstehen, konnte sie bereits dem Heiligen Geist auf seinem Flug durch die Welten folgen" (*LL* 472).

[140] Zur Biographie des Origenes, der im Jahre 254, zur Zeit der Decischen Verfolgungen, in einem Gefängnis starb, wo er zuvor gefoltert worden war, vgl. Henri Crouzel, *Origène* (Paris, 1985), pp. 17–61.

[141] In der Forschungsliteratur findet, trotz aller Vielfalt der Ansätze, im allgemeinen keine kritische Perspektivierung statt, was die massiven Pathologisierungen Lamberts angeht, welche der Roman gegen Ende betreibt. "Das Buch, das eine tiefsinnige Mystik verkünden sollte, endet als psychopathologische Studie," konstatiert bereits Ernst Robert Curtius in seiner Monographie über *Balzac* (Bern, 1951) auf der Seite 256. Um ein analoges Beispiel neueren Datums anzuführen, sei auf das Kapitel über *Louis Lambert* aus Robert Smadjas Studie *Corps et roman: Balzac, Thomas Mann, Dylan Thomas, Marguerite Yourcenar* ([Paris, 1998], pp. 37–47) hingewiesen. Hier ist von einer narrativ vermittelten "pathologie des idées" (p. 46) die Rede.

[142] Zur 'Tat' des Origenes vgl. Crouzel, *Origène*, pp. 26–28.

[143] In der *King James Version* der *Bibel* lautet sie vollständig: "For there are eunuchs, which were so born from *their* mother's womb: and there are some eunuchs, which were made eunuchs of men: and there are eunuchs, which have made themselves eunuchs for the kingdom of heaven's sake. He that is able to receive *it*, let him receive *it*" (*The Bible:*

den Kirchenvater und dessen durch Eusebius überlieferte 'Tat' herbei, ruft er damit zugleich auch jenen hermeneutischen Fehlgriff ab, den der Historiker als 'Tatmotiv' unterstellt. Monsieur Lefebures lakonischer Bericht vom Kastrationsversuch seines Neffen erscheint folglich in mehreren Hinsichten bemerkenswert: Auch wenn der Protagonist sie letzten Endes nicht ausführt, ist die von ihm intendierte "opération" als symbolische Handlung zu dechiffrieren, die ein zentrales Strukturprinzip des Romans vergegenwärtigt. Denn so wie Louis Lambert versucht, sich selbst zu verstümmeln, so erweist sich auch der Roman, der mit seinem Namen betitelt ist und vorgibt, seine Geschichte zu erzählen, als durchweg fragmentarisch organisiert.[144] Es wird im folgenden zu belegen sein, daß nahezu überall in *Louis Lambert*, auf inhaltlicher, struktureller und konzeptioneller Ebene, Konstellationen begegnen, denen die vielfältig variierte Relation 'Fragment'/'Totalität' zugrunde liegt. Deshalb gilt es zu klären, warum und zu welchem Zweck an entscheidender Stelle im Roman ausgerechnet Origenes zitativ bemüht wird: wegen seiner historiographisch verbrieften Identitäten als Bibelinterpret, Asket und vor allem Kastrat, oder vielleicht auch, weil er seit Eusebius mit der Praxis des Fehllesens konnotiert ist?

Es ist als eine für den Roman überaus bezeichnende Tatsache zu bewerten, daß dessen Entstehungsgeschichte komplizierter kaum sein könnte. Insgesamt 27 verschiedene Fassungen sind festgestellt worden;[145] keinen seiner Texte hat Balzac so oft und dabei zumeist radikal revidiert, über- und umgeschrieben wie eben jenen Roman, dessen Titelfigur mehrfach in der Forschungsliteratur mit

---

*Authorized King James Version*, eds and with an introd. and notes by Robert Carroll and Stephen Pricket [Oxford and New York, 1997], "The Gospel according to St. Matthew", p. 27).

[144] Eine psychoanalytische, durch Lacan inspirierte Lesart des Kastrationsversuchs bietet Adam Bresnick in "The Origin of the Work of Art? Corporal Fragmentation and Aesthetic Totality in Balzac's *Louis Lambert*," *Discontinuity and Fragmentation*, ed. Henry Freeman (Amsterdam, 1994), pp. 81–90 an. Nach Bresnick möchte Lambert, indem er Hand an sich legt, den Rückzug in eine vorsprachliche, präödipale Phase der Kindheit antreten. Er vollziehe einen Versuch "to pass out of the realm of signification and to enclose that realm within his body" (p. 87).

[145] Zur Entstehungs- und Editionsgeschichte des Romans vgl. Michel Lichtlé, "Histoire du texte" (*La Comédie humaine*, by Honoré de Balzac, ed. Pierre-Georges Castex, 12 vols (Paris, 1980), XI, 1470–92; Henri Evans, *Louis Lambert et la philosophie de Balzac* (Paris, 1951), pp. 23–67; Jean Pommier, "Deux moments dans la genèse de Louis Lambert," *L'année balzacienne*, 1 (1960), 87–107.

der Person des Autors identifiziert worden ist.[146] Hier seien nur wenige, zentrale Stationen innerhalb der Genese eines Textes aufgeführt, welcher bis zum Ende bewußt und demonstrativ Fragment geblieben ist: 1832 erscheint die erste Fassung unter dem Titel *Notice biographique sur Louis Lambert*; ihr folgen zunächst ein Jahr später, ergänzt durch Lamberts bruchstückhaften und kryptischen "Traité de la volonté," die *Histoire intellectuelle de Louis Lambert*, 1835 dann Balzacs *Livre mystique*, das neben einer neuen, um Briefe, die Louis Lambert an seinen Onkel schreibt, erweiterten Fassung des Textes noch die Erzählung "Les Proscrits" und den Roman *Séraphîta* enthält; 1836 veröffentlicht Balzac *Louis Lambert* erstmals im Rahmen seiner "Études philosophiques," jener Sektion der *Comédie humaine*, in welche auch die beiden anderen Texte des *Livre mystique* eingehen. Den "Études philosophiques" ist eine auf das Jahr 1834 datierte "Introduction" vorangestellt. Obschon diese ihrem Anspruch nach programmatische Einleitung nicht von Balzac selbst, sondern aus der Feder Félix Davins, eines ungleich weniger bekannten Romanciers, stammt, spiegeln sich in ihr poetologische Prämissen der *Comédie humaine* wider.[147] Davins "Introduction" mit dem acht Jahre später publizierten "Avant-Propos" zu vergleichen, liegt insofern nahe, als beide Texte eine formal identische Strategie verfolgen: Sie zögern nicht, heterogene Diskurse miteinander zu konfrontieren und ineinander zu verschränken. Davin stellt einen Konnex zwischen mystischen, naturwissenschaftlichen und literarisch-poetologischen Kontexten her. In den "Études philosophiques" glaubt er die Manifestation einer "science secrète" beobachten zu können, einer ebenso 'geheimen' wie 'geheimnisvollen Wissenschaft', die Davin metaphysisch überhöht, ohne sie jemals klar zu definieren.[148] Nach seinem Urteil bedeutet das Auftauchen der "science secrète" für die Gegenwart, was in der Vergangenheit die physikalisch-mathematisch

---

[146] Zwei Belege für diese fast allgemeine Tendenz mögen genügen: Curtius zufolge "ist Lambert nur eine Maske für Balzac" (*Balzac*, p. 13); Lichtlé klassifiziert den Roman als "l'aventure d'un homme, qui sans doute ressemble à Balzac" ("L'Aventure de Louis Lambert," p. 127).

[147] In seiner Studie *Paratextuality in Balzac's 'La Peau de chagrin'* (Lewiston, Queenston, and Lampeter, 1992) kommt Jeri DeBois King entsprechend zu folgendem Ergebnis: "Davin seems to serve as Balzac's mask, functioning in this preface merely as a variation on the pseudonyms that Balzac used when he planted complimentary pre-publication reviews and articles in journals of the time" (p. 92).

[148] Zum Terminus der "science secrète" vgl. Anne C. Vila, "Pathological Inversions: Balzac and Bichat," *Romanic Review*, 79 (1988), p. 422.

fundierten "révolutions de la terre et du ciel"[149] darstellten. So wird Balzac, der Entdecker der "science secrète," zum historischen Ausnahmefall stilisiert und mit Kepler, Newton und Laplace auf eine Stufe gestellt.[150] Keinem anderen Erzähltext widmet Davins "Introduction" mehr Aufmerksamkeit, keinen lobt er emphatischer als *Louis Lambert*. Als Schlüsseltext seiner Sektion wird der Roman gehandelt, als "la plus pénétrante et la plus admirable démonstration de l'axiome fondamental des *Études philosophiques*."[151] In *Louis Lambert* sei 'die Keimzelle' jener 'Wissenschaft' zu finden, mittels derer auf sämtliche philosophischen Fragen einst endgültige Antworten gefunden würden: "Là se trouve, en germe informe, cette science tenue secrète, science cruellement positive [...], qui terminerait bien des discussions philosophiques."[152] Es bietet sich an, Davins "science secrète" mit einer Zentralkategorie des "Avant-Propos" zur *Comédie humaine*, dem "sens chaché" (*ap* 81), in Relation zu setzen; beide Termini stehen für ein literarisches Projekt, welches das Ziel verfolgt, unter wie auch immer kodierte Oberflächen und in verborgene, geheime Regionen vorzudringen.

Balzacs Roman, in Davins "Introduction" metaphysisch verklärt, gestattet keinen auktorialen Einblick in seine Titelfigur. Er führt jedoch einen Ich-Erzähler vor, der von sich selbst behauptet, "aux secrets de cette tête féconde" vorgedrungen zu sein, "en me reportant aux jours délicieux de notre jeune amitié"[153] (*ll* 524).[154] Wie in vielen anderen Textpassagen wird Lambert hier auf seinen Kopf reduziert; ein Verweis auf die Phrenologie und die mit dieser Wissenschaft konnotierte Praxis der Schädelvermessung bleibt nicht aus, wenn die Stirn des Protagonisten, dessen "génie délaissé"[155] (*ll* 506) von Anfang an im Zentrum des Interesses steht, in den Blick gerät.[156] Nachdem der Ich-Erzähler bekräftigt hat, einst zwei Jahre lang "l'ami de collège du pauvre Louis Lam-

---

[149] Félix Davin, "Introduction aux *Études philosophiques*," *Œuvres complètes*, by Honoré de Balzac, ed. La Societé des Études Balzaciennes, 28 vols (Paris, 1960 [1834]), XVIII, 564.

[150] Vgl. Davin, "Introduction," p. 564.

[151] Davin, "Introduction," p. 567.

[152] Davin, "Introduction," p. 564.

[153] ""[I]ch bin in die Geheimnisse dieses fruchtbaren Kopfes eingedrungen, indem ich mich in die köstlichen Tage unserer jungen Freundschaft zurückversetzte" (*LL* 492).

[154] Nach Pommier stellt Lambert das "*alter ego* du narrateur" ("Deux moments dans la genèse," p. 93) dar.

[155] "[D]em hilflos dastehenden Genie" (*LL* 473).

[156] Zum Einfluß der Physiognomik Lavaters auf Balzac vgl. allgemein Henri Evans, *Louis Lambert et la philosophie de Balzac* (Paris, 1951), pp. 145–46.

bert"[157] (*ll* 524) gewesen zu sein, legt er erstmals ausdrücklich dar, worum es ihm geht: darum, aus der Retrospektive heraus die intellektuelle Biographie Lamberts zu schreiben, kurz: "d'écrire son histoire intellectuelle"[158] (*ll* 524). Um sein Vorhaben in die Tat umzusetzen, beschwört er, linear und chronologisch geordnet, seine und Lamberts gemeinsame Vergangenheit im Collège zu Vendôme herauf. Damit, in seiner Vorstellung wie auf dem Papier weit zurückliegende Ereignisse herzuleiten, möchte sich der Erzähler allerdings nicht begnügen. Er gibt, wie gesagt, vor, "in die Geheimnisse dieses fruchtbaren Kopfes eingedrungen" zu sein. Hier wird ein Vorgang imaginiert, der darauf hindeutet, daß Balzacs Ich-Erzähler seine narrativen Kompetenzen zu überschreiten droht. Lamberts Biograph schreibt sich selbst zu, über eine Fähigkeit zu verfügen, die gemeinhin ausschließlich auktorialen Erzählinstanzen vorbehalten bleibt: das Vermögen, sich dort einen Einblick zu verschaffen, wohin kein personaler Betrachter jemals vorgedrungen ist. Mit der zitierten Behauptung des Erzählers wird darüber hinaus ein zentrales, vielfach variiertes Merkmal des Protagonisten abgerufen. Louis Lambert ist als Figur konzipiert, die sich vorzugsweise in hermetischen Innenwelten aufhält, wobei keine andere Figur – mit der vorgeblichen Ausnahme des Erzählers – imstande ist, ihm dorthin zu folgen.[159] "Contraint de vivre sans cesse en lui-même"[160] (*ll* 560), führt der Erzähler in einem Nebensatz über seinen ehemaligen Mitschüler aus, nachdem er zuvor die folgende Behauptung aufgestellt hat: "Les sentiments, les pensées étaient les seuls événements de notre vie scolaire"[161] (*ll* 533). Ein wichtiges Indiz für die omnipräsente Neigung des Protagonisten, den Rückzug ins Innere anzutreten, ist dessen "passion pour les mystères"[162] (*ll* 533). Wenn Lambert von seiner Lektüre Jakob Böhmes und vor allem Swedenborgs[163]

---

[157] "[D]er Schulfreund des armen Louis Lambert" (*LL* 492).

[158] "[D]ie Geschichte seiner geistigen Entwicklung zu schreiben" (*LL* 492).

[159] Nach der Analyse von Vila, die *Louis Lambert* mit der physiologischen Theorie Xavier Bichats kurzschließt, bildet die Dichotomie "exterior/interior" das "central paradigm" des Romans (Vila, "Pathological Inversions," p. 423); in der Studie von Bresnick ist analog von "the tale of Lambert's journey into the dark room of his self" ("The Origin of the Work," p. 83) die Rede.

[160] "Er war gezwungen, unablässig in sich selbst zu leben" (*LL* 537).

[161] "Gefühle und Gedanken waren die einzigen Ereignisse in unserem Schuljungendasein" (*LL* 503).

[162] "Seine Leidenschaft für alles Mystische" (*LL* 503).

[163] Zur Balzacs Swedenborg-Rezeption vgl. Evans, *Louis Lambert et la philosophie de Balzac*, pp. 203–24.

berichtet, ist der Erzähler derart beeindruckt, daß er, aller rational begründeten Skepsis zum Trotz, ebenfalls immer wieder Gefallen daran findet, in eine virtuelle, mysteriöse Welt einzutauchen: "J'aimais néanmoins à me plonger dans ce monde mystérieux, invisible aux sens"[164] (*ll* 535). Am Ende erfolgt ein radikaler Umschlag ins Negative, "les symptômes d'une absence complète de l'être intérieur"[165] (*ll* 589) werden diagnostiziert. Der Differenz von Innen und Außen, deren Gültigkeit Lambert unermüdlich in Frage gestellt hat, droht der endgültige Zusammenbruch, dem Protagonisten der Tod. Zum pathologischen Fall erklärt, gleitet Lambert, wie Pauline de Villenoix im finalen Dialog mit dem Erzähler zu berichten weiß, "sans cesse [...] à travers les espaces de la pensée"[166] (*ll* 595).

*Louis Lambert* wird nicht müde, ein Verfahren zu thematisieren und auf der Handlungsebene vorzuführen, welches zugleich die Struktur des Romans maßgeblich prägt. Kennzeichnend für dieses Verfahren ist der oftmals vergebliche Versuch, das Signifikationspotential von Zeichen zu entfalten, die aus ihren ursprünglichen Kontexten herausgelöst worden und/oder nur in bruchstückhafter Form überliefert sind. Im Collège zu Vendôme findet Lambert, um gleich ein zentrales, im zweiten Textabschnitt verortetes Beispiel zu nennen, Gefallen daran, nicht nur Bücher zu studieren, sondern auch und mit Vorliebe einzelne, vorgeblich kontextlose Signifikanten. "L'analyse d'un mot, sa physionomie, son histoire étaient pour Lambert l'occasion d'une longue rêverie"[167] (*ll* 507), versichert der Erzähler mit demonstrativer Bewunderung. Deutlich weniger distanziert und mit ungleich größerem rhetorischen Aufwand versucht Lambert wenig später selbst einen Eindruck davon zu vermitteln, wohin ihn seine minimalistischen Studien angeblich geführt haben:

> Souvent, me dit-il, en parlant de ces lectures, j'ai accompli de délicieux voyages, embarqué sur un mot dans les abîmes du passé, comme l'insecte qui posé sur quelque brin d'herbe flotte au gré d'un fleuve. Parti de la Grèce, j'arrivais à Rome et traversais

---

[164] "Dennoch habe ich mich nur zu gern in diese geheimnisvolle, den Sinnen unwahrnehmbare Welt versenkt" (*LL* 505).
[165] "[D]ie Symptome eines völligen Ausscheidens des inneren Wesens" (*LL* 574).
[166] "[U]naufhörlich schwebt er durch die Räume der Gedankenwelt" (*LL* 581).
[167] "Die Analyse eines Worts, dessen Physiognomie, dessen Geschichte boten Lambert Gelegenheit zu langen Grübeleien" (*LL* 473).

l'étendue des âges modernes. Quel beau livre ne composerait-on pas en racontant la vie et les aventures d'un mot? [168] (*ll* 507)

Worte, nach den Morphemen die kleinsten semantischen Einheiten aus der Totalität jener Texte, welche Lambert in seiner Schulzeit liest, avancieren zur materiellen Basis und zum Medium einer phantastischen Zeitreise, wobei Griechenland und Rom metonymisch für eine längst versunkene, mythische Welt stehen.[169] Eine zweite Transformation (in Form eines Postulats) folgt: Lambert, seines Zeichens selbst textuelles Konstrukt, fordert, einen Signifikanten zum Protagonisten eines Buches zu machen, das dessen 'abenteuerliche' Geschichte erzähle. Nachdem das sprachliche Zeichen als Transportmittel auf einer Reise in und durch die Vergangenheit gedient hat, wird es schließlich anthropomorphisiert und in Literatur zurückverwandelt. Lamberts oben zitierte Entgrenzungsphantasien sind mit *La Peau de chagrin* inter- bzw. intratextuell verknüpft.[170] Im Gegensatz zu Raphael de Valentin durchstreift Lambert zwar kein Antiquitätengeschäft, doch auch ihm wird im Rahmen einer halluzinatorischen Zeitreise ein Blick in erhabene "abîmes du passé" zuteil; letztere leiten sich wörtlich aus dem knapp zwei Jahre zuvor publizierten Roman her. In dem oben zitierten Abschnitt verändern jedoch nicht nur die Worte ihre Gestalt. Der Protagonist selbst durchläuft, zumindest auf der Vergleichsebene, eine groteske Metamorphose. Er behauptet, einem nicht weiter spezifizierten "insecte" ähnlich gewesen zu sein, "qui posé sur quelque brin d'herbe flotte au gré d'un fleuve." Derjenige, der am Ende des Romans in einen Zustand ohnmächtiger, überwiegend sprachloser Stasis verfällt, stuft sich hier freiwillig zu einem Lebewesen herab, das über keinerlei Reflexions- und Handlungsvermögen verfügt. Der Vergleich des Protagonisten mit einem Insekt weist ferner implizit auf die

---

[168] "'Oftmals,' so hat er mir gesagt, wenn er von dem erzählte, was er gelesen hatte, 'habe ich köstliche Reisen gemacht, wenn ich mich auf einem Wort in die Abgründe der Vergangenheit einschiffte wie ein Insekt, das sich auf einen Grashalm hockt und sich von einem Strom treiben läßt. Von Griechenland aus brach ich auf, gelangte nach Rom und durchquerte die Weite der neueren Zeitalter. Was für ein schönes Buch könnte man nicht dadurch zustande bringen, daß man das Leben und die Abenteuer eines Wortes erzählte?'" (*LL* 474)
[169] Zum Motiv der Zeitreise vgl. Bresnick, "The Origin of the Work," p. 83.
[170] Darauf, daß *Louis Lambert* in mehreren Hinsichten auf *La Peau de chagrin* zurückverweist, hat unter anderem Ulrich Mölk in "Honoré de Balzac: Louis Lambert – Ein Fall und seine Deutungen" (*Frühe Formen mehrperspektivischen Erzählens von der Edda bis Flaubert: ein Problemaufriss*, eds Armin Paul Frank and Ulrich Mölk [Berlin, 1991], pp. 127–38) hingewiesen (vgl. insbesondere pp. 127 und 132).

Zoologie voraus, eine Wissenschaft, die Lamberts spätere Studien stets begleitet und seinem Postulat einer "analyse de l'Animalité tout entière"[171] (*ll* 567) zugrunde liegt. Wie schon *La Peau de chagrin* und Jahre später das "Avant-Propos" zur *Comédie humaine*, so zitiert auch *Louis Lambert* wiederholt und emphatisch Cuvier herbei, wobei der Fokus auch in diesem Roman weniger auf dessen zoologische Forschungen gerichtet ist als auf dessen Beitrag zur vergleichenden Anatomie und Paläontologie.[172]

In Balzacs Roman dient der Name Cuvier als historischer Bezugspunkt, zu dem Lamberts "hâtive originalité"[173] (*ll* 510) in Relation gesetzt wird. Wenn der Erzähler auf den "Traité de la volonté," Lamberts einzige, unwiederbringlich verlorene Jugendschrift, zu sprechen kommt, verleiht er seiner Bewunderung dadurch Ausdruck, daß er eine Analogie zur Genese der geologischen Wissenschaft in Frankreich herstellt. Er bescheinigt dem Autor des "Traktats," der zugleich dessen einziger Leser ist, "les principes tout nus de quelque science à venir"[174] (*ll* 541) enthüllt zu haben, und zieht eine Parallele zu Bernard Palissy, einem einflußreichen Keramiker des sechzehnten Jahrhunderts. Dieser habe "avec l'infaillible autorité du génie," ungeachtet seines geringen sozialen Standes, "les faits géologiques" aufgezeigt, "dont la démonstration fait aujourd'hui la gloire de Buffon et de Cuvier"[175] (*ll* 541–42). Indem der Erzähler den Protagonisten mit einem "pauvre artisan" vergleicht, "occupé à fouiller les terres pour trouver le secret des émaux"[176] (*ll* 541), greift er eine rhetorische Strategie auf, die den gesamten Text durchzieht. Sie kommt überall dort zum Einsatz, wo die Titelfigur mit einer Metaphorik der Tiefe ausgestattet ist (respektive mit deren Konnotationen des Mystischen, Kontemplativen und Geheimnisvollen). So baut der Erzähler gleich zu Beginn eine strikte Opposition zwischen dem singulären

---

[171] "Analyse des gesamten Animalischen" (*LL* 547).

[172] In der Forschungsliteratur mißt, soweit ersichtlich, lediglich Henri Evans der Tatsache Bedeutung bei, daß *Louis Lambert*, wie zuvor *La Peau de chagrin*, auf Cuvier Bezug nimmt. Nach der (keineswegs erschöpfenden) Analyse von Evans stellt der Paläontologe ein historisches Vorbild dar, an dem sich Lambert orientiert, wenn er seine oben zitierte Wort-Reise unternimmt (vgl. Evans, *Louis Lambert et la philosophie de Balzac*, p. 162).

[173] "[F]rühreife Originalität" (*LL* 476).

[174] "[D]ie Grundprinzipien einer künftigen Wissenschaft" (*LL* 513).

[175] "Bernard [hat] mit der unfehlbaren Autorität des Genies geologische Tatsachen behauptet, deren Darlegung heutzutage den Ruhm Buffons und Cuviers bildet" (*LL* 513–14).

[176] "[E]in armer Handwerker, Bernard, der sich damit beschäftigte, das Erdreich zu durchwühlen, um das Geheimnis des Emails zu finden" (*LL* 513).

"génie" Lambert und der großen Gruppe all jener Zeitgenossen auf, "de qui les regards s'arrêtent à la surperficie des choses humaines"[177] (*ll* 506). Im Kontext einer Episode, der, was die Konzeption des Romans insgesamt betrifft, eine Schlüsselfunktion zuzuschreiben ist, erfolgt ein zweiter Rekurs auf Cuvier. Markiert ist diese Episode insofern, als der Erzähler selbst von "[u]n des faits les plus extraordinaires" spricht, "parce qu'il décida peut-être sa destinée scientifique"[178] (*ll* 536). Ort des Geschehens, zu dem ein Schulausflug führt, ist "la jolie vallée du Loir"[179] (*ll* 537). Als das Ziel des Ausflugs, "le fameux château de Rochambeau"[180] (*ll* 536), in Sichtweite ist und sich den Schülern "[un] admirable paysage"[181] (*ll* 537) darbietet, sorgt Lambert für Irritation: Obschon er auf Nachfrage seines Freundes und späteren Biographen beteuert, niemals zuvor in Rochambeau gewesen sein, versichert er ihm gegenüber mit Nachdruck, in einem Traum der vergangenen Nacht exakt (voraus-)gesehen zu haben, was nun sichtbar vor ihnen liegt: "Mais j'ai vu cela cette nuit en rêve!"[182] (*ll* 538) Sämtliche Details einer Landschaft, "qu'il apercevait pour la première fois"[183] (*ll* 538), glaubt Lambert entsprechenden Bildern aus diesem "Traum" nachträglich zuordnen zu können. Der Erzähler, zunächst ebenso verwundert wie ratlos, unternimmt am Ende der Episode schließlich doch einen Versuch, Lamberts mysteriöses *déja-vu*-Erlebnis rational zu erklären, und gelangt dabei zu dem folgenden seines Erachtens stichhaltigen Resultat: "en effet, il sut en déduire tout un système, en s'emparant, comme fit Cuvier dans un autre ordre de choses, d'un fragment de pensée pour reconstruire toute une création"[184] (*ll* 538). Balzacs Erzähler macht ein kulturhistorisch signifikantes Erklärungsangebot. Er spielt auf Cuvier und dessen Entwurf einer paläontologischen Wissenschaft an, welche auf der Basis von fossilen Knochenfragmenten ausgestorbene Vierbeiner wiederauferstehen lassen möchte. Was Cuvier im "Discours préliminaire" zu

---

[177] "Für uns indessen, deren Blicke stets an der Oberfläche der menschlichen Dinge innehalten" (*LL* 473).

[178] "Eines der ungewöhnlichsten Begebnisse [...], weil es vielleicht sein Geschick als Wissenschaftler bestimmt hat" (*LL* 507).

[179] "[D]as hübsche Tal des Loir" (*LL* 508).

[180] "[D]as berühmte Schloß Rochambeau" (*LL* 507).

[181] "[E]ine wundervolle Landschaft" (*LL* 508).

[182] "Aber dies alles habe ich ja letzte Nacht im Traum gesehen!" (*LL* 508)

[183] "[A]lle Einzelheiten der Gegend, die er zum erstenmal wahrnahm" (*LL* 508).

[184] "[T]atsächlich hat er sich darauf verstanden, daraus ein ganzes System abzuleiten, nämlich dadurch, daß er, wie Cuvier es auf einem andern Gebiet tat, sich eines Gedankenfragments bemächtigte und daraus eine ganze Schöpfung rekonstruierte" (*LL* 508).

seinen *Recherches* postuliert, überträgt der Erzähler auf den Protagonisten, um auf diese Weise eine wissenschaftliche Praxis in die kognitiv-psychischen Bereiche des Traumes und der Reflexion zu verlagern. Dem Vergleich Lambert/Cuvier ist noch eine weitere Analogie hinzuzufügen. So wie Cuvier im "Discours préliminaire" den Anspruch formuliert, in die Fußstapfen des Spurenlesers Zadig treten, ja dessen analytischen Scharfsinn noch überbieten zu wollen, so stellt der Erzähler an einer Textstelle, Lamberts intellektuelle Fähigkeiten betreffend, lakonisch fest: "Pour exprimer en deux mots son talent, il eût écrit *Zadig* aussi spirituellement que l'écrivit Voltaire"[185] (*ll* 555).

Balzacs Roman, seiner Titelfigur und seinem Erzähler ist ein Verlangen nach Totalität eingeschrieben, dem zumeist keine Erfüllung zugestanden wird. Während Lambert zum Beispiel im ersten Brief an seinen Onkel "l'absence d'unité dans les traveaux scientifiques"[186] (*ll* 563) beklagt, informiert er ihn im zweiten Brief über sein Vorhaben, "les rapports réels" bestimmen zu wollen, "qui peuvent exister entre l'homme et Dieu"[187] (*ll* 566). Ziel seines mystizistisch überformten Erkenntnisinteresses ist die "déduction d'un système général"[188] (*ll* 566). In Paris, wo Lambert seine Studienzeit verbringt, übt ein "Cours d'anatomie comparée"[189] (*ll* 566) nachhaltig Faszination auf ihn aus. Obwohl der Text verschweigt, wessen Vorlesung dies gewesen sein mag, läßt er keinen Zweifel daran, daß die theoretischen Versuche seines Protagonisten auf Prämissen beruhen, wie sie Geoffroy in seiner *Philosophie anatomique*, dem Gründungstext der sogenannten philosophischen Anatomie in Frankreich, formuliert hat. Das wiederholt artikulierte Begehren der Titelfigur, "l'unité de la composition"[190] (*ll* 566) stiften zu wollen, ist in einem wissenschaftshistorischen Kontext zu verorten, in dessen Zentrum die zeitgenössische Debatte um eben dieses von Balzac wörtlich zitierte Prinzip der vergleichenden Anatomie steht.[191] Geoffroys Postu-

---

[185] "Um sein Talent in zwei Worten auszudrücken: er hätte den 'Zadig' ebenso geistvoll geschrieben, wie Voltaire es getan hat" (*LL* 531).

[186] "[D]as Fehlen der Einheitlichkeit in den wissenschaftlichen Arbeiten" (*LL* 540).

[187] "Meine Gedanke ist es, die wahren Beziehungen zu bestimmen, die vielleicht zwischen dem Menschen und Gott bestehen" (*LL* 545).

[188] "[D]ie Deduktion eines allgemeinen Systems" (*LL* 545).

[189] "Vorlesung über vergleichende Anatomie" (*LL* 545).

[190] "Einheitlichkeit" (*LL* 545).

[191] Die zeitlich und methodisch weit auseinanderliegenden Monographien von Evans und Appel scheinen die bislang einzigen Forschungsbeiträge zu sein, die *Louis Lambert* unter Bezugnahme auf die Cuvier-Geoffroy-Debatte analysieren. Vgl. Evans, *Louis Lambert et la*

lat einer "unité de composition," seinerzeit heftig umstritten, liegt einem Großteil der theoretischen Überlegungen und Entwürfen, die Lambert zugeschrieben werden, mehr oder minder deutlich zugrunde. Dies gilt auch für die folgenden Ausführungen, die sich wie viele andere Aussagen des Protagonisten durch eine Tendenz zum Mystizismus auszeichnen:

> Le secret des différentes zones morales dans lesquelles transite l'homme se trouvera dans l'analyse de l'Animalité tout entière. L'Animalité n'a, jusqu'à présent, été considérée que par rapport à ses différences.[192] (*ll* 567–68)

Lambert wendet jenen Totalitätsanspruch, den Geoffroys "unité de composition" erhebt, ins Metaphysische und fordert, Zoologie in eine biologisch fundierte Anthropologie zu überführen.[193] Er verfolgt dabei eine Strategie, die insofern an Balzacs "Avant-Propos" zur *Comédie humaine* denken läßt, als auch er eine Konvergenz von Naturwissenschaft und Mystik imaginiert. Doch der Roman gewährt seiner Titelfigur nicht, was sie begehrt. Am Ende zeugen einzig Bruchstücke von einem Lebensprojekt, das von Anfang an stets auf Totalität ausgerichtet war.

Was für die wissenschaftlichen Bemühungen der Titelfigur gilt, ist auf der narrativen Ebene des Romans ebenfalls zu beobachten. *Louis Lambert* führt einen Erzähler vor, dessen erklärtes Ziel darin besteht, aus heterogenen Fragmenten eine homogene Geschichte – die eines weithin unbekannten und unverstandenen 'Genies' – zu rekonstruieren.[194] Den Bruchstücken, deren seman-

---

*philosophie de Balzac*, pp. 155–68; Appel, *The Cuvier-Geoffroy Debate*, p. 175 und pp. 190–91.

[192] "Das Geheimnis der unterschiedlichen geistigen Zonen, durch die der Mensch hindurchgeht, wird in der Analyse des gesamten Animalischen gefunden werden. Das Animalische ist bislang nur hinsichtlich seiner Unterschiede betrachtet worden, nicht aber in seinen Gleichheiten" (*LL* 547).

[193] In *Louis Lambert* wird kein expliziter Bezug zur Debatte zwischen Cuvier und Geoffroy hergestellt. Es taucht allerdings "un jeune médecin nommé Meyraux" (*ll* 566) auf, mit dem Lambert zusammen die erwähnte Vorlesung über vergleichende Anatomie besucht. Der Name der Figur ist identisch mit dem eines Jugendfreundes von Balzac. Er ist jedoch nicht nur als autobiographische Referenz, sondern auch als verdeckte Anspielung auf die genannte Debatte zu entschlüsseln, in deren Rahmen Balzacs Jugendfreund von sich reden machte, indem er öffentlichkeitswirksam die Partei Geoffroys ergriff. Vgl. hierzu: Evans, *Louis Lambert et la philosophie de Balzac*, pp. 160–61; Appel, *The Cuvier-Geoffroy Debate*, p. 175.

[194] Mit der narrativen Organisation des Romans, die von traditionellen, 'geschlossenen' Erzählmustern radikal abweicht, haben sich vor allem Studien neueren Datums aus-

tischen Gehalt der Erzähler zu erschließen versucht, sind Elemente unterschiedlichster Herkunft und Form zuzuordnen: teils kohärente, teils widersprüchliche Aussagen von und über Lambert, verstreute Notate sowie ein Stapel ungeordneter, schwer zu entziffernder Liebesbriefe. Daß der Erzähler sein Ziel erreichen könnte, erscheint um so fraglicher, je weiter der Handlungsverlauf fortschreitet. Balzacs Roman macht es sich zum Prinzip, permanent Umstände auftreten zu lassen, die einer vollständigen, lückenlosen Rekonstruktion der Geschichte, die es zu erzählen gilt, zuwiderlaufen. Ein in diesem Zusammenhang signifikantes, vermeintlich nebensächliches Detail ist das ausgewiesen schlechte Gedächtnis des Erzählers. "Malheureusement ma mémoire," räumt dieser schon nach wenigen Seiten ein, "quoique fort étendue, est loin d'être aussi fidèle que l'était celle de mon camarade"[195] (*ll* 512). Von einem Gespräch, das Lambert mit seiner prominenten Gönnerin, Madame de Staël, führte, hat dessen Biograph seinem eigenen Bekunden nach, von einigen wenigen Worten abgesehen, alles vergessen: "j'ai tout oublié de cette conversation, hormis les premiers mots"[196] (*ll* 512). Balzacs Roman versteht sich darauf, seinen Erzähler in hermeneutische Verlegenheit zu bringen, indem er ihn als Leser und Interpret von unleserlichen, unvollständigen und/oder rätselhaften Texten entwirft. Mehr noch: Dem ersten und einzigen Buch, das Lambert überhaupt verfaßt, widerfährt eine wirkungsvoll in Szene gesetzte "catastrophe"[197] (*ll* 541). Nachdem der im Collège zu Vendôme entstandene "Traité de la volonté" von einem Aufseher beschlagnahmt worden ist, haben weder Lambert noch der Erzähler jemals wieder Gelegenheit, einen Blick in diese Studie zu werfen. Alles, was der Roman über den Inhalt des unwiederbringlich verlorenen "Traktats" preisgibt, ist als perspektivisch gefiltertes und nachträglich angeeignetes Wissen des Erzählers gekennzeichnet. Was

---

einandergesetzt. Während Mölk ("Louis Lambert – Ein Fall und seine Deutungen," pp. 127–38) die polyperspektivische Struktur des Textes untersucht, versucht Michael Young in "Beginnings, Endings and Textual Identities in Balzac's *Louis Lambert*" (*Romanic Review*, 77 [1986], 343–58) den Nachweis dafür zu erbringen, daß es sich bei *Louis Lambert* um "a text with multiple yet simultaneous endings" (p. 345) sowie um einen "incompletely plural text" (p. 347) handelt, der dem Konzept der "lisibilité", wie es Roland Barthes in *S/Z* entfaltet, widerstrebt. Vgl. ferner Peter W. Locks psychoanalytisch fundierte Deutung in "Origins, Desire, and Writing: Balzac's *Louis Lambert*," *Stanford French Review*, 1 (1977), 289–311.

[195] "Unglücklicherweise ist mein Gedächtnis, obwohl überaus umfassend, weit davon entfernt, so getreu zu sein, wie das meines Kameraden es war" (*LL* 478).

[196] "[A]bgesehen von den einleitenden Worten habe ich von dieser Unterhaltung alles vergessen" (*LL* 479).

[197] "Katastrophe" (*LL* 513).

'tatsächlich' in dem Buch gestanden haben mag, verschweigt der Text. Der Erzähler, obschon darum bemüht, sachgemäß über die Studie seines Schulfreundes Auskunft zu geben, gesteht zu, "de ses recherches" ausschließlich jene ausgewählt zu haben, "qui servaient le mieux mon système"[198] (*ll* 542). Die von ihm selbst aufgeworfene Frage, "si, moi son disciple, je pourrai fidèlement traduire ses pensées"[199] (*ll* 542), muß unbeantwortet bleiben. Im Gegensatz zum "Traktat" gehen die sorgsam gehüteten, an Pauline de Villenoix adressierten Liebesbriefe der Titelfigur zwar nicht verloren, doch auch in diesem Fall zeigt sich, daß der Roman darum bemüht ist, das narrative Projekt des Erzählers zu durchkreuzen. Im Verlauf seiner Recherchen stößt Lamberts selbsternannter Biograph im Haus von Monsieur Lefebure zufällig auf einen Stapel fragmentierter Briefe, "plusieurs lettres trop illisibles"[200] (*ll* 572), woraufhin er mühevoll "les hiéroglyphes de cette sténographie"[201] (*ll* 572) zu entziffern versucht. Um diesen Vorgang des Entzifferns genauer zu beschreiben, stellt der Erzähler eine bemerkenswerte Analogie her:

> Jamais antiquaire n'a manié ses palimpsestes avec plus de respect que je n'en eus à étudier, à reconstruire ces monuments mutilés d'une souffrance et d'une joie si sacrées pour ceux qui ont connu la même souffrance et la même joie.[202] (*ll* 573)

Mit religiös konnotiertem "respect" geht der Erzähler einer Tätigkeit nach, die zum Ziel hat, aus "verstümmelten" ("mutilés") Textfragmenten die Geschichte von Lamberts erotischer Passion herauszulesen. Ein rückwärts gerichtetes, hermeneutisches Verfahren steht im Zentrum der zitierten Passage. Während an anderer Stelle der Name Cuvier bemüht wird, um für einen strukturell homologen Vorgang einzustehen, dient hier ein anonymer "antiquaire" als Paradigma. Bruchstücke von Texten, zu "monuments" erstarrt, werden 'durchgearbeitet' und 'rekonstruiert': ein Prozeß, dem insofern poetologische Qualität zuzusprechen ist, als er auf das zentrale Strukturprinzip des Romans selbst verweist. *Louis*

---

[198] "[V]on seinen Forschungen [habe ich] nur das aufgenommen, was meinem eigenen System am ehesten von Nutzen war" (*LL* 514).
[199] "[O]b ich, sein Schüler, seine Gedanken getreulich übersetzen werde" (*LL* 514).
[200] "[M]ehrere Briefe, die allzu unleserlich waren" (*LL* 553).
[201] "[D]ie Hieroglyphen dieser Stenographie" (*LL* 553).
[202] "Nie hat ein ein Altertumsforscher seine Palimpseste mit größerer Ehrfurcht gehandhabt denn ich beim Durcharbeiten und Rekonstruieren dieser verstümmelten Denkmäler eines Leids und einer Freude, die etwas so Heiliges für diejenigen sind, die das gleiche Leid und die gleiche Freude erlebt haben" (*LL* 554).

*Lambert* erzählt nicht, zugespitzt formuliert, die Geschichte seiner Titelfigur. Worum es vielmehr geht, sind die letzten Endes vergeblichen Versuche des Erzählers, diese Geschichte vollständig zu rekonstruieren.

Warum macht eine Studie wie diese, der es um eine kulturhistorische Archäologie der Detektion geht, ausgerechnet *Louis Lambert* zum Gegenstand einer ihrem Anspruch nach exemplarischen Analyse? Daß der Text nicht unter die Rubrik des Detektivromans fällt, scheint ebenso offensichtlich wie unbestreitbar zu sein. Dessenungeachtet möchte die vorliegende Arbeit dafür plädieren, *Louis Lambert* als einen Roman zu begreifen, der mit Schreibweisen in Relation zu setzen ist, wie sie mehrere Jahrzehnte nach seiner Erstpublikation in viktorianischen *sensation* und *detective novels* auftauchen. Zwei Prozesse, eine Bewegung der Fragmentierung und der Versuch, Totalität herzustellen, laufen in Balzacs Roman kontinuierlich gegeneinander und bestimmen dessen Struktur. Wie gezeigt wurde, widmen sich die beiden Hauptfiguren des Textes, Lambert und der Erzähler, inhaltlich gänzlich unterschiedlichen, doch formal identischen Projekten: Sie versuchen "Einheitlichkeit" (*LL* 545) – "unité de composition" (*ll* 566) im Wortlaut der französischen Fassung – zu stiften, sei es in Form einer umfassenden, mystizistischen und naturwissenschaftlich fundierten Theorie, sei es in Form jener Geschichte, die *Louis Lambert* zu erzählen vorgibt. Geoffroy, Cuvier und Origines stellen namhafte Referenzfiguren dar, anhand derer Balzacs Text sein Programm entfaltet. Was Lamberts wissenschaftliche Ambitionen anbelangt, spielt der Roman auf Geoffroys Postulat einer "unité de composition" an, ohne jemals den Namen seines Urhebers zu erwähnen. Mindestens ebenso wichtig für *Louis Lambert* ist Cuvier. Geoffroys wissenschaftlicher Rivale wird zwar lediglich zwei Mal ausdrücklich herbeizitiert. Dennoch soll hier die These vertreten werden, daß er als Schlüsselfigur des Textes zu erachten ist. In der Einleitung zu seinem paläontologischen Hauptwerk, den *Recherches*, stellt Cuvier Rekonstruktionstechniken bereit, die ihn seines Erachtens dazu ermächtigen, zerbrochene Ganzheiten wieder zusammenzufügen. Auf diesen seinerzeit als revolutionär erachteten Ansatz nimmt Balzacs Roman, der auf der Leitdifferenz Fragment/Totalität aufbaut, an inhaltlich zentraler Stelle Bezug, um ihn für seine eigene, implizite Poetik zu funktionalisieren. Was der Erzähler Lambert zuschreibt, trifft, entsprechend modifiziert, auf den Text selbst zu. Dieser führt unterschiedlich motivierte Versuche vor, denenzufolge aus Bruchstücken wenn nicht "toute une création"[203] (*ll* 538), so

---

[203] "[E]ine ganze Schöpfung" (*LL* 509).

zumindest eine kohärente Geschichte entstehen soll.[204] Daran, daß sowohl die Titelfigur als auch der Erzähler scheitern, läßt der Roman allerdings keinen Zweifel. *Louis Lambert* weist den im "Discours préliminaire" formulierten Totalitätsanspruch, auf den der Text sich bezieht, letzten Endes entschieden zurück. Während die Titelfigur dem Exegeten Origenes nacheifert, indem sie einen Kastrationsversuch vollzieht,[205] gelangt der Erzähler schließlich erneut in den Besitz von rätselvollen Textfragmenten. In diesem Fall handelt es sich um Notate von Pauline de Villenoix; sie beinhalten zerstreute, unzusammenhängende Bemerkungen, die Lambert, der *"folie"*[206] (*ll* 591) unwiderruflich verfallen, geäußert haben soll. "Dans le temps où il se mit à parler, [...] je crois avoir recueilli ses premières phrases," begründet Pauline de Villenoix in Gegenwart des Erzählers ihr Projekt, nachdem es längst gescheitert ist, "mais j'ai cessé de le faire; je n'y entendais rien alors"[207] (*ll* 595). So nimmt der Erzähler ein Konvolut von 'unverständlichen' Fragmenten entgegen, die zugleich den Schluß des Romans bilden. "Peut-être aurais-je pu transformer en un livre complet ces débris de pensées"[208] (*ll* 603), räumt der Erzähler im letzten Abschnitt des Romans kurzzeitig ein. Er hat es, ganz im Sinne des *Louis Lambert*, unterlassen.

---

[204] Den genannten Gattungen des Sensations- und des Detektivromans, auf die *Louis Lambert* vorausweist, liegen strukturell homologe Erzählmuster zugrunde: Auch hier werden auf der Basis von Zeichen Geschichten (der jeweilige Tathergang) sukzessive rekonstruiert. Darüber hinaus spielen in Romanen wie zum Beispiel *The Moonstone* (1868) und *The Law and the Lady* (1874) fragmentierte Texte, die es wieder zusammenzufügen gilt, eine entscheidende Rolle.

[205] Wer der Anspielung nachgeht, stößt auf eine weiteres Vergleichskriterium: Keine Schrift des Origenes ist vollständig überliefert. Während zum Beispiel von der *Hexapla*, einem groß angelegten philologischen Werk, zumindest Fragmente vorliegen, sind die *Hypotyposen*, eine nicht minder umfangreiche Sammlung von exegetischem und historischen Material, gänzlich verloren. Vgl. dazu allgemein Crouzel, *Origène*, pp. 69–78.

[206] "Wahnsinn" (*LL* 577).

[207] "Seinerzeit, als er zu sprechen anfing," fuhr sie fort, "habe ich geglaubt, ich könne seine ersten Sätze sammeln; aber ich habe damit aufgehört; ich habe damals nichts davon verstanden" (*LL* 582).

[208] "Vielleicht hätte ich diese Gedankentrümmer in ein vollständiges Buch umformen können" (*LL* 593).

# DESPERATE REMEDIES.

### A Novel.

"Though an unconnected course of adventures ~~which are only connected with each other by having happened to the same individual~~ is what most frequently occurs in nature, yet the province of the romance-writer being artificial, there is more required from him than a mere compliance with the simplicity of reality."

Sir W. Scott.

### IN THREE VOLUMES.
### VOL. I.

### LONDON:
### TINSLEY BROTHERS, 18, CATHERINE ST., STRAND.
### 1871.

## 3. "Missing Links"

Auf der Titelseite der Erstauflage von *Desperate Remedies*, 1871 anonym veröffentlicht, befinden sich zwei Fehler. Thomas Hardy, der zu diesem Zeitpunkt noch weitgehend unbekannte Autor des Romans, hat sie in seinem Exemplar der Auflage eigenhändig, wenngleich behelfsmäßig, markiert und korrigiert. Dank der Korrektur, die Hardy selbst vornahm, ist mit einem Blick zu erkennen, wo die Fehler zu suchen sind: Das Motto des Romans, ein Zitat von Walter Scott, welches – fehlerfrei – auf den Titelseiten späterer Auflagen ebenfalls stehen sollte, weicht vom ursprünglichen Wortlaut erheblich ab. Es stammt aus der Einleitung zu Scotts 1820 erstmals publiziertem Roman *The Monastery*. Kritisch und apologetisch zugleich setzt sich Scott in dieser Einleitung, die auf das Jahr 1830 datiert ist, mit den Mängeln seines Romans auseinander, wobei sein Hauptaugenmerk der narrativen Verknüpfung jener Ereignisse gilt, von denen *The Monastery* berichtet. Zur Debatte steht, was Scott schlicht "practice of arranging a narrative"[1] nennt. Um sich für seine erzähltechnischen "failure[s]"[2] im Fall von *The Monastery* zu rechtfertigen, verweist Scott auf Schreibweisen, wie er sie in "[m]any excellent romances"[3] aus dem achtzehnten Jahrhunderts vorzufinden meint, wobei mit "excellent romances" Romane gemeint sind, deren jeweiliger Protagonist "various adventures" durchläuft, "which are only connected with each other by having happened to be witnessed by the same individual."[4] Im Rahmen der von Scott skizzierten Erzählpraxis kommt dem 'Individuum' eine entscheidende Funktion zu: Es wird als diejenige Instanz fixiert, die es ermöglicht, daß eine augenscheinlich beliebige Folge von Handlungssequenzen zu einer narrativen Einheit verbunden werden kann. So formuliert Scott schließlich jenen Satz, welcher mehr als vierzig Jahre später auf der Titelseite von *Desperate Remedies* in entstellter Form zu lesen sein wird:

> [T]hough [...] an unconnected course of adventures is what most frequently occurs in nature, yet the province of the romance writer being artificial, there is more required from him than a mere compliance with the simplicity of reality."[5]

---

[1] Sir Walter Scott, *The Prefaces to the Waverley Novels*, ed. Mark A. Weinstein. (Lincoln and London, 1978 [1830]), p. 160.
[2] Scott, *Prefaces to the Waverley Novels*, p. 159.
[3] Scott, *Prefaces to the Waverley Novels*, p. 160.
[4] Scott, *Prefaces to the Waverley Novels*, pp. 160–61.
[5] Scott, *Prefaces to the Waverley Novels*, p. 161.

Scotts Diktum enthält, wie gesagt, zwei Fehler, als es 1871 auf der Titelseite des Romans erscheint. Hardy läßt beide Fehler, indem er sie notdürftig korrigiert, deutlich hervortreten: Während er zum einen das Attribut "unconnected" ergänzt, streicht er zum anderen einen ganzen Nebensatz ("which are only connected with each other by having happened to the same individual") vollständig durch, welcher zwar Scotts *Preface*, jedoch einem anderen Abschnitt des Textes entnommen ist. Auf die Frage, welche Funktion dem Motto zuzuschreiben ist, das Hardy seinem ersten veröffentlichten Roman vorangestellt hat, gibt es eine naheliegende Antwort. *Desperate Remedies* stellt Hardys einzigen, wenig erfolgreichen Beitrag zur Gattung der *sensation novel* dar, deren Blütezeit, nicht zuletzt in kommerzieller Hinsicht, in die sechziger Jahre des neunzehnten Jahrhunderts fällt. In der viktorianischen Literaturkritik ist dieser erstaunlich kurzlebigen Gattung frühzeitig bescheinigt respektive zum Vorwurf gemacht worden, daß sie auf ihre jeweiligen *plots* ungleich größeres Gewicht lege als auf die Konzeption und Entwicklung ihrer Figuren. "In that school the first consideration is given to the plot," schreibt E. S. Dallas, um ein signifikantes Beispiel zu zitieren, in seiner 1866 publizierten Studie *The Gay Science*, "and the characters must succumb to the exigencies of the plot."[6] Dallas unterscheidet in *The Gay Science* zwei basale Formen des Romans, die "novel of character" und die "novel of plot," unter welche er den Sensationsroman subsumiert.[7] Während er davon ausgeht, daß die "novel of character" ihre Protagonisten als Individuen, als handlungsmächtige und -lenkende Akteure entwirft, stellt er im Fall der "novel of plot" hingegen folgendes fest: "In the opposite class of novel man is represented as made and ruled by circumstances; he is the victim of change and the puppet of intrigue."[8] Was Dallas der "novel of plot" zuschreibt, läßt sich auf *Desperate Remedies* unschwer übertragen. Wer auch nur einen flüchtigen Blick in das Inhaltsverzeichnis des Romans wirft, wird sehen, daß in den Kapitelüberschriften ausschließlich und abstrakt von "Events" sowie den jeweiligen Zeiträumen, denen sie zugeordnet werden, die Rede ist; keine einzige konkrete Angabe ist zu finden, was die Art der 'Ereignisse' und ihren Verlauf betrifft, ebensowenig der Name einer Figur. Dem Strukturprinzip des Textes, wie es dem Inhaltsverzeichnis schon zu entnehmen ist, korrespondiert eine Metapher, von

---

[6] E. S. Dallas, *The Gay Science*, 2 vols, *The Victorian Muse: Selected Criticism and Parody of the Period*, eds William E. Fredeman, Ira Bruce Nadel, and John F. Stasny (New York and London, 1986 [1866]), II, 292.

[7] Vgl. Dallas, *The Gay Science*, II, 293–95.

[8] Dallas, *The Gay Science*, II, 293.

der Hardys Roman gleich zu Beginn programmatisch Gebrauch macht. All jene Ereignisse, auf die das Inhaltsverzeichnis vorausweist und von denen *Desperate Remedies* erzählt, werden im ersten Satz des Anfangskapitels als ineinander verkeilte Glieder einer 'langen Kette' imaginiert. Der Roman entwirft sein narratives Projekt, das darin besteht, "the long and intricately inwrought chain of circumstance"[9] aus der Retrospektive heraus behutsam zu entwirren.[10] Die Metapher der Kette, das Inhaltsverzeichnis und das Motto von Scott scheinen den Befund zu bestätigen, zu dem Dallas in *The Gay Science* gelangt. Noch bevor der Roman damit begonnen hat, seinen *plot* zu entfalten, setzt er drei Signale, denen zufolge es in *Desperate Remedies* primär um Ereignisse und deren narrative Verknüpfungen (eben um *plot*), nicht um einzelne Figuren zu gehen scheint. Ob und inwieweit Hardys Text hält, was sein erzähltechnisches Programm verspricht, sind Fragen, denen hier nicht weiter nachgegangen werden soll. Statt dessen gilt es im folgenden den Nachweis dafür zu erbringen, daß die genannten drei Elemente (Motto, Inhaltsverzeichnis, Ketten-Metapher) nicht nur vor dem Hintergrund zeitgenössischer ästhetischer Debatten zu verorten sind, sondern auch und vor allem im Kontext von Entwicklungen, wie sie in den viktorianischen Naturwissenschaften, allen voran in der zu dieser Zeit hoch aktuellen Evolutionstheorie, zu beobachten sind. Scotts fehlerhaft zitiertes Diktum wie auch dessen Korrektur erweisen sich, im Horizont dieser Entwicklungen betrachtet, als keineswegs triviale Details. Dies gilt insbesondere für die Tatsache, daß Hardy, darauf bedacht, Fehler zu beseitigen, offenbar nicht zögerte, das ehemals unentbehrliche 'Individuum' buchstäblich durchzustreichen.

1859, zwölf Jahre vor der Erstveröffentlichung von *Desperate Remedies*, sorgen zwei der ihrerzeit prominentesten Geologen Englands fast zeitgleich, obwohl unabhängig voneinander und in unterschiedlicher Form, nachhaltig für Irritation: Am 24. November publiziert Charles Darwin *The Origin of Species*, ein lange geplantes, schließlich innerhalb von dreizehn Monaten verfaßtes Buch, das wie kein zweites in diesem und erst recht in den folgenden Jahren und Jahrzehnten allerorten heftigste Reaktionen provoziert;[11] ungefähr zwei Monate vorher, am

---

[9] Thomas Hardy, *Desperate Remedies: A Novel*, ed. with an introd. and notes by Mark Rimmer (Harmondsworth, 1998 [1871]), p. 7.

[10] Bezeichnenderweise setzt die Handlung des Romans mit einem "christmas visit" (p. 7) ein, also zu einem Zeitpunkt, mit dem aus traditioneller, christlicher Sicht die Vorstellung *des* Beginns schlechthin (der Wahrheit, der Erlösung etc.) konnotiert ist.

[11] Zur Entstehungsgeschichte des Buchs vgl. Peter J. Bowler, *Charles Darwin: The Man and His Influence* (Cambridge, 1996), pp. 75–89 und pp. 112–14.

16. September, findet eine Sitzung der geologischen Abteilung der *British Association for the Advancement of Science* statt, in deren Verlauf Charles Lyell, der Präsident der Abteilung, eine Rede hält.[12] Wie die Publikation von *The Origin of Species*, so markiert auch Lyells Rede, welche bis heute weitaus weniger bekannt ist als Darwins umstrittener Bestseller, einen radikalen Bruch und historischen Wendepunkt innerhalb der Entwicklung der viktorianischen Naturwissenschaften. Thema der Rede sind archäologische Funde, die aus einer Höhle in Devonshire, in der Nähe des Fischerdorfes Brixham, geborgen wurden. Lyell bezieht sich auf ein Ereignis, das Jacob W. Gruber in einer 1965 veröffentlichten Studie als "one of the great intellectual revolutions of the 19th century"[13] klassifiziert. Gruber hat erstmals ausführlich gezeigt, daß *Brixham Cave* im viktorianischen England für einen fundamentalen Perspektiven- und Paradigmenwechsel steht. Es geht um "the discovery of man's past."[14]

Im Sommer 1858 zufällig entdeckt, wird *Brixham Cave* nach wenigen Monaten zum landesweit bekannten Ausgrabungsort;[15] noch im gleichen Jahr ernennt die *Geological Society of London* ein hochkarätig besetztes *Brixham Cave Committee*, dem unter anderem Lyell und der vergleichende Anatom und Paläontologe Richard Owen angehören.[16] Doch auch William Pengelly, Joseph Prestwich und Hugh Falconer, die drei ungleich weniger namhaften Entdecker von *Brixham Cave*, sind Mitglieder des Komitees.[17] Wie ist es zu erklären, daß eine Höhle im entlegenen Südwesten Englands innerhalb kürzester Zeit selbst in

---

[12] Vgl. A. Bowdoin Van Riper, *Men among the Mammoths: Victorian Science and the Discovery of Human Prehistory* (Chicago and London, 1993), pp. 115–16.

[13] Jacob W. Gruber, "Brixham Cave and the Antiquity of Man," *Context and Meaning in Cultural Anthropology [In Honor of A. Irving Hallowell]*, ed. Melford E. Spiro (New York and London, 1965), p. 374.

[14] Gruber, "Brixham Cave and the Antiquity of Man," p. 374.

[15] Van Ripers oben genannte Monographie umfaßt die bislang detaillierteste Rekonstruktion der Ereignisse, um die es im folgenden geht. Auch in diesem Kontext zu erwähnen ist Graysons *The Establishment of Human Antiquity*. Das achte Kapitel der Studie (pp. 168–98) ist primär dem Thema *Brixham Cave* gewidmet.

[16] Vgl. Gruber, "Brixham Cave and the Antiquity of Man," p. 387; Grayson, *The Establishment of Human Antiquity*, pp. 179–82; Van Riper, *Men Among the Mammoths*, pp. 82–83.

[17] Van Riper zufolge besteht im früh- und mittviktorianischen England – so auch im Fall *Brixham Cave* – "[a] symbolic relationship between locally oriented amateur geologists and London-based career geologists" (*Men Among the Mammoths*, p. 76). Pengelly und Prestwich waren 'Amateure' im Sinne Van Ripers. Vgl. dazu ferner Gruber, "Brixham Cave and the Antiquity of Man," pp. 384–85.

London zur wissenschaftlichen Sensation avanciert? *Brixham Cave* erweist sich als geologisch und archäologisch höchst ergiebiger Fundort. Nachdem nicht weniger als 1500 Knochen von ausgestorbenen Rhinozerossen, Höhlenbären, Hyänen und anderen Säugetieren ans Tageslicht gebracht worden sind, stößt Pengelly Mitte August 1858 zur Verwunderung aller Beteiligten auf sieben archaische, aus Feuerstein geschlagene Werkzeuge; bis zum Ende der Ausgrabungen im darauffolgenden Jahr werden noch weitere 29 Funde gleicher Art aus *Brixham Cave* entfernt.[18] Was die Forscher vor Ort wie in London vor allem in Erstaunen versetzt, ist die Tatsache, daß die Steinwerkzeuge derselben Erdschicht entstammen wie die Knochen der genannten Säugetiere. Einer Prämisse viktorianischer Geologie zufolge gibt die stratigraphische Position eines Fundes zugleich Aufschluß über dessen Alter.[19] Die in *Brixham Cave* entdeckten, 'primitiven' Werkzeuge, prähistorische Relikte menschlicher Tätigkeit, lassen somit plötzlich denkbar erscheinen, woran bis zu diesem Zeitpunkt in England kaum jemand offiziell zu glauben wagte: die Gleichzeitigkeit des vermeintlich Ungleichzeitigen, genauer: die Koexistenz von Menschen und eben solchen Tieren, wie sie vor Jahrtausenden bereits ausgestorben waren. *Brixham Cave* trägt maßgeblich dazu bei, daß die Frage nach dem Alter der menschlichen Spezies sowohl in Großbritannien als auch in Westeuropa erneut gestellt und grundlegend anders beantwortet wird als bisher. "[A] new consensus on human antiquity"[20] hat sich um 1860 auf internationaler Ebene herausgebildet. Noch bevor die Ausgrabungen in Devonshire abgeschlossen sind, richtet sich das Interesse englischer Geologen zusätzlich auf Funde aus anderen europäischen Ländern, die einer Revision unterzogen bzw. überhaupt erstmals zur Kenntnis genommen werden. Falconer und Prestwich reisen, kurz aufeinander folgend, nach Frankreich, wo ihnen in Abbeville ihr berühmter Kollege Boucher de Perthes Einblicke in dessen archäologische Sammlung gewährt, die neben zahllosen Tierknochen ebenfalls diverse Werkzeuge aus Feuerstein enthält.[21] Ein Jahr später, 1861, erscheint in der Zeitschrift *Natural History Review* ein ausführlicher Bericht über den sogenannten 'Neanderthaler'. Dessen Gebeine, 1857

---

[18] Vgl. Gruber, "Brixham Cave and the Antiquity of Man," p. 388; Grayson, *The Establishment of Human Antiquity*, p. 182.

[19] Zur geologischen Theorie und Praxis im viktorianischen England vor 1858 vgl. Van Riper, *Men among the Mammoths*, pp. 44–73.

[20] Grayson, *The Establishment of Human Antiquity*, p. xi.

[21] Vgl. Gruber, "Brixham Cave and the Antiquity of Man," pp. 392–94; Van Riper, *Men Among the Mammoths*, pp. 100–2.

in der Nähe von Düsseldorf entdeckt, waren in England zuvor weitgehend unbekannt.[22] Lyell gehört zu den wenigen Forschern, die *Brixham Cave* vor Ort eingehend begutachten. Wie die meisten viktorianischen Geologen kurz vor oder nach ihm, so ist auch er schließlich vom prähistorischen 'Ursprung' der menschlichen Spezies überzeugt, eine Vorstellung, gegen die er sich lange Zeit vehement gerichtet hatte. Wenn Lyell als Präsident der geologischen Abteilung der *British Association for the Advancement of Science* seine oben genannte Rede hält, spricht er stellvertretend "for virtually all British geologists."[23] *Geological Evidences of the Antiquity of Man*, 1863 veröffentlicht, stellt einen weiteren, weitaus bekannteren Beleg für Lyells intellektuelle Konversion dar.[24] Über achtzehn Kapitel hinweg verfolgt diese Studie beharrlich das Ziel, all jene Ausgrabungsstätten in Europa und den USA rückblickend Revue passieren zu lassen, in denen jahrtausendealte menschliche Gebeine und/oder von Menschenhand gefertigte Werkzeuge gefunden wurden. Auf *Brixham Cave* kommt Lyell in *The Antiquity of Man* wiederholt zu sprechen. Welche Bedeutung er den Relikten zuschreibt, die Pengelly ans Tageslicht brachte, macht Lyell deutlich, indem er zum Beispiel lakonisch feststellt:

> [A] sudden change of opinion was brought about in England respecting the probable coexistence, at a former period, of man and many extinct mammalia, in consequence of the results obtained from a careful exploration of a cave at Brixham, near Torquay, in Devonshire.[25]

In den letzten fünf Kapiteln von *The Antiquity of Man* setzt sich Lyell mit evolutionstheoretischen Ansätzen – "Theories of Progression and Transmutation"[26] – ausführlich auseinander. Dabei gilt seine Aufmerksamkeit auch und

---

[22] Vgl. Van Riper, *Men Among the Mammoths*, p. 132; zum 'Neanderthaler' und dessen wissenschaftshistorischer Bedeutung im allgemeinen vgl. John Reader, *Missing Links: The Hunt for Earliest Man* (Boston and Toronto, 1981), pp. 20–36.

[23] Van Riper, *Men Among the Mammoths*, p. 74.

[24] Van Riper spricht von "one of the most popular scientific works of the decade" (*Men Among the Mammoths*, p. 118). Mit seinem Essay "Charles Lyell's *Antiquity of Man* and Its Critics" (*Journal of the History of Biology*, 17 [1984], 153–87) hat W. F. Bynum einen überaus informativen und vielzitierten Beitrag zur Rezeptionsgeschichte der Monographie geliefert.

[25] Sir Charles Lyell, *The Geological Evidences of The Antiquity of Man with Remarks on Theories of the Origin of Species by Variation*, 2nd ed. (London, 1863), p. 96.

[26] Lyell, *The Geological Evidences*, p. 385.

insbesondere *The Origin of Species*, jenem Buch seines Freundes Charles Darwin, dessen Publikation mindestens ebenso radikale und weitreichende Konsequenzen nach sich ziehen sollte wie die knapp eineinhalb Jahre zuvor in *Brixham Cave* entdeckten Funde.

*The Origin of Species*, zumal das Basiskonzept der "natural selection,"[27] ist im England der mittviktorianischen Zeit bekanntlich schärfster Kritik ausgesetzt. Bis in die siebziger Jahre hinein wird Darwin immer wieder mit dem Vorwurf konfrontiert, eine Theorie entwickelt zu haben, die auf bloßen Annahmen, nicht auf Fakten beruhe.[28] Darwin steht unter Verdacht, mit der britischen Wissenschaftstradition gebrochen zu haben, wie sie von Bacon einst begründet worden sei.[29] *The Origin of Species* wird als Text gehandelt, dessen Kernthesen sich nicht aus dem Bereich der Erfahrung, sondern aus der Einbildung ("imagination") seines Autors herleiten; als Studie, die darauf verzichte, sich mit 'objektiven', sicht- und somit beweisbaren Phänomenen zu beschäftigen.[30] Kritiken wie diese, so polemisch und ideologisch überfrachtet sie sein mögen, fordert Darwins Text unter anderem dadurch heraus, daß er an keiner Stelle eine klare, eindeutige Bestimmung dessen vornimmt, was schon im Titel als *Origin* gesetzt wird.[31] Der 'Ursprung', um den es geht, wird hingegen gleich zu Beginn, im zweiten Satz der "Introduction" metaphorisch umschrieben und programmatisch zum dunklen, hyperbolisch überformten "mystery of mysteries"[32] stilisiert. Mittels der biologischen, geologischen und paläontologischen Wissenschaften das 'Geheimnis aller Geheimnisse' aufzudecken, darin besteht zunächst das er-

---

[27] Über die Entstehung des Konzepts gibt unter anderem Bowler in seiner genannten Darwin-Biographie (*Charles Darwin*, pp. 75–88) ausführlich Auskunft.

[28] Vgl. Alvar Ellegård, *Darwin and the General Reader: The Reception of Darwin's Theory of Evolution in the British Periodical Press, 1859–1872* (Göteborg, 1958), pp. 174–86.

[29] Vgl. Ellegård, *Darwin and the General Reader*, p. 174.

[30] Vgl. Ellegård, *Darwin and the General Reader*, pp. 189–97.

[31] "*The Origin of Species* is not about the origin, and it in fact denies the reality of species." Zu diesem Befund gelangt George Levine in seiner Monographie *Darwin and the Novelists: Patterns of Science in Victorian Fiction* (Cambridge, Massachusetts, 1988) auf Seite 99.

[32] Charles Darwin, *The Origin of Species by Means of Natural Selection: Or, the Preservation of Favoured Races in the Struggle for Life*, ed. and with an introd. and notes by Gillian Beer (Oxford, 1996 [1859]), p. 3. Darwin nimmt hier auf John Herschel Bezug, den er als "one of our greatest philosophers" (ebd.) ausweist, ohne seinen Namen zu erwähnen. Herschel machte von der Formulierung "mystery of mysteries" Gebrauch, als er sich lange vor der Publikation von Darwins Studie mit der Frage nach dem 'Ursprung der Arten' auseinandersetzte. Vgl. Rudwick, *The Meaning of Fossils*, p. 202.

klärte Ziel der Studie. Diese droht jedoch im folgenden ihr eigenes Projekt, wie es in der "Introduction" fixiert wird, zu durchkreuzen. Denn *The Origin of Species* wird nicht müde, auf eine nach Darwins Diagnose konstitutive Mangelhaftigkeit des menschlichen Erkenntnisvermögens hinzuweisen. Klagen über die Unwissenheit und Ohnmacht des Menschen, über "our profound ignorance in regard to the mutual relations of all the beings which life around us,"[33] wie in der Einleitung zu lesen ist, durchziehen leitmotivisch den Text. Worauf Darwin die zitierte 'Unwissenheit' zurückführt, macht er im zentralen vierten Kapitel emphatisch deutlich, wo er das Konzept der "natural selection" entfaltet. In diesem Zusammenhang baut Darwin eine fundamentale Opposition auf:

> Man can act only on external and visible characters: Nature cares nothing for appearances, except in so far as they may be useful to any being. She can act on every internal organ, on every shade of constitutional difference, on the whole machinery of life.[34]

Darwins "Nature" stellt eine omnipräsente, unverfügbare Instanz dar, die, soweit und solange es ihr beliebt, im Verborgenen agiert. Während sich der Einflußbereich des Menschen ausschließlich auf das erstreckt, was rein 'äußerlich' und 'sichtbar' ist, vermag "Nature" jederzeit unter die Oberfläche zu dringen, zumal jene des Körpers. Nichts entzieht sich ihrer Macht, auch nicht der entlegenste, subtilste 'Schatten'. Eine Inversion traditioneller, strikt hierarchisch strukturierter Ordnungsmuster ist vollzogen worden: Das männlich kodierte Subjekt ("Man") ist entmachtet und, obwohl sehend, mit Blindheit geschlagen. Dazu verurteilt, innerhalb der Sphäre der Sichtbarkeit zu verharren, steht es der weiblich kodierten Natur ("She") genauso ohnmächtig gegenüber wie jenem unsichtbaren Mechanismus, den Darwin "natural selection" nennt. Um zu demonstrieren, wie, wo, wann und zu welchem Zweck "natural selection" agiert, entwirft der Text das folgende, vielzitierte Szenario, dessen metaphorische Qualität er zugleich ausstellt:

> It may metaphorically be said that natural selection is daily and hourly scrutinizing, throughout the world, every variation, even the slightest; rejecting that which is bad, preserving and adding up all that is good; silently and insensibly working, whenever and wherever opportunity offers, at the improvement of each organic being in relation to its organic and inorganic conditions of life. We see nothing of these slow changes in

---

[33] Darwin, *The Origin of Species*, p. 6.
[34] Darwin, *The Origin of Species*, p. 69.

progress, until the hand of time has marked the long lapse of ages, and then so imperfect is our view into long past geological ages, that we only see that the forms of life are now different from what they formerly were.[35]

*The Origin of Species* erhebt den paradoxen Anspruch, einen Vorgang zur Darstellung zu bringen, der sich dem menschlichen Wahrnehmungs- und Erkenntnisvermögen radikal entzieht. Darwin faßt "natural selection" als Prozeß auf, dem weder zeitliche noch räumliche Grenzen auferlegt sind; als Kraft, die unentwegt (und im doppelten Wortsinne) Unterschiede macht; als unermüdliche, 'stille' Agentin, die noch das unscheinbarste Detail genauestens überprüft und kontrolliert, ohne jemals selbst kontrolliert zu werden.[36] Im Gegensatz dazu das Subjekt: Dessen Blick ermangelt laut Darwin der Weit- und Scharfsichtigkeit. Aus diesem Grund bleibe dem Subjekt das Ausmaß der biologischen Entwicklungen verborgen, wie sie sich seit Jahrtausenden allerorten vollziehen. Bildlich, aber durchaus im Sinne des Textes gesprochen lautet der Befund, zu dem Darwin gelangt: "Man" ist prinzipiell außerstande, jener Agentin namens "natural selection," die niemals selbst in Erscheinung tritt, auf die Schliche zu kommen.

Im neunten Kapitel von *The Origin of Species* setzt sich Darwin mit einem Problem auseinander, das ihm als Begründer einer neuen, 'spekulativen' Naturkonzeption erhebliches Kopfzerbrechen bereitet. Zur Debatte steht "the most obvious and gravest objection which can be urged against my theory."[37] Die Kapitelüberschrift "On the Imperfection of the Geological Record" zeigt an, worauf sich dieser zugleich 'offensichtlichste und schwerstwiegende Einwand' bezieht: auf einen – auch aus Darwins Sicht eklatanten – Mangel an geologischem Beweismaterial.[38] Das in *The Origin of Species* entfaltete Evolutionsprinzip beruht auf der Prämisse, daß sämtliche gegenwärtig existenten Spezies einem äußerst langwierigen Entwicklungsprozeß unterworfen sind, in dessen Verlauf zahllose kaum voneinander zu unterscheidende 'Übergangs-

---

[35] Darwin, *The Origin of Species*, p. 70. Die oben zitierte Fassung des Abschnitts stammt aus der zweiten Auflage des Buchs. In der ersten Auflage hingegen fehlte im einleitenden Satz das Adverb "metaphorically." Vgl. Beer, *Darwin's Plots*, p. 70.

[36] Mit der rhetorischen/grammatischen und geschlechtsspezifischen Kodierung der "natural selection" hat sich Beer in der genannten Studie *Darwin's Plots* beschäftigt (vgl. vor allem pp. 68–71).

[37] Darwin, *The Origin of Species*, p. 227.

[38] Vgl. Ellegård, *Darwin and the General Reader*, pp. 216–41; Bowler, *Charles Darwin*, pp. 121–22.

formen' entstanden und wieder verschwunden sind. "[T]he number of intermediate and transitional links, between all living and extinct species, must have been inconceivably great,"[39] bekräftigt Darwin, der sich zugleich jedoch mit dem Tatbestand konfrontiert sieht, daß die meisten der genannten "links" nachweislich keine Spuren – in Form fossiler Überreste – hinterlassen haben. "[O]ur evidence from fossil remains is fragmentary in an extreme degree,"[40] stellt Darwin ernüchtert fest und scheut wenige Absätze später nicht davor zurück, die folgende, ihrem Anspruch nach zeitlos gültige Prognose zu formulieren: "[T]here will generally be a blank in the geological record."[41] Darwin geht davon aus, daß 'Lücken' bzw. 'Leerstellen' im Reich der Fossilien keine Produkte des Zufalls sind. Nicht die Naturwissenschaft und ihre Repräsentanten zeichnen sich nach seiner Überzeugung für den fragmentarischen Status der geologischen Sammlungen verantwortlich, wie sie in Museen zur Schau gestellt werden,[42] sondern die Natur selbst. Deren Absicht sei es, den evolutionären Prozess, den sie betreibe, niemals vollständig transparent werden zu lassen: "Nature may almost be said to have guarded against the frequent discovery of her transitional or linking forms."[43] Auch im Fall der unzähligen, häufig scheinbar identischen "links" zeigt sich, wie es die Natur versteht, sich dem Zugriff des wissenschaftlichen Entdeckers beharrlich zu entziehen. Darwin knüpft an Lyell und dessen monumentale, überaus materialreiche Studie *Principles of Geology* (1830–33) an, wenn er die zitierte "Imperfection of the Geological Record" als Hauptargument gegen seine eigene Theorie anführt.[44] Im dritten und letzten Band seiner *Principles* wirft Lyell gegen Ende des dritten Kapitels die (rhetorische) Frage auf, ob es zum "plan of nature" gehöre, "an unbroken series of monuments"[45] zu bewahren. Lyells kursiv gedruckte, ebenso lakonische wie dezidierte Antwort, mit welcher das Kapitel endet, lautet: "[S]*uch is not the plan of nature.*"[46] Darwin wie auch Lyell, dessen *Principles* gegen jegliches Evolu-

---

[39] Darwin, *The Origin of Species*, p. 228.

[40] Darwin, *The Origin of Species*, p. 234.

[41] Darwin, *The Origin of Species*, p. 237.

[42] "[T]urn to our richest geological museums, and what a paltry display we behold!" lautet Darwins polemischer Kommentar (Darwin, *The Origin of Species*, p. 233).

[43] Darwin, *The Origin of Species*, p. 237.

[44] Vgl. Rudwick, *The Meaning of Fossils*, pp. 189–90; Bowler, *Fossils and Progress*, pp. 70–71.

[45] Charles Lyell, *Principles of Geology*, ed. with an introd. and notes by James A. Secord (Harmondsworth, 1997 [1830–33]), p. 379.

[46] Lyell, *Principles of Geology*, p. 379.

tionsprinzip gerichtet sind, stoßen im Rahmen ihrer geologischen bzw. paläontologischen Forschungen auf das Problem der "missing links." Beide nehmen dieses Problem zum Anlaß dafür, "Nature" als Instanz hervortreten zu lassen, die ihre Intentionen sorgsam verborgen hält und allenfalls punktuell Einblicke in ihren "plan" gestattet.

In einem 1996 veröffentlichten Aufsatz macht Gillian Beer fast beiläufig den Vorschlag, die im viktorianischen England der zweiten Jahrhunderthälfte weit verbreitete Suche nach "Missing Links" mit dem Auftauchen der Detektivliteratur, das in den genannten Zeitraum fällt, in Relation zu setzen.[47] Conan Doyles *The Hound of the Baskervilles* dient ihm als Paradigma eines Genres, dessen narrative Organisation durch das Verfahren des "backward reading" geprägt ist: Im Rückblick auf Ereignisse, die es sukzessive zu rekonstruieren gilt, leitet der Detektiv, Sherlock Holmes, sämtliche Glieder einer "chain of evidence" her. Dabei gelingt ihm, worum sich zeitgenössische Naturwissenschaftler (Darwin, Huxley, Lyell und andere) vergeblich bemühen: Er entdeckt – in Gestalt des Kriminellen, eines im Sinne der Evolutionstheorie monströsen, atavistisch-primitiven Typus – das "Missing Link."[48] Detektivliteratur wäre demnach als eine Art Korrektiv bzw. als Medium zu begreifen, das einen allerorts beklagten Mangel zu kompensieren versucht. Sie verspreche ihren Leserinnen und Lesern eine Rückkehr "to secure origins."[49] Beer faßt seine wissenschaftshistorisch fundierten Beobachtungen wie folgt zusammen:

---

[47] Gillian Beer, "Forging the Missing Link: Interdisciplinary Stories," *Open Fields: Science in Cultural Encounter*, ed. Gillian Beer (Oxford, 1996), pp. 115–43, und pp. 118–19.

[48] Ein mindestens ebenso anschaulicher Beleg für Beers These findet sich im *Case Book of Sherlock Holmes* (1927), der endgültig letzten dem Meisterdetektiv aus der Baker Street gewidmeten Kurzgeschichtensammlung. Der darin enthaltene Text "The Adventure of the Creeping Man" erzählt von einem allseits anerkannten Physiologen, Professor Presbury, der sich im fortgeschrittenen Alter in ein junges Mädchen verliebt. In der Hoffnung, seine Jugend auf diese Weise zurückzuerlangen, injiziert sich der Professor in regelmäßigen Abständen ein Serum, das von einem Menschenaffen stammt. Dies hat zur Folge, daß ein Regressionsprozeß stattfindet. Entgegen seinen Erwartungen nimmt Professor Presbury die Gestalt des im Titel genannten 'kriechenden Menschen/Mannes' an, der als monströse, entwicklungsgeschichtlich rückständige Kreuzung aus Mensch und Tier gekennzeichnet ist. "In all adventures I do not know that I have ever seen a more strange sight than this impassive and still dignified figure crouching frog-like upon the ground," berichtet der sichtlich verstörte Watson (Arthur Conan Doyle, *The Case Book of Sherlock Holmes*, *The Penguin Complete Sherlock Holmes*, with a preface by Christopher Morley [Harmondsworth, 1981], p. 1081).

[49] Beer, "Forging the Missing Link," p. 119.

The insistence on stable recovery of initiating acts was at odds with (perhaps was an attempt to find comfort against) the lostness of origins figured in nineteenth-century geology and evolutionary theory.[50]

1862, vierzig Jahre vor *The Hound of the Baskervilles* (1902), Beers einzigem literarischen Belegtext, erscheint *Lady Audley's Secret*, ein Roman, der in auffallend expliziter Form vorführt, welche Interdependenzen zwischen dem Verfahren der Detektion und eben solchen Prämissen, Problemen und Konzepten bestehen, wie sie ungefähr zeitgleich im Kontext der englischen Geologie und Evolutionstheorie formuliert und diskutiert werden.[51]
Im zweiten Band von Braddons Bestseller richtet Robert Audley eine aus wissenschaftshistorischer Sicht prekäre rhetorische Frage, die er umgehend selbst beantwortet, an seine mysteriöse Tante: "Do you think I shall fail to discover those missing links? No, Lady Audley, I shall not fail, for *I know where to look for them!*"[52] Der Terminus "missing links" wird zitiert und in den Bereich der Kriminalistik überführt. Lady Audleys Neffe nimmt auf ein um 1862 höchst aktuelles und umstrittenes wissenschaftliches Projekt implizit Bezug, über das er sich zugleich explizit erhebt. Im Gegensatz zu Lyell, Darwin und anderen Geologen glaubt er genau zu wissen, wo die 'fehlenden Glieder', die er sucht, zu finden sind. Audley ist als beflissener Amateurdetektiv konzipiert, dem es, wie zuvor mehrfach angekündigt, gegen Ende schließlich gelingt, das im Titel des Romans gesetzte 'Geheimnis' aufzudecken. Darüber hinaus versäumt er nicht, jene methodischen Prinzipien zu benennen, die seiner "Retrograde Investigation" (so die Überschrift des siebten Kapitels des zweiten Bandes) zugrundeliegen. Im ersten Band stellt der junge Rechtsanwalt seine juristischen Kenntnisse unter Beweis, indem er in Gegenwart seiner Tante "the theory of circumstantial evidence"[53] entfaltet. Dreh- und Angelpunkt dieser 'Theorie' ist der kriminalistisch geschärfte Blick für vermeintlich triviale, unscheinbare Details, die als entscheidende 'Indizien' decodiert werden:

---

[50] Beer, "Forging the Missing Link," p. 119.
[51] Eine nützliche, aber weitgehend unkommentierte Auflistung von literarischen Texten, die auf Thesen und Konzepte Lyells und Darwins rekurrieren, bietet Dennis R. Deans Essay "'Through Science to Despair:' Geology and the Victorians," *Victorian Science and Victorian Values: Literary Perspectives*, eds James Paradis and Thomas Postlewait (New Brunswick, New Jersey, 1985 [1981]), pp. 111–36.
[52] Mary Elizabeth Braddon, *Lady Audley's Secret*, ed. and with an introd. by David Skilton (Oxford and New York, 1987 [1861]), pp. 268–69.
[53] Braddon, *Lady Audley's Secret*, p. 119.

> Upon what infinitesimal trifles may sometimes hang the whole secret of some wicked mystery, inexplicable heretofore to the wisest upon the earth! A scrap of paper; a shred of some torn garment; the button off a coat; a word dropt incautiously from the over-cautious lips of guilt; the fragment of a letter; the shutting or opening of a door; a shadow on a window-blind; the accuracy of a moment; a thousand circumstances so slight as to be forgotten by the criminal, but links of steel in the wonderful chain forged by the science of the detective officer.[54]

Detektion avanciert zur hymnisch verklärten 'Wissenschaft', deren amtliche Repräsentanten das Ziel verfolgen, unterschiedlichste 'Kleinig-'/'Nichtigkeiten' materieller wie immaterieller Art zu registrieren – gleich, wie winzig oder flüchtig diese auch sein mögen. Audley bemüht eine Metaphorik, die zum rhetorischen Inventar der *sensation* und *detective novel* gehört: Der überlegene Kriminalinspektor nimmt "trifles" wahr, die selbst geschulten, 'weisen' Beobachtern entgehen, und fügt sie zur 'stählernen' (Kausal-)Kette zusammen. Audley listet zahlreiche Beispiele für potentielle 'Indizien' auf, die sich, bei aller Vielfalt der Formen, durch ein gemeinsames Merkmal auszeichnen: Sie erscheinen auf den ersten Blick allesamt äußerst unbedeutend – und dies in sowohl quantitativer als auch qualitativer Hinsicht. Das dem Bereich der Mathematik entliehene Attribut "infinitesimal" verweist auf die Fähigkeit des Detektivs, mit potentiell unendlich kleinen, nicht meßbaren Größen rechnen zu können.[55] In *The Origin of Species*, kaum drei Jahre vor *Lady Audley's Secret* veröffentlicht, wird eine strukturell homologe Konstellation aufgebaut. Darwin erteilt, indem er sein Konzept der "natural selection" entfaltet, all jenen Biologen eine entschiedene Absage, die dem Kontinuitätsdenken oder dem Glauben an 'plötzliche, große Veränderungen' ("great and sudden modification"[56]) verhaftet sind. Diesen beiden Alternativen setzt er die Vorstellung eines auf Dauer gestellten Entwicklungsprozesses entgegen, der überaus kleinschrittig verläuft. "Natural selection can only act by the preservation and accumulation of *infinitesimally* small inherited modifications, each profitable to the preserved being,"[57] schreibt Darwin im vierten Kapitel seiner Monographie zusammenfassend. Der Terminus "natural selection" bezeichnet einen Mechanismus, der unentwegt mikroskopisch kleine 'Übergangsformen' hervortreibt. Diese gleichen bis ins sprachliche Detail

---

[54] Braddon, *Lady Audley's Secret*, pp. 119-120.
[55] Vgl. *The Oxford English Dictionary*, VII, 931–32.
[56] Darwin, *The Origin of Species*, p. 79.
[57] Darwin, *The Origin of Species*, p. 79 [meine Hervorhebung, M. B.].

hinein jenen "trifles," welche Robert Audleys oben zitierter heroischer "detective officer" mühelos zu lesen versteht. Wie ein prominenter Vertreter der viktorianischen Evolutionstheorie seinerseits (zumindest kurzzeitig) die Identität eines Kriminalisten annimmt, zeigt ein vergleichsweise wenig bekannter Text von Thomas Henry Huxley. In der ersten der insgesamt drei "Lectures on Evolution" aus dem Jahre 1876 stellt Huxley grundlegende methodologische Überlegungen an.[58] "[T]he nature and the kinds of historical evidence"[59] bilden den Gegenstand seiner Analyse. Huxley unterscheidet generell zwei komplementäre Formen der Beweisführung, denen er die Begriffe "testimonial evidence" (bzw. "human testimony") und "circumstantial evidence" zuordnet. Ein grob skizzierter, fingierter Mordfall, wie er durchaus auch am Anfang eines zeitgenössischen Detektivromans stehen könnte, dient als Paradigma, als "familiar example,"[60] das Huxley anführt, um die beiden genannten Begriffe voneinander abzugrenzen. Dabei wird eine – dem Anspruch nach radikale – Umkehrung vollzogen, was die Bewertung der untersuchten Beweisformen anbelangt. "We are very much in the habit of considering circumstantial evidence as of less value than testimonial evidence,"[61] führt Huxley aus, der im folgenden keinen Zweifel daran läßt, welcher Beweisform er – entgegen der zitierten 'Gewohnheit' – eindeutig den Vorzug gibt. Nachdem er die (nicht weiter begründete) These formuliert hat, ein 'Indizienbeweis' sei in vielen Fällen 'fast genauso schlüssig' und 'wesentlich gewichtiger' als eine 'Zeugenaussage',[62] gelangt er zu folgendem Schluß:

> The circumstantial evidence in favour of a murder having been committed, in that case, is as complete and as convincing as evidence can be. It is open to no doubt and to no falsification. But the testimony of a witness is open to multitudinous doubts.[63]

Huxley geht davon aus, daß ein 'Indizienbeweis' im Gegensatz zur 'Zeugenaussage' nicht mit dem Makel der Subjektivität behaftet und somit unanfechtbar

---

[58] Die "Lectures on Evolution" erscheinen 1893 in dem Sammelband *Science and Hebrew Tradition*, der ja mitunter auch den Essay "On the Method of Zadig" enthält.
[59] Huxley, "Lectures on Evolution," p. 56.
[60] Huxley, "Lectures on Evolution," p. 56.
[61] Huxley, "Lectures on Evolution," p. 56.
[62] "[I]n many cases, circumstantial evidence is quite as conclusive as testimonial evidence, and [...], not unfrequently, it is a great deal weightier than testimonial evidence" (Huxley, "Lectures on Evolution," p. 57).
[63] Huxley, "Lectures on Evolution," p. 57.

sei. In seiner "Lecture" wird kein ausdrücklicher intertextueller Bezug zu *Lady Audley's Secret* hergestellt. Dennoch besteht zwischen beiden Texten ein enger kulturarchäologischer Zusammenhang: Ein Biologe, der über wissenschaftstheoretische Belange nachdenkt, tritt in die Fußstapfen des juristisch geschulten Spurenlesers Robert Audley, indem er "circumstantial evidence" als Instanz klassifiziert, die keinem Zweifel unterliegt und stets – wenngleich auf Umwegen – zur Wahrheit führt. Huxleys "Lecture" geht jedoch noch einen entscheidenden Schritt weiter als Braddons *sensation novel*. Sie verfolgt das erklärte Ziel, ein ursprünglich kriminalistisches, durch den Begriff "circumstantial evidence" markiertes Analyseverfahren im Rahmen eines aktuellen naturwissenschaftlichen Projektes zur Anwendung zu bringen. 'Indizienbeweise' sind für Huxley nämlich deshalb von besonderem Interesse, weil der Fokus der Evolutionstheorie auf einen Prozeß gerichtet ist, für den es definitiv keine Zeugen gibt. "I need not say that it is quite hopeless to look for testimonial evidence of evolution," konstatiert Huxley im vorletzten Absatz seiner "Lecture" und erläutert:

> The very nature of the case precludes the possibility of such evidence, for the human race can no more be expected to testify to its own origin, than a child can be tendered as a witness to its own birth.[64]

Der hier skizzierte 'Fall' Evolution führt zu einem 'Ursprung' zurück, der jenseits des Bereichs möglicher Erfahrung lokalisiert ist.
Huxley und Darwin gehen von Prämissen aus, wie Lyell sie mehrere Jahrzehnte zuvor in seinen *Principles of Geology* bereits in paradigmatischer Form formuliert. Lyell zeichnet die Grundlinien eines geologischen Programms, in dessen Zentrum die Forderung steht, zeitliche Grenzen (wie auch jene der menschlichen Wahrnehmung) zu überschreiten.[65] Aus dem Untertitel der *Principles* geht hervor, welches Erkenntnisinteresse dem Text zugrundeliegt: Als "Attempt to Explain the Former Changes of the Earth's Surface"[66] möchte Lyell sein *opus magnum* verstanden wissen. Es geht darum, Ereignisse herzuleiten und zu 'erklären', die so weit zurückliegen, daß nirgendwo ihre Existenz vollständig

---

[64] Huxley, "Lectures on Evolution," p. 73.
[65] Zu den rhetorischen Strategien bzw. generell zur Thematik und Methodik der *Principles of Geology* vgl. Martin J. S. Rudwick, "The Strategy of Lyell's *Principles of Geology*," *ISIS*, 61 (1970), 5–33; Rudwick, *The Meaning of Fossils*, pp. 179–88; Bowler, *Fossils and Progress*, pp. 69–76; Stephen Jay Gould, *Time's Arrow – Time's Cycle: Myth and Metaphor in the Discovery of Geological Time* (Cambridge, Massachusetts, and London, 1987), pp. 104–15.
[66] Lyell, *Principles of Geology*, p. 1.

dokumentiert ist; gleich zu Beginn des ersten Bandes ist von "the defective archives of former ages,"[67] also von 'Archiven' – eine in den *Principles* wiederholt bemühte Metapher – die Rede, die insofern 'mangelhaft' erscheinen, als ihre fossilen Bestände keine eindeutigen Rückschlüsse auf das prähistorische Erscheinungsbild der Erde zulassen. Der Blick eines Geologen, der Lyells Vorgaben entspricht, ist paradox kodiert: Er richtet sich zurück, um Dinge zu erkennen, die außer Sichtweite liegen. 'Mittel' gilt es deshalb zu erfinden, welche dazu dienen, das menschliche Wahrnehmungsvermögen zu erweitern – "means for overcoming the limited range of our vision"[68] in Lyells pointierter Formulierung: "We are perpetually required to bring, as far as possible, within the sphere of observation, things to which the eye, unassisted by art, could never obtain access."[69] Lyell stellt die These auf, derzufolge die im Untertitel der *Principles* genannten "former changes of the earth's surface" jenen geologischen Prozessen exakt gleichen, welche von jeher, stets unverändert, bis in die unmittelbare Gegenwart hinein ober- und unterhalb der Erdoberfläche zu beobachten sind. Aufgrund dieser "immutable constancy"[70] glaubt Lyell sich dazu ermächtigt, mit Hilfe der Einbildungskraft sichtbar machen zu können, was dem bloßen Auge verborgen bleibt. "[B]y studying the external configuration of the existing land and its inhabitants, we may restore in imagination the appearance of the ancient continents which have passed away,"[71] schreibt Lyell im neunten Kapitel der *Principles*. Am Ende dieses zentralen Kapitels legt er im pathetischen Tonfall dar, wozu 'der menschliche Geist' imstande sei:

> Thus, although we are mere sojourners on the surface of the planet, chained to a mere point in space, enduring but for a moment of time, the human mind is not only enabled to number worlds beyond the unassisted ken of mortal eye, but to trace the events of indefinite ages before the creation of our race, and is not even withheld from penetrating into the dark secrets of the ocean, or the interior of the solid globe.[72]

---

[67] Lyell, *Principles of Geology*, p. 6.
[68] Lyell, *Principles of Geology*, p. 33.
[69] Lyell, *Principles of Geology*, p. 33.
[70] Lyell, *Principles of Geology*, p. 102. Zum Prinzip der "Uniformity" vgl.: Rudwick, "The Strategy of Lyell's *Principles of Geology*," pp. 7–8; Gould, *Times Arrow – Time's Cycle*, pp. 117–26.
[71] Lyell, *Principles of Geology*, p. 102.
[72] Lyell, *Principles of Geology*, p. 102.

In dieser rhetorisch aufwendigen Lobrede auf den 'menschlichen Geist' stellt Lyell – wenn auch implizit und eher beiläufig – eine Analogie zwischen Geologie und Astronomie her.[73] Er geht davon aus, daß beide Wissenschaften von der Fähigkeit des "human mind" zeugen, neue, entlegene Dimensionen jenseits tradierter (Erkenntnis-)Grenzen erschließen zu können. Geologie im Sinne Lyells verfolgt das Ziel, potentiell unendlich große Zeit-Räume zu überwinden.[74] Sie wird als Disziplin gehandelt, deren Analysen in prinzipiell zwei verschiedenen Richtungen verlaufen: Indem sie längst vergangene, prähistorische Ereignisse 'nachzeichnet', bewegt sie sich auf der Zeitachse zurück; zugleich dringt sie aber auch in die Tiefe: Weit ins Erdinnere hinein und sogar bis zu den "dark secrets of the ocean," die es zu enträtseln gilt, führt die imaginäre Reise. Zu Beginn der dreißiger Jahre, als die *Principles* in England erscheinen, steht für Lyell grundsätzlich außer Frage, daß die menschliche Spezies relativ geringen Alters sei. Nicht zuletzt aus diesem Grund ist in dem oben zitierten Abschnitt ausschließlich von solchen 'Ereignissen' die Rede, die stattgefunden haben sollen, lange bevor "our race" in Erscheinung getreten ist. In seiner Studie *The Antiquity of Man*, deren Publikation ungefähr zwanzig Jahre später erfolgt, vertritt Lyell eine gänzliche andere Position, was die schon im Titel genannte Thematik betrifft. Als Hauptursache dafür, daß Lyell seit dem Ende der fünfziger Jahre vom urzeitlichen 'Ursprung' des Menschen überzeugt ist, sind zu Beginn dieses Kapitels die in *Brixham Cave* entdeckten Funde angeführt worden. *Brixham Cave* löst, wie gesagt, einen radikalen Perspektiven- und Paradigmenwechsel in den viktorianischen Naturwissenschaften aus. Der erste Satz aus John Lubbocks *Pre-historic Times*, 1865, zwei Jahre nach *The Antiquity of Man* veröffentlicht, zeigt in prägnanter Form, welche erkenntnistheoretischen Probleme der 'Fall' *Brixham Cave* aufwirft: "The first appearance of man in Europe dates back to a period so remote, that neither history, nor even tradition,

---

[73] Im ersten Band der *Principles* zitiert Lyell vielfach Newton namentlich herbei (vgl. zum Beispiel pp. 14, 16 und 35).
[74] John McPhee hat in seiner Monographie *Basin and Range* (New York, 1981) den Begriff "deep time" geprägt (p. 128), der inzwischen offenkundig längst zum terminologischen Grundbestand der geologischen Forschungsliteratur gehört. Um ein Beispiel aus der jüngsten Zeit zu nennen: Henry Gee, *Deep Time: Cladistics, The Revolution in Evolution* (London, 2000). Es ist in diesem Zusammenhang als bezeichnende Tatsache zu erachten, daß McPhee in seiner Studie auf Sherlock Holmes verweist, dessen Verfahren er mit denen eines Geologen (d.h. seinen eigenen) vergleicht (vgl. McPhee, *Basin and Range*, pp. 81–82).

can throw any light on his origin, or mode of life."⁷⁵ Es bleibt die Frage zu klären, ob, inwiefern und in welcher Form jene wissenschaftshistorischen Umbrüche, die mit den Namen Lyell, Darwin und *Brixham Cave* konnotiert sind, Spuren innerhalb der zeitgenössischen englischen Detektivliteratur hinterlassen haben. Bereits in den sechziger Jahren, als sich im viktorianischen England die beiden Gattungen der *sensation* und der *detective novel* formieren, veröffentlichen Autorinnen und Autoren wie Wilkie Collins, Mary Elizabeth Braddon und Joseph Sheridan Le Fanu mit zum Teil großem Erfolg Erzähltexte, die – zumeist eher punktuell – mehr oder minder aktuelle naturwissenschaftliche Projekte abrufen. Le Fanus *The House by the Churchyard*, 1863 erstmals in Buchform publiziert, entwirft gleich zu Beginn eine geradezu paradigmatische Szenerie. Detailliert berichtet der Erzähler, ein alter Mann namens Charles de Cresseron, unter der ironisch-distanzierten Überschrift "A Prologue – Being a Dish of Village Chat" von einem Vorfall aus seiner eigenen Kindheit, der als Ausgangspunkt für die im folgenden entfaltete, komplexe Handlung des Romans dient. Ort des Geschehens ist ein Friedhof in der irischen Provinz, wo "a notable funeral of an old lady"⁷⁶ stattfindet. An dieser Beerdigung nimmt der vierzehnjährige Cresseron teil, ein mit "[a] liking for horrors" (*HC* I, 7) ausgestatteter Junge, der in seiner Freizeit unter anderem Gefallen daran findet, Grabsteine zu entziffern. Der Figur des Erzählers kommt folglich zugleich die Funktion eines neugierigen, in der hermeneutischen Praxis des "deciphering tombstones" (*HC* I, 7) geübten Augenzeugen zu. Ein rätselhafter Fund, der zufällig ans Tageslicht gelangt, als gegen Ende der oben genannten Beerdigung das Grab der 'alten Dame' zugeschaufelt wird, sorgt unter den bis zu diesem Zeitpunkt wenig aufmerksamen Teilnehmern, einschließlich des jungen Erzählers, plötzlich für Aufsehen:

---

⁷⁵ John Lubbock, *Pre-historic Times, As Illustrated by Ancient Remains, and the Manners and Customs of Modern Savages* (London, 1865). In diesem seinerzeit einflußreichen Text entwickelt der Anthropologe Lubbock seine 'vergleichende Methode'. Aus dem Titel der Studie geht hervor, wen bzw. was Lubbock miteinander vergleicht: Das Verhalten und die Gebräuche von 'modernen Wilden' soll Aufschluß geben über die prähistorische Entwicklungsstufe des Menschen. Vgl. dazu George W. Stocking, *Victorian Anthropology* (New York and London, 1987), pp. 152–53; Bowler, *The Invention of Progress*, pp. 30–39.

⁷⁶ Joseph Sheridan Le Fanu, *The House by the Churchyard*, ed. and with an introd. by Robert Lee Wolff, 3 vols (New York and London, 1979 [1861–63]), I, 6 [Künftig zitiert im laufenden Text: *HC*].

> When this particular grave was pretty nearly finished – it lay from east to west – a lot of earth fell out at the northern side, where an old coffin had lain, and good store of brown dust and grimy bones, and the yellow skull itself came tumbling about the sexton's feet. These fossils, after his wont, he lifted decently with the point of his shovel, and pitched into a little nook beside the great mound of mould at top. (*HC* I, 7)

An inhaltlich zentraler Stelle taucht in *The House by the Churchyard* ein geologischer Schlüsselbegriff auf: Menschliche Gebeine, unter ihnen ein nicht zuletzt aufgrund seines Alters gelblich verfärbter Totenschädel, werden als "fossils" klassifiziert. Wer eben dieses Wort im *Oxford English Dictionary* nachschlägt, wird darüber informiert, daß "fossil" bis ins neunzehnte Jahrhundert hinein schlicht als Sammelbegriff für 'ausgegrabene Dinge', gleich welcher Art, gedient hat.[77] Auf diese ursprüngliche Bedeutung des Begriffs, der sich aus dem Lateinischen herleitet, spielt der Erzähler des Romans in dem oben zitierten Abschnitt offenkundig an. Mit dem Terminus "fossil" ist aber auch ein wissenschaftliches Modell konnotiert, auf das Le Fanus Roman Bezug nimmt, um es in einen kriminalistischen Kontext zu überführen. Nachdem der erwähnte Totenschädel Mattocks, dem Küster, direkt vor die Füße gerollt ist, rückt er prompt ins Zentrum des allgemeinen Interesses. Zur großen Verwunderung der Anwesenden weist er zwei leicht erkenn- und 'lesbare' Risse auf, die noch vor Ort eingehend begutachtet, betastet und binnen kürzester Zeit in detektivischer Manier als Resultat einer gewaltsamen Handlung dekodiert werden. "Oh! murdher" (*HC* I, 8) lautet der dialektal eingefärbte, einstimmig akzeptierte Befund einer namenlosen Figur; diverse Spekulationen, die Todesursache der unbekannten Leiche betreffend, folgen. *The House by the Churchyard* läßt jedoch keinen Zweifel daran, daß der kollektiv imaginierte vermeintliche Mord ein zeitlich weit zurückliegendes Ereignis darstellt, über das niemand, kein einziger Tat- und/oder Zeitzeuge (mehr) persönlich Auskunft erteilen kann. Anhand von Mattocks macht der Text deutlich, warum das mit dem Knochenfund assoziierte Geheimnis – zumindest vorerst – im Dunkeln bleiben muß. Als der Küster in theatralischer Hamlet-Pose den Totenkopf in seinen Händen hält und von allen Seiten neugierig betrachtet, gelangt er aus einem schlichten Grund zu keinem stichhaltigen Ergebnis: "[T]hough he was no chicken, his memory did not go far enough back to throw any light upon the matter" (*HC* I, 8). Der im Prolog des Romans entdeckte Zufallsfund deutet auf einen Vorfall hin, der sich

---

[77] Vgl. *The Oxford English Dictionary*, VI, 111; "fossil:" "obtained by digging; found buried in the earth."

– wenn überhaupt – anhand von Indizien und Textzeugnissen, also auf der Basis hermeneutisch komplexer Verfahren rekonstruieren läßt. Fossile Qualität ist diesem Fund insofern zuzusprechen, als er eine Dimension der Vorzeitigkeit eröffnet. Doch auch in topographischer Hinsicht erscheint der Begriff "fossil" buchstäblich richtungsweisend. Er zeigt an, wo der schaurige Indizienträger, "the yellow skull," und das Geheimnis, das er konstituiert, verborgen sind: unter der Erdoberfläche, in der Tiefe.

"There is a legend of its enormous depth. I do not know how deep it is."[78] In der Absicht, sich ihres ersten Ehemannes gewaltsam zu entledigen, scheut Elizabeth Braddons zwielichtige Bigamistin Lady Audley nicht davor zurück, ihn in einen Brunnenschacht hinabzustoßen, deren 'enorme Tiefe' sie nicht zu ermessen vermag. "I saw my first husband sink with one horrible cry into the black mouth of the well,"[79] berichtet die vorzeitig zur gefährlichen "madwoman" erklärte Titelfigur von *Lady Audley's Secret* im dritten Band des Romans, noch bevor sie mit der (für den Rezipienten wenig glaubwürdigen) Tatsache konfrontiert worden ist, daß George Talboys, entgegen ihren Erwartungen, den Sturz überlebt hat. Undurchdringlich finster und schwindelerregend tief erscheint der Abgrund, in den Lady Audley, fasziniert und erschreckt zugleich, hinabblickt. Im Rahmen ihres Geständnisses beruft sich die Protagonistin auf eine namenlose "legend," mittels derer sie dem Brunnen nicht nur 'enorme Tiefe', sondern implizit auch ein 'legendenhaft' hohes Alter zuschreibt. Es liegt aus literaturgeschichtlicher Perspektive fraglos nahe, den grob skizzierten, auf der Handlungsebene des Romans gleichwohl zentralen Brunnen als eine Art generisches Versatzstück zu begreifen, welches aus der phantastischen Welt der Märchen bzw. der Schauerliteratur entlehnt und in den 'realistischen' Kontext einer *sensation novel* implantiert worden ist. Aus wissenschaftshistorischer Sicht hingegen bietet sich eine andere, weiterführende Lesart an: Ausgestattet mit dem Merkmal der virtuellen Bodenlosigkeit, erweist sich der Brunnen nicht zuletzt auch als dunkle, lebensbedrohliche Passage, die, ausgehend von der Erdoberfläche, tief ins Innere der Erde hinein- bzw. hinabzuführen scheint. In den fünfziger und sechziger Jahren veröffentlicht Wilkie Collins zwei Romane, in denen strukturell analog konzipierte Passagen (oder Abgründe) eine ebenfalls entscheidende Rolle spielen. Der dritte und letzte Teil von *Basil: A Story of Modern Life* (1852) führt von London, dem Hauptschauplatz des Romans, nach Cornwall, wo der Protagonist auf den steilen, unwirtlichen Klippen der Südküste seinem Antagonisten Man-

---

[78] Braddon, *Lady Audley's Secret*, p. 394.
[79] Braddon, *Lady Audley's Secret*, pp. 393–94.

nion begegnet. Bevor es zur finalen Konfrontation der beiden Handlungsträger kommt, stößt Basil, auf dem höchsten Punkt der Klippen angelangt, zufällig auf einen gähnenden Abgrund: "a black, yawning hole that slanted nearly straight downwards, like a tunnel, to unknown and unfathomable depths below, into which the waves found entrance through some subterranean channel."[80] Wie Lady Audley in Braddons ungleich bekannterem Roman, so sieht sich auch Basil grundsätzlich außerstande, die Ausmaße des Abgrunds auszuloten, der sich vor seinen Augen plötzlich auftut; sein Rivale Mannion verschwindet – im Gegensatz zu George Talboys allerdings endgültig – spurlos von der Erdoberfläche, indem er gegen Ende des Romans erwartungsgemäß in das kurz zuvor entdeckte 'Loch' fällt, einen unergründlichen (Höllen-)Schlund, der in explizit 'unterirdische' Gefilde führt. In *The Moonstone* (1868) sorgt ein an der Küste von Yorkshire lokalisierter, schreckenerregender Treibsand für einen nicht minder fatalen Sog der Tiefe. Kaum eine Figur des schon seinerzeit breit rezipierten Detektivromans vermag sich diesem Sog dauerhaft zu entziehen, ebensowenig der Text selbst. Im vierten Kapitel der "First Period" erstattet der Hausangestellte Gabriel Betteredge, eine der zahlreichen Erzählerfiguren des Textes, erstmals ausführlich Bericht über "the most horrible quicksand on the shores of Yorkshire:"[81]

> At the turn of the tide, something goes on in the unknown deeps below, which sets the whole face of the quicksand shivering and trembling in a manner most remarkable to see, and which has given to it, among the people in our parts, the name of The Shivering Sand.[82]

Auf der Handlungsebene des Romans figuriert der Treibsand als rekurrentes Motiv, das primär dort auftaucht, wo vermeintliche Randfiguren in seinen Bann geraten, allen voran die unglücklich verliebte Rosanna Spearman, die sich schließlich "in the unknown deeps below" hinabziehen läßt. "The Shivering Sand" stellt zudem eine Art signifikatives Zentrum des Textes dar, ein semiotisches Modell, dem der titelgebende Monddiamand insofern gleicht, als auch er

---

[80] Wilkie Collins, *Basil: A Story of Modern Life*, ed. and with an introd. by Dorothy Goldman (Oxford, 1990 [1852]), p. 321.
[81] Wilkie Collins, *The Moonstone*, ed. J. I. M. Steward (Harmondsworth, 1986 [1868]), p. 55.
[82] Collins, *The Moonstone*, p. 55.

mit einem deutlich markierten Index von Tiefe versehen ist.[83] Den Edelstein vor Augen, notiert Betteredge fasziniert im neunten Kapitel seines Berichts:

> When you looked down into the stone, you looked into a yellow deep that drew your eyes into it so that they saw nothing else. It seemed unfathomable; this jewel, that you could hold between your finger and thumb, seemed unfathomable as the heavens themselves.[84]

Der Monddiamand, wie er unter anderem hier zur Darstellung gelangt, ist als nahezu allseits begehrter, im Wortsinne außer-ordentlicher Gegenstand konzipiert, der, ungeachtet seiner geringen Größe, den Blick seines jeweiligen Betrachters vollständig absorbiert. Anders als der Treibsand, sein semantisches Korrelat, führt der Edelstein gleichzeitig in zwei gegensätzliche Richtungen: hinab ("into a yellow deep") und hinauf zu "the heavens themselves." Auf diese Weise suggeriert der Text, daß die räumliche Ordnung im Fall seines Titel- und Zentralmotivs zu kollabieren droht. Doch Collins' Roman geht noch weiter. Er entwirft, am Paradigma des "Shivering Sand" orientiert, eine Rhetorik der Bodenlosigkeit, die den gesamten Text durchzieht und in unterschiedlichsten Kontexten ausfindig zu machen ist. "Who is to fathom it?"[85] möchte zum Beispiel die bigotte Miss Clack wissen, als sie über die moralischen Untiefen des "human heart" sinniert. Überall dort, wo der Roman seine Figuren theologisch, psychologisch und nicht zuletzt kriminalistisch motivierte Versuche unternehmen läßt, den wie auch immer kodierten Dingen buchstäblich auf den Grund zu gehen, kommt die Rhetorik der Bodenlosigkeit zum Einsatz. "Is the Moonstone at the bottom of all the mischief – or is it not?"[86] insistiert Mr Bruff im zweiten Teil des Romans, nachdem Franklin Blake wenige Kapitel zuvor zu folgender Einsicht gelangt ist: "I knew that the Diamond was at the bottom of it,

---

[83] Daß die beiden Elemente "Moonstone" und "Shivering Sand" aufeinander verweisen, ist in der Forschungsliteratur mehrfach angemerkt und kommentiert worden. Vgl. Albert D. Hutter, "Dreams, Transformations, and Literature: The Implications of Detective Fiction," *Victorian Studies*, 19 (1975), p. 204; Jenny Bourne Taylor, *In the Secret Theatre of Home: Wilkie Collins, Sensation Narrative and Nineteenth-Century Psychology* (London, 1988), p. 193; Tamar Heller, *Dead Secrets: Wilkie Collins and the Female Gothic* (New Haven, Connecticut, and London, 1992), pp. 147–50.
[84] Collins, *The Moonstone*, p. 97.
[85] Collins, *The Moonstone*, p. 265.
[86] Collins, *The Moonstone*, p. 405.

last year, and I know that the Diamond is at the bottom of it now."[87] Sämtliche Detektivfiguren des Textes (Sergeant Cuff, Franklin Blake, Ezra Jennings, um lediglich die wichtigsten zu nennen) sind gleichermaßen dadurch gekennzeichnet, daß sie, jede auf ihre Weise, im Sinne der genannten Rhetorik agieren. Sie sind darum bemüht, "into the thick of the story"[88] vorzudringen, "a way to the root of the matter"[89] zu graben, oder auch darum, "a motive under the surface"[90] zu finden. Wer auch immer in *The Moonstone* vom rätselhaften "detective fever"[91] infiziert ist, stößt im Verlauf seiner jeweiligen Recherchen auf zum Teil bedrohliche (Un-)tiefen, die keine Instanz des Textes vollends zu ergründen vermag.

*She: A History of Adventure* (1887) fällt zwar nicht – wie der Untertitel bereits signalisiert – unter die Rubrik *detective fiction*, dennoch liegt es aus mehreren Gründen nahe, Henry Rider Haggards spätviktorianischen Abenteuerroman in eine Reihe zu stellen mit jenen mittviktorianischen *sensation* und *detective novels*, die bisher im Rahmen dieses Kapitels behandelt worden sind. Ayesha alias *She-who-must-be-obeyed* steht im Mittelpunkt des Bestsellers, eine ebenso macht- wie geheimnisvolle weiße Königin zentralafrikanischer Herkunft, der es eigenen Angaben zufolge unter anderem gelungen ist, "one of the great secrets of the world"[92] aufzudecken. Im dreizehnten, "Ayesha Unveils" überschriebenen Kapitel stellt sich die stolze Protagonistin dem Erzähler, Horace Holly, einem misogynen Universitätsdozenten aus Cambridge, im feierlichen, allegorisch überformten Stil vor: "I, who know the secrets of the earth and its riches, [...] – I, who have even for a while overcome Change, that ye call Death."[93] Davon überzeugt, unsterblich zu sein, und ausgestattet mit einem dem Anspruch nach schier unermeßlichen Fundus an Geheimwissen, herrscht Ayesha über ein unterirdisches, labyrinthisch verzweigtes Höhlenreich. Ziel der gefahrvollen Reise, die Holly in Begleitung seines physisch ungleich attraktiveren Mündels Leo Vincey unternimmt, ist ein exotischer, zunächst skizzenhaft entworfener Ort,

---

[87] Collins, *The Moonstone*, p. 349. Kaum eine andere rhetorische Formel findet vergleichbar häufig in *The Moonstone* Verwendung wie "at the bottom" (vgl. z.B. pp. 64, 72, 200, 205, 208 und 453).
[88] Collins, *The Moonstone*, p. 93.
[89] Collins, *The Moonstone*, p. 410.
[90] Collins, *The Moonstone*, p. 450.
[91] Collins, *The Moonstone*, pp. 160, 169, 195.
[92] Henry Rider Haggard, *She: A History of Adventure*, ed. and with an introd. by Daniel Karlin (Oxford, 1991 [1886/7]), p. 150.
[93] Haggard, *She*, p. 150.

"where there are caves of which no man hath seen the end."⁹⁴ Mit dieser Reise ist eine für *She* insgesamt konstitutive Doppelbewegung assoziiert: Indem Holly und Vincey jene virtuell 'endlosen' Höhlen hinabsteigen und erkunden, welche den Hauptschauplatz des Textes bilden, dringen sie zugleich in Regionen vor, die jenseits etablierter temporaler und epistemologischer Grenzen verortet sind. Sie entdecken eben jene Tiefendimension der Zeit, welche Jahrzehnte zuvor im Kontext der viktorianischen Geologie und Evolutionstheorie erstmals eröffnet worden war. Haggards Roman läßt seinen Figuren, allen voran Ayesha und dem Erzähler, eine für Lyell, Darwin, Huxley und Lubbock gleichermaßen grundlegende, wissenschaftlich sanktionierte Erfahrung zuteil werden, die er zitativ abruft und ins Phantastische wendet. "What are ten or twenty or fifty thousand years in the history of life?"⁹⁵ lautet eine an den Erzähler gerichtete programmatische Frage der Titelfigur. Deren vorgebliche Unsterblichkeit, die bis zum furiosen Finale des Romans unermüdlich behauptet, dort allerdings entschieden und in drastischer Form dementiert wird, ist im Horizont mittviktorianischer Wissensstandards zu lesen; so auch die folgende imaginäre Zeitreise der Erzählerfigur:

> I closed my eyelids, and imagination taking up the thread of thought shot its swift shuttle back across the ages, weaving a picture on their blackness so real and vivid in its detail that I could almost for a moment think that I had triumphed o'er the Past, and that my spirit's eyes had pierced the mystery of Time.⁹⁶

Zeitkonzepte, wie Lyell und Darwin sie im Rahmen ihrer jeweiligen Projekte entwickelt haben, bilden zentrale kontextuelle Bezugspunkte für Hollys zitierte Entgrenzungsphantasie. Dieser ist nicht zuletzt aufgrund ihrer kurzen Dauer ("almost for a moment") epiphanische Qualität zuzusprechen. Metaphern wie "thread," "shuttle" und "weaving" evozieren das Bild eines Webstuhls; sie geben zu erkennen, daß es sich bei der Epiphanie des Erzählers weniger um ein authentisches Erlebnis als um ein textuelles Konstrukt handelt. Als diejenige Instanz, welche Hollys halluzinative Reise in die Vergangenheit ermöglicht und vorantreibt, wird die Einbildungskraft ("imagination") genannt. Obschon der Roman gänzlich darauf verzichtet, Lyell namentlich zu erwähnen, bemüht er einen Zentralbegriff seines geologischen Programms. Wie oben darlegt wurde,

---

⁹⁴ Haggard, *She*, p. 30.
⁹⁵ Haggard, *She*, p. 150.
⁹⁶ Haggard, *She*, p. 185.

entwirft Lyell in den *Principles of Geology* "imagination" als Medium, welches primär dazu dient, Zeit-Räume zu überbrücken, gleich, wie groß diese auch sein mögen;[97] "the appearance ot the ancient continents which have passed away"[98] gilt es mit Hilfe der Einbildungskraft zu rekonstruieren. "Time" und "imagination" stellen wichtige, aber bei weitem nicht die einzigen Konzepte des Textes dar, die sich aus der früh- bzw. mittviktorianischen Wissenschaftsgeschichte herleiten. *She* versäumt nicht, auf *Brixham Cave*, jene im Südosten Englands gelegene Höhle anzuspielen, die William Pengelly 1858, fast genau dreißig Jahre vor der Erstveröffentlichung von Haggards Roman zufällig entdeckte. Aufgefordert, der Protagonistin zu folgen, steigen der Erzähler und sein Begleiter gegen Ende des Romans tiefer ins Erdinnere hinab, um schließlich dorthin zu gelangen, wo sich "the rolling Pillar of Life"[99] befindet. Bevor sie diese 'Säule' erreichen, der Ayesha ihr beispiellos hohes Alter verdankt, geraten sie unvermutet "into a kind of rut or fold of rock that grew deeper and deeper, till at last it resembled a Devonshire lane in stone."[100] Fernab der britischen Heimat vergleicht Holly eine weit unterhalb der Erdoberfläche situierte Felsspalte, die als Passage fungiert, mit '(Feld-)wegen', wie sie in Devonshire angeblich anzutreffen sind. Er zitiert eine topographisch entlegene Region herbei, mit der ein diskursgeschichtlich höchst bedeutsames Ereignis konnotiert ist. Auf dieses Ereignis, die Entdeckung von *Brixham Cave*, nimmt *She* in thematischer wie konzeptioneller Hinsicht implizit Bezug. Hatten die in *Brixham Cave* entdeckten Knochenfunde maßgeblich dazu beigetragen, daß der menschlichen Spezies in England und Europa seit Beginn der sechziger Jahre offiziell zumeist ein wesentlich höheres Alter zugestanden werden sollte als je zuvor, so führt Haggards Roman seinerseits in Gestalt der hyperbolisch gezeichneten Titelfigur

---

[97] In seinem Essay "Geological Time," der 1869 im *North British Review* (no 11, pp. 406–39) erscheint, stellt P. G. Tait die folgende aus seiner Sicht entscheidende Frage (p. 411): "Have we any means of forming an opinion as to the state of our globe so much as one, ten, or one hundred, million years ago?" Die Frage zeigt, in bzw. mit welchen Zeiträumen viktorianische Geologen gerechnet haben, lange bevor Ayesha und Holly auf den Plan getreten sind.

[98] Lyell, *Principles of Geology*, p. 102. E. S. Dallas verfolgt in *The Gay Science* (1866) ebenfalls das Ziel, "imagination" zur Zentralkategorie einer wissenschaftlichen Disziplin – in diesem Fall der Literaturtheorie und der Ästhetik – zu erheben. Wenn Holly an einer Stelle des Romans den Begriff "the soul's thought" (Haggard, *She*, p. 186) als Synonym für "imagination" einsetzt, spielt er offensichtlich auf Dallas und dessen metaphysisches Konzept der "Hidden Soul" an.

[99] Haggard, *She*, p. 31.

[100] Haggard, *She*, p. 270.

eine Art 'Herrin der Unterwelt' vor, deren jugendlicher Körper keinem Alterungsprozeß zu unterliegen scheint. Was *Brixham Cave* einst theoretisch nahelegte, wird bei Haggard als Phantasmagorie entworfen und ins Exotische verlagert. Im vorletzten Kapitel des Romans gibt Ayesha, am Ziel, der genannten Feuersäule, angelangt, ihr bislang sorgsam gehütetes Geheimnis preis. Doch sobald die Flammen des "mysterious fire"[101] ihren Körper umschließen, durchläuft dieser entgegen ihren Erwartungen eine groteske Metamorphose. Zum großen Entsetzen der um das Feuer herum gruppierten Betrachter verwandelt sich Ayesha zunächst in eine alte Frau, dann in einen Affen, woraufhin sie, ihrer geschlechtlichen und biologischen Identität endgültig beraubt, schließlich tot zusammenbricht. An die Stelle der erwarteten Verlängerung der Lebensdauer ist ein invertierter Evolutionsprozeß getreten.[102] Im spektakulären Schlußszenario des Romans werden weder Darwin noch Huxley namentlich erwähnt. Dennoch gibt der Text nirgends deutlicher zu erkennen, daß den Ereignissen, von denen er erzählt, naturwissenschaftliche (in diesem Fall evolutionstheoretische) Konzepte unterlegt sind, als ausgerechnet dort, wo seine Protagonistin die monströse Gestalt eines entwicklungsgeschichtlich bedrohlich nahestehenden Tieres annimmt.

Im ersten Band der *Principles of Geology* findet sich eine Stelle, die Stephan Jay Gould – ob zu Recht oder nicht, sei dahingestellt – als "the most curious passage"[103] des gesamten Textes bezeichnet. Lyell führt vor Augen, was seines Erachtens passieren könnte, wenn auf der Erde einst deutlich mildere klimatische Bedingungen herrschen sollten als in der Gegenwart:

> Then might those genera of animals return, of which the memorials are preserved in the ancient rocks of our continents. The huge iguanodon might appear in the woods, and the ichthyosaur in the sea, while the pterodactlye might flit again through umbrageous groves of fern-trees.[104]

Rhetorisch aufwendig und lustvoll beschwört Lyell kurzzeitig eine Vorstellung herauf, gegen die Darwin, sein Freund und Kollege, knapp zwanzig Jahre später dezidiert Einspruch erheben wird. "When a group has once wholly disappeared,

---

[101] Haggard, *She*, p. 292.
[102] "In the brief space which Haggard takes to describe her death one lives through the whole gamut of devolution," merkt Henry Miller, der empathische Leser, in *The Books in My Life* (London, 1961 [1951]), auf der Seite 91 an.
[103] Gould, *Time's Arrow – Time's Cycle*, p. 101.
[104] Lyell, *Principles of Geology*, p. 67.

it does not reappear; for the link of generation has been broken,"[105] stellt Darwin im zehnten Kapitel von *The Origin of Species* kategorisch fest, ohne auf Lyells zitierte 'Vision' explizit Bezug zu nehmen. Er sollte, wissenschaftlich gesehen, Recht behalten. Bis auf den heutigen Tag ist es den oben genannten "genera of animals" bekanntlich verwehrt geblieben, erneut leibhaftig in Erscheinung zu treten. Lyells Wunschtraum ist dennoch längst (und wiederholt) in Erfüllung gegangen, allen fraglos stichhaltigen Argumenten, die Darwin ihm entgegengesetzt hat, zum Trotz. Denn seit den 1860er Jahren, also noch zu Lebzeiten des Geologen, und bis in die Gegenwart des einundzwanzigsten Jahrhunderts hinein sorgt das Medium der phantastischen Literatur – so wie später vorzugsweise das Medium des trickreich animierten Films – dafür, daß an unterschiedlichen, zumeist exotischen Schauplätzen immer wieder eine (bzw. 'die') Rückkehr urzeitlicher Riesenechsen stattfindet.[106] Zu den in diesem Zusammenhang kultur- und literaturgeschichtlich zentralen Referenztexten gehört Jules Vernes *Voyage au centre de la terre*. Der Titel des 1864 erstmals publizierten Romans zeigt an, wohin die Reise führt, die Vernes Protagonisten, ein angesehener deutscher Geologe namens Professor Lidenbrock und dessen Neffe und Assistent Axel, gemeinsam unternehmen: tief unter die Erdoberfläche, wo sich ihnen eine prähistorische, grotesk überzeichnete Landschaft darbietet. Bei dem Versuch, ein unterirdisches Meer von gigantischen Ausmaßen auf einem kleinen Floß zu überqueren, werden sie Zeuge, wie "das fürchterlichste aller vorsintflutlichen Reptilien, der Ichthysaurus,"[107] den auch Lyell anführt, und ein zweites sorgsam klassifiziertes "Ungeheuer"[108] sich gegenseitig attackieren und schließlich in der Tiefe versinken.[109] Arthur Conan Doyles *The Lost World* (1912) weist auf

---

[105] Darwin, *The Origin of Species*, p. 277.

[106] Eine weitere Form der virtuellen Rückkehr wird 1854 im Park des *Crystal Palace* inszeniert, wo eine kleine Gruppe englischer Paläontologen, unter ihnen Richard Owen, zahlreiche Dinosauriermodelle aufstellen läßt. Binnen kürzester Zeit avancieren diese zum Teil lebensgroßen Modelle zur allseits bekannten Attraktion, die in den folgenden Jahren viele tausend Besucher in den Park des *Crystal Palace* lockt. Vgl. dazu Steve McCarthy, *The Crystal Palace Dinosaurs: The Story of the World's First Prehistoric Sculptures* (London, 1994); Dan Smith, "Hopeful Monsters: The Crystal Palace Dinosaurs," *Things*, 13 (2001), 29–47.

[107] Jules Verne, *Reise zum Mittelpunkt der Erde*, trans. Manfred Kottmann, 3rd ed. (Frankfurt a. Main, 1999 [1864]), p. 231.

[108] Verne, *Reise zum Mittelpunkt der Erde*, p. 231.

[109] Conrads Erzählung *Heart of Darkness* läßt seinen Ich-Erzähler Vernes Roman namentlich herbeizitieren. "The best way I can explain it to you is by saying that, for a second or two, I felt as though, instead of going to the centre of a continent, I were to set off for the centre of

Vernes *Voyage* deutlich zurück, was das Sujet, das *setting* und das Figureninventar des Romans angeht. Auch hier führt eine wissenschaftliche Expedition, in diesem Fall angeführt von Professor Challenger, einem exzentrischen Zoologen, in eine geographisch entlegene Region, die es, ungeachtet aller Gefahren, zu erschließen gilt. Auf einer Hochebene im südamerikanischen Regenwald entdecken Challenger und seine Begleiter, darunter auch der Ich-Erzähler, eine urzeitliche, 'verlorene Welt', die ganz im Sinne Darwins und Huxleys konzipiert ist. Neben diversen Dinosauriern treffen sie unter anderem auch auf Affenmenschen – leibhaftige "Missin' Links,"[110] wie der Protagonist des Roman mit akademischer Zuversicht konstatiert. *The Lost World* führt in Gestalt des Professors Challenger einen Wissenschaftler vor, der nicht nur aufgrund seiner Exzentrik mit Doyles berühmtester Figur in Relation zu setzen ist. Sherlock Holmes macht zwar im Gegensatz zu seinem cholerischen 'Nachfolger' in keinem einzigen der insgesamt sechzig Texte, in denen er seine analytischen Fähigkeiten unter Beweis stellt, die persönliche Bekanntschaft eines Affenmenschen. Doch sobald er sich – stets mit Erfolg – darum bemüht, die fehlenden Glieder einer virtuell endlosen Beweis- und Ereigniskette zu rekonstruieren, sobald er – wie zum Beispiel in *The Sign of the Four* – die Spur eines Delinquenten aufnimmt, der zur animalischen, 'wilden', 'primitiven' – kurzum: evolutionär rückständigen Kreatur deklassiert wird[111] – so ist auch sein Interesse auf "missing links" gerichtet.

---

the earth," berichtet Marlow, noch bevor seine Reise in den afrikanischen Dschungel begonnen hat (Joseph Conrad, "Heart of Darkness," *Heart of Darkness and Other Tales*, ed. and with an introd. by Cedric Watts [Oxford, 1990 (1902)], p. 150). Wie schon Vernes *Reise*, so führt auch *Heart of Darkness* geradewegs in die unbekannten Tiefen einer prähistorischen, phantastischen Welt hinein. Als "wanderers on prehistoric earth" (p. 185) apostrophiert Marlow einmal die Mitglieder seiner Expedition. Der lange Weg, den Marlow auf der Suche nach Kurtz zurücklegt, ist in *Voyage au centre de la terre* vorgezeichnet. Er verläuft jedoch horizontal, nicht – wie bei Verne – vertikal zur Erdoberfläche.

[110] Arthur Conan Doyle, *The Lost World*, ed. and with an introd. and notes by Ian Duncan (Oxford, 1998 [1912]), p. 138.

[111] Gemeint ist die Figur des südamerikanischen 'Wilden' Tonga. Vgl. Arthur Conan Doyle, "The Sign of the Four," *The Penguin Complete Sherlock Holmes*, with a preface by Christopher Morely (Harmondsworth, 1981 [1901–2]), pp. 127–28 und 138.

> A man burdened with a secret should especially avoid the intimacy of his physician.
> Nathaniel Hawthorne, *The Scarlet Letter*[1]

## 4. Sektion/Detektion

"Anatomy is not a science," stellt Robert Knox, der mindestens ebenso berüchtigte wie berühmte viktorianische Anatom, im zweiten Teil von *Great Artists and Great Anatomists* (1852) lakonisch fest, "but merely a mechanical art, a means towards an end. It is pursued by the physician and surgeon for the detection of disease, and the performance of operations."[2] Knox fällt hier ein auf den ersten Blick scharfes Urteil über eine Disziplin, die ihm aufgrund seiner langjährigen Forschungs- und Lehrtätigkeit in Edinburgh (nur allzu) vertraut ist. In den zwanziger Jahren hatte Knox nachhaltig für Aufsehen in der viktorianischen Öffentlichkeit gesorgt, da er – zurecht – in Verdacht geraten war, von Burke und Hare, die als *body snatchers* und Mörder in die Geschichte Englands eingegangen sind, mehr als ein Dutzend Leichen für Obduktionszwecke käuflich erworben zu haben;[3] keine drei Jahrzehnte später spricht Knox der Anatomie den Rang einer Wissenschaft kategorisch ab und weist ihr den betont bescheidenen Status einer bloßen 'mechanischen Kunstfertigkeit' und eines zweckdienlichen 'Mittels' zu. Auf die Frage, wozu dieses 'Mittel' in der Medizin und Chirurgie diene, gibt Knox eine knappe, klare und – zumal aus kulturhistorischer Sicht – aufschlußreiche Antwort: Ärzte und Chirurgen sind nach seinem Befund nur insoweit dazu befähigt, Krankheiten aufzuspüren und Operationen auszuführen, als sie über anatomisches Wissen verfügen. Dadurch, daß Knox die zuerst genannte Praxis als "detection of disease" bezeichnet, stellt er einen

---

[1] Nathaniel Hawthorne, *The Scarlet Letter: A Romance*, with an introd. by Nina Baym and notes by Thomas E. Connolly (New York and London, 1983 [1850]), p. 109.

[2] Robert Knox, *Great Artists and Great Anatomists: A Biographical and Philosophical Study* (London, 1852), p.141.

[3] Der Fall "Burke und Hare," seinerzeit vielbeachtet und heftig diskutiert, steht in engem Zusammenhang mit dem *Anatomy Act* von 1832, dessen erklärter Zweck darin bestand, die zu dieser Zeit in England weit verbreitete Praxis des *body snatching* zu unterbinden. Zur Geschichte des *Anatomy Act* vgl. Ruth Richardson, *Death, Dissection and the Destitute* (London and New York, 1987); dies., "'Trading Assassins' and the Licensing of Anatomy," *British Medicine in an Age of Reform*, eds Roger French and Andrew Wear (London and New York, 1992 [1991]), pp. 74–91.

Konnex zwischen zwei ursprünglich differenten Formen der Analyse her: zwischen der medizinischen Diagnostik und eben jenem retrospektiven Verfahren, das überall dort in der mittviktorianischen Erzählliteratur nachzuweisen ist, wo auf der jeweiligen Handlungsebene die Spuren vergangener, mysteriöser Ereignisse sukzessive entziffert werden. Knox' Formulierung "detection of disease" verstößt nicht gegen semantische Konventionen, sie entspricht ihnen. Ein Blick ins *Oxford English Dictionary* genügt, um zu sehen, daß der Begriff "detection" in durchaus heterogenen Kontexten Verwendung findet. Der hier verzeichneten Definition zufolge steht er für einen Akt des Entdeckens, des "finding out"; entdeckt bzw. 'herausgefunden' wird, was sich der Aufmerksamkeit zu entziehen droht ("what tends to elude notice") – gleich, ob es sich dabei um ein Verbrechen, um verborgene, kausale Zusammenhänge oder um "slight symptoms of disease" handelt.[4]

Um zu verdeutlichen, worin die historische Bedeutung der Anatomie seiner Meinung nach besteht, scheut Knox auf den ersten Seiten seiner *Biographical and Philosophical Study* nicht davor zurück, ein auffallend pathetisches Register zu ziehen. Er läßt die eindeutig männlich kodierte Gestalt nicht irgendeines, sondern *des* Anatomen schlechthin stolz hervortreten:

> The human mind, oppressed by conventionalism, was unequal to describe simply the 'anatomy of man'. At last appeared the man, gifted with the *desire to know the unknown*; the anatomist.[5]

Ausgestattet mit einem singulären, erotisch konnotierten Willen zum Wissen, ist der Anatom, so wie Knox ihn hier in Erscheinung treten läßt, außerhalb jeglicher Konvention verortet. Auch in drucktechnischer Hinsicht sticht das Verlangen des Anatomen hervor, gemäß seiner emphatisch behaupteten Überlegenheit. Indem Knox dieses Verlangen als 'Gabe' ("gifted") kennzeichnet, weist er die Figur des Anatomen indirekt als Genie aus; der prätentiöse Titel seines Textes, *Great Artists and Great Anatomists*, deutet bereits darauf hin, daß Knox an Traditionen der Genieästhetik anknüpft. Doch wer, so läßt sich in Anbetracht des zitierten Passus weiterhin fragen, ist eigentlich konkret gemeint, wenn Knox

---

[4] *The Oxford English Dictionary*, s. v. "detection," IV, 544: "The finding out of what tends to elude notice, whether on account of the particular form or condition in which it is naturally present, or because it is artfully concealed; as crime, tricks, errors, slight symptoms of disease, traces of a substance, hidden causes, etc."

[5] Knox, *Great Artists and Great Anatomists*, p. 10.

"the anatomist" zum historisch beispiellosen Typus eines Forschers stilisiert, der sich, einem angeborenen Verlangen unermüdlich folgend, auf die Suche nach dem Unbekannten begibt? Er scheint auf Cuvier anzuspielen, den mutmaßlichen Begründer der 'Methode Zadigs'. Dessen "Life and Labours" bilden den Gegenstand des ersten Kapitels. Darin macht Knox gleich zu Beginn deutlich, warum Cuvier für ihn von Interesse ist: "[T]he author unfolds in the life of Cuvier the application of descriptive anatomy to zoology, living and extinct; in other words, to the science of organic beings."[6] Knox bescheinigt seinem prominenten französischen Kollegen, die deskriptive Anatomie auf die Zoologie angewendet zu haben, unter welche er auch die Biologie und die Paläontologie subsumiert. Darin, die Anatomie zur Basiswissenschaft, zur "basis of all zoological knowledge"[7] gemacht zu haben, besteht seines Erachtens Cuviers größtes Verdienst. Neben Cuvier findet mit Xavier Bichat ein weiterer französischer Anatom wiederholt Erwähnung. Während Knox Cuvier feierlich zum "greatest anatomist – *Descriptive Anatomist* – of any age"[8] erklärt, schreibt er dessen Zeitgenossen Bichat zu, die genannte Disziplin erstmals entdeckt und begründet zu haben. Als "founder and discoverer of true descriptive anatomy"[9] wird Bichat gleich auf der zweiten Seite bezeichnet, eine Apostrophe, die, leicht variiert, in den folgenden Ausführungen mehrfach wiederkehrt. Ob die oben zitierte Apotheose des vorgeblich genialen Anatomen tatsächlich auf Cuvier verweist, wie der Text nahezulegen scheint, oder auf Bichat, ist jedoch eine Frage, die letzten Endes nicht eindeutig zugunsten des einen oder anderen Forschers entschieden werden kann.

Wie ihr Titel bereits signalisiert, setzt Knox' Studie zwei heterogene kulturelle Formationen, die Anatomie und die Ästhetik, in Bezug zueinander. Ihr erklärtes Ziel besteht darin, "the precise relation which Anatomy bears to Art"[10] zu bestimmen. Mit dieser "relation" setzt sich Knox im zweiten Hauptteil seiner Schrift auseinander, der primär drei Exponenten der italienischen Renaissance, Leonardo da Vinci, Michelangelo und Raffael, gewidmet ist. Am Paradigma einer ästhetischen Praxis orientiert, die – wie im Fall da Vinci – auf exakten Kenntnissen der menschlichen Anatomie beruht, stellt Knox die folgende ihrem Anspruch nach universal gültige These auf:

---

[6] Knox, *Great Artists and Great Anatomists*, p. 2.
[7] Knox, *Great Artists and Great Anatomists*, p. 2.
[8] Knox, *Great Artists and Great Anatomists*, p. vi.
[9] Knox, *Great Artists and Great Anatomists*, pp. 2–3.
[10] Knox, *Great Artists and Great Anatomists*, p. xi.

A knowledge of the interior of man's structure is essential to the surgeon and physician, to the zoologist and to the transcendental anatomist; it furnishes to the artist, as its highest aim, a *theory of art*.[11]

Knox gelangt zu dem Schluß, daß die Bildung einer ästhetischen Theorie einzig dort möglich sei, wo der jeweilige Künstler über ein ausreichend großes Quantum an anatomischem Wissen verfügt. Aufgrund dieses Wissens sei ein Künstler, ebenso wie ein Arzt, Zoologe oder transzendentaler Anatom, dazu ermächtigt, unter die Oberfläche des menschlichen Körpers zu dringen; er eröffnet im Medium der bildenden Kunst Einblicke in essentiell unsichtbare Körperinnenräume. "These men, and many others I could name, show you the *unseen* through the *visible*,"[12] führt Knox in bezug auf da Vinci, Raffael und Rubens aus; gegen Ende seiner kunsthistorischen Erörterungen fällt er das folgende emphathische Urteil über Raffael: "As a portrait painter he stands unrivalled. He painted in his portraits the inward man."[13] Anatomisch fundierte Kunstformen, wie sie Knox zufolge in der italienischen Renaissance und insbesondere von da Vinci hervorgebracht worden sind, werden in *Great Artists and Anatomists* pauschal zur ästhetischen Norm erklärt. Wie kein anderer Künstler vor oder nach ihm, habe sich da Vinci darauf verstanden, "the living limb" zu zeichnen, "with all its glorious exterior, side by side with the dead and dissected corpse."[14] Das da Vinci attestierte Vermögen, lebendige, 'prachtvolle' Gliedmaßen und tote, sezierte Körper (oder isolierte Teile derselben) gleichermaßen exakt zur Darstellung bringen zu können, spricht Knox sämtlichen zeitgenössischen, modernen Künstlern ausnahmslos und rigoros ab.[15] "On canvas we have death-like dissected figures; in marble, cold, frigid, lifeless statues,"[16] stellt Knox ernüchtert fest; was die Skulpturen betrifft, die auf der 1851 in London eröffneten *Great Exhibition* zur Schau gestellt werden, diagnostiziert er "[an] almost total absence of that *life-like surface* which alone distinguishes the

---

[11] Knox, *Great Artists and Great Anatomists*, p. 144.
[12] Knox, *Great Artists and Great Anatomists*, p. 156.
[13] Knox, *Great Artists and Great Anatomists*, p. 195.
[14] Knox, *Great Artists and Great Anatomists*, p. 161.
[15] Sein konservatives ästhetisches Credo bringt Knox unter anderem durch die folgende Aufforderung zum Ausdruck: "Follow Da Vinci. Draw the dead as dead – the living as living; never depart from truth. The dissected muscle, besides being dead, is quite unlike the living in form, and in every other quality" (*Great Artists and Great Anatomists*, p. 166).
[16] Knox, *Great Artists and Great Anatomists*, p. 142.

living from the dead."[17] Eine ebenso schlichte wie strikte Opposition wird aufgebaut: Im Gegensatz zu da Vinci und anderen Künstlern der italienischen Renaissance sei kein einziger Zeichner, Maler oder Bildhauer der Gegenwart (mehr) dazu imstande, im Vollzug seiner jeweiligen ästhetischen Praxis die fundamentale Differenz von 'Leben' und 'Tod' kenntlich zu machen. Der menschliche Körper, so wie er um 1850 entworfen, gemalt und modelliert wird, ist in Knox' Augen buchstäblich vom Tode gezeichnet. *Great Artists and Anatomists* bezieht sich, wie gesagt, ausschließlich auf bildende Kunst. Im folgenden soll der Nachweis für die These erbracht werden, daß die kulturhistorischen Befunde, zu denen Knox gelangt, mit der viktorianischen Erzählliteratur der fünfziger und sechziger Jahre in Konstellation zu bringen sind (und zwar vor allem mit den in dieser Zeit entstandenen Gattungen der *sensation* und der *detective novel*). Es geht darum, Texte, die den beiden genannten populären Gattungen zuzuordnen sind, in ihren medizingeschichtlich relevanten Kontexten zu situieren. Eine bestimmte, gegen Ende des achtzehnten Jahrhunderts in Frankreich (genauer: in Paris) systematisch entwickelte und intensiv praktizierte Form der Anatomie wird dabei von zentralem Interesse sein, die mit dem Namen Xavier Bichat untrennbar verknüpft ist: die pathologische Anatomie.

In der Forschung zur Gattung der Detektivliteratur ist wiederholt die These formuliert worden, daß das Verfahren der *detection*, methodologisch betrachtet, Analysetechniken entspreche, wie sie in den medizinischen Wissenschaften zur Anwendung kommen. Siegfried Kracauer ist das Verdienst zuzuschreiben, schon in den zwanziger Jahren – vermutlich erstmals explizit – Korrespondenzen zwischen dem Beruf des Arztes und dem des Detektivs festgestellt zu haben. "Auch der Arzt, der die Diagnose stellt, entwirrt aus Indizien das ihm aufgegebene Geheimnis mit den Mitteln des Intellekts, dem die scheinbar irrationale Intuition nur die Wege bereitet, und so wird seine Tätigkeit mit jener anderen vergleichbar, die aus dem kriminellen Befund den Verbrecher erschließt,"[18] so Kracauer in seiner Schrift *Der Detektiv-Roman*, die sich als *philosophischer Traktat* ausgibt, ungeachtet der Tatsache, daß sie mit nebulösen theologischen Spekulationen überfrachtet ist. Kracauer stellt eine Analogie von ärztlichem und detektivischem Blick her, verzichtet jedoch vollständig darauf, die kultur- bzw. wissenschaftshistorischen Bedingungen zu benennen, auf welche diese Analogie zurückzuführen ist. Carlo Ginzburgs Essay "Spuren-

---

[17] Knox, *Great Artists and Great Anatomists*, p. 142.
[18] Siegfried Kracauer, *Der Detektiv-Roman: Ein philosophischer Traktat, Schriften*, by Siegfried Kracauer, ed. Karsten Witte, 8 vols (Frankfurt a. Main, 1971 [1922–25]), I, 148.

sicherung" (1979/81) verfolgt eine grundlegend andere Strategie als *Der Detektiv-Roman*, ist Kracauers annähernd sechzig Jahre früher entstandenem *Traktat* aber insofern verpflichtet, als auch er zwei heterogene Diskursformen, die Detektivliteratur und die Medizin, aufeinander bezieht. Wie bereits im ersten Kapitel dieser Arbeit dargelegt worden ist, zeichnet Ginzburg die Spuren des "Indizienparadigmas"[19] nach, das seiner Analyse zufolge gegen Ende des neunzehnten Jahrhunderts damit beginnt, sich in den Humanwissenschaften durchzusetzen. Mit "Indizienparadigma" ist eine bestimmte, weit verbreitete Form der Analyse gemeint, deren Wurzeln bis zur Jagd, einer der nachweislich ältesten Kulturtechniken überhaupt, zurückreichen sollen. Ginzburg zufolge läßt sich das "Indizienparadigma" (oder Vorstufen desselben) überall dort nachweisen, wo vermeintlich triviale, zumeist übersehene Details im Zentrum der jeweiligen Untersuchung stehen, in deren Verlauf sie als höchst bedeutsame Zeichen, eben Indizien, decodiert werden. Am Beispiel von drei prominenten Zeitgenossen des späten neunzehnten Jahrhunderts (Morelli, Freud, Sherlock Holmes) führt Ginzburg vor Augen, wie ein Kunsthistoriker, ein Psychoanalytiker und, stellvertretend für seinen Autor, ein fiktiver Detektiv fast zeitgleich, unabhängig voneinander und in unterschiedlichen Kontexten ein formal nahezu identisches Verfahren entwickeln, das in allen drei Fällen der Identifikation von "Indizien" dient: Morelli, Freud und Holmes zeichnen sich gleichermaßen durch ihre Fähigkeit aus, "unendlich feine Spuren"[20] (in Form von malerischen Details, von Symptomen und von *clues*) erkennen und adäquat deuten zu können, die dem unaufmerksamen, ungeschulten Betrachter gemeinhin verborgen bleiben. Wie aber ist diese "dreifache Analogie"[21] zu erklären? Ginzburg weist zunächst auf die Tatsache hin, daß sowohl Morelli und Freud als auch Conan Doyle ausgebildete Mediziner waren:

> In allen drei Fällen erahnt man das Modell der medizinischen Semiotik: einer Wissenschaft, die es erlaubt, die durch direkte Beobachtung nicht erreichbaren Krankheiten anhand von Oberflächensymptomen zu diagnostizieren, die in den Augen eines Laien – etwa Dr. Watsons – manchmal irrelevant erscheinen.[22]

---

[19] Ginzburg, "Spurensicherung," p. 69.
[20] Ginzburg, "Spurensicherung," p. 68.
[21] Ginzburg, "Spurensicherung," p. 69.
[22] Ginzburg, "Spurensicherung," p. 69.

Dieser biographischen Übereinstimmung entsprechend, kommt Ginzburg zu dem Schluß, daß das "Indizienparadigma" selbst, so wie es in der Kunsttheorie Morellis, der Psychoanalyse Freuds und in den Detektivgeschichten Conan Doyles zutage tritt, sich auf die medizinische Semiotik stützt. Bei seiner kulturarchäologischen "Spurensicherung" stößt Ginzburg auf eine Wissenschaft, deren Befunde seit jeher, von der Antike bis zur Gegenwart, ein bestimmtes Merkmal aufweisen: Die Erkenntnisse, über die ein Mediziner verfügt (Ginzburg führt unter anderem Hippokrates, den Leibarzt Urbans VIII. Giulio Mancini und Pierre-Jean-George Cabanis an), sind grundsätzlich "indirekt, durch Indizien vermittelt, konjektural."[23] Nicht zuletzt deshalb gleichen sie jenen kriminalistischen Erkenntnissen, die Conan Doyle seinem legendären Meisterdetektiv zuteil werden läßt.[24]

"Holmes's ratiocination bears a strong resemblance to clinical reasoning,"[25] stellt Kathryn Montgomery Hunter in ihrer Monographie *Doctors' Stories* ganz im Sinne Ginzburgs fest, wobei der Terminus "ratiocination" weniger auf Conan Doyles spätviktorianischen Detektiv als vielmehr auf dessen amerikanisches Vorbild, Auguste Dupin, zurückzuführen ist. Aus dem Untertitel *The Narrative Structure of Medical Knowledge* geht (zumindest partiell) hervor, welches Ziel Hunter verfolgt: Sie ist darum bemüht, die narrativen Muster zu identifizieren, die ihrer Analyse zufolge das medizinische Wissen maßgeblich strukturieren (bzw. vor allem jene Wissensformationen, wie sie in der modernen klinischen Medizin produziert werden). Dabei geraten Erzähltechniken und -schemata in den Blick, die sich ausschließlich aus der Detektivliteratur herleiten. Um zu rechtfertigen, warum ihr Augenmerk ausgerechnet dieser Gattung gilt, verweist Hunter auf die historische Tatsache, daß die ersten *detective stories* zu einem Zeitpunkt entstanden, als sich in der klinischen Medizin das Genre der Fallgeschichte zu etablieren begann:

> The scientific medical case history and the detective story were almost simultaneously 'invented' in the 1830s, when the early advances of human biology were beginning to enable the scientific physician to identify disease and accurately describe its workings in the body.[26]

---

[23] Ginzburg, "Spurensicherung," p. 74.
[24] Vgl. hierzu den dritten Abschnitt von Umberto Ecos Studie "Horns, Hooves, Insteps," pp. 198–220.
[25] Kathryn Montgomery Hunter, *Doctors' Stories: The Narrative Structure of Medical Knowledge* (Princeton, New Jersey, 1991), p. 169.
[26] Montgomery Hunter, *Doctors' Stories*, p. 170.

Ein Vergleich von medizinischen Fall- und literarischen Detektivgeschichten, zumal jenen Conan Doyles, bietet sich nach Hunter primär deshalb an, weil beide Gattungen durch analoge Strukturprinzipien gekennzeichnet sind: Erzählt wird von dem Versuch eines Interpreten, anhand von Zeichen einen zunächst rätselhaften Befund (die jeweilige Krankheit/Tat) zu erklären und dessen Vorgeschichte möglichst vollständig herzuleiten;[27] dieser Rekonstruktionsvorgang wird in seiner Darstellung wiederholt; der formalistischen Unterscheidung von *plot* und *story* entsprechend, ist die Chronologie der Ereignisse, die es zu rekonstruieren gilt, einem Prozeß der Selektion und Alteration unterworfen; wie Sherlock Holmes den Aussagen der Tatverdächtigen, so fügt der Mediziner, der die Diagnose stellt, den Patientenberichten schließlich seine eigene, übergeordnete Version der Ereignisse hinzu. Die Ergebnisse ihrer vergleichenden Analysen bringt Hunter auf die folgende prägnante Formel: "Like Sherlock Holmes's narrative reconstruction of the crime, the physician's medical version of the patient's story is the narrative embodiment of a diagnostic hypothesis, the reconstruction of what has gone wrong."[28] Ein narratologisch begründeter Rollentausch wird vollzogen: Während der klinische Diagnostiker die Identität eines Detektivs annimmt, stellt Sherlock Holmes stets erfolgreich seine diagnostischen Kompetenzen unter Beweis.

In seiner Monographie *Vital Science: Medical Realism in Nineteenth-Century Fiction* setzt sich Lawrence Rothfield ebenfalls mit der klinischen Medizin auseinander, die er unter Berufung auf Michel Foucault als diskursive Formation begreift. Rothfield geht der Frage nach, inwieweit die klinische Medizin für die Entwicklung von Schreibweisen, wie sie sich in realistischen Erzähltexten des neunzehnten Jahrhunderts manifestieren, von Bedeutung gewesen sei. Anhand von Romanen wie *Le Médecin de Campagne*, *Madame Bovary* und *Middlemarch* versucht Rothfield zu demonstrieren, daß Balzac, Flaubert und George Eliot (neben anderen Autorinnen und Autoren) in ihrer jeweiligen narrativen Praxis einer "ideology of professional exactitude"[29] verpflichtet sind, wobei er die klinische Medizin als diejenige Instanz klassifiziert, welche diese 'Ideologie' bereitstellt. Was hingegen Doyles *detective stories* anbelangt, denen ein Kapitel mit dem Titel "From Diagnosis to Deduction: Sherlock Holmes and the Perversion of Realism" gewidmet ist, glaubt Rothfield eine fundamentale struk-

---

[27] Vgl. Montgomery Hunter, *Doctors' Stories*, pp. 21–26.
[28] Montgomery Hunter, *Doctors' Stories*, p. 24.
[29] Lawrence Rothfield, *Vital Signs: Medical Realism in Nineteenth-Century Fiction* (Princeton, New Jersey, 1992), p. xiv.

turelle Differenz zur Prosa Balzacs, Flauberts und Eliots ausmachen zu können. Während sich in den Romanen der genannten drei Autoren der Fokus auf das richtet, was Rothfield "the pathologically embodied person of realism"[30] nennt, bildet hingegen bei Doyle "the individuated body"[31] das Objekt des Interesses; indem Sherlock Holmes das Profil des jeweiligen Täters erstellt und diesen schließlich aufspürt, treibt er nach Rothfield das kriminelle, physisch und psychisch markierte Individuum (eben "the individuated body") hervor. Holmes' unermüdliches Bemühen darum, Straftäter zu identifizieren und zu benennen, wird im Kontext jener Disziplinargesellschaft verortet, deren Mechanismen Foucault in *Surveiller et punir* (1975) beschreibt. Rothfields Vorschlag, "pathologically embodied persons" und "individuated bodies" als Basiskonzepte realistischen Erzählens zu unterscheiden, mag allzu pauschal und deshalb grundsätzlich fragwürdig erscheinen; sein Versuch, Prosatexte des neunzehnten Jahrhunderts mit diskursiven Strategien der klinischen Medizin in Relation zu setzen, stellt dessen ungeachtet einen wichtigen, anregenden Beitrag zur literatur- und kulturhistorischen Forschung dar, an den dieses Kapitel anknüpfen möchte.

In sämtlichen der oben aufgeführten Studien dient Sherlock Holmes respektive das mit seinem Namen assoziierte Verfahren der *deduction* als Paradigma; zumal dort, wo Kracauer, Ginzburg, Hunter und Rothfield, ihren jeweiligen theoretischen Prämissen folgend, zu der Einsicht gelangen, daß zwischen medizinisch-klinischer und kriminalistischer Methodik, zwischen *Diagnosis and Detection* (so der Titel einer insgesamt wenig aufregenden Monographie)[32] ein enger Zusammenhang besteht. Wie ist dies zu erklären? Die *Sherlock Holmes stories* sind wohl in erster Linie deshalb immer wieder zum Gegenstand medizinhistorisch fundierter Analysen gemacht worden, weil ihr Protagonist nicht nur nach dem literarischen Modell seines prominenten amerikanischen Vorgängers Dupin konzipiert ist, sondern eben auch nach dem 'realen' Vorbild Joseph Bells, jenes Chirurgen, dessen vielfach bezeugte außergewöhnliche diagnostische Fähigkeiten den Mediziner Conan Doyle nachhaltig beeindruckt haben.[33] Doyle hat es nicht versäumt, in einigen seiner Detektivgeschichten

---

[30] Rothfield, *Vital Signs*, p. 134.
[31] Rothfield, *Vital Signs*, p. 134.
[32] Pasquale Accardo, *Diagnosis and Detection: The Medical Iconography of Sherlock Holmes* (London and Toronto, 1987).
[33] Auf die Vorbildfunktion Bells, dessen persönliche Bekanntschaft Doyle während seines Medizinstudiums in Edinburgh machte, wo dieser als Professor tätig war, hat schon Pierre

(ohne jedoch den Namen Bell ein einziges Mal zu erwähnen) Hinweise darauf zu geben, nach wessen Vorbild Holmes agiert, sobald er Watson mit scharfsichtigen Detailbeobachtungen und -analysen in Erstaunen versetzt. Am Ausgangspunkt seiner beispiellosen Karriere etwa, im ersten Kapitel von *A Study in Scarlet*, steht der Meisterdetektiv kurzzeitig unter dem Verdacht, ein Medizinstudent zu sein; doch ein gewisser Stamford gibt vor, es besser zu wissen als Dr. Watson, der unlängst aus Afghanistan nach London zurückgekehrt ist und glaubt, in Kürze die Bekanntschaft eines zukünftigen Kollegen machen zu können: "I believe he is well up in anatomy, and he is a first-class chemist; but, as far as I know, he has never taken out any systematical medical classes."[34] Noch bevor Holmes erstmals in Erscheinung getreten ist, wird ihm bescheinigt, über ein außergewöhnlich breites Spektrum an natur- und humanwissenschaftlichen Fachkenntnissen zu verfügen, ohne jemals – im strikten Gegensatz zu Watson, seinem späteren, intellektuell stets unterlegenen Mitbewohner und Freund – ordentlich und vorschriftsgemäß studiert zu haben. In der Eingangssequenz von "The Yellow Face," einer Erzählung aus den *Memoirs of Sherlock Holmes*, findet eine doppelte Metamorphose statt; die Pfeife des Detektivs, eine seiner bekanntesten Requisiten, nimmt hier unerwartet die Form eines nicht weiter klassifizierten Knochens an, den Holmes zur Schau stellt und in professoraler Manier 'abklopft': "He held it up and tapped on it with his long, thin forefinger, as a professor might who was lecturing on a bone."[35] Im folgenden soll der Blick nicht länger primär auf Sherlock Holmes, sondern weiter zurück auf zwei Erzähltexte der mitt- bzw. spätviktorianischen Zeit gerichtet werden, die beide aus der Feder von Wilkie Collins stammen. Es gilt zu zeigen, daß Conan Doyle weder der erste noch der einzige englische Autor von *detective stories* bzw. *novels* ist, der sich darauf versteht, den Zusammenhang von *Diagnosis and Detection* im Medium der Literatur transparent werden zu lassen.

In dem für die Gattung der Detektivliteratur strukturbildenden Roman *The Moonstone* ist der Prozeß der Verbrechensaufklärung selbst, anders als in sämtlichen *Sherlock Holmes Stories*, als pathologisch gekennzeichnet. Das fieberhafte Bemühen darum, den bzw. die Täter zu ermitteln, tritt als Krankheit

---

Nordon in seiner Biographie *Conan Doyle* (London, 1966) hingewiesen (vgl. pp. 211–20); vgl. hierzu ferner Ginzburg, "Spurensicherung," p. 69; Accardo, *Diagnosis and Detection*, pp. 26–30; Montgomery Hunter, *Doctors' Stories*, pp. 23–24.

[34] Arthur Conan Doyle, "A Study in Scarlet," *The Penguin Complete Sherlock Holmes*, with a preface by Christopher Morley (Harmondsworth, 1981 [1894]), p. 16.

[35] Doyle, "Memoirs of Sherlock Holmes," p. 352.

hervor, als mysteriöses "detective-fever," das sich unter den Figuren des 1868 mit großem Erfolg publizierten Romans epidemisch ausbreitet, sobald das titelgebende, exotische Juwel aus seinen vermeintlich sicheren Versteck im Schlafzimmer Rachel Verinders entwendet worden ist. Daß es sich bei diesem 'Fieber' um keine bloße Metapher handelt, macht der Text vor allem dort deutlich, wo der Hausangestellte Gabriel Betteredge gegenüber seinem Vorgesetzen Franklin Blake einige Symptome jener bislang unbekannten Krankheit aufführt, deren Name auf ihn zurückgeht; er entwirft hiermit zugleich, überspitzt formuliert, eine Pathologie der Detektion:

> Do you feel an uncomfortable heat at the pit of your stomack, sir? and a nasty thumping at the top of your head? Ah! not yet? [...] I call it the detective-fever; and I first caught it in the company of Sergeant Cuff.[36]

Was für das hier diagnostizierte "detective-fever" gilt, von dem nur wenige Figuren gänzlich verschont bleiben, erscheint für die narrative Organisation des Romans wie für die Konzeption seines *plots* insgesamt kennzeichnend. *The Moonstone* macht es sich immer wieder, vor allem gegen Ende des zweiten und letzten Teils, zum Prinzip, das Verfahren der *detection*, auf dem die Struktur des Textes basiert, in den Bereich der Medizin zu überführen. So trägt ein mit kriminalistischem Spürsinn ausgestatteter Arzt, Ezra Jennings, maßgeblich zur Aufklärung des Verbrechens bei. Ein medizinisches Experiment, über dessen Verlauf Jennings in seinem Tagebuch präzise Auskunft erteilt, eröffnet die Möglichkeit, den Tathergang zu rekonstruieren. "Are you willing to try a bold experiment?"[37] möchte Jennings von Franklin Blake wissen, bevor eine Dosis Opium dafür sorgt, Blake mental an den Abend jenes Tages zurückzuversetzen, an dem das Juwel verschwand. Bereits im ersten Teil des Romans scheut Sergeant Cuff, Jennings *alter ego*, ebenfalls nicht davor zurück, ein "bold experiment"[38] zu inszenieren; er plant, eine kurzzeitige 'Schockbehandlung' vorzunehmen, deren Ziel darin besteht, Rachel Verinder, die – zu Unrecht, wie sich herausstellt – unter dem Verdacht steht, den Diamanten selbst entwendet zu haben, ein Geständnis abzunötigen.[39] Als fraglos auffälligstes Merkmal, das

---

[36] Collins, *The Moonstone*, p. 352.
[37] Collins, *The Moonstone*, p. 438.
[38] Collins, *The Moonstone*, p. 212.
[39] Vgl. die folgenden Ausführungen Cuffs: "I want to give her a great shock suddenly, under circumstances that will touch her to the quick" (Collins, *The Moonstone*, p. 212).

Cuff und Jenning miteinander verbindet und vom übrigen Personal des Romans grundsätzlich unterscheidet, ist ihr zugleich mikroskopisch scharfer und melancholisch trüber Blick[40] zu nennen, der ganz im Sinne Carlo Ginzburgs selbst die flüchtigsten Details und geringfügigsten Veränderungen zu erkennen in der Lage ist.[41] Beide Figuren treten darüber hinaus als Erzähler hervor, deren Berichte zwei dicht aufeinanderfolgende Kapitel bilden. *The Moonstone* endet, vom Epilog abgesehen, mit dem lakonischen Bericht eines hochrangigen Polizeibeamten. Diesem geht das Kernstück des gesamten Textes voraus: die exakt datierten Tagebucheinträge eines einsamen, unbekannten Arztes, dessen "bold experiment" den Fall schließlich aufzuklären hilft. Was dem allseits anerkannten Sergeant von Scotland Yard nicht gelingt, holt dessen medizinisch geschulter, trauriger Doppelgänger am Ende erfolgreich nach.

Ein zwar ungleich weniger bekanntes, doch nicht minder anschauliches Beispiel dafür, wie in einem viktorianischen Erzähltext ein Diagnostiker ausdrücklich an die Stelle eines Detektivs tritt, liefert das erste Kapitel von Collins' 1879 publiziertem Roman *The Haunted Hotel*. Es führt in Gestalt von Doctor Wybrow einen renommierten Arzt vor, dessen "professional curiosity"[42] außerhalb der offiziellen Sprechstunden erregt wird, als er unerwartet Besuch von einer unbekannten, leichenblassen Frau erhält. Diese zögert nicht, ein fachkundiges Urteil über ihre gegenwärtige mentale Verfassung zu erbitten, da sie fürchtet, wahnsinnig zu werden. Wybrows erstaunte Frage, warum sie statt eines Spezialisten ausgerechnet ihn konsultiere, beantwortet die Unbekannte wie folgt:

> I come to *you*, because my case is outside of all lines and rules, and because you are famous in your profession for the discovery of mysteries in disease.[43]

---

[40] Daran, daß Cuff wie auch Jennings als Melancholiker konzipiert sind, läßt *The Moonstone* keinen Zweifel (vgl. pp. 133, 151, 371, 420 und 426).

[41] Bezeichnenderweise nimmt Cuff am Morgen nach dem Diamantenraub ein Vergrößerungsglass zur Hand, um einen Farbfleck, den er an der Tür von Rachel Verinders Schlafzimmer zufällig entdeckt hat, buchstäblich 'unter die Lupe' nehmen zu können (vgl. Collins, *The Moonstone*, p. 141). Das Verfahren der kriminalistischen Spurensuche, das *The Moonstone* hier in Szene setzt, wird später – im Rahmen das genannten Experiments, das Jennings gemeinsam mit Franklin Blake vornimmt – in den Bereich der Medizin transferiert (vgl. vor allem p. 457).

[42] Wilkie Collins, *The Haunted Hotel: A Mystery of Modern Venice; Miss or Mrs?; The Haunted Hotel; The Guilty River*, by Wilkie Collins, eds with an introd. and notes by Norman Page and Toru Sasaki (Oxford and New York, 1999 [1878]), p. 90.

[43] Collins, *The Haunted Hotel*, p. 92.

*The Haunted Hotel* stellt einen semantischen Konnex zwischen Medizin und Kriminalistik her, lange bevor jenes 'Geheimnis' überhaupt konstituiert worden ist, auf das der Untertitel des Romans *A Mystery of Modern Venice* vage hinweist: Ohne ihren Namen preisgeben zu wollen, vertraut eine Patientin ihren vorgeblich außer-ordentlichen Fall einem Arzt an, dessen emphatisch behaupteter Ruhm auf der Fähigkeit basiert, pathologische Geheimnisse zu entdecken. Darum bemüht, der verzweifelten Bitte seiner Besucherin umgehend nachzukommen, nimmt Wybrow vor Ort Untersuchungen vor, die ihn schließlich zur folgenden Einsicht gelangen lassen: "Plainly, madam, you come to me as an enigma."[44] Wybrow stilisiert seine Patientin, die künftige Hüterin des im Untertitel gesetzten 'Geheimnisses', programmatisch zum leibhaftigen 'Rätsel', das mit ausschließlich medizinischen Mitteln definitiv nicht zu lösen ist. "[A] sudden impulse of curiosity"[45] treibt ihn in den beiden folgenden Kapiteln dazu, inoffizielle Ermittlungen über seine Patientin anzustellen, die zur Haupthandlung des Romans überleiten. Während sein schwermütiger 'Kollege' Ezra Jennings erst dann auf den Plan gerufen wird, als sämtliche Versuche der Polizei, den Fall aufzuklären, gescheitert sind, erscheint Wybrow hingegen bereits auf den ersten Seiten in der Rolle eines 'neugierigen' Detektivs, von dem ab dem vierten Kapitel allerdings kein einziges weiteres Mal mehr die Rede ist. Literaturhistorisch betrachtet, kommt der Eröffnungssequenz von *The Haunted Hotel* insofern Bedeutung zu, als sie auf ein Strukturmerkmal vorausweist, das wenig später bei Conan Doyle wiederholt begegnen wird. Immer dann nämlich, wenn Sherlock Holmes im jeweils ersten Kapitel seiner zahlreichen *Adventures* einen neuen Klienten in seiner Londoner Privatwohnung empfängt, um sich dessen 'Fall' ausführlich schildern zu lassen, folgt er dem Beispiel Doctor Wybrows, jenes von der Forschung bislang wenig beachteten fiktiven Mediziners, der – wenn auch letzten Endes vergeblich – versucht, das 'Rätsel' einer mutmaßlich geisteskranken Patientin zu lösen.

Im ersten Kapitel von *Doctors' Stories*, ihrer oben genannten narratologischen Studie über das Genre der klinischen Fallgeschichte, bringt Kathryn Hunter Poes Detektivgeschichten mit einer bestimmten, zu Beginn dieses Kapitels bereits erwähnten Form der Anatomie in Verbindung: "The ratiocination of Edgar Allan Poe's Dupin in the 1830s was shared by the early pathological anatomists."[46] Was Hunter hier über Dupins "ratiocination" schreibt, ohne einen einzigen Beleg

---

[44] Collins, *The Haunted Hotel*, p. 92.
[45] Collins, *The Haunted Hotel*, p. 97.
[46] Montgomery Hunter, *Doctors' Stories*, p. 21.

für ihre These anzuführen, stellt einen geeigneten Ausgangspunkt für die folgenden Untersuchungen dar, deren zentrales Thema die pathologische Anatomie ist. Auf dem Programm steht eine Wissenschaft, deren Repräsentanten seit der zweiten Hälfte des achtzehnten Jahrhunderts Verfahren entwickeln und bereitstellen, die eben nicht nur für Poes *detective stories*, sondern vor allem auch für die viktorianische Kriminalliteratur modellbildend sind.

Auf dem elften Internationalen Medizinischen Kongreß in Rom (1894) widmet Rudolf Virchow dem pathologischen Anatom Giovanni Battista Morgagni eine feierliche, programmatische Rede mit dem Titel "Morgagni und der anatomische Gedanke." Darin stellt er die These auf, "dass erst mit und durch Morgagni der Dogmatismus der alten Schulen gänzlich gebrochen ist und dass mit ihm die neue Medicin beginnt."[47] Virchow wendet sich Morgagni, dem mutmaßlichen Begründer des "anatomischen Gedankens," in der erklärten Absicht zu, die historischen Wurzeln seiner eigenen medizinischen Theorie aufzuzeigen, für die er seit den fünfziger Jahren den Terminus *Cellularpathologie* (so auch der Titel einer 1858 publizierten Reihe von insgesamt zwanzig Vorlesungen) einsetzt.[48] Dem italienischen Pathologen schreibt er das historische Verdienst zu, einen radikalen Bruch herbeigeführt zu haben, wobei mit dem zitierten "Dogmatismus der alten Schulen" vorwiegend jene humoralpathologischen Doktrinen gemeint sind, die von der Antike bis weit ins achtzehnte Jahrhundert hinein den medizinischen Diskurs in Europa maßgeblich prägten.[49] *De sedibus et causis morborum per anatomen indigatis*, Morgagnis monumentales Hauptwerk, erscheint 1761 in fünf Bänden, ein Ereignis, das aus der Sicht des renommierten deutschen Zellforschers den Beginn eines neuen Zeitalters in der Medizin markiert. Die epochale Bedeutung, die Virchow dem genannten Text beimißt, liegt primär

---

[47] Rudolf Virchow, "Morgagni und der anatomische Gedanke," Rede, gehalten am 30. März auf dem XI. internationalen medicinischen Congress zu Rom, 2nd ed. (Berlin, 1894), p. 19.

[48] Zur Entstehung, Entwicklung und medizingeschichtlichen Bedeutung von Virchows zellularpathologischem Ansatz vgl.: Stanley Joel Reiser, *Medicine and the Reign of Technology* (Cambridge, 1978), pp. 78–79; Heinrich Schipperges, *Rudolf Virchow* (Reinbek bei Hamburg, 1994), pp. 54–68; Roy Porter, "Medical Science," *The Cambridge Illustrated History of Medicine*, ed. Roy Porter, 2 vols (Cambridge, 1996), I, 154–201, besonders pp. 180–81.

[49] Vgl. hierzu Pierre Dustin, "Die pathologische Anatomie," *Illustrierte Geschichte der Medizin*, eds Jean-Charles Sournia *et al.*, Deutsche Bearbeitung unter der fachlichen Beratung des Instituts für Theorie und Geschichte der Medizin an der Universität Münster, 9 vols (Salzburg, 1982), VI, 2103–47, besonders p. 2106.

darin begründet, daß dessen Autor Anatomie zur "Fundamentalwissenschaft der praktischen Medicin"[50] erklärt, statt sie lediglich als "reine[n] Wissenschaft"[51] zu betreiben. Mit dem Vorsatz, all jene pathologischen Phänomene präzise zu beschreiben, die sich dem Auge des Anatom auf dem Seziertisch darbieten, verfolgt Morgagni ein Projekt enzyklopädischen Maßstabs; sein Text enthält "die Summe alles thatsächlichen Wissens von den materiellen Veränderungen der Krankheit [...], welches bis dahin gewonnnen war."[52] Was Morgagni in Virchows Darstellung von anderen namhaften Anatomen, von Andreas Vesalius etwa, weiterhin grundsätzlich unterscheidet, ist die Fragestellung, von der er ausgeht. Wie schon der Titel *De sedibus et causis morborum* zu erkennen gibt, steht nicht, wie vor Morgagni üblich, die Natur der Krankheit im Mittelpunkt des pathologischen Interesses, sondern zunächst und vor allem deren Sitz im Körper respektive Leichnam des (ehemaligen) Patienten. Kategorisch stellt Virchow in der Schlußpassage seiner Rede entsprechend fest,

> dass kein Arzt ordnungsmässig über einen krankhaften Verlauf zu denken vermag, wenn er nicht im Stande ist, ihm einen Ort im Körper anzuweisen.[53]

Damit ist zugleich eben jener "anatomische Gedanke" benannt, der, von Morgagni einst begründet, die Basis für Virchows eigene Zellforschung bildet. Morgagni nimmt in seinem Text, mit dessen Publikation, so Virchow in seiner Festrede, eine "neue Disciplin [...] ins Leben gerufen wurde,"[54] auf mehr als 700 Autopsien ausdrücklich Bezug.[55] Dabei gilt sein Erkenntnisinteresse in keinem einzigen der geschilderten Fälle ausschließlich dem jeweiligen anatomischen Befund. Dem Pathologen geht es statt dessen darum, rückblickend Bezüge zwischen den Symptomen der Krankheit, wie sie zu Lebzeiten des Patienten beobachtet worden sind, und eben jenen (erst auf dem Sektionstisch sichtbaren) Veränderungen herzustellen, welche diese im Körperinnern verursacht. So ist in dem ersten der insgesamt fünf Briefe, die Morgagni an namhafte Mediziner aus dem europäischen Ausland addressiert und *The Seats and Causes of Diseases* vorangestellt hat, programmatisch von "the correlation of autopsies of the

---

[50] Virchow, "Morgagni und der anatomische Gedanke," p. 19.
[51] Virchow, "Morgagni und der anatomische Gedanke," p. 19.
[52] Virchow, "Morgagni und der anatomische Gedanke," p. 19.
[53] Virchow, "Morgagni und der anatomische Gedanke," p. 22.
[54] Virchow, "Morgagni und der anatomische Gedanke," pp. 18–19.
[55] Vgl. Dustin, "Die pathologische Anatomie," p. 2119.

victims of diseases with the clinical histories"[56] die Rede. Darum bemüht, systematisch klinisch-anatomische 'Korrelationen' aufzuzeigen,[57] hat Morgagni seiner ohnehin umfangreichen Studie "very accuarate and copious indexes"[58] hinzugefügt. Während im ersten Index sämtliche der im Haupttext genannten Krankheiten mit ihren jeweiligen Symptomen verzeichnet sind, führt Morgagni im zweiten Index die menschlichen Organe, und zwar in gesunder wie pathologisch deformierter Form, auf,

> so that if any physician observe a singular, or any other symptom in a patient, and desire to know what internal injury is wont to correspond to that symptom; or if any anatomist find any particular morbid appearance in the dissection of a body, and should wish to know what symptom has preceded an injury of this kind in other bodies; the physician, by inspecting the first of these indexes, the anatomist by inspecting the second, will immediately find the observation which contains both (if both have been observed by us).[59]

Wie systematisch Morgagni bei seinem Versuch, "symptoms" und "morbid appearances" einander zuzuordnen, verfährt, zeigt bereits der Aufbau seines Textes. Im Gegensatz zu älteren Studien zur Anatomie ist *The Seats and Causes of Diseases* strikt topographisch organisiert; sämtliche Teile des menschlichen Körpers, vom Kopf bis zu den unteren Extremitäten, werden nacheinander auf

---

[56] John Baptist Morgagni, *The Seats and Causes of Diseases Investigated by Anatomy Containing a Great Variety of Dissections, with Remarks, to which are Added very Accurate and Copious Indexes of the Principle Things and Names Therein Contained*, 5 vols, trans. Benjamin Alexander, with a preface, introd. and a new trans. of five letters by Paul Klemperer (Mount Kisco, New York, 1980 [1761]), I, xii.

[57] Über Morgagni und die von ihm entwickelten Analyseverfahren erteilen die folgenden Forschungsbeiträge Auskunft: Kenneth D. Keele, *The Evoultion of Clinical Methods: Being the FitzPatrick Lectures delivered at the Royal College of Physicians in 1960–61* (London, 1963), 43–45; Reiser, *Medicine and the Reign of Technology*, pp. 16–18; Dustin, "Die pathologische Anatomie," pp. 2118–20; Malcolm Nicolson, "Giovanni Battista Morgagni and Eighteenth-Centruy Physical Examination," *Medical Theory, Surgical Practice: Studies in the History of Surgery*, ed. Christopher Lawrence (London and New York, 1992), pp. 101–34; Russel C. Maulitz, "The Pathological Tradition," *Companion Encyclopedia of the History of Medicine*, eds William F. Bynum and Roy Porter, 2 vols (London and New York, 1993), I, 169–92, und 170-76; William F. Bynum, *Science and the Practice of Medicine in the Nineteenth Century* (Cambridge, 1994), pp. 30–31.

[58] Das Zitat entstammt dem Untertitel von Morgagnis Studie.

[59] Morgagni, "The Author's Preface," *The Seats and Causes of Diseases*, I, xxx.

ihre potentiellen Erkrankungen und strukturellen Veränderungen hin untersucht.[60] Was die im Titel genannten *Causes of Diseases* betrifft, erhebt Morgagni den Anspruch, den einzig möglichen Weg gefunden zu haben, der zu sicheren Erkenntnissen führt: "There is no other road to know them for sure than to collect as many data as possible, of diseases and of dissection observed by others or by oneself and to compare them with each other."[61] Schlagwortartig faßt Morgagni hier, an zentraler Stelle des vierten einleitenden Briefes, zusammen, worauf es ihm in seiner eigenen medizinischen Praxis grundsätzlich ankommt: darauf nämlich, Krankheiten zu beobachten und Sektionen vorzunehmen, um die auf diesem Wege erzielten Forschungsergebnisse zu sammeln und miteinander zu vergleichen. Hiermit grenzt sich Morgagni von den diagnostischen Standards seiner Zeit entschieden ab. Medizinhistoriker wie Stanley Joel Reiser, Malcolm Nicolson und William F. Bynum haben sich mit diesen Standards auseinandergesetzt und gezeigt, worin jener mit dem Namen Morgagni konnotierte, radikale Bruch besteht, auf den Virchow, annähernd 140 Jahre nach der Erstveröffentlichung von *The Seats and Causes of Diseases*, in seiner Festrede nachdrücklich verweist. Dabei sind sie zu dem Ergebnis gekommen, daß Morgagni auf ein bestimmtes Verfahren, das für die medizinische Diagnostik des siebzehnten und frühen achtzehnten Jahrhunderts von konstitutiver Bedeutung ist, weitgehend Verzicht leistet. Den Gegenstand dieses Verfahrens bildet der (in der Regel mündlich vermittelte) Patientenbericht, als dessen Interpret der Arzt hervortritt.[62] In der zweiten Hälfte des achtzehnten Jahrhunderts findet eine medizingeschichtlich folgenreiche Verschiebung statt: ein "shift from narrative to history,"[63] wie Mary E. Fissel in ihrem Essay "The disappearance of the patient's narrative and the invention of hospital medicine" zugespitzt formuliert: "The patient's narrative was replaced by physical diagnosis and post-mortem dissection. The body, the disease, became the focus of the medical gaze, not the patient's version of illness."[64] Bei Morgagni ist der Blick auf die Krankheit selbst sowie auf jene materiellen Spuren gerichtet, die

---

[60] Vgl. Bynum, *Science and the Practice of Medicine*, p. 30.
[61] Morgagni, "The Author's Preface," p. xxxi.
[62] Vgl. Reiser, *Medicine and the Reign of Technology*, p. 19; Nicolson, "Giovanni Battista Morgagni," 109–19; Bynum, *Science and the Practice of Medicine*, pp. 30–31.
[63] Mary E. Fissell, "The Disappearance of the Patient's Narrative and the Invention of Hospital Medicine," *British Medicine in an Age of Reform*, eds Roger French and Andrew Wear (London and New York, 1992 [1991]), p. 106.
[64] Fissell, "The Disappearance of the Patient's Narrative," p. 100.

sie im Körper hinterläßt. Als Anatom, der pathologische Phänomene primär auf dem Seziertisch erforscht, sieht Morgagni sich dazu ermächtigt, Krankengeschichten posthum zu rekonstruieren, ohne dabei auf die aus seiner Sicht höchst subjektiven, unweigerlich selektiven Schilderungen seiner Patienten rekurrieren zu müssen. Im vierten einleitenden Brief, der an Johann Friedrich Schreiber, einen deutschen Mediziner, addressiert ist, legt Morgagni dar, welcher Institution er die meisten seiner medizinischen Erkenntnisse zu verdanken glaubt:

> The more opportunities hospitals are offering us to observe unusual diseases and even more the usual ones the oftener I feel sorry for the physicians of antiquity who were deprived of this advantage.[65]

Morgagni geht davon aus, als pathologischer Anatom gegenüber den Medizinern der Antike eindeutig im Vorteil zu sein, da ihm die ('moderne') Institution der Klinik die Möglichkeit eröffnet, Krankheiten kontinuierlich zu beobachten und Leichname systematisch zu untersuchen. In seiner Festrede hebt Virchow entsprechend "jene Art von Anstalten" lobend hervor, "in welchen die neue Medicin die eigentlichen Quellen ihres Wissens gefunden hat."[66]
Mit seiner 1793 veröffentlichten *Morbid Anatomy* setzt Matthew Baillie jenes anatomische Projekt fort, dessen Grundlagen Morgagni keine vierzig Jahre zuvor in *The Seats and Causes of Diseases* entwickelt hatte.[67] Baillie, ein Neffe John Hunters, des prominenten Londoner Chirurgen und Anatom, folgt dem Beispiel seines italienischen Vorgängers, indem er sämtliche pathologischen Veränderungen (oder Läsionen) exakt zu beschreiben versucht, die seinem Wissensstand nach im Innern des menschlichen Körpers auftreten können. Daß Baillie Krankheiten primär unter anatomischen Gesichtspunkten betrachtet, geht bereits aus dem Titel *Morbid Anatomy*, aber auch aus der auffällig gleichförmigen Gliederung der insgesamt 24 Kapitel hervor; erst auf den jeweils letzten Kapitelseiten unternimmt Baillie, nicht selten unter Vorbehalt, Versuche,

---

[65] Morgagni, "The Author's Preface," p. xxxi.
[66] Virchow, "Morgagni und der anatomische Gedanke," p. 10. Es ist auf den Einfluß des Zellforschers und seiner Schüler zurückzuführen, daß die Leichenhallen zahlreicher deutscher Krankenhäuser in der zweiten Hälfte des 19. Jahrhunderts in pathologische Institute umgewandelt wurden. Vgl. Dustin, "Die pathologische Anatomie," p. 2139.
[67] Zu Baillie vgl.: George J. Cunningham, *The History of British Pathology*, ed. G. Kemp McGowan (Bristol, 1994 [1992]), pp. 2, 30–31; Dustin, "Die pathologische Anatomie," pp. 2128–29; Bynum, *Science and the Practice of Medicine*, p. 31; Porter, "Medical Science," p. 172.

den zuvor sorgfältig beschriebenen Läsionen entsprechende Symptome zuzuordnen. Baillie tritt in seinem Text immer wieder als aufmerksamer, genauer und zugleich distanzierter Beobachter explizit hervor, der zur Darstellung bringt, was er – vorgeblich – mit eigenen Augen gesehen hat. So weist er im *Advertisement* zur dritten Auflage (1807) lakonisch darauf hin, seit dem Erscheinen der letzten Auflage lediglich "occasional opportunities of inspecting dead bodies"[68] gehabt zu haben; deshalb sei es ihm kaum möglich gewesen, seinem Text "any additions"[69] hinzuzufügen. Sektionen, vom Autor selbst oder von anderen Anatomen vorgenommen, bilden gleichwohl nicht die einzige Grundlage der *Morbid Anatomy*. Wiederholt nimmt Baillie auf Präparate Bezug, die sich in "Dr Hunter's collection"[70] befinden. Diese anatomische Sammlung, mit zirka 13000 Exponaten die landesweit größte ihrer Zeit, wurde in jenem berühmten Museum zur Schau gestellt, das Baillies Onkel John Hunter und dessen Bruder William in den achtziger Jahren des achtzehnten Jahrhunderts in London gemeinsam eingerichtet hatten.[71] Binnen kurzer Zeit wird *The Morbid Anatomy* in diverse europäische Sprachen übersetzt, ein Indiz für den außergewöhnlichen Erfolg des Textes, der, ebenso wie *The Seats and Causes of Diseases*, zum Standardwerk der pathologischen Anatomie avanciert.[72] Anders als Morgagni hat Baillie seine Studie durch opulente Illustrationen nachträglich ergänzt. Die Kupferstiche von William Clift, 1799 im *Atlas of Disease* publiziert, dienen ihm dazu, seinen Lesern zumindest einige jener Läsionen plastisch vor Augen zu führen, die er seinem eigenen Bekunden nach auf dem Seziertisch und/oder im Anatomiemuseum der Hunters selbst gesehen hat.

Am 4. Dezember 1794, ungefähr ein Jahr nach der Erstveröffentlichung der *Morbid Anatomy* in England, erläßt die Nationalversammlung in Paris ein Gesetz, dessen Zweck darin besteht, eine neue Form der medizinischen Ausbildung in Frankreich zu etablieren. Dieses für die weitere Entwicklung der pathologischen Anatomie folgenreiche Gesetz bringt radikale institutionelle Veränderungen mit sich und leitet einen langjährigen, umfassenden Reformprozeß ein, dessen Auswirkungen sich bis weit über die Landesgrenzen Frank-

---

[68] Matthew Baillie, *The Morbid Anatomy of Some of the Most Important Parts of the Human Body* (London, 1830 [1793]), p. i.
[69] Baillie, *Morbid Anatomy*, p. i.
[70] Baillie, *Morbid Anatomy*, p. 17.
[71] Vgl. Dustin, "Die pathologische Anatomie," pp. 2128–29; Cunningham, *The History of British Pathology*, p. 2.
[72] Vgl. Cunningham, *The History of British Pathology*, p. 30.

reichs hinaus (unter anderem bis nach England) verfolgen lassen.[73] Es führt, von anderen Maßnahmen abgesehen, dazu, daß Medizin und Chirurgie formal vereint, also nicht länger als zwei prinzipiell verschiedene Disziplinen gehandelt werden.[74] "Surgery and Medicine are essentially, what the French Republic was declared to be, 'one and indivisible,'"[75] erklärt John Abernethy im ersten Satz seiner *Lectures on Anatomy, Surgery, and Pathology* und bringt somit eine Prämisse der klinischen Medizin, wie sie gegen Ende des achtzehnten Jahrhunderts in Paris entwickelt und bald darauf nach England importiert worden ist, auf eine prägnante Formel. Abernethys zitiertem Diktum entsprechend, fordert Xavier Bichat, einer der international einflußreichsten Exponenten der klinischen Medizin, in seinen Schriften wiederholt dazu auf, Krankheiten mit den Mitteln der Chirurgie und der pathologischen Anatomie zu erforschen. So unterscheidet Bichat im "Discours préliminaire" zur *Anatomie pathologique*, einer posthum veröffentlichten Studie, programmatisch "deux classes de médecin, ceux qui ont seulement observé et ceux qui à l'observation ont joint l'autopsie cadavérique."[76] Bichat erhebt den Anspruch, ein Reprä-

---

[73] Mit der im Zuge dieses Reformprozesses entwickelten klinischen Medizin und ihrer Institutionalisierung in Frankreich haben sich – vor allem seit den 1960er Jahren – zahlreiche Medizinhistoriker, unter ihnen Foucault, dessen *Naissance de la Clinique* 1963 erscheint (*Die Geburt der Klinik: eine Archäologie des ärztlichen Blicks*, trans. Walter Seitter [Frankfurt a. Main, 1988]), auseinandergesetzt; vgl. ferner: Erwin H. Ackerknecht, *Medicine at the Paris Hospital, 1794–1848* (Balitmore, 1968 [1967]); Guenter B. Risse, "A Shift in Clinical Epistemology: Clinical Diagnosis, 1770–1828," *History of Diagnostics: Proceedings of the 9th Symposium on the Comparative History of Medicine East and West*, ed. Ionio Kawakita (Osaka, 1987), pp. 115–47; Günter B. Risse, "Medical Care," *Companion Encyclopedia of the History of Medicine*, eds William F. Bynum and Roy Porter, 2 vols (London and New York, 1993), II, 45–76; Russel C. Maulitz, *Morbid Appearances: The Anatomy of Pathology in the Early Nineteenth Century* (Cambridge, 1987).

[74] Vgl. Ackerknecht, *Medicine at the Paris Hospital*, xi-xiii; Risse, "A Shift in Clinical Epistemology," pp. 128–29; Maulitz, *Morbid Appearances*, pp. 4–12; vgl. ferner Owsei Temkin, "The Role of Surgery in the Rise of Modern Medical Thought," *Bulletin of the History of Medicine*, 25 (1951), 248–59; Toby Gelfand, "The 'Paris Manner' of Dissection: Student Anatomical Dissection in Early Eigtheenth-Century Paris," *Bulletin of the History of Medicine*, 46 (1972), 99–130.

[75] John Abernethy, *Lectures on Anatomy, Surgery, and Pathology; Including Observations on the Nature and Treatment of Local Diseases, Delivered at St. Bartholomew's Hospital* (London, 1828), p. 5.

[76] Xavier Bichat, *Anatomie pathologique, dernier cours de Xavier Bichat, d' après un manuscrit autographe de B.-A. Baillière* (Paris, 1825), pp. 3–4.

sentant der zweiten, ungleich kleineren 'Klasse' zu sein, deren Bildung "dans le siècle dernier,"[77] im achtzehnten Jahrhundert, erfolgt sei; der historische Ursprung der ersten 'Klasse' hingegen wird in der griechischen Antike bzw. in der dort begründeten Tradition der Humoralpathologie verortet.[78] Von Morgagni, der ebenfalls der zweiten 'Klasse' zugeordnet und zum 'Schöpfer' der pathologischen Wissenschaft stilisiert wird,[79] grenzt sich Bichat insofern entschieden ab, als er anstelle der Organe nunmehr die Gewebe zur kleinstmöglichen Einheit der Pathologie erklärt. Im *Traité de membranes* (1799–1800) und in der wenig später veröffentlichten, monumentalen *Anatomie générale* (1801/2) versucht er Nachweise für seine These zu erbringen, daß die Organe ihrerseits aus Geweben zusammenfügt sind.[80] "Die Forschung über die Sedes morbi ist von den Organen zu den Geweben, von den Geweben zu den Zellen fortgeschritten,"[81] führt Virchow in der Schlußpassage seiner Festrede aus. Er glaubt einen kontinuierlichen 'Fortschritt' innerhalb der medizinischen Theoriebildung ausmachen zu können, der von Morgagnis organologischem zu Bichats histologischem Ansatz führt und dessen (vorläufigen) Kulminationspunkt seine eigene Zellularpathologie bildet. Dieser 'Fortschritt' habe die pathologische Anatomie in die Lage versetzt, sukzessive immer weiter in den menschlichen Organismus vordringen zu können, bis hin zu jenen "innerste[n] Theile[n] des Körpers [...], welche bis dahin als gänzlich unnahbar angesehen wurden."[82]

In seiner Monographie *Morbid Appearances: The Anatomy of Pathology in the Early Nineteenth Century* gibt Russel C. Maulitz ausführlich darüber Auskunft, wann, inwieweit und in welchen Formen die in Frankreich (unter anderem von

---

[77] Bichat, *Anatomie pathologique*, p. 4.

[78] Vgl. Bichat, *Anatomie pathologique*, p. 4.

[79] "[Morgagni] créa réellement la science pathologique, et la porta du premier pas jusqu'à la perfection" (Bichat, *Anatomie pathologique*, p. 5).

[80] Im Vorwort zur *Anatomie générale*, wo er, wie schon im *Traité des membranes*, insgesamt 21 verschiedene Gewebearten unterscheidet, gibt er seiner Überzeugung Ausdruck, "que plus on observa les maladies et plus on ouvrira des cadavres, plus on se convaincra de la nécessité de considérer les maladies locales, non point sous le rapport des organes composés qu'elles ne frappent presque jamais en totalitié, mais sous celui de leurs tissus divers qu'elles attaquent presque toujours isolément" (Xavier Bichat, *Anatomie générale, appliqué à la physiologie et la médecine*, 4 vols [Paris, 1801], I, i, xviii). Zur Gewebelehre Bichats vgl.: Ackerknecht, *Medicine at the Paris Hospital*, pp. 54–57; Dustin, "Die pathologische Anatomie," pp. 2121–22; Bynum, *Science and the Practice of Medicine*, pp. 32–34.

[81] Virchow, "Morgagni und der anatomische Gedanke," p. 23.

[82] Virchow, "Morgagni und der anatomische Gedanke," p. 23.

Bichat) entwickelte klinische Medizin in England rezipiert, erprobt und institutionalisiert worden ist. Er weist darauf hin, daß die meisten jener Texte, die im Kontext der klinischen Medizin entstanden sind, binnen kurzer Zeit vom Französischen ins Englische übersetzt werden;[83] des weiteren darauf, daß in den zwanziger Jahren des neunzehnten Jahrhunderts ein regelrechter 'Exodus' englischer Medizinstudenten nach Frankreich stattfindet;[84] und nicht zuletzt auf die Entstehung medizinischer Fachzeitschriften, unter ihnen das 1823 von Thomas Wakely begründete politisch radikale Journal *The Lancet,* das, ebenso wie andere, weniger bekannte Zeitschriften, zahlreichen Repräsentanten der klinischen Medizin ein neues, in der englischen Öffentlichkeit vielbeachtetes Forum bietet.[85] Anders als in Frankreich, wo Medizin und Chirurgie seit 1794, wie gesagt, eine formale Einheit bilden, stehen sich in England zu Beginn des neunzehnten Jahrhunderts *physicians*, *surgeons* und *apothecaries* als drei grundsätzlich verschiedene, strikt voneinander getrennte Gruppen von Medizinern gegenüber, deren jeweilige Interessen durch drei Gesellschaften, das *Royal College of Physicians*, das *Royal College of Surgeons* und die *Society of Apothecaries*, vertreten werden.[86] Doch wiederholte Reformversuche, vor allem von seiten der Apotheker unternommen, tragen in der ersten Hälfte des neunzehnten Jahrhunderts schließlich unter anderem dazu bei, daß die traditionelle Trennung von Medizin und Chirurgie auch in England zunehmend fragwürdig erscheint.[87] So taucht in der Zeit zwischen 1800 und 1830, wie Jeanne Peterson gezeigt hat, der Terminus "general practitioner" auf.[88] Er steht (in der Regel) für einen Arzt, der mit zwei Lizenzen, einer der *Society of Apothecaries* und einer des *Royal College of Physicians*, ausgestattet und deshalb offiziell befugt ist, 'allgemein' zu 'praktizieren', d. h. sowohl medizinisch als auch chirurgisch tätig zu sein.[89]

---

[83] Vgl. Maulitz, *Morbid Appearances*, p. 135.
[84] Vgl. Maulitz, *Morbid Appearances*, pp. 134–36.
[85] Vgl. Maulitz, *Morbid Appearances*, pp. 127–33.
[86] Vgl. Maulitz, *Morbid Appearances*, pp. 110–27; M. Jeanne Peterson, *The Medical Profession in Mid-Victorian London* (Berkeley, Los Angeles, and London, 1978), pp. 5–12; Christopher Lawrence, *Medicine in the Making of Modern Britain* (London and New York, 1996), pp. 9–16.
[87] Ein Resultat dieser Reformbemühungen ist der in der Forschungsliteratur vieldiskutierte *Apothecaries' Act* von 1815; vgl. hierzu: Irvine Loudon, *Medical Care and the General Practitioner, 1750–1850* (Oxford, 1986), pp. 152–76; Maulitz, *Morbid Appearances*, pp. 118–20; Lawrence, *Medicine in the Making*, pp. 32–34.
[88] Vgl. Peterson, *The Medical Profession*, pp. 16–19.
[89] Vgl. Loudon, *Medical Care and the General Practicioner*, pp. 171–80.

Wenn die pathologische Anatomie in den dreißiger Jahren in die Lehrpläne englischer Universitäten aufgenommen wird,[90] hat sich in England längst eine Form der medizinischen Ausbildung etabliert, deren institutionelle Basis – ganz im Sinne Morgagnis, Baillies und Bichats – die Klinik bildet.[91] Unter dem Titel *Reports of Medical Cases* veröffentlicht Richard Bright 1827 eine Sammlung klinisch-anatomischer Studien, deren Entstehung mit dem *Guy's Hospital*, einer in London gelegenen, landesweit hochangesehenen Institution, untrennbar verknüpft ist.[92] Im ersten Absatz des kurzen, programmatischen Vorworts, das Bright seinen *Reports* vorangestellt hat, bringt er seine Intention zum Ausdruck, "accurate and faithful observation after death with symptoms displayed during life"[93] verbinden zu wollen. Darum bemüht, Läsionen zu beschreiben, um ihnen rückblickend Symptome zuzuordnen, verfolgt Bright eine Strategie, die für die pathologische Anatomie generell – von Morgagni bis Bichat – kennzeichnend erscheint. Diese Strategie beruht, strukturell betrachtet, auf einer Inversion der temporalen Ordnung: Was prinzipiell erst nach dem Tod des Patienten ("after death") zutage tritt, wird mit Phänomenen in Relation gesetzt, die zu dessen Lebzeiten ("during life") beobachtet worden sind. Ausführlich und rhetorisch aufwendiger als viele andere Medizinhistoriker hat Michel Foucault in seiner *Geburt der Klinik* dargelegt, wie sich mit der pathologischen Anatomie im achtzehnten Jahrhundert eine Wissenschaft formiert, deren Repräsentanten den Tod nicht als Ende, sondern als integralen Bestandteil ihrer medizinischen Analysen erachten:

> Von der Höhe des Todes aus können die organischen Abhängigkeiten und die pathologischen Sequenzen gesehen und gelesen werden. Der Tod ist nicht mehr, was er so lange Zeit gewesen ist: die Nacht, in der sich das Leben auflöst und selbst die Krankheit sich trübt; er ist nun jene Macht, die den Raum des Organismus und die Zeit der Krankheit beherrscht und ans Licht bringt.[94]

---

[90] Vgl. Maulitz, *Morbid Appearances*, pp. 136–37.
[91] Vgl. Loudon, *Medical Care and the General Practicioner*, pp. 48–51.
[92] Zur Institution des *Guy's Hospital* vgl. Dustin, "Die pathologische Anatomie," p. 2130; Porter, "Medical Science," p. 177.
[93] Richard Bright, *Reports of Medical Cases, Selected with a View of Illustrating the Symptoms and Cure of Diseases by a Reference to Morbid Anatomy* [London, 1985 (1827)], p. vii.
[94] Foucault, *Die Geburt der Klinik*, p. 158.

Mit der *sensation* und der *detective novel* tauchen in den späten fünfziger und sechziger Jahren zwei Formen des Romans im viktorianischen England auf, die ein bestimmtes, in der Forschungsliteratur vielfach thematisiertes Strukturmerkmal aufweisen: Beide Gattungen haben geheimnisvolle Ereignisse zum Gegenstand, deren Rekonstruktion in der Regel den gesamten Handlungsverlauf bestimmt, so daß erst gegen Ende des jeweiligen Textes (nachträglich) erzählt wird, was sich zu (respektive vor) Beginn zugetragen hat. Ausgehend von der narratologischen Basisopposition von *histoire* und *discours*, hat Todorov den Vorschlag gemacht, im Fall der Detektivliteratur prinzipiell zwei 'Geschichten', die "story of the crime" und die "story of the investigation," zu unterscheiden, wobei die zuletzt genannte 'Geschichte' den *plot* bildet, während die 'Geschichte des Verbrechens' prinzipiell unerzählt bleibt.[95] Todorov nennt zwei Typen von Stilmitteln, anhand derer sich die übergeordnete "story of the investigation," der jeweilige Text, identifizieren läßt: temporale Inversionen und die Verwendung von Figurenperspektiven.[96] In *The Dead Secret*, einem 1857 veröffentlichten, von der Forschung bislang wenig beachteten Roman, macht Wilkie Collins von beiden Stilmitteln, die Todorov anführt, demonstrativ Gebrauch. Obschon der Text auf ein komplexes polyperspektivisches Arrangement verzichtet, wie Collins es in seinem nächsten, ungleich bekannteren Roman *The Woman in White* erstmals entwickelt, kommt ihm der Status eines generischen Paradigmas zu. Denn bei *The Dead Secret* handelt es sich um einen Roman, der von Anfang an seine eigenen Konstruktionsprinzipien (und somit zugleich jene seiner Gattung, der *sensation novel*) reflektiert und in modellhafter Weise zur Schau stellt. *The Dead Secret* setzt mit dem folgenden kurzen Dialog ein, den zwei Hausangestellte in Erwartung des Todes ihrer Herrin, Mrs Treverton, miteinander führen:

> 'Will she last out the night, I wonder?'
> 'Look at the clock, Mathew.'
> 'Ten minutes past twelve! She has lasted the night out. She has lived, Robert, to see ten minutes of the new day.'[97]

---

[95] Vgl. Tzvetan Todorov, "The Typology of Detective Fiction," *The Poetics of Prose*, by Tzvetan Todorov, trans. Richard Howard, with a new foreword by Jonathan Culler (Ithaca, New York, 1977 [1966]), pp. 42–52, besonders pp. 45–46.
[96] Vgl. Todorov, "The Typology of Detective Fiction," p. 46.
[97] Wilkie Collins, *The Dead Secret*, ed. with an introd. and notes by Ira Bruce Nadel (Oxford, 1997 [1857]), p. 9.

Noch bevor der Roman überhaupt damit begonnen hat, seinen *plot* zu entfalten, ist vom unmittelbar bevorstehenden Tod eben jener Figur die Rede, mit der das im Titel genannte *Dead Secret* assoziiert ist. Die Eröffnungssequenz erscheint insofern programmatisch für den gesamten Text und dessen narrative Organisation, als ihr eine temporale – respektive strukturelle – Inversion im Todorovschen Sinne zugrundegelegt ist: Am Anfang steht das (endgültige) Ende, der Tod, der, seiner paradoxen Kodierung entsprechend, als handlungsinitiierendes Ereignis fungiert. Entgegen den Erwartungen der beiden männlichen Hausangestellten findet das in Aussicht gestellte, unausweichliche Ereignis des Todes nicht in der Nacht, sondern, graduell verschoben, erst am Morgen des folgenden, exakt datierten Tages statt. Die genrebedingte Strategie der Umkehrung, derzufolge der Anfang (des Tages) und das Ende (des Lebens) konzeptuell verschränkt werden, ist demnach im Text deutlich markiert. In dem oben zitierten Eingangsdialog kommt noch ein weiteres Verfahren, das für *The Dead Secret* insgesamt strukturbildend erscheint, erstmals zum Einsatz. Aufgefordert, einen Blick zur Uhr zu werfen, macht Mathew, einer der beiden Hausangestellten, eine auffallend präzise Zeitangabe ("Ten minutes past twelve"), mittels derer *The Dead Secret* indirekt auf die Tradition der *gothic novel* anspielt. Indem der Text Mathew erstaunt feststellen läßt, daß Mitternacht, jener im Schauerroman vielfach beschworene Scheitelpunkt von Nacht und Tag, bereits zehn Minuten zurückliegt, grenzt er sich von der besagten Gattung, die ihm wiederholt als (negative) Folie dient, zugleich entschieden ab. *The Dead Secret* erhebt, anders formuliert, den Anspruch, sich auf eine literarische Tradition zu beziehen, die unwiderruflich der Vergangenheit angehört. Dieser Doppelstrategie entsprechend, zitiert Collins' Roman im Verlauf seiner Handlung immer wieder Elemente der Schauerliteratur herbei, um sie früher oder später ironisch zurückzuweisen. Den eigenen Tod vor Augen, richtet Mrs Treverton die folgende Drohung an ihre Bedienstete Sarah Leeson, in deren Gegenwart sie ein Geständnis abzulegen verlangt: "*Write, or as true as there is a Heaven above us, I will come to you from the other world!*"[98] Mrs Trevertons vehemente Drohung, gegebenenfalls von den Toten wiederaufzuerstehen, wird umgehend als bewußt eingesetzter dramatischer Effekt, als theatralisch überhöhte Geste einer geschulten, ehemals prominenten Schauspielerin entlarvt, die noch auf dem Sterbebett "an imaginary gallery of spectators"[99] zu erblicken glaubt. Unmittelbar nachdem Mrs Treverton gegen Ende des ersten Kapitels, später als anfangs erwartet, ge-

---

[98] Collins, *The Dead Secret*, p. 18.
[99] Collins, *The Dead Secret*, p. 18.

storben ist, unternimmt Sarah Leeson verzweifelte Versuche, ein sicheres Versteck für das schriftlich fixierte Geständnis ihrer Herrin zu finden. Die Funktion dieser Figur ist fortan primär darauf beschränkt, bis zum Ende des Romans eben jenes *Secret* sorgsam zu hüten, das schon im Titel programmatisch mit dem Adjektiv *dead* assoziiert wird.

Aufgrund der oben skizzierten inversiven Struktur, mit der Collins seinen Roman versehen hat, liegt es – zumal aus kulturarchäologischer Sicht – nahe, *The Dead Secret* mit Verfahren in Relation zu setzen, wie sie spätestens seit der zweiten Hälfte des achtzehnten Jahrhunderts in der pathologischen Anatomie zur Anwendung gelangen. Kapitelüberschriften wie "The Beginning of the End" und "The Story of the Past" deuten ausdrücklich darauf hin, daß der Roman die Chronologie der Ereignisse, von denen er erzählt, aufbricht und Anfang und Ende miteinander kreuzt, statt sie ihrer zeitlichen Abfolge entsprechend auf der Handlungsebene anzuordnen. Hierbei verfährt *The Dead Secret* nach dem Modell der pathologischen Anatomie, einer Wissenschaft, deren Repräsentanten darum bemüht sind, Krankengeschichten posthum, anhand der auf dem Sektionstisch freigelegten Läsionen herzuleiten und (neu) zu deuten. Collins' *sensation novel*, ein prototypisches Beispiel ihrer Gattung, macht sich diese Strategie zu eigen, indem sie das traurige Finale, den Tod, an den Beginn, die zeitlich weit zurückreichende "Story of the Past" hingegen an das Ende ihres *plots* stellt. Wenn Mrs Treverton im ersten Kapitel ihren eigenen Tod wirkungsvoll in Szene setzt, läßt der Text keinen Zweifel daran, welche Bedeutung er diesem Ereignis in narratologischer Hinsicht zuweist. Es dient als Ausgangspunkt einer Geschichte, die von dem letzten Endes erfolgreichen Versuch eines Amateurdetektivs erzählt, das Geheimnis einer Toten, ein *dead secret*, aufzudecken.

Mit Xavier Bichat und Jean-Nicolas Corvisart kommen im folgenden zwei klinische Mediziner genauer in den Blick, die in der ersten Hälfte des neunzehnten Jahrhunderts zwei anatomisch fundierte Theorien des Todes entwickeln. Am Beispiel dieser einflußreichen theoretischen Entwürfe läßt sich erneut zeigen, daß zwischen der pathologischen Anatomie und Schreibweisen, wie sie sich in mittviktorianischen Erzähltexten manifestieren, ein (wenn auch nicht auf den ersten Blick ersichtlicher) enger Zusammenhang besteht.

"Life consists in the sum of the functions by which death is resisted."[100] Mit dieser schlichten, dem erklärten Anspruch nach universal gültigen Defintion beginnt Bichat seine 1800 veröffentlichten *Recherches physiologiques sur la vie et la mort*, deren erste englische Fassung 1827 unter dem Titel *Physiological Researches on Life and Death* erscheint.[101] Der pathologische Anatom und Begründer der Histologie stellt einen prekären Konnex zwischen 'Leben' und 'Tod' her, indem er, ausgehend von der zitierten Definition, im ersten Kapitel seiner Studie die These formuliert, derzufolge ein Organismus nur solange existiert, als er imstande ist, Widerstand gegen seinen gefährlichsten Gegner – den Tod – respektive gegen seine natürliche, lebensfeindliche Umwelt zu leisten. "In living bodies, such in fact is the mode of existence, that whatever surround them, tends to their destruction,"[102] führt Bichat aus, nach dessen Überzeugung jedes (gesunde) Lebewesen von Geburt an mit der Fähigkeit ausgestattet ist, kontinuierlich auf die destruktiven Einflüsse seiner Außenwelt abwehrend zu reagieren.[103] Mit seinem Vorschlag, "life" als "permanent principle of reaction"[104] zu begreifen, knüpft Bichat an die Tradition des Vitalismus an,[105] die ihn zu der Überzeugung gelangen läßt, das genannte Prinzip sei seinem Wesen nach unbe-

---

[100] Xavier Bichat, *Physiological Researches on Life and Death, Significant Contributions to the History of Psychology, 1750–1920*, ed. and with prefaces by Daniel N. Robinson (Washington, D. C., 1978 [1800]), p. 10.

[101] Zu Bichats physiologischer Theorie vgl.: Ackerknecht, *Medicine at the Paris Hospital*, pp. 53–54; G. June Goodfield, *The Growth of Scientific Physiology: Physiological Method and the Mechanist-Vitalist Controversy, Illustrated by the Problems of Respiration and Animal Heat* (London, 1969), pp. 60–75; Thomas S. Hall, *Ideas of Life and Matter: Studies in the History of General Physiology 600 B.C. – 1900 A.D.*, II: *From the Enlightenment to the End of the Nineteenth Century* (Chicago and London, 1969), pp. 121–32; Elizabeth Haigh, *Xavier Bichat and the Medical Theory of the Eighteenth Century* (London, 1984), pp. 100–17.

[102] Bichat, *Physiological Researches*, p. 10.

[103] Bichats Defintion des Lebens kommentiert der englische Physiologe James Cowles Prichard in seiner *Review of the Doctrine of a Vital Principle* (London, 1829) auf der Seite 133 wie folgt: "This definition is the most simple and obvious one that can be imagined, differing scarcely from the ordinary meaning of the word life in popular language. It regards vitality as made up of the functions which resist death. Life, according to this view of the subject, consists in a continual train of actions, which have no cessation or interruption until death takes place, the machine becoming impeded in the mutual operations of its parts, or its structure being worn out."

[104] Bichat, *Physiological Researches*, p. 10.

[105] Vgl. Elizabeth Haigh, "The Roots of Vitalism of Xavier Bichat," *Bulletin of the History of Medicine*, 49 (1975), 72–86.

kannt ("unkown in its nature"[106]). Darum bemüht, seine bisherigen Ausführungen zusammenzufassen, gibt Bichat am Ende des einleitenden Kapitels zu erkennen, welche Leitdifferenz seinem Text zugrundegelegt ist:

> The measure, then, of life in general, is the difference which exists between the effort of exterior power, and that of interior resistance.[107]

Die Differenz von Innen und Außen, mit der Bichat hier erstmals ausdrücklich operiert, prägt den gesamten Argumentationsgang seiner *Researches*. So unterscheidet Bichat im folgenden grundsätzlich zwei Lebensformen, denen er die komplementären Begriffe "organic life" und "animal life" zuordnet. Während ein Lebewesen, das ausschließlich über "organic life" verfügt, von der Außenwelt weitgehend isoliert – "only within itself"[108] – existiert, nimmt sich die zuletzt genannte, mit "animal life" versehene Lebensform hingegen stets als Teil ihrer jeweiligen Umwelt wahr, zu der sie vielfältige Beziehungen aufzubauen in der Lage ist; sie verbindet

> with this interior life [...] an exterior life by which it acquires a very numerous series of relations with all surrounding bodies, a life, which couples it to the existence of every other being, by which it is approximated.[109]

Wenn Bichat im zweiten Kapitel seiner *Researches* erläutert, was er unter "organic" und "animal life" versteht, führt er ausschließlich Beispiele aus dem Pflanzen- und Tierreich an. Doch schon hier ist ersichtlich, daß sein Erkenntnisinteresse vor allem auch dem Menschen gilt, der, ebenso wie die Tiere, sowohl von 'organischem' als auch von 'animalischem Leben' erfüllt sein soll. Was die Dauer der beiden 'Leben' anbelangt, sieht sich Bichat mit einem eklatanten Ungleichgewicht zugunsten des "organic life" konfrontiert. "We live internally almost double the time that we exist externally,"[110] stellt Bichat fest, der zum einen davon ausgeht, daß das 'organische Leben' des Menschen schon vor dessen Geburt ("from the very first moment of our existence"[111]), das 'animalische' hingegen erst nach der Geburt einsetzt; und zum anderen davon,

---

[106] Bichat, *Physiological Researches*, p. 10.
[107] Bichat, *Physiological Researches*, p. 11.
[108] Bichat, *Physiological Researches*, p. 12.
[109] Bichat, *Physiological Researches*, p. 12.
[110] Bichat, *Physiological Researches*, p. 45.
[111] Bichat, *Physiological Researches*, p. 132.

daß das 'organische Leben' – im Gegensatz zum 'animalischen' – niemals pausiert, auch dann nicht, wenn der Mensch schläft und folglich keine (bewußten) Bezüge zur Außenwelt herstellt.[112] Im zehnten und letzten Kapitel des ersten Teils (es trägt den Titel "Of the Natural Termination of the Two Lives") setzt sich Bichat erstmals ausdrücklich mit dem Tod auseinander, der, wie sich in Anbetracht des Titels seiner Studie schon vermuten läßt, im Zentrum des gesamten zweiten Teils steht. Den Beobachtungen zufolge, die Bichat hier beschreibt, verläuft 'das natürliche Ende der zwei Leben', ebenso wie deren Beginn, auffallend asynchron. Dort nämlich, wo ein Mensch eines natürlichen Todes stirbt, setzt dessen "animal life" aus, "a long time before it [death] puts an end to the organic life."[113] Dies ist nach Bichats Einsicht etwa der Fall, wenn Altersschwäche ("a very prolonged old age"[114]) die Todesursache bildet, aber auch dann, wenn ein Mensch plötzlich, infolge eines "sudden blow,"[115] sein Leben verliert. Während der Tod im zuerst genannten Fall von Außen nach Innen ("from the circumference to the centre"[116]) fortschreitet, um am Ende schließlich das organische Zentrum selbst, das Herz, auszuschalten, breitet er sich im zweiten Fall in genau entgegengesetzter Richtung im Körper seines Opfers aus: "[L]ife becomes extinct at the heart, and afterwards in the parts. The phenomena of death are seen extending themselves from the centre to the circumference."[117] Als in der Praxis der Vivisektion versierter Anatom sieht sich Bichat dazu ermächtigt, "different kinds of sudden death"[118] mit Hilfe von Experimenten zu imitieren.[119] Anhand solcher Todesexperimente führt Bichat seinen Lesern im zweiten Teil der *Researches* vor Augen, was im Körper eines Lebewesens vor sich geht, unmittelbar nachdem es einen 'plötzlichen Schlag' erhalten hat. Unabhängig davon, ob er mit Tieren oder, wie in einem besonders schauerlichen Fall, mit den kopflosen Leichen von Delinquenten experimentiert, "who had been guillotined"[120] – bei sämtlichen Versuchen, deren Verlauf er in seiner Studie

---

[112] Vgl. Bichat, *Physiological Researches*, pp. 132–63.
[113] Bichat, *Physiological Researches*, p. 163.
[114] Bichat, *Physiological Researches*, p. 163.
[115] Bichat, *Physiological Researches*, p. 172.
[116] Bichat, *Physiological Researches*, p. 172.
[117] Bichat, *Physiological Researches*, p. 172.
[118] Bichat, *Physiological Researches*, p. 175.
[119] Vgl hierzu William Randall Alburys aufschlußreichen Essay "Experiment and Explanation in the Physiology of Bichat and Magendie," *Studies in the History of Biology*, 1 (1977), 47–131.
[120] Bichat, *Physiological Researches*, p. 310.

schildert, glaubt Bichat beobachten zu können, wie das 'organische Leben' das 'animalische' überdauert.[121]

Auf die Schilderung makaberer Experimente, wie Bichat sie im zweiten Teil seiner *Recherches* auflistet, leistet Jean-Nicolas Corvisart im *Essai sur les maladies et les lésion organiques du cœur et des gros vasseaux*, seinem 1806 publizierten medizinischen Hauptwerk, zwar Verzicht. Doch auch hier steht – und zwar von Anfang an – der Tod im Zentrum des Interesses, das in diesem Fall primär pathologisch begründet ist.[122] "I grant that this work is a meditation on death,"[123] räumt C. E. Horeau, der Herausgeber von Corvisarts *Essai*, im editorischen Vorwort zur französischen Erstausgabe des Textes ein. Daß Corvisart Krankheiten (allen voran Herzkrankheiten[124]) als Anatom erforscht, so wie sein Zeitgenosse, Lands- und Gefolgsmann Bichat auch, wird gleich zu Beginn des *Preliminary Discourse* deutlich, mit dem er seinen *Essay* versehen hat:

> The organic lesions, viz. every species of alteration which occurs in the texture of the solid parts, whose determinate concurrence and arrangement are requisite to form an organ, and to establish its action, &c. are far more prevalent than most of the physicians have yet thought, if we judge from the silence of authors on this very numerous class of diseases.[125]

Dem ernüchternden Befund zufolge, mit dem Corvisarts programmatische Vorrede einsetzt, herrscht in der (europäischen) Medizin ein eklatanter Mangel an

---

[121] Zu Beginn seiner *Review of the Doctrine of a Vital Principle* beantwortet James Cowles Prichard die Frage, wie das 'Geheimnis' des Lebens zu lösen sei, ganz im Sinne Bichats wie folgt: "We cannot imagine any method of investigation more likely to throw light upon this mysterious subject, than that of observing the phenomena at the extinction of life in an organized being, and comparing its state at this period, with the condition of its parts and entire substance while still possessed of vitality" (Prichard, *Review of the Doctrine of Vital Principle*, p. 4).

[122] Zu Corvisarts Ansatz vgl.: Ackerknecht, *Medicine at the Paris Hospital*, pp. 83–84; Bynum, *Science and the Practice of Medicine*, pp. 35–37; William Randall Albury, "Corvisart and the Medicalization of Life," *Historical Reflections*, 9 (1982), 17–31.

[123] Jean-Nicolas Corvisart, *An Essay on the Organic Diseases and Lesions of the Heart and Great Vessels*, trans. and with notes by Jacob Gates and with an introd. by Dickinson W. Richards (New York, 1962 [1806]), p. x.

[124] Als erster Anatom weltweit hat Corvisart das menschliche Herz seziert. Vgl. Risse, "A Shift in Clinical Epistemology," p. 129.

[125] Corvisart, *Essay on the Organic Diseases*, p. 15.

Kenntnissen vor, was die organischen Läsionen respektive die Häufigkeit ihres Vorkommens betrifft. Eine Hauptursache für diesen Mangel sieht Corvisart in einer weit verbreiteten "ignorance of anatomy"[126] begründet, darin also, daß die Anatomie des menschlichen Körpers über viele Jahrhunderte hinweg (von der Antike bis zur Renaissance) kaum je ausdrücklich zum Gegenstand medizinisch-pathologischer Untersuchungen gemacht worden sei. Denn einzig diejenigen, die über einen ausreichend großen Fundus an anatomischem Wissen verfügen und die nicht zögern, eigenhändig Leichname zu sezieren, sind laut Corvisart dazu befähigt, "*a great number of organic lesions*" zu unterscheiden, "*whose existence has not [...] been even suspected.*"[127] Doch wie, so die Frage, die sich Corvisart im folgenden stellt, ist die hier genannte 'große Anzahl' organischer Veränderungen überhaupt zu erklären? Mit der Antwort, die er auf diese seiner Ansicht nach entscheidende Frage gibt, grenzt sich Corvisart von den medizinischen Wissensstandards seiner Zeit entschieden ab. Denn im strikten Gegensatz zu Bichat und anderen Pathologen des achtzehnten und frühen neunzehnten Jahrhunderts führt Corvisart die Entstehung von Deformationserscheinungen, wie sie sich ihm auf dem Seziertisch darbieten, weniger auf externe Faktoren, auf die Einflüsse einer mehr oder minder lebensfeindlichen Umwelt, als vielmehr auf die Tätigkeit der Organe selbst zurück. Der Vorstellung einer *vis medicatrix naturae*, die von der griechischen Antike, wo sie im Kontext der hippokratischen Medizin erstmals entwickelt wurde, bis in die Gegenwart des beginnenden neunzehnten Jahrhunderts hinein den physiologischen Diskurs in Europa dominierte, setzt Corvisart die These entgegen, "that our organs, notwithstanding the preservative and reparative action of the vital principle, may be altered even by that which induces action."[128] Corvisart bricht mit der Tradition des Vitalismus, der letzten Ende auch Bichats *Researches* zuzurechnen sind, indem er den menschlichen Organen das über viele Jahrhunderte hinweg unermüdlich behauptete Vermögen, sich selbst am Leben erhalten zu können, kategorisch abspricht.[129] 'Leben' erweist sich statt dessen als konstitutiv instabile Größe, welche die Ursachen ihrer eigenen Zerstörung immer schon in sich trägt.

---

[126] Corvisart, *Essay on the Organic Diseases*, p. 15.
[127] Corvisart, *Essay on the Organic Diseases*, p. 17.
[128] Corvisart, *Essay on the Organic Diseases*, p. 27.
[129] Vgl. Albury, "Heart of Darkness," pp. 17–22.

[T]o believe in the possibilty of the continuance of life, is, with me, the greatest instance of absurdity entertained either in physiology or medicine,[130]

polemisiert Corvisart im Vorwort zu seinem *Essay*, in dessen Schlußteil er die folgende, ernüchternde Diagnose aufstellt: "[T]he consequence even of life [...] is the cause of death."[131]
Mit Corvisarts *Essay* und Bichats *Researches* sind zuletzt zwei ihrerzeit außergewöhnlich einflußreiche Beiträge zur klinischen Medizin skizziert worden, deren erklärtes Erkenntnisinteresse dem Tod gilt. Dieser figuriert in beiden Texten nicht als mysteriöses, statisches Ende, sondern als medizinisch begreif- und beschreibbarer Prozeß, der weit in das Leben hineinreicht, sich mit ihm überschneidet und als externe oder interne Bedrohung stets und überall gegenwärtig ist. Obschon es den Anschein hat, daß Bichat und Corvisart in der mitt- und spätviktorianischen Erzählliteratur (fast) nirgendwo namentlich vermerkt sind,[132] tauchen seit den späten fünfziger Jahren wiederholt Texte auf dem englischen Buchmarkt auf, deren Protagonisten und *plots* mit den physiologischen Theorien der beiden französischen Pathologen in Relation zu setzen sind. Dies gilt etwa, um mit einem Beispiel zu beginnen, das im Rahmen dieses Kapitels bereits erwähnt worden ist, für *The Haunted Hotel*, eine in ihrer Drastik durchaus singuläre *sensation novel*. Den theoretischen Entwürfen Bichats und Corvisarts ist dieser Roman insofern verpflichtet, als er von Anfang an demonstrativ darum bemüht ist, die heterogenen Bedeutungsebenen 'Leben' und 'Tod' semantisch zu kreuzen. In Gestalt seiner zwielichtigen Protagonistin, der Countess Narona, führt der Text eine Figur vor, die schon in der Eingangssequenz ihrem Arzt Doctor Wybrow als lebende Tote, als "woman with a deathlike complexion"[133] entgegentritt. "I look more than half dead, don't I?"[134] möchte Lady Montbarry alias Countess Narona, die unermüdlich als Zeugin ihres eigenen physischen und vor allem geistigen Zerfalls fungiert, unmittelbar nach dem Tode ihres wohlhabenden Mannes Lord Montbarry wissen. Lange bevor offiziell feststeht, daß Lord Montbarry von seiner Frau und deren Bruder Baron Rivar ermordet worden ist, findet ein schauriger Angleichungsprozeß statt; das Gesicht

---

[130] Corvisart, *Essay on the Organic Diseases*, p. 32.
[131] Corvisart, *Essay on the Organic Diseases*, p. 274.
[132] Die wahrscheinlich bekannteste und literarisch avancierteste Ausnahme von dieser Regel bildet *Middlemarch*.
[133] Collins, *The Haunted Hotel*, p. 99.
[134] Collins, *The Haunted Hotel*, p. 139.

der Protagonistin, so wie es im folgenden Zitat zur Darstellung gelangt, weist auf eben jenen Totenschädel voraus, der als einziges Körperteil von der ansonsten vollständig in Säure aufgelösten Leiche Lord Montbarrys übriggeblieben ist und der im vierten und letzten Teil des Romans in einem Zimmer des titelgebenden Spukhotels kurzzeitig auftaucht: "Her beauty was gone – her face had fallen away to mere skin and bone."[135] Wenn Lady Montbarry am Ende des Romans infolge eines Gehirnschlags ("rupture of a blood-vessel on the brain"[136] lautet der terminologisch betont präzise Befund) stirbt, sieht sich der namenlose Arzt, der ihren Tod feststellt, mit dem Umstand konfrontiert, daß seine Patientin weiterhin, über ihr eigenes Lebensende hinaus, 'schwer' und 'röchelnd' atmet. Diesen "heavy and stertorous breath"[137] erklärt er – ganz im Sinne Bichats, dessen *Researches* er gründlich studiert zu haben scheint[138] – wie folgt: "Those sounds that you hear are purely mechanical – they may go on for hours."[139] Daß *The Haunted Hotel* nicht das einzige Beispiel für einen viktorianischen Erzähltext darstellt, der 'Leben' und 'Tod' nicht als diametral einander entgegengesetzte, sondern als wechselseitig aufeinander bezogene, korrelative Größen entwirft, gilt es im folgenden anhand von zwei weiteren Texten zu demonstrieren, die beide in den späten fünfziger Jahren entstanden sind.

Den Gegenstand von Wilkie Collins' Erzählung "The Dead Hand," die erstmals 1857 in der von Charles Dickens editierten Zeitschrift *Household Words* erscheint, bildet der aus der Perspektive eines ausgebildeten Mediziners geschilderte Fall eines "dead-alive patient."[140] Der kurze, in Doncaster situierte Text setzt mit den knapp referierten Versuchen eines Reisenden – ihm wird der sprechende Name Arthur Holliday verliehen – ein, in der besagten Stadt eine Unterkunft für die unmittelbar bevorstehende Nacht zu finden. Da seine Suche bis zuletzt erfolglos verläuft, erklärt sich der als "a certain friend of mine"[141]

---

[135] Collins, *The Haunted Hotel*, p. 137

[136] Collins, *The Haunted Hotel*, p. 230.

[137] Ebd. Collins, *The Haunted Hotel*, p. 230.

[138] Im zweiten Teil von Bichats *Researches* findet sich das Fallbeispiel eines Apoplektikers, dessen Tod auf das unheimliche Ende der Countness Narona vorausweist: "The individual who is struck with apoplexy may live internally for hours and many days after the stroke, externally he is dead" (Bichat, *Physiological Researches*, p. 175).

[139] Collins, *The Haunted Hotel*, p. 230.

[140] Wilkie Collins, "The Dead Hand," *Mad Monkton and Other Stories*, ed. and with an introd. by Norman Page with the assistance of Kamal Al-Solaylee (Oxford, 1994 [1857]), p. 208.

[141] Collins, "The Dead Hand," p. 196.

apostrophierte Holliday nach anfänglichem Zögern schließlich dazu bereit, sich ein Zimmer – genauer: das dort befindliche Doppelbett – mit einem Mann zu teilen, dessen Tod wenige Stunden zuvor durch die Autorität eines Arztes bestätigt worden ist. Daß dieser Befund einer Revision bedarf, zeigt sich in der folgenden Nacht, in deren Verlauf Holliday Zeuge wird, wie sich der Körper seines unheimlichen Bettnachbarn bewegt, woraufhin der Ich-Erzähler, ein ortsansässiger Arzt, auf den Plan tritt, um den Scheintoten binnen kurzer Zeit ins Leben zurückzubringen. "I dragged the man, literally, out of the jaws of death,"[142] berichtet der Erzähler, darauf bedacht, die Reanimation seines Patienten nachträglich als gefahrvolle, heroische Tat auszuweisen. Bei seinem Versuch, eine medizinisch plausible Erklärung für den vorliegenden Fall eines "'dead man who had come to life again'"[143] zu finden, gelangt er wenig später zu dem folgenden Resultat:

> I know (from the testimony of the doctor who attended him in the afternoon) that the vital machinery, so far as its action is appreciable by our senses, had, in this case, unquestionably stopped; and I am equally certain (seeing that I recovered him) that the vital principle was not extinct.[144]

Bis ins terminologische Detail hinein stimmt der Befund des Erzählers mit jenen vitalistischen Erklärungsmodellen überein, wie sie von Bichat und anderen französischen und englischen Repräsentanten der klinischen Medizin seit dem Ende des achtzehnten Jahrhunderts (re-)produziert worden sind. Dies gilt insbesondere für den parenthetisch eingefügten Hinweis darauf, daß "our senses" ein vollständiger Zugang zu den Tätigkeiten des 'vitalen Apparates' letztes Endes verwehrt bleibe.[145] Was also zunächst, gefiltert durch die betont naive Perspektive Arthur Hollidays, im Modus einer *gothic story* beginnt, erweist sich, sobald der Ich-Erzähler den Ort des Geschehens erreicht hat, als Fallgeschichte, deren Deutung im Horizont einer jahrhundertealten, für die klinische Medizin

---

[142] Collins, "The Dead Hand," p. 208.
[143] Collins, "The Dead Hand," p. 208.
[144] Collins, "The Dead Hand," p. 208.
[145] William Lawrence etwa, ein erklärter Anhänger Bichats, macht in der ersten seiner *Lectures on Physiology, Zoology, and the Natural History of Man* (London, 1834 [1819]) auf der Seite 9 das folgende Geständnis: "I profess an entire ignorance of the nature of the vital properties, except in so far as they are disclosed by experience; and find my knowledge on this subject reduced to the simple result of observation, that certain phenomena occur in certain organic textures."

nach wie vor gültigen Tradition erfolgt. Darauf, daß "The Dead Hand" im Kontext des klinischen Medizin zu situieren ist, weist nicht nur das oben zitierte Erklärungsmodell des Erzählers hin, das von Collins mit einem deutlich markierten vitalistischen Index versehen worden ist. Während eines Gesprächs mit seinem vormals scheintoten Patienten wird der Erzähler darüber informiert, einem zukünftigen Kollegen das Leben gerettet zu haben, der mit Paris, "where he had been attached to a hospital,"[146] und Edinburgh, dem Zielort seiner geplanten Reise, zwei europäische Zentren der klinischen Medizin als Stationen seines bisherigen Studiums anführt. Doch obwohl der namenlose, melancholische Medizinstudent – im Gegensatz zur Countess Narona – mit dem Leben davonkommt, erscheint er bis zum Ende der Erzählung, also weit über seine Reanimation hinaus, als vom Tode gezeichnete Figur. Der Titel "The Dead Hand" gibt vor, auf welches Körperteil sich der Fokus des Textes in erster Linie richtet. So nimmt Arthur Holliday von der Leiche, die er neben sich vermutet, im Halbdunkel des Zimmers lediglich "a long white hand"[147] wahr, die erschlafft von der für ihn sichtbaren Bettseite herunterhängt; wenig später fällt der Blick des Erzählers, als dessen Patient längst "out of the jaws of death" befreit ist, scheinbar zufällig auf "his long, white, bony hand;"[148] in beiden Fällen steht die 'weiße Hand' des Protagonisten metonymisch für einen Körper, der in medizinischer wie semiotischer Hinsicht am Schnittpunkt von 'Leben' und 'Tod' positioniert ist. Noch bevor Arthur Holliday jenen Gasthof überhaupt betreten hat, in dem er sich ein Zimmer mit einem (Schein-)Toten teilen wird, ist bereits von einer (in diesem Fall gemalten) Hand die Rede, die ebenfalls Spuren äußerlichen Zerfalls aufweist: "a long hand in faded flesh-colour" deutet "with a lean fore-finger"[149] auf ein Schild, das den Namen des besagten Gasthofs trägt – ein erster Hinweis (und semiotischer Fingerzeig) darauf, daß der Hauptschauplatz des Textes ein Hort des Todes ist. Daß Collins' Erzählung kein typisches Beispiel einer *detective* oder *sensation story* darstellt, steht außer Frage. Dennoch liegt es nahe, "The Dead Hand" mit jenen im mittviktorianischen England außerordentlich populären Gattungen, als deren Mitbegründer Collins bis heute gilt, in Beziehung zu setzen, und zwar deshalb, weil mit der Figur des Medizinstudenten ein Geheimnis assoziiert ist, das allerdings – entgegen den Konventionen der beiden genannten Genres – bis zum Ende der Erzählung offiziell

---

[146] Collins, "The Dead Hand," p. 209.
[147] Collins, "The Dead Hand," p. 207.
[148] Collins, "The Dead Hand," p. 210.
[149] Collins, "The Dead Hand," p. 197.

ungelöst bleibt. Die Neugier des Ich-Erzählers ist nicht ausschließlich medizinischer Natur. Sie wird auch und gerade dadurch erregt, daß sich "my nameless patient,"[150] der später als Assistent in die Dienste des Erzählers tritt, beharrlich weigert, Auskunft über seine Vergangenheit zu erteilen. "[H]e has never volunteered any confidences since he has been here, on the subject of his past life,"[151] stellt der Erzähler, auf viele Jahre intensiver Zusammenarbeit mit seinem ehemaligen Patienten zurückblickend, im letzten Abschnitt des Textes fest.[152]

Dem Beispiel seines amerikanischen Zeitgenossen Edgar Allan Poes folgend, dessen Kurzgeschichte "The Premature Burial" 1844, dreizehn Jahre vor "The Dead Hand," erschienen ist, setzt Collins einen Scheintoten als Protagonisten eines Erzähltextes ein. Damit macht er sich, ebenso wie Poe kurze Zeit vor ihm, eine kultur- und mentalitätsgeschichtlich hochbrisante Thematik im Medium der Literatur zu eigen. Eine aufschlußreiche Perspektivierung dieser Thematik nimmt Philippe Ariès im neunten Kapitel seiner monumentalen *Geschichte des Todes* vor. Dort kommt Ariès auf die zum Teil grotesk anmutenden Vorsichtsmaßnahmen zu sprechen, mittels derer Erblasser seit dem sechzehnten Jahrhundert in verschiedenen europäischen Ländern verzweifelt versuchten, die Möglichkeit eines vorzeitigen Begräbnisses, wie Poe es in seiner gleichnamigen *short story* eindringlich vor Augen führt, auszuschalten. Am Ende des Kapitels faßt Ariès seine Beobachtungen in der These zusammen, daß mit der Furcht vor dem Scheintod, die nach seiner Analyse bis ins neunzehnte Jahrhundert hinein andauert, ein – wenn nicht sogar *der* – entscheidende Wendepunkt innerhalb der von ihm rekonstruierten Geschichte verknüpft ist:

> Diese monströse Anomalie ist zweifellos die erste Äußerung der großen Angst vor dem Tod. [...] Denn bis dahin, wage ich zu sagen, haben die Menschen, wie wir sie in der Geschichte ausmachen, niemals wirklich Angst vor dem Tod gehabt.[153]

In Poes "Premature Burial" tritt der im Titel angekündigte Ernstfall (scheinbar) ein, um am Ende als Phantasieprodukt einer Erzählerfigur entlarvt zu werden,

---

[150] Collins, "The Dead Hand," p. 214.
[151] Collins, "The Dead Hand," p. 216.
[152] Norman Page weist in seinem Vorwort (Collins, "The Dead Hand," p. xx) darauf hin, daß es sich bei dem Protagonisten von "The Dead Hand" um eine erste Skizze von Ezra Jennings handelt, der ja seinerseits über medizinischen wie auch detektivischen Spürsinn verfügt.
[153] Philippe Ariès, *Geschichte des Todes*, trans. Hans-Horst Henschen and Una Pfau, 8th ed. (München, 1982 [1978]), pp. 513 und 515.

deren vehemente Todesangst bis zuletzt andauert. Bei Collins hingegen zeugt fast nichts mehr von jener "großen Angst," die sich laut Ariès mit der Thematik des Scheintods verbindet. Kraft seiner medizinischen Kenntnisse ist der Ich-Erzähler von "The Dead Hand" dazu imstande, das Schlimmste zu verhindern, um dem Scheintod auf diese Weise – zumindest kurzzeitig – seinen jahrhundertealten Schrecken zu nehmen. Doch obwohl es ihm gelingt, seinen Patienten 'aus den Klauen des Todes' zu befreien, hat er keinen Einfluß darauf, daß dessen Körper weiterhin dem einer Leiche gleicht.

"I foresee when I shall die, and everything that will happen in my last moments."[154] Mit dieser auf den ersten Blick paradoxen Behauptung sorgt Latimer, der Ich-Erzähler von George Eliots "The Lifted Veil," in der Eingangssequenz des 1859 publizierten Textes nachhaltig für Irritation.[155] Der seiner eigenen Auskunft zufolge moribunde Protagonist gibt vor, genau zu wissen, wann und wie er sterben wird. Mehr noch: Er zögert nicht, im medizinisch nüchternen Tonfall detailliert darzulegen, wie der Tod ihn in nicht allzu ferner Zukunft ereilen und allmählich Einzug in seinen Körper halten wird, um nacheinander sämtliche Vitalfunktionen auszuschalten: "The heart will by-and-by be still [...]; the eye will cease to entreat; the ear will be deaf; the brain will have ceased from all wants as well as from all work" (*LV* 4). Eliot läßt zu Beginn ihres Textes den Eindruck entstehen, daß mit Latimer ein Ich-Erzähler das Wort ergreift, der Gefahr läuft, seine narrativen Kompetenzen grandios zu überschreiten. Latimers erklärter Anspruch nämlich, sowohl den Zeitpunkt als auch die Art seines eigenen Todes exakt bestimmen zu können, deutet auf einen

---

[154] George Eliot, "The Lifted Veil," *The Lifted Veil, Brother Jacob*, ed. and with an introd. and notes by Helen Small (Oxford, 1999 [1859]), p. 3 [Weitere Zitate aus dieser Ausgabe im laufenden Text: *LV*].

[155] Während "The Dead Hand" und *The Haunted Hotel* von der Forschung bislang weitgehend ignoriert worden sind, liegen inzwischen mehrere Texte vor, die sich eigens mit "The Lifted Veil" auseinandersetzen; die folgenden Beiträge sind hier von Interesse: Charles Swann, "Déjà vu, Déjà lu: 'The Lifted Veil' as an Experiment in Art," *Literature and History*, 5 (1979), 40–57, 80; B. M. Gray, "Pseudoscience and George Eliot's 'The Lifted Veil,'" *Nineteenth-Century Fiction*, 36 (1982), 407–23; Terry Eagleton, "Power and Knowledge in 'The Lifted Veil,'" *Literature and History*, 9, no 1 (1983), 52–61; Kate Flint, "Blood, Bodies and 'The Lifted Veil,'" *Nineteenth-Century Literature*, 51 (1997), 455–73; Malcolm Bull, "Master and Slavery in 'The Lifted Veil,'" *Essays in Criticism*, 48 (1998), 244–61; Richard Menke, "Fiction as Vivisection: G. H. Lewes and George Eliot," *The Journal of English Literary History*, 67 (2000), 617–53.

Kenntnisstand hin, der dem einer auktorialen Instanz gleicht.[156] Von Anfang an macht "The Lifted Veil" es sich zum Prinzip, personale und auktoriale Erzählmodi zu kreuzen. Dieser Strategie entsprechend, die für die narrative Organisation des Textes strukturbildend erscheint, ist Latimer mit einem "double consciousness" (*LV* 21) ausgestattet, das ihn dazu ermächtigt, nach dem bewährten Modell eines allwissenden Erzählers zu agieren.[157] So ist Latimer nicht nur dazu in der Lage, zukünftige Ereignisse, einschließlich des eigenen Todes, vorherzusehen, wie die Eröffnungssequenz bereits zu erkennen gibt, sondern auch dazu, die Gedanken (nahezu) sämtlicher Figuren zu lesen, denen er im Verlauf der Handlung persönlich begegnet.[158] Latimers "double consciousness" zeichnet sich, was seine Darstellung betrifft, vor allem dadurch aus, daß es einem Prozeß exzessiver Medizinisierung und Pathologisierung unterworfen ist. Als "disease" (*LV* 12), "a sort of intermittent delirium" (*LV* 12), "diseased activity of the imagination" (*LV* 13) sowie als Folge einer "abnormal sensibility" (*LV* 13) weist der Erzähler seine übersinnlichen Fähigkeiten aus; er ist, kurz gesagt, der Ansicht, von einer rätselhaften Krankheit befallen zu sein, gegen die es kein probates Mittel gibt. Darum bemüht zu erläutern, welche Einsichten "my unhappy gift of insight" (*LV* 15) ihm eröffnet habe, zitiert Latimer die medizinischen Praktiken des Experiments und der Vivisektion herbei. Sein gesamtes soziales Umfeld stellt sich ihm dar, "as if thrust under a microscopic vision" (*LV* 14). Indem er sich selbst bescheinigt, die mentalen und psychischen Regungen all derer, die ihm vertraut sind, "in all their naked skinless complication" (*LV* 15) wahrnehmen zu können, stilisiert er sich zu einem Anatom, der in die geheimen Gedanken- und Gefühlswelten Anderer vorstößt, um sie in ihre virtuellen Bestandteile zu zerlegen.[159] Auf das semantische Paradigma der Anatomie greift Latimer wiederholt zurück, so etwa auch dort, wo er, sein "superadded consciousness" betreffend, konstatiert: "[I]t seemed to be opening to me the

---

[156] Menke ("Fiction as Vivisection," p. 629) spricht von "an omniscient narrator who has been trapped as a character in the story that is rendered in his voice." Vgl. hierzu auch Swann, "Déja vu, Déja lu," p. 44; Flint, "Blood, Bodies and 'The Lifted Veil,'" p. 456.

[157] Bei "The Lifted Veil" handelt es sich um Eliots einzig bekannten Erzähltext, der in der ersten Person verfaßt ist. Vgl. Menke, "Fiction as Vivisection," p. 629.

[158] Vgl. hierzu die oben erwähnten Aufsätze von Gray ("Pseudoscience and George Eliot's 'The Lifted Veil'") und Bull ("Master and Slavery"), in denen Latimers "doppeltes Bewußtsein" im Kontext des viktorianischen Okkultismus (Magnetismus, Mesmerismus, Hellseherei) verortet wird.

[159] In Menkes hervorragendem Essay ist von einer "vivisection of consciousness" ("Fiction as Vivisection," p. 619) die Rede.

souls of those who were in a close relation to me" (*LV* 14). Der von Eliot mit einer medizinisch-pathologischen Matrix versehene Text konfrontiert seinen Erzähler, dessen vorgeblich mikroskopischer Blick 'unter die Haut' dringt, unentwegt mit dem (eigenen) Tod. Als einziges Mitglied seiner Familie, das am Ende des Textes noch lebt, berichtet Latimer, selbst totkrank, vom frühen Verlust seiner Mutter, vom ebenso unerwarteten Reitunfall seines Bruders, der infolge einer "concussion of the brain" (*LV* 27) stirbt, und schließlich davon, wie er "by my father's death-bed" (*LV* 31) bis zuletzt geduldig ausharrt. Die in der oben skizzierten Eröffnungssequenz eingeführten Isotopien 'Krankheit' und 'Tod' dominieren die gesamte Textur von "The Lifted Veil." Mit sechzehn Jahren unternimmt Latimer eine Reise in die Schweiz, wo ihm die schneebedeckten Gipfel der Alpen "sad and corpse-like" (*LV* 7) erscheinen; ausgestattet mit "a sort of half-womanish, half-ghostly beauty" (*LV* 14), dient er in Genf einem Porträtmaler als "model of a dying minstrel" (*LV* 14); ein "fancy picture" (*LV* 14) entsteht, in dem der Tod des Protagonisten präfiguriert ist und das auf den für "The Lifted Veil" grundlegenden Konnex von ästhetischer Produktion und Mortifikation verweist. Was sein desolates Sozialleben angeht, gelangt Latimer gegen Ende der Erzählung zu der Überzeugung, sich selbst einen Totenschein ausstellen zu müssen. "All that was personal in me seemed to be suffering a gradual death, so that I was losing the organ through which the personal agitations and projects of others could affect me" (*LV* 35), stellt Latimer fest, der hier die Gestalt einer lebenden Leiche annimmt, ohne daß sein wiederholt in Aussicht gestellter biologischer Tod bereits eingetreten wäre.

In einem einzigen Fall stößt Latimers sexuell konnotierte "abnormal power of penetration" (*LV* 33) an ihre Grenzen; außerstande, in die Gedanken und Gefühle von Bertha vorzudringen, weist der Erzähler der von ihm begehrten Frau den Status eines "fascinating secret" (*LV* 21) zu, eines leibhaftigen Geheimnisses, das ihn in seinen (erotischen) Bann zieht.[160] Seiner Überzeugung, Bertha hilflos ausgeliefert zu sein, verleiht Latimer mittels eines auffällig drastischen Vergleichs Ausdruck: "I felt helpless before her, as if she clutched my bleeding heart, and would clutch it till the last drop of life-blood ebbed away" (*LV* 19). Die hier entwickelten Gewalt- und Todesphantasien des herzkranken Erzählers deuten auf das spektakuläre Schlußszenario von "The Lifted Veil" voraus, in dem Bertha als potentielle Mörderin ihres Ehemannes Latimer enttarnt wird. In Erwartung des Todes von Mrs Archer, einer schwerkranken

---

[160] Zur Relation Latimer/Bertha vgl. Swann, "Déjà vu, Déjà lu," pp. 44–45; Eagleton, "Power and Knowledge," pp. 56–57; Flint, "Blood, Bodies and 'The Lifted Veil,'" p. 456.

Hausangestellten, macht ein Jugendfreund Latimers namens Charles Meunier den Vorschlag, ein medizinisches Experiment vorzunehmen, dessen Verlauf er wie folgt skizziert: "I want to try the effect of transfusing blood into her arteries after the heart has ceased to beat for some minutes" (*LV* 38). Das geplante, nach Aussage von Meunier bislang ausschließlich an Tieren erprobte Experiment hat, wie erhofft, zur Folge, daß die tote Mrs Archer wieder die Augen aufschlägt, unmittelbar nachdem ihrem Körper Blut zugeführt worden ist. Doch in dem Moment, als ihr Blick auf Bertha fällt, geschieht, womit keine der um das Totenbett herum gruppierten Figuren, auch Latimer nicht, gerechnet hat: Mrs Archer gibt sich als Mitwisserin ihrer ehemaligen Herrin zu erkennen, deren Vorhaben, Latimer zu vergiften, sie nachdrücklich verurteilt und somit durchkreuzt.[161] "The Lifted Veil" läßt keinen Zweifel daran, wozu das Experiment, das Meunier am Ende des Textes durchführt, auf der Handlungsebene dient: Es hat die doppelte Funktion, eine Tote kurzzeitig ins Leben zurückzubringen, die ihrerseits ('posthum') einen Mord verhindert, bevor sie wieder – und dieses Mal endgültig – verstummt.[162]

Das bemerkenswerte Interesse, das pathologische Anatomen wie Bichat und Corvisart in der ersten Hälfte des neunzehnten Jahrhunderts dem Phänomen des Todes entgegenbringen, hat innerhalb der viktorianischen Erzählliteratur lesbare Spuren hinterlassen, wie zuletzt am Beispiel von "The Lifted Veil" demonstriert worden ist. Radikaler noch als Collins in "The Dead Hand" und in *The Haunted Hotel* setzt Eliot in ihrer frühen Erzählung die von Bichat und Corvisart implizit erhobene Forderung, 'Leben' und 'Tod' nicht länger als statische Pole, sondern als Prozesse zu begreifen, die sich gegenseitig bedingen und durchdringen, in die narrative Praxis um. In Gestalt der Countess Narona sowie des namenlosen Protagonisten von "The Dead Hand" führt Collins zwei lebende Leichen vor, deren jeweilige Todeserfahrungen weitgehend unerzählt bleiben; in "The Lifted

---

[161] Mit der Frage, welche Bedeutung(en) diesem Experiment zuzusprechen sei(en), haben sich Swann ("Déjà vu, Déjà lu," pp. 41–42), Flint ("Blood, Bodies and 'The Lifted Veil,'" pp. 463–69) Bull ("Master and Slavery," pp. 257–58) und Menke ("Fiction as Vivisection," pp. 630–31) beschäftigt.

[162] Ein wichtiger Prätext für "The Lifted Veil", der hier nicht unerwähnt bleiben darf, ist Edgar Allan Poes Erzählung "The Facts in the Case of M. Valdemar," dessen Titelfigur ebenfalls im Verlauf eines medizinischen Experiments einen Moment lang wieder zum Leben erwacht, um kurze Zeit später – anders als bei Eliot – unvermittelt ins Stadium der Verwesung überzugehen. (Edgar Allan Poe, "The Facts in the Case of Valdemar," *Poetry and Tales*, by Edgar Allan Poe, selection and notes by Patrick F. Quinn [New York, 1984 (1845)], pp. 833–42)

Veil" hingegen findet ein literaturgeschichtlich beispielloser Bruch mit narratologischen Konventionen statt; der mit der Autorität einer auktorialen Instanz ausgestattete Ich-Erzähler des Textes sieht sich von Anfang an dazu genötigt, permanent dem eigenen Tod ins Auge zu blicken.

Im Gegensatz zu den oben genannten drei Erzähltexten stellt *Middlemarch* wiederholt explizite intertextuelle Bezüge zu Bichat und anderen Vertretern der klinischen Medizin her. Diesem Roman, der wie kein zweiter das medizinische Wissen seiner Zeit repräsentiert, ist das folgende Kapitel gewidmet.

### 4.1. "A Window in the breast": *Middlemarch* und Stethoskopie

Wenn René Théophile Hyacinthe Laennec 1819 seinen *Traité de l'auscultation médiate et des maladies des poumons et du cœur* in zwei Bänden veröffentlicht, ist es ihm gelungen, einen seit Jahrtausenden unerfüllten Wunsch zu verwirklichen – so jedenfalls schätzt John Forbes, von dem die zwei Jahre später publizierte erste englischsprachige Fassung des Textes stammt, die historische Bedeutung jener diagnostischen Verfahren ein, die Laennec im *Treatise on the Disease of the Chest* vorstellt. In der Vorrede, die er dem Text des *Treatise* hinzugefügt hat,[163] führt Forbes aus:

> In short, (if his new diagnostics are as certain as he affirms), he may be said to have realized the wish of the ancient philosopher, and to have placed a window in the breast through which we can see the precise state of things within.[164]

Nach Ansicht seines Übersetzers hat Laennec mit der von ihm entwickelten neuen Form der medizinischen Diagnose die Voraussetzung dafür geschaffen, 'Dinge' genau zu beobachten, die bislang außerhalb des menschlichen Wahr-

---

[163] Zu Forbes Übersetzung und ihrer zeitgenössischen Rezeption in England vgl. Malcolm Nicolson, "The Introduction of Percussion and Stethoscopy to Early Nineteenth-Century Edinburgh," *Medicine and the Five Senses*, eds William F. Bynum and Roy Porter (Cambridge, 1993), pp. 134–53, besonders pp. 139–40.

[164] René Théophile Hyacinthe Laennec, *A Treatise on the Disease of the Chest*, with plates, trans. and with a preface and notes by John Forbes and with an introd. by Paul Klemperer (New York, 1962 [1821]), p. xiv.

nehmungsspektrums lagen.[165] Das Laennec attestierte Vermögen, durch die Brust seiner Patienten hindurch – wie durch ein Fenster – ins Innere des Körpers zu sehen, beruht auf einer Technik, die Forbes emphatisch als "one of the greatest discoveries in medicine"[166] ausweist. Darüber, wann und unter welchen Umständen er diese medizingeschichtlich herausragende 'Entdeckung' gemacht hat, erteilt Laennec, neben Bichat und Corvisart einer der international einflußreichsten Repräsentanten der Pariser Medizin, in der Einleitung zum zweiten Teil seines *Treatise* Auskunft. Dort legt er dar, wie er im Fall einer herzkranken Patientin, datiert auf das Jahr 1816, auf die Idee gekommen sei, erstmals im Rahmen einer medizinischen Untersuchung von einem betont schlichten Hilfsmittel Gebrauch zu machen: "I rolled a quire of paper into a sort of cylinder and applied one end of it to the region of the heart and the other to my ear."[167] Auf eben diese Weise dazu ermächtigt, den Herzschlag seiner Patientin akustisch verstärkt wahrzunehmen, gelangt Laennec nach wiederholtem Einsatz diverser Instrumente, angefertigt nach dem Modell des zitierten behelfsmäßigen 'Zylinders',[168] zu der Überzeugung, "that I have been enabled to discover a set of new signs of diseases of the chest."[169] Dem Titel der französischen Fassung seines *Treatise* ist bereits zu entnehmen, welchen Terminus Laennec für das durch ihn begründete diagnostische Verfahren einsetzt: Als "auscultation médiate" bezeichnet der pathologische Anatom jene Technik des medial vermittelten bzw. verstärkten Abhorchens, die ihn seinem eigenen Bekunden nach unverhofft in die Lage versetzt hat, ein Ensemble neuer, niemals zuvor gehörter akustischer Zeichen zu entdecken. Bevor Laennec in der Einleitung zum zweiten Teil seiner Studie erläutert, was er unter "mediate auscultation" versteht, setzt er sich mit einem anderen, älteren Verfahren auseinander, das er "immeadiate auscultation" nennt. Leopold Auenbruggers *Inventum novum ex percussione tho-*

---

[165] Zu Laennecs Studie und der darin entfalteten medizinischen Theorie vgl. Ackerknecht, *Medicine at the Paris Hospital*, pp. 89–98; Reiser, *Medicine and the Reign of Technology*, pp. 23–44; Jacalyn M. Duffin, "The Medical Philosophy of R. T. H. Laennec (1781–1826)," *History and Philosophy of the Life Sciences*, 8, no 2 (1986), pp. 195–219; Jens Lachmund, *Der abgehorchte Körper: zur historischen Soziologie der medizinischen Untersuchung* (Opladen, 1997), pp. 52–100.
[166] Laennec, *Treatise*, p. xvii.
[167] Laennec, *Treatise*, pp. 284–85.
[168] Welche verschiedenen Formen dieses Instrument im Verlauf des neunzehnten Jahrhunderts annimmt, zeigt Lachmund im sechsten Kapitel seiner primär soziologisch ausgerichteten Studie (*Der abgehorchte Körper*, pp. 179–93).
[169] Laennec, *Treatise*, p. 285.

*racis humani*, publiziert 1761, im selben Jahr wie Morgagnis grundlegende Abhandlung zur pathologischen Anatomie, dient ihm dabei als intertextueller Bezugspunkt. Den Gegenstand von Auenbruggers Studie bildet das im Titel genannte Verfahren der Perkussion, dessen Zweck, kurz gesagt, darin besteht, den Sitz und die Art von Krankheiten durch nuanciertes 'Abklopfen' der Brust zu ermitteln.[170] Mit seiner 1808 veröffentlichten französischen Übersetzung des Textes trägt Corvisart, zu dessen Schülern Laennec gehört, maßgeblich dazu bei, daß Auenbruggers *Inventum novum* innerhalb der Pariser Medizin eine breite Rezeption erfährt und daß die Perkussion binnen kurzer Zeit zur vielerorts erprobten Praxis avanciert.[171] Daß die "mediate auscultation" gegenüber der Perkussion die medizingeschichtlich ungleich bedeutendere 'Entdeckung' darstellt, steht für Forbes grundsätzlich außer Frage. In seiner programmatischen Vorrede macht Laennecs Übersetzer der Medizin pauschal zum Vorwurf, sich bislang bei der Erforschung von Krankheiten fast ausschließlich darauf beschränkt zu haben, deren jeweilige Symptome zu beschreiben. "Hitherto, unquestionably, the attention of nosologists has been too exclusively fixed on mere external symptoms without reference to the internal conditions of which these were a sign,"[172] konstatiert Forbes und fordert ganz im Sinne der klinischen Medizin nachdrücklich dazu auf, die anatomischen Veränderungen, die eine Krankheit im Innern des Körpers verursacht, verstärkt in den Blick zu nehmen. Denn Läsionen bilden nach seiner Überzeugung jene "substance[s] whose presence the symptoms denote, and without which they are nothing."[173] Dem Begründer der "mediate auscultation" bescheinigt Forbes nun das historische Verdienst, einen fundamentalen Mangel der medizinischen Diagnostik mit Hilfe eines Verfahrens endgültig beseitigt zu haben, das sich von den Methoden anderer pathologischer Anatomen in einer seines Erachtens entscheidenden Hinsicht grundsätzlich unterscheidet: Es eröffnet dem Diagnostiker die Möglichkeit, schon zu Lebzeiten des Patienten, nicht erst auf dem Sektionstisch, jederzeit in die für das menschliche Auge unsichtbaren Regionen des Körpers vorzudringen, in denen die Kodierung der Symptome, der äußerlich sichtbaren Zeichen der Krankheit, stattfindet:

---

[170] Zu Auenbrugger und dessen Verfahren der Perkussion vgl. Reiser, *Medicine and the Reign of Technology*, pp. 20–21; Duffin, "The Medical Philosophy," pp. 197–98; Lachmund, *Der abgehorchte Körper*, pp. 71–76.
[171] Vgl. Reiser, *Medicine and the Reign of Technology*, pp. 21–22.
[172] Laennec, *Treatise*, p. ix.
[173] Laennec, *Treatise*, p. xiv.

[T]he descriptions of M. Laennec appear to me to excel those of every other writer on pathological anatomy, inasmuch as he traces the progress of the organic lesions from the commencement to their termination.[174]

Mit seinem Vorschlag, das von ihm entwickelte zylinderförmige Instrument "Stethoscope" zu nennen,[175] liefert Laennec einen indirekten Hinweis darauf, welche Sinne im Fall der "mediate auscultation" gefordert sind. Wie sein Name – ein aus dem Griechischen abgeleiteter Neologismus – schon sagt, dient das Stethoskop dazu, den Mediziner in 'die Brust' seines Patienten 'schauen' zu lassen[176] – so daß sich, wie Forbes bezeugt, dem Benutzer des Instruments der Eindruck aufdrängt, er blicke durch ein Fenster hindurch.

Der zu Beginn dieses Kapitels zitierte "wish of the ancient philosopher," dessen Erfüllung Forbes dem 'Entdecker' der "mediate auscultation" zu verdanken glaubt, verweist zurück auf einen Dialog Lukians mit dem Titel "Hermotimus or Concerning the Sects." In diesem nach dem Modell der platonischen Dialoge konzipierten Text läßt Lukian zwei Repräsentanten unterschiedlicher philosophischer Schulen aufeinandertreffen. Der Titelfigur, einem von Anfang an als naiv gekennzeichneten Bewunderer der Stoiker, tritt in Gestalt von Lycinus ein intellektuell und rhetorisch überlegener Skeptiker entgegen. Beide Figuren gehen, angeleitet von Lycinus, der Frage nach, wie, anhand welcher Kriterien, "the true philosopher from the false"[177] zu unterscheiden sei. Nachdem Lycinus in Erfahrung gebracht hat, daß sein Gesprächspartner ausschließlich aufgrund von Äußerlichkeiten ("their appearance, their walk, and the hair"[178]) für die Stoiker Partei ergreift, zeigt er sich eifrig darum bemüht, Hermotimus zu einer Revision der eigenen Position zu nötigen. In sokratischer Manier hält er ihm die folgende rhetorische Frage entgegen: "Well then, those who can see: however sharp-sighted they may be, what can they detect of the qualities of the soul from this outer covering?"[179] Davon überzeugt, daß externe Faktoren, gleich welcher Art, keinen Aufschluß über die 'Qualitäten' der im Körperinneren verorteten,

---

[174] Laennec, *Treatise*, p. xiv.

[175] Vgl. Laennec, *Treatise*, p. 286.

[176] Vgl. Reiser, *Medicine and the Reign of Technology*, pp. 25, 30; Lachmund, *Der abgehorchte Körper*, pp. 87-88.

[177] Lucian, "Hermotimus or Concerning the Sects," *Works*, by Lucian, with an English trans. by K. Kilburn, 8 vols (Cambridge, Massachusetts, and London, 1959), VI, 297.

[178] Lucian, "Hermotimus or Concerning the Sects," p. 295.

[179] Lucian, "Hermotimus or Concerning the Sects," p. 297.

unsichtbaren 'Seele' geben können, erzählt Lycinus die folgende 'Geschichte', deren Personal griechischen Mythen entstammt:

> The story goes that Athena, Poseidon, and Hephaestus were quarelling over which of them was the best artist. Poseidon modelled a bull, Athena designed a house, while Hephaestus, it seems, put together a man. When they came to Momus, whom they had appointed judge, he examined the work of each. What faults he found in the other two we need not say, but his criticism of the man and his reproof of the craftsman, Hephaestus, was this: he had not made windows in his chest which could be opened to let everyone see his desires and thoughts and if he were lying or telling the truth.[180]

In dieser 'Geschichte' kommt Momus die Funktion eines im doppelten Wortsinne kurzsichtigen Kunstrichters zu, der im Kontext eines Wettstreits ein fragwürdiges ästhetisches Urteil fällt.[181] Der personifizierte Tadel konfrontiert Hephaestus mit dem Vorwurf, kein Fenster in die Brust der von ihm gefertigten Plastik eingesetzt zu haben, um die geheimen Gedanken und Wünsche des (künstlichen) Menschen für den jeweiligen Betrachter transparent werden zu lassen. Diesem nach Ansicht von Lycinus letzten Endes unhaltbaren Vorwurf liegt eine klar erkennbare Strategie zugrunde. Indem Momus die These vertritt, daß ein in der Brust plaziertes Fenster Einblicke in das menschliche 'Innenleben', die verborgenen mentalen und psychischen Prozesse, gewähren würde, blendet er zwei differente diskursive Felder ineinander: die philosophische Ethik und die Anatomie. Unter dem Pseudonym "Democritus Junior" zitiert Robert Burton in seiner Vorrede zur *Anatomy of Melancholy* (1621) die mit dem Namen Momus assoziierte Wunschvorstellung namentlich herbei; anders als in Lukians 'Geschichte' ist der Fokus hier allerdings von vornherein auf alle statt auf einen bestimmten (künstlichen) Menschen gerichtet: "How would *Democritus* have beene moved, had he seene the secrets of their hearts? If every man had a window in his breast, which Momus would have had in *Vulcans* man [?]"[182] Als selbsternannter Nachfolger des antiken Philosophen Demokrit glaubt sich Burton dazu in der Lage, an die Versuche seines Vorgängers, die Melancholie zu erforschen, erfolgreich anknüpfen zu können. In seiner Vorrede, "Democritus

---

[180] Lucian, "Hermotimus or Concerning the Sects," pp. 297–98.
[181] Lycinus selbst bezeichnet Momus wie auch dessen "notions about men" als "shortsighted" (Lucian, "Hermotimus or Concerning the Sects," p. 297).
[182] Robert Burton, *The Anatomy of Melancholy*, eds Thomas C. Faulkner, Nicolas K. Kiessling, and Rhonda L. Blair, with an introd. by J. B. Bamborough, 6 vols (Oxford, 1989 [1621]), I, 55.

Junior to the Reader" überschrieben, erstattet Burton darüber Bericht, wie Hippokrates Demokrit einst in dessen Garten bei Abdera besuchte, wo er ihn, umgeben von lauter eigenhändig sezierten Tierkadavern, mit einem Buch auf den Knien vorfand:

> The subject of his booke was Melancholy and madnesse, about him lay the carcasses of many severall beasts, newly by him cut up and anatomized, not that he contemne Gods creatures, as he told *Hippocrates*, but to find out the seat of this *atra bilis* or Melancholy, whence it proceeds, and how it was engendred in mens bodies.[183]

Dem Titel von Burtons monumentalem Buchprojekt im Wortsinne entsprechend, tritt Demokrit hier als Anatom der Melancholie in Erscheinung. Sein Versuch, auf der Grundlage von Vivisektionen den mutmaßlichen Sitz der Melancholie zu ermitteln, ist mit der oben zitierten Kritik, die Momus gegenüber Hephaestus hervorbringt, in Relation zu setzen. Der Forderung des Kunstrichters, 'ein Fenster in der Brust' zu installieren, kommt der humoralpathologisch geschulte Philosoph im Rahmen seiner von Hippokrates begutachteten Forschungsarbeit zwar nicht nach. Doch auch er geht, ebenso wie Momus, von der Prämisse aus, daß ein aufmerksamer Blick ins Körperinnere unbedingt erforderlich ist, um die materiellen Manifestationen eines immateriellen Phänomens (in seinem Fall der Melancholie) nachweisen zu können.

"You may still win a great fame like the Louis and Laennec I have heard you speak of, and we shall all be proud of you."[184] Dies versichert Dorothea Brooke dem erfolglosen Arzt Tertius Lydgate, dem sie freundschaftlich verbunden ist, im 76. Kapitel von George Eliots 1871/2 publizierten Roman *Middlemarch*. Nachdem Lydgate zu der Einsicht gelangt ist, seine in der Pariser Medizin verwurzelten wissenschaftlichen Vorstellungen in der titelgebenden mittelenglischen Kleinstadt nicht verwirklichen zu können, bringt die junge Witwe ihn mit zwei international renommierten Repräsentanten der genannten Schule in Verbindung, um ihn dazu zu motivieren, weiterhin, allen äußeren und inneren Widerständen zum Trotz, in der Forschung tätig zu sein.[185] Daran, daß Lydgate

---

[183] Burton, *Anatomy of Melancholy*, I, 5–6.
[184] George Eliot, *Middlemarch: A Study of Provincial Life*, ed. and with an introd. by Rosemary Ashton (Harmondsworth, 1994 [1871/2]), p. 764 [Weitere Zitate aus dieser Ausgabe im laufenden Text: *MM*].
[185] Seit den siebziger bzw. frühen achtziger Jahren ist eine Reihe von zum Teil bemerkenswerten Forschungsbeiträgen erschienen, die sich aus wissenschaftsgeschichtlicher

der in Aussicht gestellte 'Ruhm' bis zuletzt versagt bleibt, läßt Eliots Roman keinen Zweifel; im "Finale" ist fast beiläufig vom frühen Tod des Mediziners sowie von dessen Selbsteinschätzung als "failure" (*MM* 835) die Rede. Doch bevor Lydgate seine einst enthusiastisch verfolgten Projekte endgültig für gescheitert erklärt, gibt er sich im Verlauf der komplexen Handlung als Schüler, Fürsprecher und aufmerksamer Leser Laennecs zu erkennen, dessen diagnostische Methoden von den in Middlemarch vorherrschenden medizinischen Standards radikal abweichen. Um Dorotheas Ehemann Casaubon zu untersuchen, nimmt Lydgate im 30. Kapitel eben jenes Instrument zur Hand, das mit dem Namen Laennecs untrennbar verknüpft ist. Dies gibt der Erzählinstanz Gelegenheit, in einem eingeschobenen Nebensatz auf die historische Tatsache hinzuweisen, daß um 1830, zu jener Zeit also, in der Eliot den *plot* ihres Romans angesiedelt hat, der Einsatz von Stethoskopen in der medizinischen Praxis keine Selbstverständlichkeit darstellt:[186] "He not only used his stethoscope (which had not become a matter of practice at that time), but sat quietly by his patient and watched him" (*MM* 286). Wenn Lydgate Casaubon im 42. Kapitel über jene Herzkrankheit in Kenntnis setzt, die wenige Kapitel später erwartungsgemäß dessen Tod zur Folge hat, stellt er unter Beweis, Laennecs *Treatise* gründlich studiert zu haben:

---

Perspektive mit *Middlemarch* auseinandersetzen. Während Gillian Beer im fünften Kapitel von *Darwin's Plots* Eliots Roman mit zeitgenössischen evolutionstheoretischen Vorstellungen und Prämissen in Zusammenhang bringt (pp. 149–80), ist das Hauptaugenmerk in Sally Shuttleworths Studie *George Eliot and Nineteenth-Century Science: The Make-Believe of a Beginning* (Cambridge, 1984) auf diverse organizistische Theorien (Compte, Spencer, Lewes) gerichtet. In Lawrence Rothfields Monographie *Vital Signs* hingegen – das vierte Kapitel ist *Middlemarch* gewidmet – liegt der Schwerpunkt auf medizinhistorischen Aspekten (pp. 84–119). Die folgenden Aufsätze sind in diesem Zusammenhang ebenfalls von Interesse: Patrick McCarthy, "Lydgate, 'The New, Young Surgeon' of Middlemarch," *Studies in English Literature*, 10 (1970), 805–16; John Forrester, "Lydgate's Research Project in *Middlemarch*," *George Eliot – George Henry Lewes Newsletter*, 3, nos 16–17 (1990), 2–6; Catherine Neale, "Torpedoes, Tapirs and Tortoises: Scientific Discours in *Middlemarch*," *Critical Survey*, 2 (1990), 57–62; Jeremy Tambling, "*Middlemarch*, Realism and the Birth of the Clinic," *Journal of English Literary History*, 57 (1990), 939–60; Mark Wormald, "Microscopy and Semiotic in *Middlemarch*," *Nineteenth-Century Literature*, 50 (1996), 501–24; William Deresiewicz, "Heroism and Organicism in the Case of Lydgate," *Studies in English Literature 1500–1900*, 38 (1998), 723–40.

[186] Vgl. A. J. Youngson, *The Scientific Revolution in Victorian Medicine* (London, 1979), p. 19; Reiser, *Medicine and the Reign of Technology*, pp. 36–38.

> I believe that you are suffering from what is called fatty degeneration of the heart, a disease which was first divined and explored by Laennec, the man who gave us the stethoscope, not so very many years ago. (*MM* 423)

Obwohl der Text darauf verzichtet, die semantischen Potentiale explizit zu machen, die der Terminus "degeneration of the heart" – jenseits seiner fachsprachlichen Bedeutung – birgt, fordert er indirekt dazu auf, Lydgates medizinische Diagnose mit Casaubons emotionaler Indifferenz – einem zentralen Merkmal der Figur – in Zusammenhang zu bringen. Der als direktes Zitat ausgewiesene Befund, mit dem sich der pedantische Gelehrte unvermittelt konfrontiert sieht, verweist auf einen kurzen Abschnitt im zweiten Teil von Laennecs *Treatise*.[187] Unter der Überschrift "Fatty Degeneration of the Heart" entwirft der französische Anatom darin das desolate Bild einer Krankheit, deren schlimmstmögliche Folge "the sudden death of the individuals"[188] bildet; auch Casaubon bleibt, wie gesagt, ein vergleichsweise 'plötzlicher Tod' nicht erspart. Diagnostisch gesehen, erweist sich die durch Fettablagerungen in der Herzgegend verursachte Krankheit ebenfalls als außerordentlich prekär, da in ihrem Fall keine eindeutige Symptomatik auszumachen ist: "I have not observed, any more than M. Corvisart, any symptoms that could directly denote the existence of an accumulation of this sort."[189] Ein Totalausfall von Symptomen, wie Laennec ihn hier konstatiert, liegt im Fall von Casaubon zwar nicht vor. Dem Kenntnisstand seines französischen Kollegen entsprechend, sieht sich Lydgate dennoch grundsätzlich außerstande, seinem Patienten gegenüber verbindliche Aussagen über den Verlauf der von ihm diagnostizierten Krankheit machen zu können; ein formelhafter Verweis auf "the tremendous uncertainty of life" (*MM* 423) bringt die therapeutische Ohnmacht des Mediziners deutlich zum Ausdruck. Die mit der "fatty degeneration of the heart" assoziierte diagnostische Problematik ist nicht nur für Lydgate, sondern für die Konstruktion des Textes insgesamt von Bedeutung. Denn Lydgate stellt, wie im folgenden unter anderem zu zeigen sein wird, nicht die einzige Figur des Textes dar, die sich vergeblich darum bemüht, anhand von externen, sicht- und lesbaren Körperzeichen einen internen, unsichtbaren Prozeß zu deuten. Es geht, allgemeiner gesagt, darum, Nachweise für die These zu erbringen, daß der als "the man who gave us the stethoscope" apo-

---

[187] Vgl. Laennec, *Treatise*, pp. 227–30.
[188] Laennec, *Treatise*, p. 227.
[189] Laennec, *Treatise*, p. 229.

strophierte französische Mediziner als durchaus zentrale Referenzfigur des Romans zu erachten ist.

Die Figur des diagnostisch versierten, über weite Strecken des Romans hinweg passionierten Mediziners Lydgate ist mit einem anhaltenden Interesse an Anatomie ausgestattet, dessen Ursprung in der Kindheit des Arztes liegt. Rückblickend auf jenen "moment of vocation" (*MM* 144), mit dem Eliots Roman die Karriere seines Protagonisten beginnen läßt, berichtet die Erzählinstanz im 15. Kapitel von Lydgates erster, folgenreicher Begegnung mit der besagten Wissenschaft, einem Ereignis, das nach dem Muster einer Epiphanie konzipiert, zugleich aber mit dem Merkmal 'kontingent' versehen ist.[190] Bei einem Besuch in der häuslichen Bibliothek zieht der neugierige Schüler und künftige Arzt, ohne seine Eltern darüber in Kenntnis zu setzen, mehrere Bände einer verstaubten Enzyklopädie aus dem Regal, schlägt eine beliebige Seite auf und beginnt zu lesen. Den Gegenstand seiner unerwartet stimulierenden, geheimen Lektüre bildet ein Eintrag, der "under the heading of Anatomy" steht:

> A liberal education had of course left him free to read the indecent passages in the school classics, but beyond a general sense of secrecy and obscenity in connection with his internal structure, had left his imagination quite unbiassed, so that for anything he knew his brains lay in small bags at his temples, and he had no more thought of representing to himself how his blood circulated than how paper served instead of gold. (*MM* 144)

Dem ebenso eifrigen wie naiven Leser Lydgate fällt unverhofft ein Text in die Hände, der einer als 'unangemessen' und 'obszön' gebrandmarkten Thematik gewidmet ist. Bei seiner Lektüre tritt ein, was im Fall der 'Schulklassiker' stets ausgeblieben ist: Lydgates bislang 'unberührt' gebliebene Einbildungskraft – ein weiterer Terminus, der, ebenso wie der zitierte "moment of vocation," auf die epiphanische Qualität des Ereignisses hindeutet – wird nachhaltig angeregt, doch nicht, um das Bewußtsein der Figur über sich hinaus-, sondern, im Gegenteil, in sich hineinzuführen. Auf der Handlungsebene des Romans kommt dem Initiationserlebnis, das Lydgate zuteil wird, primär die Funktion zu, jenes Interesse an "internal structure[s]" zu begründen, das nahezu sämtlichen Praktiken und Projekten des Mediziners zugrundegelegt ist. Nach Beendigung seines, gemessen an zeitgenössischen Standards, mustergültigen Studiums, das ihn von London und Edinburgh nach Paris – ins europäische Zentrum der klinischen

---

[190] Zur Konzeption der Initiationsszene vgl. Rothfield, *Vital Signs*, p. 93.

Medizin – geführt hat, wo er Louis persönlich kennengelernt und dessen "anatomical demonstrations" (*MM* 164) aufmerksam verfolgt hat, spricht sich Lydgate in seiner Eigenschaft als "general practitioner" und als Vertreter der genannten Schule gegen "the irrational severance between medical and surgical knowledge" (*MM* 145), die traditionelle Trennung von Medizin und Chirurgie, vehement aus.[191] Sein erklärtes Ziel, in Middlemarch ein *Fever Hospital* einzurichten, ruft in den Köpfen seiner provinziellen Mitbürger die schaurige Vorstellung herauf, "that Doctor Lydgate meant to let the people die in the Hospital, if not to poison them, for the sake of cutting them up without saying by your leave or with your leave" (*MM* 442).[192] Mit Sektionsphantasien wiederholt konfrontiert, wie Mrs Dollop, eine der zahlreichen Nebenfiguren des Romans, sie hier entwickelt, legt Lydgate in Gegenwart seiner Frau Rechenschaft über seinen Beruf ab. Dabei nimmt er auf den frühneuzeitlichen Anatom Andreas Vesalius nachdrücklich Bezug, "a great fellow, who was about as old as I am three hundred years ago, and had already begun a new era in anatomy." (*MM* 457). Neben Vesalius, als dessen potentieller Nachfolger Lydgate gegenüber seiner Frau auftritt, Hippokrates, Galen, Paracelsus, Louis und Laennec zitiert Eliots Roman immer wieder Bichat namentlich herbei, einen weiteren einflußreichen Anatom und Repräsentanten der Pariser Medizin, der, ebenso wie Vesalius, als Neubegründer der zuerst genannten Wissenschaft in die europäische Medizingeschichte eingegangen ist.[193] Von der Erzählinstanz als "another Alexander" gehandelt und zum "great seer" (*MM* 148) verklärt, erscheint Bichat innerhalb eines Kapitels in den heroischen Rollen eines 'Sehers' und Eroberers welthistorischen Ranges, dessen Versuch, "the dark territories of Pathology" (*MM* 147) zu ergründen, Lydgate fortzusetzen gewillt ist. Die im *Traité des membranes* erstmals formulierte These des pathologischen Anatomen, derzufolge Organismen, einschließlich des menschlichen, aus Geweben (im Wortlaut von Eliots Roman: "certain primary webs or tissues" [*MM* 148])

---

[191] Vgl. hierzu C. L. Cline, "Qualifications of the Medical Practitioners of *Middlemarch*," *Nineteenth-Century Literary Perspectives: Essays in Honour of Lionel Stevenson*, eds Clyede Ryals and John Clubbe (Durham, North Carolina, 1974), pp. 271–81.

[192] Lydgates Reformprogramm steht im Mittelpunkt des folgenden Beitrags: Lilian R. Furst, "Struggling for Medical Reform in *Middlemarch*," *Nineteenth-Century Literature*, 48 (1993), 341–61.

[193] Mit Bichat und dessen histologischer Theorie haben sich bereits mehrere Interpreten des Romans auseinandergesetzt; vgl. etwa: McCarthy, "Lydgate, 'The New, Young Surgeon,'" pp. 809–14; Forrester, "Lydgate's Research Project," pp. 3–5; Tambling, "*Middlemarch*, Realism and the Birth of the Clinic," pp. 941–42; Rothfield, *Vital Signs*, pp. 92–93.

zusammengefügt sind, dient als Ausgangspunkt eines ambitionierten histologischen Projektes, das Lydgate im Anschluß an Bichat entwickelt. Doch während Bichat, wie im letzten Kapitel dargelegt, insgesamt 21 verschiedene Gewebearten unterscheidet, verfolgt Lydgate beharrlich das Ziel, einen gemeinsamen Ursprung, "some common basis," ausfindig zu machen, "from which they [these structures] have all started" (*MM* 148). Im fünften Buch des Romans verleiht der Mediziner seiner Überzeugung, dieses Ziel erreichen zu können, wie folgt Ausdruck: "'I am more and more convinced that it will be possible to demonstrate the homogeneous origin of all the tissues" (*MM* 455). Mit Lydgates histologischem Projekt ist eine Ursprungssemantik assoziiert, wie sie auch im Kontext von Casaubons mythologischen Forschungen begegnet. Beide Projekte, Lydgates scheinbar unermüdliche Suche nach dem mutmaßlichen 'Ursprungsgewebe' und Casaubons erklärtes Vorhaben, eine Studie mit dem prätentiösen Titel *A Key to all Mythologies* (vgl. *MM* 85) zu verfassen, sind wechselseitig aufeinander bezogen, ungeachtet aller inhaltlichen, formalen und methodologischen Differenzen, die zwischen ihnen bestehen.[194] Dies läßt sich auch und gerade daran ablesen, daß letzten Endes keines dieser homolog konzipierten Projekte zu einem positiven Ergebnis führt. Während Casaubons geplante Studie, von der Um- und Nachwelt ihres Autors weitestgehend ignoriert, Fragment bleibt, leistet Lydgate noch vor dem "Finale" des Romans resigniert darauf Verzicht, weiterhin eine Antwort auf die Leitfrage seiner wissenschaftlichen Bemühungen – "What was the primitive tissue?" (*MM* 148) – zu suchen. Die von Bichat in den medizinischen Diskurs eingeführte Kategorie des Gewebes ist nicht nur für Lydgate von zentraler Bedeutung, sondern auch für die narrative Organisation des Textes selbst.[195] Bevor die Erzählinstanz im 15. Kapitel auf Lydgates histologische Studien und ihr theoretisches Fundament, Bichats Gewebelehre, erstmals ausdrücklich zu sprechen kommt, unternimmt sie den folgenden in der Forschungsliteratur vielzitierten Versuch, die Zielsetzung ihres eigenen, *Middlemarch* betitelten Projektes näher zu erläutern:

---

[194] Daß beiden Projekten homologe Strukturmuster zugrundeliegen, ist in der Forschung mehrfach angemerkt worden; vgl: U. C. Knoepflmacher, "Fusing Fact and Myth: The New Reality of *Middlemarch*," *'This Particular Web': Essays on 'Middlemarch'*, ed. Ian Adam (Toronto, 1975), p. 51; Beer, *Darwin's Plots*, p. 154; Sophia Andres, "The Germ and the Picture in *Middlemarch*," *The Journal of English Literary History*, 55 (1998), p. 854.

[195] Zur Gewebemetaphorik in *Middlemarch* vgl.: Hillis Miller, "Narrative and History," *The Journal of English Literary History*, 41 (1974), p. 470; Beer, *Darwin's Plots*, pp. 165–71; Tambling, "*Middlemarch*, Realism and the Birth of the Clinic," pp. 941, 952–53; Rothfield, *Vital Signs*, pp. 92–94.

> I at least have so much to do in unravelling certain human lots, and seeing how they were woven and interwoven, that all the light I can command must be concentrated on this particular web, and not dispersed over that tempting range of relevancies called the universe. (*MM* 141)

Indem die Erzählinstanz das komplexe narrative Arrangement des Romans als 'Gewebe' kennzeichnet, auf das sie 'alles Licht,' das ihr zur Verfügung steht, zu richten gedenke, macht sie von zwei erstaunlich konventionellen Metaphern Gebrauch, die sie im weiteren Verlauf des Kapitels in einen medizinisch-histologischen Kontext überführt, wenn sie Bichat und Lydgate ihre Aufmerksamkeit zuwendet. Der oben zitierte poetologische Kommentar spielt ferner indirekt darauf an, daß 'web', 'tissue' und 'text', etymologisch betrachtet, nahverwandte Begriffe sind.[196] Ungeachtet der Tatsache, daß Eliot diesen wortgeschichtlichen Zusammenhang an keiner einzigen Stelle ihres Romans explizit thematisiert, ist fast überall dort, wo Gewebemetaphern Einzug in den narrativen Diskurs halten, die Möglichkeit einer selbstreferentiellen Lesart gegeben; so etwa dort, wo die Erzählinstanz das Liebesverhältnis von Lydgate und Rosamond als "gossamer's web" (*MM* 346) bezeichnet, oder dort, wo Bulstrodes dunkle Vergangenheit unvermutet die Gestalt eines "spider-web" (*MM* 617) annimmt, in das sich der kriminelle Geschäftsmann vor seinem endgültigen Bankrott unweigerlich 'hineinverstrickt'; in beiden Fällen macht Eliots Roman eben dadurch, daß er Bezüge zu den Praktiken des Webens bzw. Spinnens herstellt, den textuellen Charakter und mithin die Konstruktheit dessen, wovon er erzählt, kenntlich. In diversen, heterogenen Kontexten verwendet, dient die zentrale Metapher des Gewebes dazu, eine Vielzahl vermeintlich disparater Themen, Motive und Handlungsebenen miteinander zu verbinden. Ihre Funktion besteht vor allem auch darin, einen semantisch-strukturellen Konnex zwischen Lydgates histologischem und jenem umfassenden, nicht minder ambitionierten narrativen Projekt herzustellen, als das Eliots Roman angelegt ist.[197] Darauf bedacht, Bichats histologischen Ansatz zu skizzieren, bescheinigt die Erzählinstanz dem Begründer der Gewebelehre im 15. Kapitel das historische Verdienst, "new connections and hitherto hidden facts of structure" (*MM* 148) aufgezeigt zu haben. Diese Zuschreibung erfüllt einen doppelten Zweck: Sie gibt Aufschluß darüber, von welchem Erkenntnisinteresse Bichat im Rahmen seiner histologischen

---

[196] Vgl. Tambling, "*Middlemarch*, Realism and the Birth of the Clinic," p. 946.
[197] Vgl. Knoepflmacher, "Fusing Fact and Myth," p. 50; Beer, *Darwin's Plots*, pp. 162–68; Tambling, "*Middlemarch*, Realism and the Birth of the Clinic," pp. 940–41.

Studien geleitet ist, und liefert darüber hinaus einen Hinweis darauf, welche Konstruktionsprinzipien *Middlemarch* zugrundeliegen – einem Roman, der, als *Study of Provincal Life* konzipiert,[198] mit geradezu enzyklopädischem Eifer darum bemüht ist, das medizinische Wissen seiner Zeit zu dokumentieren, um es für seine eigene Poetik zu funktionalisieren.

"Signs are small measurable things, but interpretations are illimitable" (*MM* 25). Mit dieser Randbemerkung bringt die Erzählinstanz ein prekäres hermeneutisches Problem, das für die Konzeption des Romans insgesamt strukturbildend erscheint, im dritten Kapitel auf eine ebenso schlichte wie zugespitzte Formel. Denn in *Middlemarch* herrscht, wie Hillis Miller prägnant formuliert hat, "[a] universal propensity for misinterpretation" vor, "which infects all the characters."[199] Der von Miller diagnostizierten Neigung zu interpretativen Fehlleistungen korrespondiert der dreifache Status, den Eliots Roman seinen Figuren zuweist: Abhängig davon, in welchen Kontexten sie agieren, treten sie wechselweise als Produzenten, Träger und Leser von Zeichen hervor, deren Deutung ihnen zumeist mißlingt. Bevor die Erzählinstanz im 15. Kapitel die nach ihrem Urteil wichtigsten Stationen von Lydgates intellektueller Biographie auflistet, angefangen bei dessen oben skizzierten epiphanischem Kindheitserlebnis bis hin zur endgültigen Niederlassung in der mittelenglischen Provinz, stellt sie die für alle (männlichen) Figuren des Romans gültige These auf, derzufolge "a man" permanent der Gefahr ausgesetzt ist, innerhalb seines sozialen Umfeldes nichts weiter darzustellen als "a cluster of signs for his neighbours' false suppositions" (*MM* 142). Mit dem Hang, sich gegenseitig als bloße (rätselhafte) 'Zeichenbündel' wahrzunehmen, sind vornehmlich diejenigen Figuren versehen, die, wie Dorothea und Casaubon, Rosamond und Lydgate und nicht zuletzt Bulstrode und dessen Frau, eine letzten Endes desolate eheliche Allianz miteinander verbindet. Nach ihrer Heirat mit Casaubon setzt Dorothea ihr hermeneutisches Fingerspitzengefühl unermüdlich (und zumeist vergeblich) dazu ein, "the signs of her husband's moods" (*MM* 281) zu lesen, wobei sie in ihrem puritanischen Idealismus zunächst davon ausgegangen war, einem Mann begegnet zu sein, "who could understand the higher inward life, and with whom there could be

---

[198] Auf die Doppelbedeutung des Begriffs "Study," der sowohl für eine Gattung in der Malerei als auch für eine wissenschaftliche Textform stehen kann, weist Miller in seinem herausragenden Essay ("Narrative and History," p. 457) hin. Dem Untertitel des Romans zufolge läßt sich *Middlemarch* demnach als Versuch begreifen, zwei differente Diskursformen, 'Ästhetik' und 'Wissenschaft', miteinander zu vereinen.

[199] Miller, "Narrative and History," p. 466.

some spiritual communion" (*MM* 22). Gegen diese emphatisch bekundete Überzeugung erhebt die Erzählinstanz nach Antritt der Hochzeitsreise bereits entschieden Einspruch, indem sie Dorothea bescheinigt, mit Blindheit geschlagen zu sein, was Casaubons ehemals verklärtes 'Innenleben' angeht. Damit setzt sie den puritanischen Innerlichkeitsdiskurs, der mit Dorothea verknüpft ist, zugleich ironisch außer Kraft:

> She was blind to his inward troubles as he to hers; she had not yet learned those hidden conflicts in her husband which claim our pity. She had not yet listened patiently to his heart-beats, but only felt that her own was beating violently. (*MM* 200)

Die Ehe von Dorothea und Casaubon, durch den im vierten Buch angekündigten Herztod des Gelehrten vorzeitig beendet, steht von Anfang an im Zeichen eines verheerenden interpretativen Dilemmas, das auf sämtlichen Handlungsebenen des Romans begegnet. Bedingt ist dieses Dilemma, kurz gesagt, dadurch, daß weder Dorothea noch irgend eine andere Figur des Romans die Fähigkeit zu entwickeln imstande ist, interne mentale und psychische Prozesse oder Zustände (in Casaubons oben zitiertem Fall: "his inward troubles") anhand von externen, physischen Zeichen zu entschlüsseln. Dem histologischen Forschungsprojekt, das Lydgate bis zuletzt in Atem hält, kommt auch in diesem Zusammenhang eine programmatische Funktion zu. Bei seiner Suche nach dem 'Ursprungsgewebe' ist der Mediziner, der sich, wie seine Diagnose der "Fatty Degeneration of the Heart" zeigt, auf die Deutung klinischer Zeichen versteht, von dem Interesse geleitet, die verborgenen, bisher weitgehend unerforschten 'Innenräume' des menschlichen Bewußtseins zu 'durchdringen':

> [H]e wanted to pierce the obscurity of those minute processes which prepare human misery and joy, those invisible thoroughfares which are the first lurking-places of anguish, mania, and crime, that delicate poise and transition which determine the happy or unhappy consciousness. (*MM* 165)

In der Absicht, den Ursprungsort der menschlichen Leidenschaften zu ermitteln, entwirft der Mediziner eine hochgradig verwinkelte, mit 'unsichtbaren Durchgängen' und 'Verstecken' ausgestattete Topographie des Bewußtseins. Mit diesem Entwurf reiht sich Lydgate in eine Forschungstradition ein, die weit über die Pariser Medizin des frühen neunzehnten Jahrhunderts hinaus bis zur *Anatomy of Melancholy* zurückreicht (ein längeres Zitat aus der Einleitung von Burtons monumentaler Studie dient als Motto des 5. Kapitels). Dem Beispiel des

antiken Philosophen Demokrit, als dessen legitimer Nachfolger Burton sich ausgibt, ist Lydgate insofern verpflichtet, als auch er das Ziel verfolgt, anatomisch exakte Innenansichten des menschlichen Bewußtseins zu liefern, um auf diese Weise moralisch-philosophische Phänomene zu erklären.[200]
Daß auch Lydgate, ungeachtet seiner diagnostischen Kompetenzen, mitunter verhängnisvolle interpretative Fehlleistungen unterlaufen, zeigt eine am Ende des zentralen 15. Kapitels erzählte Episode.[201] Im Rückblick auf die Studienzeit des Mediziners erstattet die Erzählinstanz darüber Bericht, wie Lydgate während eines Theaterbesuchs in Paris eine ebenso unfreiwillige wie schlagartige Wandlung vom (erotisch) interessierten Zuschauer zum kriminalistisch engagierten Mordzeugen vollzieht: Madame Laure, ausgerechnet jene Schauspielerin, deretwegen der verliebte Student das Theater aufgesucht hatte, ersticht auf offener Bühne – wie vom Autor des dargebotenen Stückes vorgesehen, aber eben mit einem scharfen Messer – ihren Mann, der an ihrer Seite in der Rolle eines unglücklichen Geliebten agiert. Davon überzeugt, daß sich "a fatal accident" (*MM* 153) ereignet hat, nimmt Lydgate die Spur der Schauspielerin auf, nachdem deren Unschuld von juristischer Seite bestätigt worden ist, und folgt ihr von Paris nach Avignon. Dort setzt Madame Laure im Verlauf des ersten und einzigen Gesprächs, das sie mit Lydgate führt, ihren heimlichen Verehrer und Verfolger in Kenntnis darüber, daß ihr Mann nicht, wie offiziell angenommen, infolge eines Unfalls ums Leben gekommen, sondern mit Absicht erstochen worden sei. "There was a secret, then" (*MM* 153), hält Lydgate, gleichermaßen entsetzt wie ratlos, der geständigen Mörderin entgegen, woraufhin diese beteuert, kein geheimes Motiv für ihre Tat gehabt zu haben, und erneut mit Nachdruck feststellt: "*I meant to do it*" (*MM* 153). Mit dieser im Theatermilieu situierten Episode liefert *Middlemarch* in semiotisch verdichteter Form einen ersten und zugleich entscheidenden Hinweis darauf, daß die viele Jahre später in England geschlossene Ehe des Mediziners von vornherein zum Scheitern verurteilt ist. Denn mit Rosamond tritt eine weitere passionierte Schauspielerin auf den Plan, die sich im Gegensatz zu Madame Laure, ihrer mysteriösen Vorgängerin, 'von Natur aus' (statt lediglich von Berufs wegen) auf die Produktion trügerischer Zeichen sowie darauf versteht, sich selbst bzw. ihren 'Charakter'

---

[200] Zum Paradigma der Anatomie vgl. Nancy Henry, "George Eliot, George Henry Lewes, and Comparative Anatomy," *George Eliot and Europe*, ed. John Rignall (Hants, 1977), pp. 44–63; Menke, "Fiction as Vivisection," pp. 634–36.
[201] Auf diese Episode kommt unter anderem Catherine Neale zu Beginn ihres oben genannten Aufsatzes (vgl. "Torpedos, Tapirs and Tortoises," p. 57) zu sprechen.

theatralisch in Szene zu setzen: "She was by nature an actress of parts that entered into her *physique*; she even acted her own character, and so well, that she did not know it to be precisely her own" (*MM* 117). Den Ausgangspunkt der Paris-Episode bilden "some galvanic experiments," die Lydgate abrupt unterbricht, um das Theater rechtzeitig zu erreichen: "[H]e left his frogs and rabbits to some repose under their trying and mysterious dispensation of unexplained shocks" (*MM* 150–51). Zwischen Lydgates desolatem Eheleben und seinen in der Studienzeit eifrig praktizierten Tierversuchen stellt der Text im weiteren Verlauf der Handlung einen semantischen Konnex her, indem er dem verheirateten Mediziner die zärtlich-paternalistische Apostrophe "my pet" (*MM* 437) in den Mund legt; mit dieser Anrede setzt Lydgate seinen am Ende des 15. Kapitels gefaßten Entschluß, in Zukunft "a strictly scientific view of woman" (*MM* 153) anzunehmen, rhetorisch in die Tat um. Mit dem aufsehenerregenden Fall einer allseits hofierten Schauspielerin konfrontiert, die vor den Augen ihrer Zuschauer und dennoch unbemerkt ein Kapitalverbrechen begeht, glaubt sich der angehende, von erotischem Begehren erfüllte Mediziner dazu berufen, kurzzeitig sein Metier zu wechseln, und nimmt die Identität eines zwar hartnäckigen, aber kriminalistisch unerfahrenen Spurenlesers an, der eine skrupellose Mörderin zu Unrecht verdächtigt, ein 'Geheimnis' verbergen zu wollen. Die mit Madame Laure assoziierte Episode ruft Motive und narrative Muster zitativ ab, die sich aus der zeitgenössischen Kriminalliteratur, der *sensation* und *detective fiction*, herleiten. Auf diese Gattungen, die zu Beginn der siebziger Jahre, zum Zeitpunkt der Veröffentlichung von *Middlemarch*, enorme Popularität im viktorianischen England genießen, nimmt der Roman im dritt- und vorletzten Buch ein weiteres Mal implizit Bezug, und zwar, genauer gesagt, dort, wo der Fokus der Narration auf Nicholas Bulstrode, den kriminellen Bankier, gerichtet ist. In Gestalt von Bulstrode führt *Middlemarch* einen politisch einflußreichen, heuchlerischen Puritaner vor, dessen zunehmend verzweifelte Bemühungen, die dunklen Seiten der eigenen Vergangenheit dauerhaft in Vergessenheit geraten zu lassen, unweigerlich zum Bankrott (in ökonomischer, sozialer wie moralischer Hinsicht) führen. Als Bulstrode von Raffles, "that haunting ghost of his earlier life" (*MM* 717), eines Tages unerwartet Besuch erhält, sieht er sich nicht länger mehr dazu in der Lage, die Erinnerung an jene zwielichtigen finanziellen Transaktionen zu verdrängen, mittels derer er einst widerrechtlich zu Reichtum gelangt war. Um zu verhindern, daß die Öffentlichkeit von Ereignissen erfährt, über die außer Raffles und ihm selbst niemand in Middlemarch (nicht einmal seine eigene Frau) informiert ist, geht Bulstrode zunächst auf die Erpressungsversuche seines Besuchers ein. Doch nachdem Raffles schwerkrank in einem Zimmer seines Hauses untergebracht worden ist, nimmt er nach anfänglichem Zögern schließlich die Gelegenheit wahr, sich des leibhaftigen 'Gespenstes' zu entledigen, und führt, indem er ihm entgegen den strikten Anweisungen des Arztes (Lydgate) Alkohol zukommen läßt, den Tod seines Gastes herbei. Diese gegen Ende von *Middlemarch* erzählte Kriminalgeschichte, als deren Protagonist der bieder-bigotte Bankier figuriert, ist durch auffällige semantisch-strukturelle Korrespondenzen mit den anderen Handlungsebenen des Romans verbunden.[202] So greift die Erzählinstanz auf ein bereits vertrautes Register zurück, wenn sie im 61. Kapitel den infolge von Raffles unerwünschten Besuch ausgelösten Prozeß der Erinnerung in folgender Weise kommentiert:

> With memory set smarting like a reopened wound, a man's past is not simply a dead history, an outworn preparation of the present: it is a still quivering part of himself, bringing shudders and bitter flavours and the tinglings of a merited shame. (*MM* 615)

'Erinnerung' nimmt hier die Form eines pathologischen Vorgangs an, der auf mitunter physisch schmerzhafte Weise ("a reopened wound," "a still quivering part") Einblicke ins Körperinnere eröffnet. Der metaphorisch überformte, mit einer medizinisch-anatomischen Matrix versehene kurze Exkurs der Erzählinstanz weist auf jene vivisektionistischen Praktiken zurück, die Lydgate während seiner Studienzeit in Paris erproben konnte.[203] Obwohl Bulstrode, von Madame Laure abgesehen, die einzige Figur des Romans darstellt, die ein Verbrechen begeht, ist die mit seinem Namen verknüpfte Kriminalgeschichte als Schlüsselepisode des gesamten Textes zu erachten. Anhand von Bulstrode führt der Roman seinen Lesern ein potentiell konfliktträchtiges Verhaltensmuster exemplarisch vor Augen, das, vielfach variiert, überall dort in *Middlemarch* begegnet, wo die Figuren versuchen, 'etwas' (ihre Gedanken, Emotionen, Pläne oder eben, wie in diesem Fall, ihre Vergangenheit) voreinander zu verbergen. "It

---

[202] An insgesamt zwei Stellen des Romans (*MM* 469 und 772) wird Will Ladislav ironisch-distanziert als "Italian with white mice" bezeichnet. Mittels dieser merkwürdigen Apostrophe spielt *Middlemarch* auf Count Focso an, jenen exzentrischen italienischen Mäusezüchter aus Wilkie Collins' Sensationsroman *The Woman in White*, der zu den wahrscheinlich prominentesten Verbrecherfiguren der viktorianischen Kriminalliteratur überhaupt zählt. Vgl. dazu: Richard Bates, "The Italian with White Mice in *Middlemarch*," *Notes and Queries*, 229 (1984), 497.

[203] Zur Relation Bulstrode/Lydgate vgl. Shuttleworth, *George Eliot and Nineteenth-Century Science*, pp. 153–55.

will be impossible to endure life with you, if you will be always acting secretly – acting in opposition to me and hiding your actions" (*MM* 664), hält Lydgate seiner Frau im siebten Buch entgegen, nachdem ihm wenige Kapitel zuvor von seiten der Erzählinstanz die Fähigkeit kategorisch abgesprochen worden ist, in Gegenwart von Rosamond "all signs of inward trouble" (*MM* 590) unterdrücken zu können. Der mit Nachdruck erhobene Vorwurf des Mediziners erscheint insofern programmatisch für *Middlemarch*, als die Figuren des Romans wechselweise immer wieder in zwei komplementären Rollen agieren: als (Fehl-)Leser von (Körper-)Zeichen und als Träger sorgsam gehüteter Geheimnisse. Bulstrodes ebenso verzweifelter wie letzten Endes vergeblicher Versuch, sich der eigenen durch Raffles verkörperten Vergangenheit dauerhaft und unbemerkt zu entziehen, ist demzufolge keineswegs in Opposition zu den juristisch legalen Verhaltensweisen der anderen Figuren zu setzen. Er ist statt dessen als kriminelle, aufsehenerregende und mithin besonders anschauliche Variante einer rekurrenten Praxis zu begreifen, die im Fall von Dorothea, Casaubon, Rosamond und Lydgate lediglich auf den Bereich des ehelichen Privat- und Intimlebens beschränkt bleibt.

Nachdem all jene ehelichen Bündnisse, denen Eliot in ihrem Roman einen eigenen Handlungsstrang gewidmet hat, fast ausnahmslos entweder gescheitert oder durch den unabwendbaren Herztod des Partners (Casaubon) vorzeitig außer Kraft gesetzt worden sind, zeichnet sich gegen Ende des achten und letzten Buches schließlich dennoch die Möglichkeit einer glücklichen Alternative ab. Im 83. Kapitel treffen Dorothea und Will Ladislav aufeinander, um sich gegenseitig ihre Zuneigung zu gestehen. Als Schauplatz dieses unterschwellig passionierten Doppelbekenntnisses dient die Bibliothek von *Lowick Manor*, wo beide Figuren in Erwartung eines unmittelbar bevorstehenden Unwetters es zunächst vorziehen, ihren Blick durch ein Fenster nach draußen, in den Park des stattlichen Anwesens, zu richten, statt sich, dem intimen, 'offenen' Modus ihres Gesprächs entsprechend, gegenseitig in die Augen zu sehen:

> They stood silent, not looking at each other, but looking at evergreens which were being tossed, and were showing their leaves against the blackening sky. Will never enjoyed the prospect of a storm so much: it delivered him from the necessity of going away. (*MM* 809)

In einem seiner letzten Kapitel entwirft der Roman ein komplexes Blickszenario, dessen Konzeption auf einen klassischen Topos zurückzuführen ist. Indem der Text Dorothea und Will Ladislav am Fenster der Bibliothek gemeinsam Position beziehen läßt, "with their hands clasped, like two children, looking out on the storm" (*MM* 810), beschwört er auf seiten seiner Leser den Eindruck herauf, daß eine Korrespondenz von Makro- und Mikrokosmos (genauer: von externen meteorologischen Bedingungen und internen emotionalen Regungen) vorliegt.[204] Der Blick ist nach außen, in den Park, und innen zugleich, also überall dorthin gerichtet, wo ein kurzer, heftiger Sturm tobt, wobei das Fenster die Grenze zwischen Außen- und Innenwelt markiert. Im folgenden 84. Kapitel, in dem erneut von einem Fenster die Rede ist (dieses Mal allerdings ausschließlich im figurativen Sinne), tritt die doppelte, paradoxe Funktion, die *Middlemarch* diesem zugleich materiellen und transparenten Gegenstand zuweist, noch deutlicher zutage als im Rahmen der oben skizzierten Bekenntnisszenerie.[205] Nachdem Celia über die aktuellen Heiratspläne ihrer Schwester in Kenntnis gesetzt worden ist, begibt sie sich unverzüglich nach Lowick Manor, um mit Dorothea, deren Entscheidung sie glaubt beeinflussen zu können, ein vertrauliches Gespräch zu führen:

> All through their childhood she had felt that she could act on her sister by a word judiciously placed – by opening a little window for the daylight of her own understanding to enter among the strange and coloured lamps by which Dodo habitually saw. (*MM* 819)

Mit ihrer erklärten Absicht, "a little window" öffnen zu wollen, das an Stelle von Aus- intensive Einblicke – in die Gedanken- und Gefühlswelt Dorotheas – gewährt, sorgt Celia insofern für Irritation, als sie davon auszugehen scheint, im Besitz einer Fähigkeit zu sein, über die, wie gezeigt werden konnte, keine andere Figur des Romans, einschließlich Casaubon, verfügt. Das paradox kodierte, virtuelle Fenster, dessen Öffnung *Middlemarch* in Aussicht stellt, erfüllt

---

[204] Beide Figuren treten als Repräsentanten eines bestimmten Innerlichkeitsdiskurses hervor: eines puritanischen (Dorothea) und eines ästhetischen (Will). "[T]he true seeing is within" (*MM* 191) lautet eine Prämisse des ästhetischen Programms, das Will gemeinsam mit seinem deutschen Freund Naumann vertritt. Zur Kunstthematik in *Middlemarch* vgl. Elisabeth Tetzeli von Rosador, *Kunst im Werke George Eliots: Anspielungen, Figuren, Thematik* (München, 1973), pp. 220–29.

[205] Zur Fenstermotivik in *Middlemarch* vgl. das Kapitel "Middlemarch: The Window and the Web" in Reva Stumps Monographie *Movement and Vision in George Eliot's Early Novels* (New Haven, 1979) sowie Joseph Nicholes' kunsthistorisch fundierten Essay "Dorothea in the Moated Grange: Millais's *Mariana* & the *Middlemarch* Window-Scenes," *Victorians Institute Journal*, 20 (1992), 93–124.

noch eine weitere, kultur- bzw. medizingeschichtlich bedingte Funktion. Es verweist auf einen jahrtausendealten, 'philosophischen' Traum – auf jenen "wish of the ancient philosopher" nämlich, den Laennec nach Ansicht seines englischen Übersetzers Forbes mit der Entdeckung der "mediate auscultation" erfüllt hat. Denn obwohl der Roman an keiner einzigen Stelle einen expliziten intertextuellen Bezug zum "Translator's Preface" von Laennecs *Treatise* herstellt, ruft er allein dadurch, daß er Lydgate wiederholt ein Stethoskop zu Untersuchungszwecken zur Hand nehmen läßt, das zu Beginn dieses Kapitels zitierte mythische Phantasma indirekt ab, das im viktorianischen England mit diesem Instrument assoziiert ist. Dem enthusiastischen Urteil, zu dem Forbes in seiner Einleitung gelangt, setzt Eliot in ihrem Roman ein Ensemble von hermeneutisch beflissenen, jedoch glücklosen Zeichenlesern und Geheimnishütern entgegen, die fast allesamt, zumal gegenüber ihren jeweiligen Ehepartnern, mit Blindheit geschlagen sind. In *Middlemarch* bleiben viele Träume und Wünsche bis zuletzt unerfüllt – allen voran jener von einem 'Fenster in der Brust'.

## 5. "Locked Rooms": Wilkie Collins und die Vivisektionisten

Nachdem Lizzie Eustace im zweiten Band von Anthony Trollopes Roman *The Eustace Diamonds*, 1873 erstmals in Buchform publiziert, ihr gesamtes soziales Umfeld davon überzeugt hat, daß jene beiden Einbrecher, die nachts in ihr Hotelzimmer in Carlisle eingedrungen sind, die titelgebenden Juwelen aus ihrem vorgeblich sicheren Versteck entwendet hätten, überkommt sie im 48. Kapitel ein höchst merkwürdiges, heftiges 'Verlangen':

> And then she was aware of a morbid desire on her own part to tell the secret, – of a desire that amounted almost to a disease. It would soon burst her bosom open, unless she could share her knowledge with some one. (*ED* II, 81)

Unlängst aus Schottland zurückgekehrt, wo sie auf ihrem entlegenen Schloß einen längeren Aufenthalt zu Erholungszwecken verbracht hatte, glaubt die gutsituierte, gerissene Protagonistin des Romans von einem als 'krankhaft' ausgewiesenen 'Verlangen' überwältigt zu werden, das sie zur Preisgabe eines bislang sorgsam gehüteten Geheimnisses unerbittlich drängt. Um zu verdeutlichen, mit welcher Intensität dieses 'Verlangen' von Lizzie Eustace Besitz ergreift, bemüht der Text ein bemerkenswert drastisches Bild, das in hyperbolischer Form die schlimmstmögliche physische Auswirkung des pathologischen Vorgangs vor Augen führt: Das potentiell tödliche, mit dem Merkmal 'unkontrollierbar' versehene 'Verlangen' droht – vorausgesetzt, es bleibt unerfüllt – die Brust der Protagonistin in naher Zukunft von innen heraus gewaltsam 'aufzubrechen', so daß jene Körperregion freigelegt wäre, in der sich der mutmaßliche Sitz des für die Außenwelt unsichtbaren 'Geheimnisses' befindet. Verzweifelt darum bemüht, einem "morbid desire" Widerstand entgegenzusetzen, das ebenso plötzlich wie unerwartet Einzug in ihren Körper gehalten hat, avanciert Lady Eustace in dem oben zitierten Passus kurzzeitig zum Objekt einer semantisch erstaunlich expliziten (wenn auch unblutigen) Sektionsphantasie. Trollopes Roman verzichtet darauf, den in Aussicht gestellten katastrophalen Ernstfall auch tatsächlich eintreten zu lassen, macht es sich aber von Anfang an zum Prinzip, seinen Lesern immer wieder – ohne Zuhilfenahme eines Seziermessers – Einblicke in den virtuellen 'Brustraum' (das heißt in die geheimen, unausgesprochenen Gedanken und Gefühle) seiner weiblichen Hauptfigur zu gewähren. Denn im strikten Gegensatz zur Lady Eustace, die sich beharrlich weigert, ihrem ominösen 'Verlangen' nachzugeben, tritt der selbsternannte 'Chronist' der *Eustace Diamonds* mit dem Anspruch auf, grundsätzlich keine Geheimnisse vor seinen Rezipienten verbergen zu wollen. "The chronicler states this at once, as he scorns to keep from his reader any secret that is known to himself" (*ED* II, 117), stellt die männlich kodierte Erzählinstanz am Ende des 52. Kapitels fest, nachdem sie bereitwillig Auskunft darüber erteilt hat, an welchem Ort sich die im Titel genannten, allseits begehrten Diamanten zum gegenwärtigen Zeitpunkt der Handlung befinden. Noch bevor der eingangs erwähnte nächtliche Vorfall überhaupt stattgefunden hat, läßt der 'Chronist' seine Leser vorsorglich wissen, daß Lady Eustace die Edelsteine nicht, wie angekündigt, in einer eigens für diesen Zweck mitgeführten eisernen Kiste, sondern heimlich unter ihrem Kopfkissen versteckt hat; ihre unmittelbar nach dem Einbruch aufgestellte Behauptung, das kostbare Erbstück sei aus ihrem Zimmer entwendet worden, ist somit frühzeitig – wenn auch nicht für das gesamte übrige Personal des Textes – als Lüge enttarnt. Dem erklärten Vorsatz seines 'Chronisten' entsprechend, keinerlei Informationen, gleich welcher Art, geheimhalten zu wollen, läßt der Text seine Leser im zweiten Band unversehens in die Verlegenheit geraten, die vorläufig einzigen Mitwisser einer vermeintlich skrupellosen Betrügerin zu sein. Indem der Roman über den jeweils aktuellen Verbleib der Juwelen wie über die inneren Beweggründe derer, die an ihnen interessiert sind, kontinuierlich Bericht erstattet, bricht er zugleich mit den narrativen Konventionen der *sensation* und der *detective novel*, jener beiden viktorianischen Romangattungen, deren Autorinnen und Autoren in aller Regel darauf bedacht sind, ihren Lesern bestimmte, für den Handlungsverlauf zumeist entscheidende Informationen bis zuletzt vorzuenthalten. Den Entstehungsprozeß der *Eustace Diamonds* betreffend, gibt Trollope in seiner *Autobiography* vor, kein einziges *plot*-Element im Vorfeld, vor der eigentlichen Niederschrift des Textes, konzipiert zu haben. Um seine eigene Arbeitsweise genauer zu erläutern, grenzt er sie von den literarischen Verfahren seines geschätzten Kollegen Wilkie Collins ausdrücklich und entschieden ab, auf dessen gattungsbildenden Detektivroman *The Moonstone* sein nur wenige Jahre später entstandener Text schon im Titel verweist. Nachdem er eine Reihe von 'Dingen' aufgezählt hat, die ihm seinem eigenen Bekunden nach erst im Verlauf des Schreibprozesses eingefallen sind, räumt er demonstrativ bescheiden folgendes ein:

> All these things, and many more, Wilkie Collins would have arranged before, with infinite labour, preparing things present so that they should fit in with things to come.

I have gone on the very much easier plan of making everything as it comes fit in with what has gone before.[1]

Ungefähr ein Jahrzehnt nach der Erstveröffentlichung der *Eustace Diamonds* stellt Trollope Überlegungen darüber an, was ihn selbst in seiner Eigenschaft als Autor eines vorgeblich nachlässig konzipierten Kriminalromans von Wilkie Collins, einem aus seiner Sicht ungleich sorgfältigeren Konstrukteur von *plots*, grundsätzlich unterscheidet. Bei diesem durchaus aufschlußreichen Vergleich, der scheinbar zu Trollopes eigenen Ungunsten ausfällt, gerät eine Gemeinsamkeit, die beide Autoren miteinander verbindet, aus naheliegenden Gründen nicht in den Blick. Bei *The Eustace Diamonds* handelt es sich nämlich keineswegs um den einzigen zeitgenössischen Beitrag zur Gattung der *sensation* bzw. der *detective fiction*, der – wenn auch nur flüchtig – einen semantisch-strukturellen Konnex zur Vivisektion, einer im mitt- und spätviktorianischen England heftig umstrittenen medizinischen Praxis, herstellt. Am Beispiel verschiedener Texte, die (fast) ausschließlich aus der Feder von Wilkie Collins stammen, wird im folgenden zu untersuchen sein, inwiefern, in welcher Weise und in welchen Kontexten die Vivisektion für einen Autor von Bedeutung gewesen ist, der sich wie kaum ein zweiter seiner Zeit darauf verstanden hat, die wechselseitig aufeinander bezogenen Prozesse der Konstitution und der sukzessiven Aufklärung von Geheimnissen im Medium der Erzählliteratur wirkungsvoll in Szene zu setzen.
Nachdem er in Begleitung von Henry Brandling, einem befreundeten Künstler, in den Monaten Juli und August des Jahres 1850 eine ausgedehnte Wanderung quer durch Cornwall unternommen hatte, legte Collins ein Jahr später unter dem Titel *Rambles Beyond Railways: Or Notes in Cornwall Taken A-Foot* einen Reisebericht vor, der in mehrfacher Hinsicht auf seine in der Folgezeit entstandenen fiktionalen Texte vorausweist.[2] Der von Brandling illustrierte Bericht zeigt den noch weithin unbekannten Romancier in der Rolle eines neugierigen Touristen, dessen Interesse vorwiegend all jenen Orten, Stätten und Regionen in der englischen Grafschaft gilt, die, topographisch entlegen, eine Aura des Ge-

---

[1] Anthony Trollope, *An Autobiography*, ed. David Skilton and with an introd. by John Sutherland (London, 1999 [1883]), p. 213.
[2] In der Forschung ist dieser Text bislang allenfalls am Rande erwähnt, in der Regel jedoch vollständig ausgeblendet worden. Eine beachtenswerte Ausnahme stellt die Einleitung dar, die Ira Bruce Nadel seiner Edition von *The Dead Secret* ("Introduction," *The Dead Secret*, by Wilkie Collins, ed. Ira Bruce Nadel [Oxford, 1997], pp. vii–xxv) vorangestellt hat.

heimnisvollen umgibt. Ein als "a straggling, picturesque place" klassifiziertes altes Dorf, "hidden in so deep a hollow as to be quite invisible from any distance,"[3] rätselhafte prähistorische Gesteinsformationen wie "The Hurlers" und der "Cheese-Wring," diverse Höhlen, Brunnen und Ruinen sowie "The Land's End" bilden zentrale Stationen eines mitunter beschwerlichen Fußmarsches, der als Versuch des Autors gekennzeichnet ist, etablierte räumliche wie zeitliche Grenzen im teils buchstäblichen, teils übertragenen Wortsinne zu überschreiten. Dem transgressiven Modus ihrer Reise entsprechend, auf den das im Titel genannte Signalwort *beyond* bereits explizit hinweist, verlassen Collins und sein Begleiter im elften Kapitel gemeinsam die Erdoberfläche. Beim Besuch von *Botallack Mine*, einer an der Küste gelegenen, traditionsreichen Kupfermine, steigen sie so tief ins Erdinnere hinab, bis sie "*under the bottom of the sea*" angelangt sind, wo sich ihnen das Meeresrauschen in Form eines "long, low, mysterious moaning"[4] darbietet. Nach Beendigung ihrer Exkursion, die sie kurzzeitig "into the bowels of the earth"[5] geführt hat, stoßen die beiden Reisenden im zwölften und vorletzten Kapitel ins "Vale of Mawgan" vor, das als "secluded place"[6] vorgestellt und mindestens ebenso häufig mit dem Merkmal 'mysteriös' versehen wird wie die wenige Seiten zuvor entworfene Unterweltsszenerie. Doch nicht das Tal als solches, das "an unbroken, unwordly tranquility" umgibt, "which communicates itself mysteriously to the stranger's thoughts,"[7] steht im Mittelpunkt des Interesses, wie die Kapitelüberschrift "The Nuns of Mawgan" bereits signalisiert; das Hauptaugenmerk ist stattdessen auf *Lanhearne House* gerichtet, ein altes, geschichtsträchtiges Gebäude, das zu Beginn des neunzehnten Jahrhunderts von einem herrschaftlichen Anwesen in ein Karmeliterinnenkloster umgewandelt worden ist und Collins gleich beim ersten Anblick in seinen geheimnisvollen Bann schlägt. In die Rolle eines gleichermaßen faszinierten wie distanzierten Betrachters versetzt, wirft Collins in seinem Bericht die aus seiner Sicht entscheidende Frage auf, was sich hinter den Mauern von *Lanhearne House* verbergen möge. Ohne eine Antwort auf diese Frage zu geben, läßt er dabei den Eindruck entstehen, daß kein toter Gegenstand das Objekt seiner Schaulust bildet, sondern ein von Leben erfüllter Organismus:

---

[3] Wilkie Collins, *Rambles Beyond Railways: Or Notes in Cornwall Taken A-Foot*, ed. and with an introd. by Ashley Rowe (London, 1948 [1851]), p. 20.
[4] Collins, *Rambles Beyond Railways*, p. 108.
[5] Collins, *Rambles Beyond Railways*, p. 106.
[6] Collins, *Rambles Beyond Railways*, p. 142.
[7] Collins, *Rambles Beyond Railways*, pp. 142–43.

> Even if we only endeavour to imagine to ourselves the externals of the life which those massy walls keep secret, what have we to speculate on? [...] Should we try to look deeper than the surface; to strip the inner life of the convent of all its mysteries and coverings, and anatomising it inch by inch, search it through down to the very heart? Should we pry into the dread and secret processes by which, among these women, one human emotion after another may be suffering, first ossification, then death? No! – this is a task beyond our power.[8]

Erstmals im Verlauf seines Berichts gelangt der als Tourist getarnte Erzähler der *Rambles* zu der Überzeugung, an seine eigenen Grenzen zu gelangen. Denn während das vorangegangene elfte Kapitel etwa noch geradewegs "below the surface"[9] geführt hat, findet im Fall von *Lanhearne House* hingegen prinzipiell kein einziger Versuch statt, 'unter die Oberfläche' zu dringen, um auf diese Weise das vorgeblich mysteriöse 'Innenleben' des Klosters freizulegen. Unabhängig davon, daß er sich bis zuletzt weigert, auch nur einen Schritt in das Gebäude hineinzusetzen, nimmt der Erzähler in dem oben zitierten Abschnitt die Identität eines Anatomen an, der Überlegungen darüber anstellt, ob er *Lanhearne House* nach und nach in seine virtuellen Bestandteile zerlegen soll. Indem er das Kloster zum Objekt einer kaum verschlüsselten Sektionsphantasie macht, greift er auf ein bereits erprobtes Register zurück; im dritten Kapitel erteilt er Auskunft darüber, wie sein Begleiter und er am Ende eines langen anstrengenden Tages in das karg möblierte Zimmer eines Gasthofes eingezogen sind, in dem sie anstelle von Betten "six immense wooden tables" vorgefunden haben, "painted of a ghastly yellow colour [...]. Nothing was placed on any of them – they looked like dissecting-tables waiting for their 'subjects.'"[10] Mangels Alternativen dazu genötigt, auf einem mutmaßlichen Sektionstisch Platz zu nehmen, um darauf mehr schlecht als recht eine Nacht zu verbringen, zitiert der Erzähler erstmals jene medizinische Praxis herbei, die er mit dem kriminalistischen Verfahren der *detection* semantisch kreuzt, sobald er gegen Ende des vorletzten Kapitels *Lanhearne House* seine Aufmerksamkeit widmet. Ein nicht minder geheimnisvolles (fiktives) Gebäude namens *Porthgenna Tower*, konzipiert nach dem realen Vorbild des Karmeliterinnenklosters, wie Collins es in seinem *travel account* entwirft, steht im Zentrum des 1857, sechs Jahre nach *Rambles Beyond Railways*, publizierten Romans *The Dead Secret*.[11] Dieser

---

[8] Collins, *Rambles Beyond Railways*, pp. 149–50.
[9] Collins, *Rambles Beyond Railways*, p. 102.
[10] Collins, *Rambles Beyond Railways*, p. 18.
[11] Vgl. hierzu die oben erwähnte Einleitung von Ira Bruce Nadel ("Introduction," pp. vii–xxv).

setzt, wie oben bereits erwähnt, mit der theatralisch überzeichneten Sterbeszene von Mrs Treverton, einer ehemals gefeierten Schauspielerin, ein, die ihrer Hausangestellten Sarah Leeson mit letzter Kraft ein intimes Bekenntnis diktiert. Kurze Zeit nachdem der Tod eingesetzt hat, faßt Sarah Leeson den Entschluß, *Portgenna Tower* aufzusuchen, um in einem bestimmten Zimmer des an der Westküste Cornwalls situierten Hauses, dem sogenannten *Myrtle Room*, ein Schriftstück zu verbergen, das für den weiteren Handlungsverlauf von entscheidender Bedeutung ist: jenen Zettel nämlich, auf dem sie im Auftrag ihrer verstorbenen Herrin ein über viele Jahrzehnte hinweg erfolgreich gehütetes Geheimnis schriftlich fixiert hat.[12] Die Eingangssequenz hat nicht nur die Funktion, zu zeigen, wie, unter welchen Umständen, das titelgebende *Dead Secret* entsteht, sie gibt zugleich Aufschluß darüber, wo das Geheimnis verortet ist, und schreibt somit all denen, die sich im folgenden um seine Aufklärung bemühen, die Marschrichtung vor. "Our only hope of finding out the mystery of the Myrtle Room – if it is as deeply hidden from us as I believe it to be – is by searching for it in that room, and no other,"[13] behauptet Leonard Frankland im fünften Buch gegenüber seiner Frau Rosamond, in deren Begleitung er wenig später das Ziel seiner langwierigen Suche erreicht. Bereits Kapitelüberschriften wie "Outside the House" und "Inside the House" deuten darauf hin, daß die Praxis der *detection*, so wie sie in *The Dead Secret* zur Darstellung gelangt, an eine Bewegung gekoppelt ist, die unweigerlich, wenn auch auf Umwegen, in das Innere eines Hauses – genauer: in einen darin gelegenen, fest verriegelten Raum – hineinführt. Bevor Sarah Leeson im dritten und letzten Kapitel des ersten Buches *Porthgenna Tower* erreicht, verbirgt sie den Zettel, auf dem sie das Bekenntnis ihrer exzentrischen Herrin notiert hat, vorsorglich "in her bosom."[14] Mittels dieser keineswegs ungebräuchlichen, aber zweideutigen Formulierung gibt der Roman seinen Lesern erstmals (indirekt) zu erkennen, daß jenem Geheimnis, das Mrs Treverton beinah mit ins eigene Grab genommen hätte, noch ein weiteres, schwer zugängliches Versteck zugedacht ist. "I must rid my heart of all that has been gnawing, gnawing, gnawing at it,"[15] zitiert Frankland die ehemalige Hausangestellte, deren pathologisch geschwächtes Herz das psychophysische Korrelat zum *Myrtle Room* bildet; die von einem namenlosen Arzt

---

[12] Zum Motiv des *buried writing*, auf das Collins im weiteren Verlauf seiner literarischen Karriere mehrfach zurückgreift, vgl. Tamar Heller, *Dead Secrets*, pp. 1–4.
[13] Collins, *The Dead Secret*, p. 258.
[14] Collins, *The Dead Secret*, p. 22.
[15] Collins, *The Dead Secret*, p. 322.

diagnostizierte "serious disease of the heart,"[16] an der Sarah Leesen inzwischen erkrankt ist, führt gegen Ende des Romans erwartungsgemäß deren Tod herbei. Indem der Roman das im Titel genannte *Dead Secret* an zwei verschiedenen Orten, im *Myrtle Room* und im Herzen seiner gepeinigten Protagonistin, situiert, nimmt er eine Trennung exakt jener Elemente vor, die in *Rambles Beyond Railways*, einem seiner fraglos wichtigsten Prätexte, eine semantisch-topograhische Einheit bilden. Den Blick unentwegt auf *Lanhearne House* gerichtet, sieht sich der Erzähler in Collins Reisebericht grundsätzlich außerstande, ins Innere, "to the very heart,"[17] vorzustoßen; in seiner Vorstellung figuriert das 'Herz' als organisches Zentrum eines von geheimnisvollem Leben erfüllten Hauses, das er letzten Endes weder betritt noch, wie angekündigt, anatomisch zergliedert.

Unter den Romanen und Erzählungen, die Collins in der Folgezeit, zumal in den fünfziger und sechziger Jahren, veröffentlicht, lassen sich ohne Mühe noch weitere Texte ausfindig machen, für die *Rambles Beyond Railways* in zum Teil mehrfacher Hinsicht wegweisend erscheint. *Basil*, neben *The Dead Secret* Collins' einziger Roman, dessen *plot* größtenteils in Cornwall angesiedelt ist, stellt in diesem Zusammenhang ein naheliegendes Beispiel dar; im furiosen Finale trifft die Titelfigur des 1852 publizierten Romans auf den unwirtlichen Steilklippen der südenglischen Grafschaft, an einem Schauplatz also, den Collins in seinem Bericht ausführlich beschreibt, zum definitiv letzten Mal auf ihren Rivalen Mannion; nachdem dieser durch ein großes schwarzes Loch, das einem Höllenschlund gleicht, in die Tiefe gestürzt ist, meldet sich unter der Überschrift "Letters in Conclusion" an erster Stelle "William Penhale, Miner, at Bartallock," ein weiterer, allerdings gänzlich harmloser Repräsentant der Unterwelt, mit einem an seine Frau adressierten Brief zu Wort.[18] Collins' literarisch ambitionierter Reisebericht ist aber nicht nur für Romane wie *The Dead Secret* und *Basil*, die konkrete geographische Bezüge zu ihm herstellen, von grundlegender Bedeutung. Er weist darüber hinaus auch auf jene Erzähltexte des Autors voraus, in denen der Versuch, das jeweilige Geheimnis aufzuklären, die Form einer Reise annimmt. Dies ist, um gleich ein prominentes Beispiel zu zitieren, im zweiten Teil von *The Moonstone* (1868) der Fall – genauer gesagt dort, wo Franklin Blake die bislang erfolglose Suche nach dem Juwelendieb unter Verwendung einer theologisch konnotierten, stereotypen Lichtmetaphorik

---

[16] Collins, *The Dead Secret*, p. 314.
[17] Collins, *Rambles Beyond Railways*, p. 150.
[18] Vgl. Collins, *Basil*, pp. 330–33.

als "slow and toilsome journey from the darkness to the light"[19] kennzeichnet. In "No Thoroughfare" wiederum, einer 1867 in der Zeitschrift *All the Year Round* publizierten Erzählung, die Collins gemeinsam mit seinem Freund Charles Dickens verfaßt hat, führen die Ermittlungen des Protagonisten Walter Wilding bis zuletzt – wie der Titel schon sagt – in die falsche Richtung.[20] Darum bemüht, den rechtmäßigen Erben seiner kürzlich verstorbenen Mutter ausfindig zu machen, durchläuft Wilding die verschiedenen Stationen einer für ihn aussichtslosen "journey of investigation,"[21] in deren Verlauf er immer wieder in virtuelle Sackgassen hineingerät: "No Thoroughfare, Sir, No Thoroughfare."[22] Dieser ironisch-distanzierte Kommentar, der einer Nebenfigur in den Mund gelegt ist, taucht, leicht variiert, mit der Regelmäßigkeit eines Leitmotivs an mehreren Stellen des Textes auf. Er dient als negatives Motto einer zunehmend verzweifelten Spurensuche, die mit der labyrinthischen Topographie von London, wo die ersten beiden Abschnitte des *plots* situiert sind, in räumlicher wie semantisch-struktueller Hinsicht verschränkt ist.

Der gesamte folgende Teil dieses Kapitels ist *Heart and Science* gewidmet, einem von der Forschung bislang weitgehend ignorierten Roman, in dem Collins das genretypische Motiv des *locked room* erneut, mehr als dreißig Jahre nach der Erstveröffentlichung von *The Dead Secret*, verarbeitet und in einen medizinischen Kontext überführt.

Am 6. Februar 1875 erscheint in der "Letters to the Editor"-Sektion des *Spectator* der Nachdruck eines kurz zuvor in der *Morning Post* publizierten Briefes von George Hoggan, vor dessen Lektüre Richard Holt Hutton, der Herausgeber der Zeitschrift, eindringlich warnt: "Let no one read the letter who has already made up his mind that the practice must be rigidly restricted or put

---

[19] Collins, *The Moonstone*, p. 380.

[20] Erstaunlicherweise liegen auch zu diesem Text (fast) keine nennenswerten Einzelstudien vor. Vgl. Michael Hollington, "'To the Droodstone': Or, From *The Moonstone* to *Edwin Drood* via 'No Thoroughfare,'" *Q/W/E/R/T/Y: Arts, Litératures & Civilisations du Monde Anglophone*, 5 (1995), 141–49; Jerome Bump, "Paradoy and the Dickens–Collins Collaboration in 'No Thoroughfare,'" *Literary Chronicle of the University of Texas at Austin*, 37 (1986), 38–53. Zur Zusammenarbeit von Collins mit dessen Freund Dickens vgl. Kurt Tetzeli von Rosadaor, "Wilkie Collins," *Die englische Literatur*, 2 vols, II: *Autoren*, ed. Bernhard Fabian *et al.* (München, 1997 [1991]), p. 93.

[21] Wilkie Collins and Charles Dickens, "No Thoroughfare," *No Thoroughfare & Other Stories*, with an introd. by Alan S. Watts (Stroud, Gloucestershire, 1990 [1867]), p. 43.

[22] Collins and Dickens, "No Thoroughfare," p. 44.

an end to. For such a one it would be needless suffering."[23] Der mit einem bemerkenswert rigiden Leseverbot versehene Brief ist als ebenso kritische wie kompromißlose Auseinandersetzung mit einer medizinischen Praxis angelegt, von der Hoggan aus eigener Erfahrung, als ehemaliger Student und Assistent des seinerzeit nicht nur in Frankreich berühmt-berüchtigten Vivisektionisten Claude Bernard, zu berichten weiß.[24] Noch bevor er darlegt, was er im Laboratorium von Bernard, den er als "one of the greatest living experimental physiologists"[25] vorstellt, ohne jedoch seinen Namen zu erwähnen, als Augen- und Ohrenzeuge gesehen und gehört hat, fordert er die *Society for the Prevention of Cruelty to Animals* ganz im Sinne von Hutton, einem dezidierten Gegner der Vivisektion, nachdrücklich dazu auf, in Zukunft jeglichen Mißbrauch in Zusammenhang mit der genannten Praxis zu unterbinden. Dabei versäumt er nicht, auf das seines Erachtens 'größte Hindernis' hinzuweisen, das einer erfolgreichen Durchsetzung der geforderten Maßnahme bislang im Wege gestanden haben soll: "[T]he greatest obstacle to success lies in the secrecy with which such experiments are conducted."[26] Ausgehend von der Beobachtung, daß ein Großteil jener Experimente, die seiner Ansicht nach weder moralisch vertretbar noch medizinisch notwendig sind, im Verborgenen stattfindet, appelliert Hoggan an die Repräsentanten der *Society for the Prevention of Cruelty to Animals*, sich für einen gesetzlich geregelten Umgang mit der Vivisektion einzusetzen:

> Let all private vivisection be made criminal, and all experiments be placed under Government inspection, and we may have the same clearing-away of abuses that the Anatomy Act caused in similar circumstances.[27]

---

[23] George Hoggan, "Letter to the Editor," *Spectator*, 6 February (1875), 177–78, rpt. in Wilkie Collins, *Heart and Science: A Story of the Present Time*, ed. Steve Farmer (Peterborough, Ontario, 1996 [1883]), p. 339.

[24] Darüber, welchen Stellenwert Bernard der Vivisektion im Rahmen seiner eigenen physiologischen Studien eingeräumt hat, geben unter anderem die beiden folgenden Texte Auskunft: Joseph Schiller, "Claude Bernard and Vivisection," *Journal of the History of Medicine*, 22 (1967), 246–60; Paul Elliott, "Vivisection and the Emergence of Experimental Physiology in Nineteenth-Century France," *Vivisection in Historical Perspective*, ed. Nicolaas A. Rupke (London, New York, and Sydney, 1987), 48–77.

[25] Hoggan, "Letter to the Editor," p. 340.

[26] Hoggan, "Letter to the Editor," p. 339.

[27] Hoggan, "Letter to the Editor," p. 341.

Der Vergleich mit dem *Anatomy Act* von 1832, den Hoggan hier, am Ende seines Briefes, vornimmt, erfüllt eine doppelte Funktion: Einerseits dient er dazu, die Dringlichkeit der geforderten gesetzlichen Änderungen vor Augen zu führen, andererseits legt er indirekt den Schluß nahe, daß die Vivisektionisten – zumindest diejenigen unter ihnen, die 'geheim,' hinter verriegelten Türen, agieren – inzwischen an die Stelle derer getreten sind, die in der Vergangenheit mit der kriminellen Praxis des *body snatching* für Angst und Schrecken gesorgt haben. Hoggans "painful letter,"[28] wie Hutton den von ihm editierten Brief in seinem einleitenden Kommentar nennt, markiert den Beginn einer bis weit in die achtziger Jahre des neunzehnten Jahrhunderts hinein geführten öffentlichen Debatte, die binnen kurzer Zeit vom *Spectator* auf andere Organe übergreift, unter ihnen der *Fortnightly Review*, der *Contemporary Review*, *Macmillian's* und *Punch*, und an der keineswegs ausschließlich medizinisch gebildete Zeitgenossen partizipieren.[29] Um verdeutlichen zu können, auf welch breite Resonanz die Vivisektionismusdebatte in der viktorianischen Gesellschaft stößt und was sie konkret zur Folge hat, ist auf drei historische Tatsachen zumindest kurz hinzuweisen: erstens darauf, daß sich im Verlauf der Debatte, vor allem in den siebziger Jahren, zahlreiche antivivisektionistische Gesellschaften formieren, etwa die *International Association for the Total Repression of Vivisection* (1875), die *London Anti-Vivisection Society* (1876) und die im Dezember 1875 von Hoggan und Frances Power Cobbe gegründete *Society for the Protection of Animals liable to Vivisection* (später unter dem Namen *Victoria Street Society* bekannt);[30] zweitens auf die Entstehung entsprechender Zeitschriften wie des *Home Chronicler*, des *Anti-Vivisectionist* und des *Zoophilist*, die ungefähr zeitgleich erfolgt;[31] und drittens darauf, daß im August 1876 der *Cruelty to Animals Act* in Kraft tritt, ein durchaus umstrittenes Gesetz, das ausschließlich dem

---

[28] Hoggan, "Letter to the Editor," p. 339.

[29] Mit der Vivisektionismusdebatte setzen sich neben der oben erwähnten von Rupke edierten Essaysammlung unter anderem auch die folgenden Studien detailliert auseinander: Hubert Bretschneider, *Der Streit um die Vivisektion im 19. Jahrhundert: Verlauf – Argumente – Ergebnisse* (Stuttgart, 1962); Richard D. French, *Antivivisection and Medical Science in Victorian Society* (Princeton, 1977); James Turner, *Reckoning with the Beast: Animals, Pain, and Humanity in the Victorian Mind* (Baltimore and London, 1980).

[30] Vgl. Bretschneider, *Der Streit um die Vivisektion*, pp. 16–18; French, *Antivivisection and Medical Science*, p. 222; Turner, *Reckoning with the Beast*, pp. 91–92.

[31] Vgl. Bretschneider, *Der Streit um die Vivisektion*, p. 19.

Schutz von Wirbeltieren dient.[32] Den Forderungen, die Hoggan in seinem ursprünglich an den Herausgeber der *Morning Post* adressierten Brief erhebt, wird dieses Gesetz immerhin insofern gerecht, als es die Vivisektionisten dazu nötigt, den Innenminister um eine offizielle Erlaubnis für ihre geplanten Experimente zu bitten.

"I shall leave the destable cruelties of the laboratory to be merely inferred."[33] Dies versichert Wilkie Collins in einem auf den 23. Juni 1882 datierten Brief, der an Frances Power Cobbe gerichtet ist. Darin dankt er der engagierten, landesweit bekannten Tierschützerin dafür, daß sie ihn mit Informationen zum Thema 'Vivisektion' versorgt und ihm entsprechendes Quellenmaterial bereitgestellt habe. Knapp drei Monate bevor die Zeitschrift *Belgravia* im August desselben Jahres damit beginnt, *Heart and Science: A Story of the Present Time* in Fortsetzungen zu veröffentlichen, stellt Collins seinen literarischen Beitrag zur nach wie vor aktuellen Vivisektionismusdebatte als Roman vor, der auf die Schilderung grausamer Details grundsätzlich verzichtet.[34] Indem er vorgibt, die Rezipienten seines Romans im unklaren darüber lassen zu wollen, was im Labor

---

[32] Vgl. hierzu ausführlich French, *Antivivisection and Medical Science*, pp. 112–219; Nicolaas Rupke, "Pro-vivisection in England in the Early 1880s: Arguments and Motives," *Vivisection in Historical Perspective*, ed. Nicolaas A. Rupke (London, New York, and Sydney, 1987), pp. 188–209.

[33] Wilkie Collins, "Letter to Frances Power Cobbe," 23rd June, 1882, *Life of Frances Power Cobbe as Told by Herself*, With Additions by the Author, introd. by Blanche Atkinson (London, 1904), p. 558.

[34] Fast sämtliche Monographien, die sich ausschließlich mit Erzähltexten von Wilkie Collins auseinandersetzen, nehmen *Heart and Science* überhaupt nicht zur Kenntnis. Für Sue Lonoffs *Wilkie Collins and His Victorian Readers: A Study in the Rhetoric of Authorship* (New York, 1982), Jenny Bourne Taylors *In the Secret Theatre of Home* und die Studie von Tamar Heller (*Dead Secrets*) gilt dies zwar nicht. Doch auch hier finden sich allenfalls ausbaufähige Interpretationsansätze. Dougald B. MacEachen hingegen ist das Verdienst zuzuschreiben, *Heart and Science* – vermutlich erstmals – im Kontext der viktorianischen Vivisektionismusdebatte verortet zu haben ("Wilkie Collins' *Heart and Science* and the Vivisection Controversy," *The Victorian Newsletter*, 29 [1966], 22–25). Im achten Kapitel ihrer Studie *The Old Brown Dog: Women, Workers, and Vivisection in Edwardian England* (Madison, Wisconsin, 1985) macht Coral Lansbury auf die sexuellen Konnotationen aufmerksam, die in *Heart and Science* mit der Vivisektion verbunden sind. Weiterhin bemerkenswert und ebenfalls neueren Datums ist der folgende Essay, der Collins' Roman mit dem Konzept der Hysterie in Verbindung bringt: C. S. Wiesenthal, "From Charcot to Plato: The History of Hysteria in *Heart and Science*," *Wilkie Collins to the Forefront: Some Reassessments*, eds Nelson Smith and R. C. Terry (New York, 1995), pp. 257–68.

des auf den klangvollen Namen Dr. Benjulia getauften fiktiven Vivisektionisten vor sich geht, folgt Collins dem Beispiel von Hutton, der, darauf bedacht, "needless suffering" zu verhindern, einem vermutlich großen Teil seiner Leserschaft von der Lektüre eines historisch bedeutsamen Briefes vehement abgeraten hatte. Im ersten Abschnitt des Vorworts, das er *Heart and Science* vorangestellt hat, kommt Collins auf das von ihm favorisierte Verfahren, wissenschaftlich sanktionierte 'Grausamkeiten' strikt auszublenden (oder allenfalls anzudeuten), erneut und weitaus ausführlicher als in seinem an Cobbe gerichteten Dankesbrief zu sprechen. In der Absicht, die Konzeption seines Romans zu erläutern, klärt Collins seine Leser in erster Linie darüber auf, was er ihnen von Anfang an bewußt vorenthält:

> From first to last, you are purposely left in ignorance of the hideous secrets of Vivisection. The outside of the laboratory is a necessary object in my landscape – but I never once open the door and invite you to look in. I trace, in one of my characters, the result of the habitual practice of cruelty (no matter under what pretence) in fatally deteriorating the nature of man – and I leave the picture to speak for itself.[35]

Noch vor Beginn der Handlung gibt Collins zu erkennen, daß das für die topographische Ordnung seines Romans unentbehrliche Labor eine prekäre Variante eines *locked room* darstellt, dessen Türen bis zuletzt fest verriegelt bleiben. Als selbsternannter Hüter von "hideous secrets," die er im Innern des für seine Leser prinzipiell unzugänglichen Labors verortet, rückt Collins nicht die Vivisektion selbst, sondern einen Repräsentanten dieser 'grausamen' Praxis ins Zentrum des Interesses und macht ihn zum Gegenstand einer ins Negative gewendeten Charakterstudie. Die für *Heart and Science* insgesamt grundlegende These, derzufolge diejenigen, die daran gewöhnt sind, Vivisektionen vorzunehmen, Gefahr laufen, im moralischen, psychologischen und/oder allgemein 'menschlichen' Sinne zu 'entarten', ist keineswegs originell. Sie gehört zum rhetorischen Inventar der zeitgenössischen antivivisektionistischen Bewegung.[36] In "Some Popular Fallacies about Vivisection" etwa, einem 1875 im *Fortnightly Review* publizierten Essay, erhebt Lewis Carrol gegen die seines Erachtens weitverbreitete Vorstellung entschieden Einspruch, "[t]hat vivisection has no de-

---

[35] Wilkie Collins, *Heart and Science: A Story of the Present Time*, ed. Steve Farmer (Peterborough, Ontario, 1996 [1883]), p. 38 [Weitere Zitate aus dieser Ausgabe im laufenden Text: *HC*].
[36] Vgl. Bretschneider, *Der Streit um die Vivisektion*, p. 112; MacEachen, "Wilkie Collins' *Heart and Science* and the Vivisection Controversy," p. 23.

moralizing effect on the character of the operator."[37] Diesem mutmaßlichen Fehlschluß setzt Carroll die These entgegen

> that the infliction of torture, when the first instincts of horror have been deadened by familiarity, may become, first, a matter of indifference, then a subject of morbid interest, then a ghastly and ferocious delight.[38]

Carroll zeigt die verschiedenen Stationen eines aus seiner Sicht kaum vermeidbaren moralisch-psychologischen Degenerationsprozesses auf, in dessen Verlauf die Vivisektion widersprüchliche Reaktionen wie 'Entsetzen', 'Interesse' und schließlich 'schreckliche, wilde Freude' hervorruft. Daß ein Mediziner, der Tieren vorsätzlich 'Leid zufügt', weder Skrupel noch irgend eine andere heftige emotionale Regung an den Tag legen sollte, wie Carroll sie in seinem polemischen Presseartikel aufführt, steht für Claude Bernard hingegen, einen der international renommiertesten Fürsprecher der Vivisektion, grundsätzlich außer Frage. In seiner *Introduction à l'étude de la médecine expérimental*, 1865 erstmals veröffentlicht, entwirft Bernard das (Schreck-)Bild eines prononciert kaltblütigen 'Physiologen', der von einem einzigen Gedanken geradezu besessen ist:

> Le physiologiste n'est pas un homme du monde, c'est un savant, c'est un homme qui est saisi et absorbé par une idée scientifique qu'il poursuit: il n'entend plus les cris des animaux, il ne voit plus le sang qui coule, il ne voit que son idée et n'aperçoit que des organismes qui lui cachent des problèmes qu'il veut découvrir.[39]

Von wissenschaftlicher Neugier getrieben, richtet der "physiologiste," dessen stilisiertes Bild Bernard hier heraufbeschwört, seinen mitleidlosen Blick auf die von ihm sezierten tierischen 'Organismen', um auf diese Weise 'Probleme' wahrnehmen zu können, die er im Körperinnern vermutet. Im Rahmen ihres 1882 im *Contemporary Review* publizierten Artikels "Vivisection and Its Two-Faced Advocates" setzt sich Frances Power Cobbe mit dem oben zitierten Passus aus Bernards *Introduction* kritisch auseinander; die englische Übersetzung, die Cobbe ihren Lesern vorlegt, enthält, ungeachtet der Tatsache, daß sie der fran-

---

[37] Lewis Carroll, "Some Popular Fallacies about Vivisection," *Fortnightly Review*, 23 (June 1875), 847-54, rpt. in Collins, *Heart and Science*, p. 345.
[38] Carroll, "Some Popular Fallacies," pp. 345–46.
[39] Claude Bernard, *Introduction à l'étude de la médecine expérimentale* (Paris, 1865 [1855]), p. 180.

zösischen Vorlage weitgehend entspricht, einen kleinen, durchaus aussagekräftigen Fehler. Bernards 'Physiologe' nimmt in dieser Fassung die Gestalt eines Mannes an, "who sees nothing but his idea and organisms which conceal from him the secrets he is resolved to discover."[40] Indem Cobbe das auffallend unspezifische Substantiv "problèmes" mit "secrets" übersetzt, läßt sie auf seiten ihrer Leser den letzten Endes unhaltbaren Verdacht aufkommen, daß Bernard seinen idealtypischen Vivisektionisten nach dem literarischen Modell eines Detektivs konzipiert haben könnte, der mit emotionaler Kälte und dem unnachgiebigen Drang ausgestattet ist, bislang ungeklärte wissenschaftliche 'Geheimnisse' aufzudecken.

Wenn Dr. Benjulia in Collins' Roman erstmals leibhaftig in Erscheinung tritt, verwendet die Erzählinstanz sichtlich und ausgiebig Mühe darauf, den Eindruck zu vermitteln, daß ihm der prekäre Status einer gleichermaßen attraktiven wie abstoßenden, außer-ordentlichen Figur zukommt. Der am Ende des elften Kapitels schlicht als "remarkable man" (*HS* 94) vorgestellte Mediziner ist mit einer Reihe von größtenteils stereotypen Merkmalen versehen, die ihn als legitimen Nachfolger bzw. als vorgeblich zeitgemäße Variante jener skrupellosen Übeltäter ausweisen, wie Collins sie seit den frühen fünfziger Jahren in seinen kommerziell erfolgreichen *sensation* und *detective novels* (etwa in Gestalt von Count Fosco) präsentiert hatte. Dem fettleibigen italienischen Grafen aus *The Woman in White* gleicht Dr. Benjulia insofern, als auch er über einen exotischen Namen, eine zunächst ungeklärte Identität und ein imposantes äußeres Erscheinungsbild verfügt, das jeglichen (viktorianischen) Normen zu widersprechen scheint. Bei seinem ersten Auftritt, als dessen Schauplatz – wie sollte es im Fall eines mutmaßlichen Vivisektionisten anders sein? – die zoologischen Gärten von London fungieren, erweckt er den Eindruck, geradezu übermenschlich groß ("a giant," *HS* 94) und 'erbärmlich' mager zu sein – "so miserably – it might almost be said, so hideously – thin that his enemies spoke of him as 'the living skeleton'" (*HS* 95). Lange bevor offiziell feststeht, daß Dr. Benjulia Tiere bei lebendigem Leibe seziert, schreibt der Roman ihm das Grauen, das er bis zuletzt unerkannt verbreitet, mittels der zitierten despektierlichen Apostrophe "the living skeleton" auf den demonstrativ 'häßlichen' Leib. Dabei macht Collins von dem Attribut "hideous," das an zentraler Stelle des Vorworts (in Zusammenhang mit den sorgfältig gehüteten "secrets of Vivisections") bereits Verwendung fand, erneut Gebrauch, um es auf die zum gegenwärtigen Zeitpunkt der Handlung

---

[40] Frances Power Cobbe, "Vivisection and Its Two-Faced Advocates," *Contemporary Review*, 41 (April 1882), 610–26, rpt. in Collins, *Heart and Science*, p. 362.

noch unbekannte Figur des Vivisektionisten zu übertragen, die sich ebenfalls hartnäckig weigert, ihre 'Geheimnisse' preiszugeben. Als Vertreter einer Wissenschaft, die nach dem Urteil der keineswegs unparteiischen Erzählinstanz als "Savage Science" (*HS* 136) einzustufen ist, vereint Benjulia zwei konträre Stadien der im viktorianischen Zeitalter vielerorts beschworenen zivilisatorischen Evolution in seiner Person. Während seine elegante, dandyhafte Kleidung,[41] seine überwiegend korrekten Umgangsformen und seine in Oxford erworbene akademische Ausbildung den 'hohen' kulturellen Standards eines exzentrischen britischen Gelehrten und Gentleman entsprechen, erscheint seine Physiognomie ebenso exotisch und 'wild' wie die Wissenschaft, die Benjulia praktiziert. "His straight black hair hung as gracelessly on either side of his hollow face as the hair of an American Indian" (*HS* 95), führt die Erzählinstanz über den Mediziner aus, dessen natürliche Gesichtsfarbe sie als "true gipsybrown" (*HS* 95) klassifiziert. Wenn der Protagonist, ein talentierter, aber erholungsbedürftiger junger Arzt namens Ovid Vere, der als positive Gegenfigur zu Benjulia und als Statthalter des im Titel gesetzten *Herzens* konzipiert ist, seinem zukünftigen Widersacher im Zoo von London zum ersten Mal persönlich begegnet, scheint nahezu jeglicher Versuch zum Scheitern verurteilt zu sein, stichhaltige Informationen über den Mediziner und dessen geheimnisvolle Experimente einzuholen; Miss Minerva jedenfalls, die Gouvernante seiner beiden kindlichen Halbschwestern Maria und Zo, glaubt, einem leibhaftigen Rätsel gegenüberzustehen:

> Nobody seems to know much about him. He has built a house in a desolate field – in some lost suburban neighbourhood that nobody can discover. In plain English, Dr Benjulia is a mystery. (*HS* 97)

Nachdem er beschlossen hat, seinem zwielichtigen Kollegen einen Besuch abzustatten, um ihn vor Antritt seiner geplanten Erholungsreise, die ihn wenig später nach Canada führt, um ein Empfehlungsschreiben zu bitten, gelangt Vere im 19. Kapitel in eine einsame, verlassene Gegend, die im Umkreis von London angesiedelt ist, wie die ansonsten ratlose Gouvernante immerhin zu berichten wußte, dabei jedoch zugleich den Eindruck entstehen läßt, weit außerhalb des vertrauten urbanen Raumes situiert zu sein: "So near to London – and yet, in its loneliness, so far away – there was something unnatural in the solitude of the

---

[41] Nach Ansicht der Erzählinstanz weist Benjulias "hard black hat [...] a queer resemblance to the bell-shaped hat worn by dandies in the early years of the present century" (*HS* 95) auf.

place" (*HS* 129). Benjulias betont schmuckloses Wohnhaus, "a hideous square building of yellow brick, with a slate roof" (*HS* 129), das in einer Art zivilisatorischen Niemandsland verortet ist, gerät nach kurzer Zeit wieder aus dem Blickfeld, da Vere, von Neugier getrieben, der Versuchung nicht zu widerstehen vermag, das nur wenige Schritte entfernte Labor aus der Nähe zu betrachten. Daß ihm dabei kein Einblick ins Innere des unscheinbaren Nebengebäudes zuteil wird, das mit nahezu penetranter Deutlichkeit als *locked room* gekennzeichnet ist, entspricht durchaus seinen eigenen Erwartungen (wie auch denen des halbwegs aufmerksamen Lesers). Denn bereits nach seiner ersten Begegnung mit Benjulia hatte Vere seiner künftigen Verlobten Carmina Auskunft darüber erteilt, daß sein Kollege den einzigen Laborschlüssel stets bei sich trage, und ihr dargelegt, aufgrund welcher schlichten Ursache niemand von außen in das Gebäude hineinsehen kann: "There are no windows – only a skylight in the roof" (*HS* 98). Am Zielort angelangt, findet Vere die Eingangstür des Gebäudes, das er wenige Kapitel zuvor als fensterlos und unzugänglich klassifiziert hat, erwartungsgemäß verriegelt vor, glaubt jedoch in der Stille, von einem leisen Blätterrauschen abgesehen, plötzlich "a moaning cry" (*HS* 130) wahrnehmen zu können.[42] Indem der Roman nun wiederholt Klagelaute, deren Ursache zumindest für den Leser auf der Hand liegt, an das Ohr seines Protagonisten dringen läßt, gibt er zu erkennen, daß der verschlossene, opake Raum, in dem Benjulia experimentiert, entgegen dessen Absicht, als Vivisektionist dauerhaft unerkannt zu bleiben, keineswegs hermetisch von seiner Umwelt abgeschirmt ist. Eine strukturell homologe Konstellation baut H. G. Wells in seinem 1896, vierzehn Jahre nach *Heart and Science* publizierten Roman *The Island of Doctor Moreau* auf. In zwei direkt aufeinanderfolgenden Kapiteln, deren Titel bezeichnenderweise "The Locked Door" und "The Crying of the Puma" lauten, erhält der Protagonist Charles Edward Prendick, nachdem er auf einer einsamen Insel im Pazifik gestrandet ist, erstmals Hinweise auf die schaurigen Experimente, die sein zwielichtiger Gastgeber hinter 'verschlossenen Türen' vornimmt. "Our little establishment here contains a secret or so, is kind of

---

[42] Fenster spielen in *Heart and Science* eine auffallend dominante Rolle. In der Eingangssequenz des Romans steht Vere etwa "at the window of his consulting-room in London, looking out at the summer-sunshine, and the quiet dusty street" (*HS* 45). Indem Collins seine Figuren immer wieder, so wie Vere gleich zu Beginn, durch Fenster hindurch (und zwar ausschließlich von drinnen nach draußen) blicken läßt, setzt er sie in Opposition zu Benjulia, dessen fensterloses Labor er zugleich als prekären Sonderfall, als regelwidrigen, potentiell gefahrvollen Raum kennzeichnet.

Bluebeard's Chamber, in fact,"⁴³ teilt Montgomery, ein Bediensteter von Dr. Moreau, Prendick mit, um auf diese Weise dessen Neugier zu erregen. Was die Konzeption des für den jeweiligen *plot* unentbehrlichen Labors betrifft, weist *Heart and Science* auf Wells' ungleich bekannteren Roman in mindestens zwei Hinsichten voraus. Ebenso wie Benjulia, sein literarisches Vorbild, so ist auch Dr. Moreau sichtlich darauf bedacht, im Verborgenen zu agieren und sein Labor von der Außenwelt möglichst vollständig abzuschotten. Letzteres gelingt ihm ausschließlich in visueller, nicht aber in akustischer Hinsicht, da auch er nicht verhindern kann, daß sein außerhalb des Labors positionierter künftiger Widersacher die Klagelaute eines Tieres – in diesem Fall eines Pumas – hört und umgehend zum Anlaß dafür nimmt, Zweifel und Mißtrauen ihm gegenüber zu entwickeln.

Obwohl das programmatische Vorwort, das Collins seinem Roman vorangestellt hat, keinen Zweifel daran läßt, welches um 1880 hochbrisante Thema im Mittelpunkt von *Heart and Science* steht, ist über weite Strecken des Textes kein einziges Mal von "vivisection" ausdrücklich die Rede. Dies ändert sich schlagartig, sobald Benjulia im 31. Kapitel unerwartet von seinem Bruder Lemuel Besuch erhält, auf dessen Drängen hin er sich – abermals hinter verschlossenen Türen – genötigt sieht, Rechenschaft über seine dubiosen medizinischen Experimente abzulegen. Mit seinen rhetorischen Fragen "[W]hat is it to be? The favourite public bugbear? Vivisection?" (*HS* 187) gibt Benjulia am Beginn des 32. Kapitels das Startsignal für ein erbittertes Streitgespräch, in dessen Verlauf Lemuel ihm nacheinander – freilich ohne Erfolg – nahezu sämtliche Standardargumente der zeitgenössischen antivivisektionistischen Bewegung entgegenhält, um an sein Gewissen zu appellieren.⁴⁴ Daß ihm Experimente generell Vergnügen bereiten, wie er gegenüber seinem Bruder mit typographisch visualisiertem Nachdruck versichert ("*I* do it because I like it," *HS* 190), stellt Benjulia auch und gerade außerhalb seines ohnehin verriegelten Labors wiederholt unter Beweis. Seiner ebenfalls im 32. Kapitel thematisierten Zuneigung zu Zo, Verres schwererziehbarer Halbschwester, verleiht Benjulia bei seinem ersten Auftritt bereits dadurch Ausdruck, daß er das Mädchen, dessen Name auf den Ort des Geschehens selbst, den Zoo von London, sowie indirekt auf die in

---

[43] Herbert George Wells, *The Island of Doctor Moreau*, ed. Brian Aldiss (London and Vermont, 1993 [1896]), pp. 29–30.

[44] Vgl. hierzu MacEachen, "Wilkie Collins' *Heart and Science* and the Vivisection Controversy," pp. 23–24.

seinem Labor praktizierten Tierversuche verweist, auf exakt kalkulierte, mechanische Weise kitzelt:

> He put two of his soft big finger-tips on her spine, just below the back of her neck, and pressed on the place. Zo started and wriggled under his touch. He observed her with as serious an interest as if he had been conducting a medical experiment. (*HS* 96)

Benjulia ist von Anfang an als penetrant sachkundiger Mediziner gekennzeichnet, dessen gesamtes Sozialverhalten unter dem Primat des vivisektionistischen Experiments steht. Sein oben zitierter Versuch, ein auf Anhieb liebgewonnenes Mädchen zum Lachen zu bringen, zeigt, daß selbst potentiell zärtliche Gesten, soweit in diesem Zusammenhang überhaupt von ihnen die Rede sein kann, für ihn nichts weiter darstellen als physiologisch meß- und berechenbare Prozesse. Doch während er im Fall von Zo sichtlich Wert darauf legt, daß das Objekt seines wissenschaftlichen Interesses bis zuletzt unversehrt bleibt, nimmt er auf eine Köchin, die es versäumt hat, ihm pünktlich das Abendessen zu servieren, keinerlei Rücksicht; indem er ihr kurzzeitig suggeriert, daß auch sie, ebenso wie Pamela, die Titelheldin jenes Romans, dessen Lektüre sie als Hauptursache für das besagte Versäumnis anführt, die stolze Ehefrau ihres Herren werden könne, verfährt er mit ihr nach einem altbewährten Muster: "He pursued his own ends with a penitent cook, just as he pursued his own ends with a vivisected animal" (*HS* 214). Die mit Benjulia assoziierte Praxis der Vivisektion ist insofern grundlegend für *Heart and Science*, als sie die Denk-, Sprech- und Verhaltensweisen fast sämtlicher Figuren, nicht nur des experimentierfreudigen Mediziners selbst, in nicht geringem Maße prägt. "I have felt her eyes go through me like a knife" (*HS* 75), stellt Mr. Mool im achten Kapitel insgeheim fest, kurz bevor er das Testament von Carminas unlängst verstorbenen Vater – ein für den weiteren Verlauf der Handlung entscheidendes Dokument – verliest; Mrs. Gallilee wiederum, deren 'messerscharfer' Blick den schreckhaften Nachlaßverwalter nachhaltig beeindruckt, gelangt im 33. Kapitel zu der Überzeugung, aufgrund von Benjulias abweisendem Verhalten ihr gegenüber "a wound on her self-esteem" (*HS* 195) davontragen zu müssen. Nachdem Mr. Gallilee Carmina, die sich nach dem Tod ihres leiblichen Vaters in der Obhut ihrer wissenschaftlich ambitionierten Tante befindet, im mitleidvoll-paternalistischen Tonfall als "delicate plant" (*HS* 167) apostrophiert hat, legt seine Ehefrau, eine satirisch überzeichnete Parallelfigur zu Benjulia, in Gegenwart von Mr. Mool dar, wie sie mit 'zarten Gewächsen' vorzugsweise verfährt: "[T]here is a flower that defies criticism! I long to dissect it" (*HS* 192).

Die im Vorwort vehement zurückgewiesene Vivisektion hat fast überall in *Heart and Science* semantische Spuren hinterlassen, selbst die Intimkommunikation des jungen empfindsamen Liebespaares Ovid/Carmina weist auf sie zurück. "It cuts me to the heart to see how I have distressed you" (*HS* 122), versichert Ovid, nachdem er wenige Seiten zuvor, seiner Doppelrolle als leidenschaftlicher Liebhaber und dezidierter Gegner der Vivisektion entsprechend, sein Bedauern über die Tatsache zum Ausdruck gebracht hat, daß ihm prinzipiell kein Einblick in das Herz seiner Geliebten zuteil werden kann: "Why can't I look into your heart, and see what secrets it is keeping from me?" (*HS* 120) Obwohl die Erzählinstanz gegenüber den medizinischen Experimenten, die Benjulia in seinem Labor durchführt, deutlich Position bezieht, dient die Vivisektion auch ihr, ebenso wie den meisten Figuren, wiederholt als Paradigma. Bei ihrem Versuch etwa, die unglücklich verliebte Gouvernante Miss Minerva als zugleich geheimnisvolle und interessante Frau hervortreten zu lassen, blendet sie im fünften Kapitel *detection* und *dissection* ineinander:

> And yet, if mystery is interesting, this was an interesting woman. The people about her felt an uneasy perception of something secret, ominously secret, in the nature of the governess which defied detection. If Inquisitive Science, vowed to medical research, could dissect firmness of will, working at its steadiest repressive action – then, the mystery of Miss Minerva's inner nature might possibly have been revealed. (*HS* 61)

Mit ihren Ausführungen über Miss Minerva, deren 'mysteriöses' Innenleben ihrer Ansicht nach mit den Mitteln der medizinischen Forschung nicht zu 'zergliedern' ist, liefert die Erzählinstanz ein besonders anschauliches Beispiel für ein Verfahren, das für Collins' Roman insgesamt kennzeichnend erscheint. Dieser macht es sich von Anfang an zum Prinzip, seine Figuren mit Benjulias vivisektionistischen Experimenten immer wieder direkt oder indirekt in Verbindung zu bringen, um auf seiten seiner Leser frühzeitig den durchaus begründeten Verdacht aufkommen zu lassen, daß auch sie potentielle Versuchsobjekte darstellen. Einer auf den ersten Blick keineswegs zentralen Figur kommt in diesem Zusammenhang paradigmatische Bedeutung zu: Zo, deren Name bereits, wie oben zumindest angedeutet worden ist, deutlich markierte Spuren von (lexikalischer) Verstümmelung aufweist. In einer scheinbar belanglosen Parenthese klärt der Text seine Leser im fünften Kapitel darüber auf, daß die von "Zoe" abgeleitete Kurz- und Koseform "Zo," von der er selbst vorzugsweise Gebrauch macht, das Resultat einer durch den Vater des zwölfjährigen Mädchens eingeführten "vulgar abbreviation" (*HS* 64) bildet. Am

Beispiel von Zo demonstriert Collins in teils subtiler, teils plakativer Weise, daß in seinem Roman nicht nur Tiere permanent der Gefahr ausgesetzt sind, physisch und psychisch traktiert und für experimentelle Zwecke mißbraucht zu werden. Noch bevor das von Miss Minerva pädagogisch betreute Mädchen erstmals namentlich erwähnt worden ist, findet ein Ereignis statt, das auf die erst wesentlich später explizierte Thematik des Romans – die Vivisektion, die 'Mensch' und 'Tier' gleichermaßen bedroht – in kaum verschlüsselter Form vorausdeutet: In der Innenstadt von London beobachtet Carmina zu ihrem eigenen Entsetzen, wie das Rad einer Kutsche, die an ihr vorbeifährt, einem allen Anschein nach herrenlosen, verwahrlosten Hund das Genick bricht; kurze Zeit nach diesem Unfall begründet sie ihre strikte Weigerung, selbst in eine Kutsche einzusteigen, wie folgt: "We may run over some poor other creature [....]. If it isn't a dog, it may be a child next time" (*HS* 58). Obschon keine einzige Figur des Romans, von Benjulia abgesehen, gewaltsam ums Leben kommt, bleibt die in Aussicht gestellte Katastrophe, die Carmina zu verhindern bestrebt ist, bis zuletzt als Option latent gegenwärtig. Denn in Gestalt von Zo führt Collins seinen Lesern ein Kind vor, dessen Verhalten er bis ins semantische Detail hinein dem einen Hundes angeglichen hat. Ihren ersten persönlichen Kontakt zu Benjulia, der ihr auf Anhieb Sympathie entgegenbringt, stellt das Mädchen etwa dadurch her, daß sie ihm einen symbolträchtigen Gegenstand ("a big bamboo walking-stick," *HS* 94) ungefragt entwendet, um ihn anschließend in der Manier eines dressierten Vierbeiners seinem Besitzer wieder zurückzugeben.[45] Nachdem sie wenige Seiten zuvor eine aus Sicht ihres erwachsenen Begleitpersonals naive Frage gestellt hat, wartet Zo 'beharrlich' – "*dog*gedly"[46] (*HS* 93) in Collins' eigener sorgsam gewählter Formulierung – auf eine Antwort; und schließlich findet Benjulia, als er gegen Ende des Romans kurz vor seinem Tod das Schulpult des von ihm geschätzten Mädchens heimlich inspiziert, darin die folgenden Dinge vor: "soiled tables of figures, torn maps, and *dog*seared writing books"[47] (*HS* 321). Von ihrem ersten Auftritt im fünften Kapitel an ist Zo, ebenso wie die meisten anderen Figuren des Romans auch, einem Bestialisierungsprozeß unterworfen, der in ihrem Fall selbst auf mikrostruktureller Ebene nachweisbar Spuren hinterlassen hat.[48] Indem Collins' Roman kon-

---

[45] Zu dieser Konstellation vgl. Lansbury, *The Old Brown Dog*, pp. 137–38.
[46] Meine Hervorhebung, M. B.
[47] Meine Hervorhebung, M. B.
[48] Im Fall des für den gesamten Handlungsverlauf zentralen Streitgesprächs zwischen Benjulia und Lemuel treibt Collins diesen Prozeß auf die Spitze: Zwei ungleiche Brüder treten

tinuierlich semantische Bezüge zwischen seinen Figuren und den zahllosen Tieren herstellt, die im Zoo von London, im Labor von Benjulia oder andernorts ihr zumeist trostloses Dasein fristen, setzt er eine in der zeitgenössischen Vivisektionsmusdebatte vieldiskutierte Vorstellung mit spezifisch literarischen Mitteln in die Tat um.[49] Nach Ansicht von Lewis Carroll etwa ist grundsätzlich von der Möglichkeit auszugehen, daß die Vivisektion in nicht allzu ferner Zukunft auch für den Menschen eine ernsthafte Gefahr darstellen könnte. In der Schlußsequenz seiner einflußreichen Streitschrift "Some Popular Fallacies about Vivisection" sagt Carroll in der Manier eines alttestamentarischen Propheten "the possible advent of a day" voraus,

> when anatomy shall claim, as legitimate subjects for experiment, first, our condemned criminals – next, perhaps, the inmates of our refuges for incurables – then the hopeless lunatic, the pauper hospital-patient, and generally 'him that hath no helper'.[50]

Carroll beschwört ein hyperbolisch überformtes Horrorszenario herauf, dessen Funktion primär darin besteht, die Vivisektion als potentiell inhumane Praxis zu brandmarken und ihre Vertreter pauschal in Verruf zu bringen. Die von ihm gestellte düstere Prognose spielt darüber hinaus auf ein Problem indirekt an, das, wie Claude Bernard in der vierten seiner *Leçons de physiologie opératoire* zu berichten weiß, die medizinische Forschung in Europa seit Jahrhunderten beschäftigt: auf die Frage nämlich, ob nicht gerade diejenigen Tiere für experimentelle Zwecke besonders geeignet seien, deren Anatomie der des Menschen in möglichst hohem Maße ähnlich ist. "La grande question était alors et a été longtemps encore de savoir s'il faut opérer sur les animaux les plus voisins de l'homme,"[51] führt Bernard, davon überzeugt, bei Galen erste Belege für die zitierte 'große Frage' gefunden zu haben, in seiner Vorlesung aus. Daß Collins in seinem Roman ausgerechnet ein minderjähriges Mädchen, deren animalische Qualitäten er permanent hervorhebt, einem Vivisektionisten und somit der Gefahr ausliefert, jederzeit zum bloßen Versuchstier erniedrigt werden zu können,

---

"with the suspicious curiosity of two strange cats" (*HS* 184) einander gegenüber, wobei derjenige, dessen Name nicht zufällig an den vornehmlich in Madagaskar beheimateten Halbaffen Lemur erinnert, mit sichtlichem Erfolg als aufgebrachter, 'wilder' Herausforderer agiert: "The jackal had roused the lion" (*HS* 191).

[49] Vgl. Bretschneider, *Der Streit um die Vivisektion*, pp. 108–9.

[50] Carroll, "Some Popular Fallacies," p. 348.

[51] Claude Bernard, *Leçons de physiologie opératoire, avec 116 figures intercalées dans le texte* (Paris, 1879), p. 67.

erscheint noch aus einem anderen Grund bemerkenswert. In ihrer Studie "Women and Anti-vivisection in Victorian England, 1870–1900"[52] stellt Mary Ann Elston die These auf, derzufolge der auf den ersten Blick verblüffend große und nachhaltige Einfluß, den Frauen wie etwa Frances Power Cobbe in der antivivisektionischen Bewegung des spätviktorianischen England ausüben, durch ein historisch bedingtes geschlechtsspezifisches Verhaltensmuster zu erklären ist. Sie zeigt auf, wie in der Zeit nach der Industriellen Revolution eine als typisch weiblich eingestufte Form der Philantropie entsteht, die, in Analogie zur Mutterschaft gebildet und anfangs noch weitgehend auf die häusliche Sphäre beschränkt, all denen gilt, "who could not help themselves – children, fallen women and animals."[53] Eine 'gefallene Frau' kommt in *Heart and Science* zwar definitiv nicht vor, doch immerhin zwei der zuletzt genannten Instanzen hat Collins in einer einzigen Figur, eben Zo, zusammengefaßt, einem Mädchen, das, halb Mensch, halb Tier, den implizit gewaltsamen Übergriffen eines Vivisektionisten ohnmächtig gegenübersteht.

Wenn Collins im zweiten Teil seines Vorworts darlegt, wie er sich das für seinen Roman erforderliche medizinische Wissen angeeignet habe, sieht er vorsätzlich davon ab, sämtliche der von ihm im Vorfeld 'konsultierten' Texte aufzulisten: "Let me spare you a long list of books consulted, and of newspapers and magazines mutilated for 'cuttings'" (*HS* 39). Indem Collins vorgibt, Zeitungen und Zeitschriften mutwillig 'verstümmelt' zu haben, stellt er einen semantischen Konnex zwischen seinem eigenen Verhalten und exakt jener Praxis her, gegen die *Heart and Science* seiner Auskunft nach dezidiert Einspruch erhebt. Dem (negativen) Beispiel des Autors folgend, legen einige Figuren des Romans im Umgang mit Texten (unabhängig davon, aus wessen Feder sie stammen) ebenfalls weder Sorgfalt noch Skrupel an den Tag. In Gegenwart ihres Zöglings Zo zerreißt Miss Minerva im 40. Kapitel etwa einen Brief, "which she had been writing, and threw the fragments into the waste-paper basket" (*HS* 227). Ein Hausangestellter Benjulias wiederum findet die Wohn- und Arbeitsräume seines Herren im 62. Kapitel in einem chaotischen Zustand vor: "the medical newspapers were scattered about in the wildest confusion. Close to the fender lay a crumpled leaf, torn out" (*HS* 318). Nachdem er die in seiner Bibliothek archivierten medizinischen Fachzeitungen auf dem Fußboden seines Wohnhauses verstreut und zum Teil schwer beschädigt hat,

---

[52] *Vivisection in Historical Perspective*, ed. Nicolaas A. Rupke (London, New York, and Sydney, 1987), pp. 259–94.
[53] Elston, "Women and Antivivisection," p. 272.

bringt Benjulia im vorletzten Kapitel schließlich den fehlerhaft beschrifteten Umschlag von Zos "*cop book*" (*HS* 321), das wenig später mit ihm zusammen verbrennt, anstelle des Mädchens selbst gewaltsam in seinen Besitz: "He tore off the cover, and put it into the breast pocket of his coat" (*HS* 321). Beim zuletzt skizzierten Beispiel liegt insofern eine doppelte Fragmentierung vor, als Benjulia das Schreibheft eines Mädchens zerstört, das, seinem Namen entsprechend, dazu neigt, auf dem Papier grammatisch inkorrekte, unvollständige Sätze zu formulieren. Eine schriftlich fixierte Nachricht, die Zo ihr in einem Briefumschlag hat zukommen lassen, trägt Carmina im 25. Kapitel im drastisch verkürzten Originalwortlaut ("in its own Roman brevity," *HS* 161) vor. Ebenso wie Zo selbst, so sind auch die Texte, die sie produziert, mit einem deutlich markierten Index von Verstümmelung versehen.

Mit *Heart and Science* hat Collins, so ist in Anbetracht der Beobachtungen zusammenfassend festzuhalten, die im zweiten Teil dieses Kapitels gemacht worden sind, der viktorianischen Öffentlichkeit einen in sich zutiefst widersprüchlichen Roman vorgelegt. Wie am Beispiel einiger Figuren (allen voran Benjulia und Zo), ihrem Sozialverhalten, ihrer Kommunikation und zuletzt anhand eines rekurrenten Motivs (dem Verstümmeln von Texten) demonstriert werden konnte, stellt der Text unermüdlich semantisch-strukturelle Bezüge zur Vivisektion her, jener umstrittenen Praxis also, von der er sich offiziell entschieden distanziert. Im programmatischen Vorwort scharf kritisiert, erscheint die Vivisektion für den Roman insgesamt und dessen narrative Organisation strukturbildend. Diesem paradoxen Befund entsprechend, weist die Zentral- und Negativfigur Benjulia auf den Autor des Textes selbst, so wie dieser sich im *Preface* seinen Lesern präsentiert, in zwei Hinsichten deutlich zurück. Beide, Collins wie Benjulia, scheuen erstens nicht davor zurück, medizinische Fachliteratur mutwillig zu beschädigen, zweitens leiden beide unter derselben Krankheit. "The doctor was confined to the house by an attack of gout" (*HS* 128), teilt die Erzählinstanz zu Beginn des 19. Kapitels mit; erst nachdem Benjulia ums Leben gekommen ist, klärt der Text seine Leser darüber auf, daß sich im Medizinschrank des gichtkranken Vivisektionisten Opium befindet, ein Mittel, das Collins aus eigener Erfahrung nur allzu vertraut ist. "Advancing years, and health that stands sadly in need of improvement, warn me – if I am to vary my way of work – that I have little time to lose" (*HS* 37), räumt Collins im Vorwort ein, allerdings ohne die Krankheit, die ihn plagt, zu benennen. Daß zwischen Collins und Benjulia nicht nur Differenzen auszumachen sind, sondern eben auch auffällige Parallelen, ist auf eine Doppelstrategie zurückzuführen, die für *Heart and Science* grundlegend erscheint. Denn während die Vivisektion nach Ansicht des Autors keine Alternative für die medizinische Forschung darstellt, zitiert der Roman sie permanent herbei, um sie für seine eigene implizite Poetik zu funktionalisieren.

## 6. Im Totenreich der Zeichen: Sheridan Le Fanu und die Grenzen der *detection*

Im Vorwort zu *Uncle Silas*, 1864 zunächst in dem von ihm editierten *Dublin University Magazine* und noch im selben Jahr erstmals in Buchform publiziert, fordert Joseph Sheridan Le Fanu die Leser seines neuen Romans eindringlich dazu auf, diesen nicht voreilig mit dem generischen Etikett *sensation novel* zu versehen. Um zu verdeutlichen, in welcher ehrwürdigen literarischen Tradition er *Uncle Silas* statt dessen verortet sehen möchte, nimmt er dabei zugleich auf Walter Scott ausdrücklich Bezug:

> No one, it is assumed, would describe Sir Walter Scott's romances as 'sensation novels'; yet in that marvellous series there is not a single tale in which death, crime, and, in some form, mystery, have not a place.[1]

Seiner Forderung, generell, zumal in Zusammenhang mit *Uncle Silas*, keinen unüberlegten Gebrauch von dem als "degrading term"[2] eingestuften Begriff *sensation novel* zu machen, verleiht Le Fanu dadurch Nachdruck, daß er jene Serie von historischen "romances," deren Ausgangspunkt *Waverley* bildet, mit der erwähnten dezidiert kritisch perspektivierten Romangattung in Relation setzt. Doch der Text, der ausgerechnet als Le Fanus nach wie vor populärster Beitrag zur viktorianischen *sensation fiction* in die englische Literaturgeschichte eingegangen ist, hält nicht, was sein kurzes programmatisches Vorwort implizit verspricht – zumindest insofern nicht, als Le Fanu im Fall von *Uncle Silas* darauf verzichtet hat, generische Grenzen demonstrativ zu überschreiten und auf Motive, Handlungselemente und Schreibweisen zurückzugreifen bzw. anzuspielen, wie Scott sie in seinen historischen Romanen wiederholt verwendet hat. Auf *The House by the Churchyard* hingegen, 1861–63 ebenfalls im *Dublin University Magazine* veröffentlicht, als dessen Herausgeber Le Fanu insgesamt acht Jahre lang, von 1861 bis 1869, fungiert, trifft dies nicht zu.[3] In Chapelizod, einem kleinen Vorort von Dublin, situiert, setzt der Roman nicht, wie etwa *Uncle Silas*, direkt mit der Haupthandlung ein, sondern mit einem narratologisch

---

[1] Joseph Sheridan Le Fanu, *Uncle Silas*, ed. and with an introd. and notes by W. J. McCormack, assisted by Andrew Swarbrick (Oxford, 1981 [1864]), p. xxvii.
[2] Le Fanu, *Uncle Silas*, p. xxvii.
[3] Zu Le Fanus Tätigkeit als Autor und Editor des *Dublin University Magazine* vgl.: W. J. McCormack, "'Never put your name to an anonymous letter:' Serial Reading in the *Dublin University Magazine*, 1861 to 1869," *The Yearbook of English Studies*, 26 (1996), 100–15.

aufschlußreichen Prolog, der Elemente der von Scott mitbegründeten Erzähltradition zitativ abruft.[4] "We are going to talk, if you please, in the ensuing chapters, of what was going on in Chapelizod about a hundred years ago" (*HC* I, 1), führt der Erzähler, dessen Name Charles de Cresseron auf einen 1738 in Dublin verstorbenen Vorfahren des Autors verweist,[5] eingangs in Scottscher Manier aus, um den betont höflich adressierten Lesern seines Berichts anschließend ausführlich darzulegen, welche aus seiner Sicht beklagenswerten Veränderungen inzwischen, nach hundert Jahren, in dem besagten Dorf stattgefunden haben.[6] Ein um 1767, zum Zeitpunkt der Handlung, die *The House by the Churchyard* vom folgenden ersten Kapitel an entfaltet, allseits geschätzter Gasthof ist nach Auskunft des Erzählers lediglich als "dream of the shadow of smoke" (*HC* I, 2) noch gegenwärtig, das nach einem Wappentier benannte "Salmon House" (*HC* I, 2) gehört ebenfalls längst der Vergangenheit an, wie de Cresseron lakonisch-ernüchtert anmerkt: "Well! It is gone. I blame nobody" (*HC* I, 3). Indem de Cresseron das ehemalige Erscheinungsbild des Ortes, an dem Le Fanu den *plot* seines Romans angesiedelt hat, mit dem für ihn gegenwärtigen

---

[4] Innerhalb der Forschung ist *The House by the Churchyard* bislang ungleich weniger Aufmerksamkeit zuteil geworden als etwa *Uncle Silas* oder der Vampirgeschichte "Carmilla." Dennoch sind, vor allem in den 1980er und 1990er Jahren, eine Reihe von Studien erschienen, die sich mehr oder minder ausführlich mit diesem Roman auseinandersetzen. Forschungsbeiträge, die ausschließlich *The House by the Churchyard* gewidmet sind, liegen kaum vor. David Gates' instruktiver Essay "'A Dish of Village Chat:' Narrative Technique in Joseph Le Fanu's *The House by the Churchyard*," *The Canadian Journal of Irish Studies*, 10 (1984), 63–69 bildet eine nennens- und lesenswerte Ausnahme von dieser Regel. Ebenso aufschlußreiche wie ausbaufähige Interpretationen des Romans stammen von Jochen Achilles (*Sheridan Le Fanu und die schauerromantische Tradition: zur psychologischen Funktion der Motivik von Sensationsroman und Geistergeschichte* [Tübingen, 1991], pp. 214–22) und von W. J. McCormack (*Dissolute Characters: Irish Literary History through Balzac, Sheridan Le Fanu, Yeats and Bowen* [Manchester and New York, 1993], pp. 34–44). Vgl. ferner: Michael H. Begnal, *Joseph Sheridan Le Fanu* (Lewisburg, 1971), pp. 46–51; Elizabeth Bowen, "Introduction," *The House by the Churchyard*, ed. Elizabeth Bowen (London, 1968), pp. vii–xi; Leo Patrick Cooley, *Joseph Sheridan Le Fanu: The Struggle of an Irish Imagination* (Ann Arbor, Michigan: University Microfilms, Inc., 1969), pp. 202–67; Ivan Melada, *Sheridan Le Fanu* (Boston, 1987), pp. 34–41.

[5] Vgl. hierzu: Melada, *Sheridan Le Fanu*, p. 36; Begnal, *Joseph Sheridan Le Fanu*, p. 47; McCormack, *Dissolute Characters*, p. 34.

[6] Melada zufolge stellt *The House by the Churchyard* "a transitional novel" (Melada, *Sheridan Le Fanu*, p. 41) dar, die Merkmale des historischen, des Sensations- und des Schauerromans in sich vereint.

vergleicht und dabei eine Reihe von Verlusten, etwa der beiden genannten Gasthäuser, auflistet, gibt er indirekt zu erkennen, daß er sich in seiner Funktion als "compiler of this narrative" (*HC* I, 6) in einer prekären Situation befindet. Den melancholisch getrübten Blick auf "the homliest relics of by-gone generations" (*HC* I, 3) und "the few memorials they have left behind" (*HC* I, 6) gerichtet, verfolgt de Cresseron das erklärte Ziel, Ereignisse zu rekonstruieren, die zeitlich so weit entrückt sind, daß ihm nur noch wenige architektonische Zeugnisse zur Begutachtung und kein einziger Zeuge zur persönlichen Befragung mehr zur Verfügung stehen. Doch noch bevor er in der Schlußpassage des Prologs Auskunft darüber erteilt, auf welcher Art von Zeugnissen sein Bericht statt dessen beruht (namentlich auf "the diary, curiously minute, and the voluminous correspondence of Rebecca, sister to General Chattesworth" [*HC* I, 16]), deren Funktion im weiteren Verlauf des Romans keineswegs darauf beschränkt bleibt, ihrer Nachwelt umfang- und detailreiche Textsammlungen zu hinterlassen), blickt de Cresseron auf einen Vorfall aus seiner eigenen Kindheit zurück, der in kaum verschlüsselter Form auf zwei zentrale eng miteinander verknüpfte Handlungselemente, ein Kapitalverbrechen mit letzten Endes tödlichen Folgen und eine riskante Kopfoperation, vorausdeutet. Bei einer Beerdigung, an der neben einigen anderen Figuren auch der Erzähler in Gestalt eines neugierigen, mit "[a] strange liking for horrors" (*HC* I, 7) ausgestatteten vierzehnjährigen Jungen teilnimmt, gelangt ein mysteriöser Knochenfund zufällig ans Tageslicht. Daß de Cresseron in Zusammenhang mit diesem Fund Begriffe wie "fossils" (*HC* I, 7) und "relic" (*HC* I, 10) verwendet, worauf im zweiten Kapitel dieser Arbeit bereits hingewiesen worden ist, erscheint aus mindestens zwei Gründen bemerkenswert: erstens deshalb, weil der Roman auf diese Weise einen semantischen Konnex zwischen den eingangs gesichteten architektonischen 'Relikten' und eben jenen wenige Seiten später entdeckten sterblichen Überresten herstellt, die de Cresseron, ungeachtet der vielen Jahre, die inzwischen vergangen sind, präzise zu beschreiben vermag; und zweitens deshalb, weil sich die oben zitierten Begriffe aus dem Kontext der Paläontologie herleiten, einer im viktorianischen England vieldiskutierten Wissenschaft, die, wie im ersten Kapitel dieser Arbeit ausführlich dargelegt worden ist, auf der Grundlage von fossilen Knochenfragmenten Tiere möglichst vollständig und anatomisch exakt zu rekonstruieren versucht, deren Lebenszeit weitaus länger als "one hundred years" zurückliegt. Dadurch also, daß der Roman seinem Erzähler paläontologische Termini wie insbesondere "fossils" in den Mund legt, ruft er die im ersten Teil des Prologs konstituierte Ebene der Vorzeitigkeit erneut ab, um sie zugleich ins Prähistorische zu verlagern. Diese Strategie dient ihm darüber hinaus dazu, die zu Beginn – etwa gleich im ersten Satz – herbeizitierte Tradition des historischen Romans nunmehr entschieden zurückzuweisen. Dem Knochenfund, der neben diversen nicht weiter definierten "grimy bones" (*HC* I, 7) aus einem gelblich verfärbten Totenschädel besteht, kommt insofern der Status von 'Fossilien' zu, als er, wie sich kurz nach seiner Entdeckung zeigt, metonymisch auf ein Ereignis aus der Vergangenheit des irischen Dorfes verweist, an das kein einziger der um das Grab einer alten Dame herum gruppierten Beerdigungsteilnehmer sich zu erinnern vermag. "[T]hough he was no chicken, his memory did not go far enough back to throw any light upon the matter" (*HC* I, 8), merkt de Cresseron in bezug auf den Küster Lemuel Mattox verhalten ironisch an, nachdem dieser den Schädel in die Hand genommen und von allen Seiten eingehend begutachtet hat. Kaum zutagegefördert, rückt "the yellow skull" (*HC* I, 7) ins Zentrum des allgemeinen Interesses, da "a clean circular aperture as large as a half-penny" (*HC* I, 8) die Trauergäste dazu animiert, noch vor Ort eine Reihe von Spekulationen, die Ursache der Schädelöffnung betreffend, anzustellen. Dem illustren Figurenensemble, das sich im Prolog auf dem titelgebenden Friedhof versammelt, weist der Roman kurzzeitig die kollektive Identität von Amateurdetektiven zu, die ein für sie unschwer erkenn-, aber keineswegs leicht erklärbares kleines kreisrundes Loch auf Anhieb einstimmig als Resultat eines Verbrechens decodieren ("Oh! murdher" [*HC* I, 8]), bis ein namenloser 'alter Kauz' im militärischen Tonfall eine andere, medizinisch fundierte Interpretation vorschlägt: "'The trepan,' said the fogey, in the tone in which he'd have cried 'attention' to a raw recruit, without turning his head, and with a scornful momentary skew-glance from his gray eye" (*HC* I, 11). Ohne seinen Lesern zu signalisieren, ob eines der beiden oben aufgeführten Deutungsmuster – und wenn ja, welches – mit den erst gegen Ende des Romans vollständig enthüllten Tatsachen übereinstimmt, schichtet Le Fanu in der Eingangssequenz insgesamt drei verschiedene Diskursebenen, eine paläontologische, eine medizinische und eine kriminalistische, dadurch übereinander, daß er seinen Erzähler darin von einer Beerdigung berichten läßt, in deren Verlauf ein vorgeblich 'fossiler' Knochenfund zufällig entdeckt und eine mysteriöse, in detektivischer Manier inspizierte Schädelöffnung zunächst auf ein Gewaltverbrechen, dann auf einen 'Trepanation' genannten operativen Eingriff zurückgeführt wird. Die im Prolog von *The House by the Churchyard* aufgebaute Konstellation diskursgeschichtlich zu verorten, stellt keine leichte Aufgabe dar. Denn sie entspricht, wie im folgenden Abschnitt zu zeigen sein wird, einem wissenschaftlichen Erkenntnisstand, dessen Etablierung zeitlich versetzt, nach der Erstpublikation des Romans im *Dublin University Magazine*, erfolgt.[7]

1867, fünf Jahre nachdem Le Fanu *The House by the Churchyard* der viktorianischen Öffentlichkeit vorgelegt hat, sorgt der französische Mediziner Paul Broca nachhaltig für Aufsehen, indem er der *Societé d'Anthropologie de Paris* von einem 1865 in Cuzco/Peru entdeckten jahrtausendealten Schädel berichtet, an dem seiner Diagnose zufolge eindeutig die Spuren einer Trepanation auszumachen sind.[8] Nachdem in den darauffolgenden Jahren zahlreiche weitere fossile Schädel, die ebenfalls kreisrunde, durch Trepanationen verursachte Öffnungen aufweisen, an verschiedenen Ausgrabungsstätten, etwa in Algerien und in Frankreich, gefunden worden sind, setzt sich binnen kurzer Zeit europaweit die auch gegenwärtig noch allgemein akzeptierte Überzeugung durch, daß die besagte Operationsform bereits in prähistorischer Zeit vielfach praktiziert worden und folglich als eine der ältesten chirurgischen Techniken überhaupt einzustufen sei. Um die Mitglieder des *Anthropological Institute of Great Britain and Ireland* mit jenen Funden vertraut zu machen, die er selbst im Museum seines namhaften französischen Kollegen Broca gesehen und photographiert hat, hält Victor Horsley, auf dessen Pionierleistungen im Bereich der Neurochirurgie Medizinhistoriker wiederholt hingewiesen haben,[9] 1877 einen Vortrag über "Trephining in the Neolithic Period." Darin legt er, wie in einem 1888 veröffentlichten *Abstract* zu lesen ist, "certain views" dar, "which he [Horsley] had formed from a surgical standpoint, of the operative procedure of trephining as practiced by the people of the polished stone epoch, and the

---

[7] Mit Ausnahme von Achilles ist bislang kaum ein Interpret des Romans auf die Trepanation, so wie Le Fanu sie in *The House by the Churchyard* thematisiert und zur Darstellung bringt, näher eingegangen. Vgl.: Achilles, *Sheridan Le Fanu und die schauerromantische Tradition*, pp. 220–21.

[8] Zu den Ereignissen, um die es im Rahmen dieses Abschnitts geht, vgl. die folgenden Studien: Ernest Sachs, *The History and Development of Neurological Sugery* (New York, 1952), pp. 17–18; F. P. Lisowski, "Prehistoric and Early Historic Trepanation," *Diseases in Antiquity: A Survey of the Diseases, Injuries and Surgery of Early Populations*, comps and eds Don Brothwell and A. T. Sandison, with a foreword by Warren R. Dawson (Springfield, Illinois, 1967), pp. 651–72; Rolf Meschig, *Zur Geschichte der Trepanation unter besonderer Berücksichtigung der Schädeloperationen bei den Kisii im Hochland Westkenias* (Düsseldorf, 1983), pp. 2–4, pp. 11–2; Harold Ellis, *A History of Surgery* (London, 2001), pp. 5–6.

[9] Zu Horsley vgl. Sachs, *The History and Development of Neurological Surgery*, p. 20; Meschig, *Zur Geschichte der Trepanation*, p. 50; Ellis, *A History of Surgery*, p. 123.

reasons which led to its performance."[10] Was die zuletzt genannten Beweggründe angeht, stellt Horsley ganz im Sinne Brocas die These auf, derzufolge die neusteinzeitliche Medizin Trepanationen überall dort für unbedingt erforderlich hielt, wo der jeweilige Patient aus ihrer Sicht unter dem Verdacht stand, von einem bösen Geist besessen zu sein. Dieser als Inkarnation der Krankheit selbst imaginierte Dämon sollte durch die Schädelöffnung, die infolge des operativen Eingriffs entstand, aus dem Körper bzw. Kopf des 'Besessenen' entweichen:[11]

> It seemed [...] highly probable that the process of trephining had been employed by primitive man in order to expel the demon who possessed the patient, especially in cases of epilepsy.[12]

Wenn Broca der *Societé d'Anthropologie de Paris* über jenen Knochenfund, dessen Entdeckung einen beispiellosen diskursiven Umbruch herbeiführt, Bericht erstattet, ist die Veröffentlichung von *The House by the Churchyard*, wie gesagt, längst abgeschlossen. Umso erstaunlicher erscheint die Tatsache, daß Le

---

[10] Victor Horsley, "Trephining in the Neolithic Period" (Abstract), *The Journal of the Anthropological Institute of Great Britain and Ireland*, 17 (London, 1888), p. 100; vgl. hierzu auch Horsleys Eintrag "Brain Surgery in the Stone Age" (*The British Medical Journal* 1 [1887], 582).

[11] Vgl.: Erwin H. Ackerknecht, "Primitive Surgery," *Diseases in Antiquity: A Survey of the Diseases, Injuries and Surgery of Early Populations*, eds Don Brothwell and A. T. Sandison, with a foreword by Warren R. Dawson (Springfield, Illinois, 1967), p. 643; Meschig, *Zur Geschichte der Trepanation*, pp. 4, 53.

[12] Horsley, "Trephining in the Neolithic Period," p. 105. In seiner Schrift *Sur la trépanations du crâne et les amulettes craniennes* (Paris, 1877) stellt Broca die These auf, derzufolge Trepanationen in prähistorischer Zeit der Amulettgewinnung gedient haben. Ein anschauliches Beispiel dafür, daß mit dieser Operationsform auch im neunzehnten Jahrhundert noch abergläubische Vorstellungen assoziiert sind, wie Broca sie in seiner umstrittenen Studie aufführt, liefert Bransby Blake Cooper in *The Life of Sir Astley Cooper*. Im ersten Band dieser großangelegten Biographie erteilt Cooper Auskunft darüber, welchen Zweck eben jenes Knochenstück, das William Cooper, ein Onkel des prominenten Mediziners, aus dem Schädel seines Patienten Mr. Turner entfernt hat, nach dessen Tod angeblich erfüllt hat: "The portion of bone which Mr. William Cooper removed, was worn by Mrs.Turner about her neck until the period of her death, which did not take place until nearly forty years after the loss of her husband" (Bransby Blake Cooper, *The Life of Sir Astley Cooper, Bart., Interspersed with Sketches from His Note-Books of Distinguished Contemporary Characters*, 2 vols [London, 1843], I, 139).

Fanu im Prolog seines Romans anhand eines augenscheinlich trepanierten Totenschädels, der nach Auskunft des Erzählers in die Rubrik "fossils" einzuordnen ist, eine paläontologische, eine medizinische und eine kriminalistische Bedeutungsebene semantisch kreuzt, ohne daß ihm dafür ein entsprechender Wissensfundus zur Verfügung gestanden hätte. Was Broca, gefolgt von Horsley und anderen Anthropologen, in der zweiten Hälfte der 1860er Jahre glaubt nachweisen zu können, setzt Le Fanu zu Beginn von *The House by the Churchyard* bereits auf seine Weise, mit spezifisch literarischen Mitteln, wirkungsvoll in Szene.[13]

Dem Knochenfund, von dessen Entdeckung, Inspektion und Interpretation de Cresseron im Prolog berichtet, kommt eine doppelte Funktion zu: Er dient zum einen schlicht als Ausgangspunkt für jene im achtzehnten Jahrhundert situierte Geschichte, um deren Rekonstruktion der Erzähler eifrig bemüht ist, zum anderen aber auch dazu, dem Leser ein prekäres hermeneutisches Verfahren paradigmatisch vor Augen zu führen, das für die narrative Organisation des Romans von grundlegender Bedeutung ist. Diesem im Verlauf der komplexen Handlung vielfach variierten Verfahren liegt der Anspruch zugrunde, Zeichen (hier: eine Schädelöffnung) lesen und deuten zu wollen, in deren Konnotationsspektrum der Tod eine zentrale Position einnimmt. Nahezu alles, worauf sich der Blick des Erzählers in der Eingangssequenz richtet, steht dem Tod semantisch nahe, die wenigen als "memorials" und "relics" klassifizierten Bauwerke, die de Cresseron seiner eigenen Auskunft nach aus der Vergangenheit noch geblieben sind, ebenso wie der im Titel genannte schaurige Hauptschauplatz des Romans selbst. Hier, auf dem Friedhof, dessen signifikatives Potential Le Fanu im Prolog freisetzt, tritt die Erzählerfigur in Gestalt eines jugendlich-naiven Lesers von Todeszeichen leibhaftig in Erscheinung, noch bevor die übrigen Beerdigungsteilnehmer Gelegenheit dazu hatten, am Beispiel des Schädels, der Mattox direkt vor die Füße rollt, ihre analytischen Kompetenzen unter Beweis zu stellen. Daß ihm Friedhofsbesuche in seiner Kindheit Vergnügen bereitet hätten, wie er rückblickend einräumt, führt de Cresseron nämlich unter anderem auf sein frühzeitig gewecktes Interesse an einer bestimmten, gleichermaßen rudimentären wie makaberen Form der Lektüre, dem Entziffern von Grab-

---

[13] Einen ambitionierten, insgesamt aber wenig überzeugenden Versuch, literarische Repräsentationen der Trepanation analytisch auszuwerten, unternimmt Roman Fischer in seiner Monographie *Die Trepanations-Metapher: über den literarischen Umgang mit einem medizinischen Thema* (Basel, 1997). *The House by the Churchyard* gerät an keiner Stelle in den Blick, da Fischers Erkenntnisinteresse ausschließlich deutschsprachigen Autoren gilt.

steininschriften ("deciphering tombstones" [*HC* I, 7]), zurück. Anhand des Schädels, dessen rätselhafte Öffnung die für den gesamten Handlungsaufbau wichtigste inhaltliche Leerstelle markiert, macht *The House by the Churchyard* darüber hinaus exemplarisch deutlich, welches schwerwiegende interpretatorische Problem das oben benannte hermeneutische Verfahren mit sich bringt. Statt seinen Rezipienten eine eindeutige Antwort auf die zentrale Frage zu geben, aufgrund welcher Ursache das Loch entstanden sei, stellt der Roman verschiedene Deutungsansätze bereit, die scheinbar gleichwertig einzustufen, zugleich aber schwerlich miteinander in Einklang zu bringen sind. Eine Variante dieser Strategie, die für *The House by the Churchyard* strukturbildend erscheint, begegnet im zweiten Kapitel. Darin tritt eine weitere kleine Trauergemeinde kurzzeitig auf den Plan, um einen Sarg zu bestatten, auf dem oberhalb einer mit den Initialen des Verstorbenen versehenen schmucklosen Tafel ein augenscheinlich symbolträchtiges 'Ornament' angebracht ist:

> And above this plain, oval plate was a little bit of an ornament no bigger than a sixpence. John Tracy took it for a star, Bob Martin said he knew it to be a Freemason's order, and Mr. Tressels, who almost overlooked it, thought it was nothing better than a fourpenny cherup. But Mr Irons, the clerk, knew that it was a coronet. (*HC* I, 27)

Nach der Schädelöffnung, deren analytische Auswertung wenige Seiten zuvor zelebriert worden ist, fungiert ein 'Ornament' als Gegenstand heterogener Deutungen, dessen geringen Umfang de Cresseron ebenfalls mit dem einer Geldmünze vergleicht ("as large as a half-penny," "no bigger than a sixpence"). Den semantischen Gehalt des 'Ornaments' zu ermitteln, stellt für lediglich einen einzigen Beerdigungsteilnehmer, Mr. Irons, eine auf Anhieb lösbare Aufgabe dar, die anderen drei hingegen gelangen, allerdings ohne sich dessen bewußt zu sein, an die Grenzen ihres Lesevermögens. Eine weitere Figur, auf die es in Zusammenhang mit dem rekurrenten Motiv der vorgeblich vieldeutigen Todeszeichen unbedingt näher einzugehen gilt, ist Dan Loftus. Finanziell unterstützt und persönlich begleitet von Doctor Walsingham, einem wissenschaftlich ambitionierten Geistlichen, mit dem ihn ein freundschaftlich enges, unterschwellig homoerotisches Verhältnis verbindet, betreibt der als "zealous archeologist[s]" (*HC* I, 53) apostrophierte Student in Chapelizod und Umgebung unermüdlich Feldforschung, wobei ein vor Ort situiertes 'Rätsel' primär das Objekt ihres gemeinsamen Erkenntnisinteresses bildet:

> They had got hold of Chapelizod Castle, a good tough enigma. It was a theme they never tired of. Loftus had already two folios of extracts copied from all the records to which Dr Walsingham could procure him access. [...] This pursuit was a bond of close sympathy between the rector and the student, and they spent more time than appeared to his parishioners quite consistent with sanity in the paddock by the river, pacing up and down, and across, poking sticks into the earth and grubbing for old walls underground. (*HC* I, 53–54)

Dan Loftus als Zentralfigur des Romans zu erachten, liegt, ungeachtet der Tatsache, daß de Cresseron ihm vergleichsweise wenig Aufmerksamkeit widmet, deshalb nahe, weil fast sämtliche Tätigkeiten, denen er in seiner Eigenschaft als 'eifriger Archäologe' nachgeht, auch in narratologischer Hinsicht von Bedeutung sind. Dies gilt für die mißtrauisch beäugten Grabungen, von denen am Ende des oben zitierten Abschnitts die Rede ist und die indirekt und dennoch deutlich auf den Prolog verweisen, wie insbesondere auch für die diversen Formen der intensiven Text- und Archivarbeit, die Loftus weit aus Chapelizod hinaus bis nach Malaga führen. Dort fertigt er neben Übersetzungen auch Transkriptionen an, worüber er sein soziales Umfeld allerdings erst in Kenntnis setzt, nachdem er im dritten Teil des Romans von seiner Reise in die irische Provinz zurückgekehrt ist:

> He had transcribed old epitaphs and translated interminable extracts from archives, and bought five Irish manuscripts, all highly illustrative of that history on which he and the doctor were so pleasantly engaged. (*HC* III, 109)

Das archäologische Projekt, das Loftus und dessen wesentlich älteren Gönner Walsingham bis zuletzt in Atem hält, nimmt insofern einen zentralen Stellenwert innerhalb des Romans ein, als zwischen ihm und dem prekären narrativen Unternehmen, als welches *The House by the Churchyard* von Anfang an gekennzeichnet ist, ein enger semantisch-struktureller Konnex besteht. Denn sowohl de Cresseron als auch Loftus, der als Parallelfigur des Erzählers konzipiert ist, verfolgen, jeder auf seine Weise, das Ziel, anhand von überwiegend fragmentarisch überlieferten Texten, die allesamt, wie die in Malaga entdeckten "old epitaphs," mit der Konnotation 'Tod' versehen sind, sorgfältig ausgewählte Abschnitte der irischen Ur- respektive Regionalgeschichte herzuleiten. Daran, daß ein solches Rekonstruktionsprojekt, zumindest in seinem Fall, mitunter unlösbare Probleme aufwirft, läßt de Cresseron keinen Zweifel.[14] "But the truth

---

[14] Zur Erzählsituation vgl.: Gates, "'A Dish of Village Chat,'" pp. 65–66.

is, I don't know" (*HC* I, 52), räumt der Erzähler zu Beginn des fünften Kapitels etwa beiläufig ein, nachdem er zu der Überzeugung gelangt ist, daß ein Historiker – im Gegensatz zu ihm selbst – mit hoher Wahrscheinlichkeit in Erfahrung gebracht hätte, wer anläßlich eines von der *Royal Irish Artillery* ausgerichteten Preisschießens welche Auszeichnung erhielt; seiner Verlegenheit, keine fundierten Aussagen darüber machen zu können, was während einer für den Handlungsverlauf entscheidenden stürmischen Nacht in Chapelizod hinter verschlossenen Türen vor sich ging, verleiht de Cresseron im dritten Band hingegen wie folgt Ausdruck: "Everybody has a right to his own opinion on the matter. [...] I can only speak with certainty of the phenomenon" (*HC* III, 70). Ein weiteres Problem, mit dem sich de Cresseron konfrontiert sieht, besteht darin, daß die von ihm gesammelten Texte, auf deren Lückenhaftigkeit er wiederholt ausdrücklich hinweist, seines Erachtens radikaler Revisionen bedürfen. "I struck my revising pen across the monstrous sentence, with uncompromising decision" (*HC* I, 250), merkt der Erzähler an einer Stelle an, um an einem markanten Beispiel zu demonstrieren, wie rigoros er bei der Bearbeitung jener Tagebücher und Briefe, auf denen sein Bericht basiert, im Bedarfsfall vorgeht. Daß er sich über die Bedingungen der Möglichkeit, vor allem aber auch über die Grenzen seines narrativen Projektes bewußt ist, gibt de Cresseron mit Hilfe von teilweise erstaunlich unkonventionellen Metaphern zu erkennen.[15] Darauf bedacht, seinen Lesern wie auch sich selbst zu vergegenwärtigen, daß der gesellschaftliche Kontext, in dem die von ihm rekonstruierten Ereignisse eingebettet sind, in seiner Totalität für ihn prinzipiell unzugänglich ist, entwirft er das folgende Bild: "[S]ociety resembles a pyramid of potatoes, in which you cannot stir one without setting the others, in unexpected places, also in motion" (*HC* I, 301). Dem poetologisch relevanten Vergleich entsprechend, den de Cresseron hier vornimmt, läßt der Roman auf seiten seiner Figuren immer wieder den Eindruck entstehen, daß die Zeichen, die sie zu lesen versuchen, über keine eindeutig festgelegte, stabile Bedeutung verfügen. Denn, so glaubt der Erzähler versichern zu können, kurz bevor er das oben zitierte Bild einer konstitutiv instabilen Kartoffelpyramide bemüht, "the comfort of absolute stagnation is nowhere permitted us" (*HC* I, 300–1).

Wenn sich de Cresseron zu Beginn des fünften Kapitels an seinen längst verstorbenen Großonkel erinnert, dessen "marvellous memory" (*HC* 1, 52) er für seine eigenen narrativen Zwecke allzu gern in Anspruch genommen hätte, kommt ihm neben einigen anderen physischen Merkmalen "his powdered bald

---

[15] Vgl. Achilles, *Sheridan Le Fanu und die schauerromantische Tradition*, p. 216.

head" (*HC* I, 52) flüchtig in den Sinn. Dieser stellt kein beliebiges Detail dar, sondern ist als Beleg für eine Strategie zu erachten, mittels derer Le Fanu dafür sorgt, daß jenes für *The House by the Churchyard* grundlegende Geheimnis, dessen Konstitution im Prolog erfolgt, im Verlauf der Haupthandlung permanent latent gegenwärtig bleibt. Denn sobald sich der narrative Fokus auf die von de Cresseron rekonstruierten historischen Ereignisse richtet, geraten mit auffälliger Regelmäßigkeit Haare, Perücken und andere Kopfbedeckungen ins Blickfeld, kurz: Elemente, die in überwiegend metonymischer Form auf den eingangs geborgenen Totenschädel verweisen. Dies ist etwa dort der Fall, wo Toole von einem nächtlichen Überfall berichtet, bei dem ein Mann um sein gesamtes Geld, seine Uhr sowie um "his hat, wig and cane" (*HC* I, 35) gebracht worden sei, oder dort, wo der Bigamist Nutter O'Flaherty, einem kahlköpfigen Leutnant der *Royal Irish Artillery*, die ungewollt provokative Frage "what signifies pigs' hair, compared with human tresses?" (*HC* I, 75) stellt. "*I'm* not bald" (*HC* I, 107), behauptet O'Flaherty in Gegenwart seines Freundes Puddock, verzweifelt darum bemüht, niemandem, auch sich selbst nicht, das tatsächliche Ausmaß seines Haarausfalls vor Augen zu führen.[16] Doch nachdem er Puddock, der ebenfalls unter einem unabwendbaren, physiologisch bedingten Mangel, einem Sprachfehler, leidet, "the difference between total baldness and partial loss of hair" (*HC* I, 108) erläutert hat, faßt er kurzerhand den Entschluß, "the grand mystery of his existence" (*HC* I, 108) preiszugeben und entblößt, indem er seine Perücke entfernt, "his bare skull" (*HC* I, 109). Spätestens hier, wo Schlüsselbegriffe wie "mystery" und "skull" erneut, dieses Mal allerdings im Kontext einer betont komischen Episode, Verwendung finden, dürfte selbst für einen semiologisch unbedarften Leser kein Zweifel mehr daran bestehen, daß der *plot* des Romans auf subtile Weise mit dem Prolog vernetzt ist. Als der ohnehin geplagte kahle Soldat an Kopfschmerzen erkrankt, begibt sich dessen Freund im 14. Kapitel ("Relating How Puddock Purged O'Flaherty's Head" [*HC* I, 138] lautet der erste Teil der Überschrift) auf die Suche nach einem Rezept, das er schließlich in einem verstaubten Familienalbum wiederentdeckt. Dessen Funktion besteht, wie er beim Durchblättern feststellt, bezeichnenderweise darin, neben anderen kleinen Dingen auch Haarlocken aufzubewahren ("a lock of hair, or a pansy here and there pressed between the pages" [*HC* I, 139]).
Im Mittelpunkt des Romans, dessen Personal eine auf den ersten Blick unübersichtlich große Vielzahl an Figuren und dessen *plot* eine Reihe von teils satirisch, teils pathetisch gefärbten Nebenhandlungen umfaßt, stehen Barnabas

---

[16] Zu O'Flaherty vgl. Melada, *Sheridan Le Fanu*, p. 40.

Sturk, ein mittelloser Chirurg mit Neigung zu exzessivem Alkoholkonsum, und dessen zwielichtiger Kontrahent Paul Dangerfield alias Charles Archer. Beide sind, ebenso wie O'Flaherty/Puddock und Loftus/Walsingham, paarweise einander zugeordnet, und bilden die Protagonisten jener sukzessive enthüllten 'Geschichte', die de Cresseron im Prolog programmatisch zur "history of this remarkable memorial" (*HC* I, 11) erklärt. Diese "history" nimmt insofern auf die Erzählsituation, so wie Le Fanu sie zu Beginn seines Romans thematisiert und problematisiert, und folglich auch auf das narrative Gefüge des Textes selbst Bezug, als mit ihr ein ebenfalls äußerst prekärer (und letzten Endes fataler) Erinnerungs- und Rekonstruktionsprozeß assoziiert ist. Nachdem er Dangerfield, der als Landverwalter in Chapelizod seinen Lebensunterhalt verdient, zum vermeintlich ersten Mal gesehen hat, drängt sich Sturk der Verdacht auf, daß er ihm schon einmal persönlich begegnet sei; darüber jedoch, wann, wo und unter welchen Umständen dies der Fall gewesen sein könnte, vermag er zunächst keine Auskunft zu erteilen. Erst allmählich, ausgelöst durch eine Reihe von phantasmatischen Träumen, kehrt die Erinnerung an Charles Archer zurück, jenen skrupellosen Berufsspieler und Duellanten, der in einem Gasthof im englischen Newmarket vor seinen Augen einen Mord verübte, als er sich, unter Betäubungsmitteln stehend, in einem Nebenraum des Hauses aufhielt, um eine Armverletzung auszukurieren. Sturk gelangt, anders gesagt, zu der Einsicht, Zeuge eines Gewaltverbrechens gewesen zu sein, das in seinem Gedächtnis keine auf Anhieb ersichtlichen Spuren hinterlassen hat. "I did not know I had a secret" (*HC* III, 226) lautet die paradoxe Formel, mittels derer er kurz vor seinem Tod jener für ihn folgenreichen Erfahrung Ausdruck verleiht, die ihm aufgrund seiner erneuten Begegnung mit Archer zuteil geworden ist. Unter dem falschen, sprechenden Namen Dangerfield treibt "a phantom, with the light of death" (*HC* II, 179) in Chapelizod sein Unwesen, ein leibhaftiges 'Gespenst' der Vergangenheit, dessen 'wahre' Identität hinter einer mit silberfarbenen, opaken Gläsern ausgestatteten Sonnenbrille verborgen zu sein scheint. Wo auch immer de Cresseron auf "his silver spectacles" (*HC* II, 75) zu sprechen kommt, von denen er behauptet, daß Dangerfield sie zu keiner Gelegenheit freiwillig absetze ("he ate in them, drank in them, fished in them, joked in them" [*HC* I, 253]), greift *The House by the Churchyard* die im Prolog implizit gesetzte zentrale Thematik der Wahrnehmung wieder explizit auf.[17] Mit Hilfe der getönten Gläser, deren "cold, broad sheen" (*HC* II, 238) auf seiten des jeweiligen Betrach-

---

[17] Zum Motiv der Sonnenbrille vgl. Achilles, *Sheridan Le Fanu und die schauerromantische Tradition*, p. 220.

ters regelmäßig für Irritation sorgt, hält Dangerfield seiner Umwelt einen unheimlichen (Zerr-)Spiegel vor. Daß Le Fanu in seinem Roman Wahrnehmung als mitunter äußerst komplexen Vorgang gestaltet, ist an wahrscheinlich keiner anderen Stelle so deutlich erkennbar wie dort, wo Captain Cluffe den passionierten Brillenträger seinerseits unter Zuhilfenahme eines optischen Mediums, nämlich "through his field-glass" (*HC* I, 257), beobachtet. Als Dangerfield zu dem Schluß gelangt, daß Sturk ihn erkannt haben und seine kriminelle Vergangenheit ans Tageslicht bringen könnte, macht er seinem Namen alle Ehre, indem er seinem potentiellen Kontrahenten eines Nachts mit einem nicht weiter definierten schweren Gegenstand unbemerkt niederstreckt. Infolge dieses Attentats gerät Sturk in einen komatösen Zustand, aus dem er erst dann kurzzeitig wieder erwacht, als Black Dillon, ein ebenfalls mittelloser Chirurg, seinen versehrten Schädel erfolgreich trepaniert hat.[18] Lange bevor Dillon zur Tat schreitet, liefert der Text seinen Lesern einen indirekten Hinweis darauf, daß ein chirurgischer Eingriff zur Identifizierung des Mörders und zur Aufdeckung des Geheimnisses, das mit ihm assoziiert ist, unbedingt erforderlich sein wird. Am Tatort angelangt, verwendet Toole "his surgical scissors" (*HC* II, 157) in dezidiert kriminalistischer Absicht, indem er mit ihrer Hilfe den Umfang von Schuhabdrücken zu bestimmen versucht, die Dangerfield, ohne sich dessen bewußt zu sein, im aufgeweichten Waldboden hinterlassen hat. Kurze Zeit vor der Operation macht *The House by the Churchyard* unmißverständlich deutlich, daß ein Chirurg mit potentiellen Folter- und Mordinstrumenten hantiert; aus einer Kiste, die Dillon im Haus seines Patienten öffnet, kommen zunächst "several instruments, silver-mounted, straight and crooked, with awful adaptations to unknown butcheries and tortures" zum Vorschein, gefolgt von "the veritable trepan – resembling the homely bit-and-brace, but slender, sinister, and quaint, with a murderous sort of elegance" (*HC* III, 147). Mit der aus seiner Sicht unglaubwürdigen Tatsache konfrontiert, daß der komatöse Zustand, aus dem Dillon Sturk mit Hilfe des zuletzt genannten 'mörderisch eleganten' Instruments befreit, mehrere Monate lang andauert, sieht sich de Cresseron dazu genötigt, den Schreibprozeß zu unterbrechen, um einen Chirurgen persönlich aufzusuchen, der mit entsprechenden Fachkenntnissen ausgestattet ist. Dieser weiß von einem analogen Fall zu berichten, wobei er nicht versäumt, eine

---

[18] Achilles weist die Figur des ebenso amoralischen wie wissenschaftlich begabten Chirurgen als moderne Variante von Victor Frankenstein aus (vgl. Achilles, *Sheridan Le Fanu und die schauerromantische Tradition*, p. 221).

bibliographisch auffallend korrekte Angabe jenes Textes zu machen, auf dem seine Ausführungen basieren:

> I took occasion to ask the most eminent surgeon of my acquaintance, who at once quieted my doubts by detailing a very remarkable case cited by Sir A. Cooper in his lectures, Vol. I, p. 172. It is that of a seaman, who was pressed on board of one of his Majesty's ships, early in the revolutionary war; and while on board this vessel, fell from the yard-arm, and was taken up insensible, in which state he continued living for thirteen months and some days! (*HC* III, 129–30)

Vermittelt durch die Instanz eines vorgeblich renommierten Chirurgen, erteilt der Roman an dieser Stelle ironisch präzise Auskunft darüber, auf welchen medizinischen Prätext der fiktive Fall des Komapatienten Sturk indirekt Bezug nimmt. In der dreizehnten Vorlesung seiner 1821 publizierten *Series of Lectures on the most Approved Principles and Practice of Modern Surgery*, so der vollständige Titel des Buches, das Le Fanu augenscheinlich als Vorlage gedient hat, setzt sich Astley Cooper unter der Überschrift "On Injuries of the Head" mit verschiedenen Formen und möglichen Folgen von Schädelfrakturen auseinander. Dabei geht er wiederholt der Frage nach, unter welchen Umständen der Einsatz eines Trepans grundsätzlich in Erwägung zu ziehen sei. Als Beleg für seine These, "that there will be beneficial effects even from the late use of the trephine,"[19] führt Cooper die Fallgeschichte eines Seemanns an,

> who had fallen from the yard-arm of a ship; he was carried into the hospital of Gibraltar, but not recovering there his friends brought him home: a surgeon was consulted, and on examining him, he was satisfied that there was some pressure existing, which had produced and continued those symptoms of compression under which he had laboured for six months before: he was trephined, and the result was favourable.[20]

Als Komapatient, dessen vermeintlich hoffnungslosen Zustand der von de Cresseron konsultierte Chirurg mit der oben zitierten authentischen Fallgeschichte ausdrücklich in Verbindung bringt, ohne jedoch das überraschend glückliche Ende, die erfolgreiche Trepanation des Seemanns, mitzureferieren, tritt Sturk in ein schauriges Zwischenstadium ein: Er erweckt den Anschein,

---

[19] Astley Cooper, *A Series of Lectures on the most Approved Principles and Practices of Modern Surgery* (London, 1821), p. 151.

[20] Cooper, *A Series of Lectures*, p. 151.

weder tot noch lebendig zu sein.[21] "[W]hat was he better than a corpse already?" (*HC* II, 173) möchte der sichtlich irritierte Erzähler wissen, unmittelbar nachdem Toole und dessen Kollege Doctor Pell gemeinsam zu der Überzeugung gelangt sind, daß eine Trepanation im Fall von Sturk "certain and instantaneous death" (*HC* II, 172) zur Folge hätte. Bereits im 37. Kapitel, lange bevor Dangerfield versucht, ihn mit einem Schlag auf den Kopf ins Jenseits zu befördern, blickt der unglückliche Chirurg seinem eigenen Tod ins Auge. Tagsüber von Geldsorgen geplagt, träumt Sturk nachts von einem Bettler, dessen Körper einem sinnlich wahrnehmbaren Verwesungsprozeß unterworfen zu sein scheint ("he smells all over like carrion" [*HC* II, 35]); als er ihm gegenübertritt, schreckt Sturk aus dem Schlaf auf, um die Erkenntnis bereichert, im Traum die flüchtige Bekanntschaft eines moribunden Doppelgängers gemacht zu haben, der unschwer als Verkörperung seiner eigenen finanziell bedingten Zukunftsängste zu dechiffrieren ist: "Tis I' – he gasped out with an oath, and awoke in a horror, not knowing where he was. 'I – I'm dying" (*HC* II, 35). Sturks komatöser Zustand stellt lediglich einen Extrem-, doch keinen Einzelfall innerhalb des Romans dar, was die semantisch-strukturelle Verknüpfung der Basiskonzepte *life* und *death* betrifft, für die er paradigmatisch steht. Dem traurigen Beispiel des Chirurgen folgend, nimmt fast das gesamte übrige Personal früher oder später ebenfalls, wenn auch in der Regel kurzzeitig, die Gestalt von lebenden Toten an. Da sie fürchtet, die Besinnung zu verlieren, nachdem Dangerfield ihr die desolate finanzielle Situation ihres Mannes schonungslos vor Augen geführt und zugleich die Möglichkeit eines Kredits in Aussicht gestellt hat, setzt sich Mrs Sturk im 43. Kapitel "with a deathlike smile" (*HC* II, 37) auf einen Stuhl nieder; wenn Zekiel Irons Mervyn, in dessen Besitz sich das im Titel des Romans genannte Haus befindet, einen nächtlichen Besuch abstattet, starrt dieser unentwegt "on the cadaverous intruder" (*HC* II, 46); eine im Haus des Ehepaars Nutter angestellte Frau namens Moggy erscheint, als sie glaubt, Schritte ihres seit Tagen verschollenen Herrn vernehmen zu können, "herself as pale as a corpse" (*HC* II, 270). Von Sturk abgesehen, kehren insgesamt drei Figuren des Romans unvermutet aus dem Totenreich ins öffentliche Leben zurück. Während zunächst von Captain Cluffe, dann von Nutter ein (wenig später widerlegtes) Gerücht kursiert, demzufolge beide nacheinander in der Liffey ertrunken sind, jenem Fluß, dem Joyce den wahrscheinlich bekanntesten

---

[21] Zum *Life-in-Death*-Topos vgl. Achilles, *Sheridan Le Fanu und die schauerromantische Tradition*, p. 220.

Abschnitt seines Romans *Finnegans Wake* gewidmet hat,[22] geht Mervyn, ebenfalls zu Unrecht, davon aus, nachweisen zu können, daß Archer, Sturks erbitterter Kontrahent und geisterhaftes *alter ego*, längst nicht mehr am Leben sei. "I've recollected, since I saw you, a document concerning his death" (*HC* III, 65), versichert Mervyn in Gegenwart von Dangerfield, ohne zu ahnen, daß ausgerechnet jener Mann, dessen Tod er bescheinigen zu können glaubt, leibhaftig vor ihm steht. Indem Le Fanus Roman 'Leben' und 'Tod' permanent ineinanderblendet, verfolgt er eine Strategie, die, wissenschaftshistorisch gesehen, im Horizont der klinischen Medizin zu verorten ist.[23] Einen expliziten intertextuellen Bezug zu pathologischen Anatomen wie Bichat oder Corvisart, deren physiologische Theorien im vierten Kapitel dieser Arbeit skizziert worden sind, stellt *The House by the Churchyard* zwar nicht her. Doch anstatt *life* und *death* als diametral einander entgegengesetzte statische Größen zu fixieren, entwirft Le Fanu sie in seinem Roman – ganz im Sinne der beiden genannten französischen Mediziner – als Prozesse, die sich unentwegt gegenseitig durchdringen und überlagern, und versieht einen lebenden Toten mit einem Geheimnis, dessen Aufdeckung erst infolge eines riskanten operativen Eingriffs gelingt. "Can nothing be done to make him speak?" verlangt Dangerfield von Toole zu wissen und stellt zu Recht, wie sich gegen Ende des Romans bestätigt, fest: "Five minutes' consciousness would unravel the mystery" (*HC* II, 198). *The House by the Churchyard* endet, anders als von Dangerfield erwartet, mit einem unlösbaren Dilemma: Dillon trägt, indem er den Schädel seines Patienten trepaniert, einerseits maßgeblich zur Aufklärung des Verbrechens bei, andererseits vermag er nicht zu verhindern, daß Sturk, das Opfer des Verbrechens, kurze Zeit

---

[22] Daß und in welchen Hinsichten *Finnegans Wake* auf *The House by the Churchyard* verweist, zeigt Kevin Sullivan in seinem Essay "*The House by the Churchyard*: James Joyce and Sheridan Le Fanu" (*Modern Irish Literature: Essays in Honour of William York Tindall*, eds Raymond J. Porter and James D. Brophy [New York, 1972], pp. 315–34) auf.

[23] Ein weiteres Beispiel für eine Figur, die, in einen komatösen Zustand versetzt, temporär zwischen 'Leben' und 'Tod' situiert ist, findet sich in *The Wyvern Mystery*. Im dritten und letzten Teil des 1869, sechs Jahre nach *The House by the Churchyard*, publizierten Romans sieht sich ein namenloser, auf seine diagnostischen Funktionen reduzierter Mediziner mit dem letztlich hoffnungslosen Fall des Protagonisten Charles Fairfield konfrontiert: "The fever was abating, but never did the vital spark burn lower in living man. Seeing that life was so low in his patient, that there was nothing between it and death, the doctor ordered certain measures to be taken" (Joseph Sheridan Le Fanu, *The Wyvern Mystery*, ed. and with an introd. by Devendra P. Varma, 3 vols [New York, 1977 (1869)], III, 1).

nach der Operation erneut, und dieses Mal endgültig, das Bewußtsein verliert und stirbt. Dem kriminalistischen Rekonstruktionsprozeß, der mit Sturk und Archer assoziiert ist und der weite Strecken des Handlungsverlaufs dominiert, setzt Le Fanu im zwölften Kapitel seines Romans "An Authentic Narrative of the Ghost of a Hand" (*HC* I, 119) entgegen. Als Schauplatz dieser vorgeblich authentischen Gespenstergeschichte, mittels derer sich *The House by the Churchyard* in sowohl generischer als auch topographischer Hinsicht narratives Neuland erschließt, fungiert ein außerhalb von Chapelizod situiertes herrschaftliches Haus, genauer: "that awful old haunted habitation, the Tiled House 'beyant at Ballyfermont'" (*HC* I, 111), wie Sally, die Kammerzofe von Lilias Walsingham, in Gegenwart ihrer sittsamen Herrin betont abschätzig formuliert. Außerstande, eine rationale Erklärung für die in der Kapitelüberschrift angekündigte geisterhafte Erscheinung anbieten zu können, erstattet de Cresseron über eine Reihe von Vorfällen Bericht, als deren Initiator eine "fat but aristocratic-looking hand" (*HC* I, 122) figuriert. Diese versetzt die ehemaligen Bewohner des *Tiled House*, eine Familie namens Prosser, mit zunehmendem Erfolg in Angst und Schrecken, indem sie vorzugsweise zur Abend- oder Nachtzeit an verschiedenen Orten außer- und innerhalb des Hauses unvermutet auftaucht, um an der Tür zu kratzen, Abdrücke zu hinterlassen oder in Gestalt einer Kröte der schlafenden Ehefrau bedrohlich nahe zu kommen.[24] Daß diese Geschichte, die als Musterexemplar ihrer Gattung Einzug in diverse Anthologien gehalten hat, aus dem narrativen Gesamtkontext des Romans herausfalle, ist innerhalb der Le Fanu-Forschung wiederholt unterstellt worden. "The career of this plump, slightly moist hand is one of the sensational passages for which Sheridan Fe Fanu is celebrated. But within *The House by the Churchyard*, the incident is quite pointless,"[25] konstatiert etwa W. J. McCormack, um ein markantes Beispiel zu zitieren, in *Sheridan Le Fanu and Victorian Ireland*. Einer Position, wie McCormack sie in seiner einflußreichen biographischen Studie vertritt,[26] ist dezidiert zu widersprechen. Doch bevor im folgenden abschließenden Teil dieses Kapitels die Frage zu klären sein wird, aus welchen Gründen Le Fanu eine ver-

---

[24] Achilles zufolge spaltet Le Fanu in seiner Gespenstergeschichte eine Wiedergängergestalt "in zwei Ersatzbildungen" auf: "die partikularisierend synekdochische der Hand und die nur angedeutete tierische der Kröte" (Achilles, *Sheridan Le Fanu und die schauerromantische Tradition*, p. 217).

[25] W. J. McCormack, *Sheridan Le Fanu and Victorian Ireland* (Oxford, 1980), p. 142.

[26] Vgl. ferner: Begnal, *Joseph Sheridan Le Fanu*, p. 49.

meintlich 'sinnlose' Gespenstergeschichte in seinen Roman eingelagert hat, gilt es zu demonstrieren, daß *The House by the Churchyard* keineswegs der erste und einzige Erzähltext des Autors ist, der abgetrennten Gliedmaßen Interesse entgegenbringt.

Am Beginn von Le Fanus literarischer Karriere steht "The Ghost and the Bone-Setter," eine 1838 im *Dublin University Magazine* publizierte kurze Erzählung, deren Protagonist, ein Orthopäde namens Terry Neil, von Berufs wegen darauf spezialisiert ist, mit gegebenenfalls erheblichem körperlichen Einsatz auf das menschliche Knochengerüst einzuwirken.[27] "[T]here never was such breakin' and mendin' of bones known in the memory of man,"[28] versichert der Sohn des Mediziners und erteilt, ebenfalls voller Stolz, Auskunft darüber, wie dieser dem Geist eines kürzlich verstorbenen, zu Lebzeiten permanent alkoholisierten Gutsherrn den Garaus macht, der, einem althergebrachten Brauch folgend, regelmäßig mitten in der Nacht aus seinem Bild heraussteigt, um sich selbst und seine Friedhofsgenossen mit frischem Wasser zu versorgen. Aus der Sicht des fiktiven Herausgebers dient die in "The Ghost and the Bone-Setter" erzählte Gespenstergeschichte als Beleg für einen seinerzeit in Irland weitverbreiteten Aberglauben, "namely, that the corpse last buried is obliged, during his juniority of interment, to supply his brother tenants of the churchyard in which he lies, with fresh water to allay the burning thirst of purgatory."[29] Dem Bestreben des Geistes, aus einem Gemälde, auf dem er selbst abgebildet ist, herauszutreten (ein Motiv, das seit Horace Walpoles *The Castle of Otranto* zum Inventar der englischen Schauerliteratur gehört), scheint nicht nur Neil Einhalt gebieten zu wollen, sondern auch der Text selbst. Dieser Eindruck, der auf den ersten Blick unhaltbar erscheinen mag, drängt sich in Anbetracht der Tatsache auf, daß Le Fanu "The Ghost and the Bone-Setter" mit einem außergewöhnlich komplexen, vorgeblich stabilen Erzählrahmen ausgestattet hat; zunächst ergreift der bereits erwähnte Herausgeber das Wort, gefolgt von Francis Purcell, jenem biederen Geistlichen, dessen Nachname im Titel von Le Fanus *Purcell Papers*, einer als Konkurrenzprojekt zu Dickens' *Pickwick Papers* angelegten Sammlung narra-

---

[27] Auf diesen Text gehen unter anderem Melada (*Sheridan Le Fanu*, p. 14) und Joseph Browne ("Ghosts, Ghouls and Le Fanu," *The Canadian Journal of Irish Studies*, 8 [1982], 5–15, besonders p. 6) ein.

[28] Joseph Sheridan Le Fanu, "The Ghost and the Bone-Setter," *The Purcell Papers*, by Joseph Sheridan Le Fanu, 3 vols, ed. and with an introd. by Robert Lee Wolff (New York and London, 1979 [1838]), I, p. 7.

[29] Le Fanu, "The Ghost and the Bone-Setter," p. 3.

tiver Texte, auftaucht, woraufhin der penetrant devote Sohn des Protagonisten zur Feder greift, bis schließlich Neil selbst sein Glück als Geschichtenerzähler versucht, dessen einziger Zuhörer, der Verwalter des Schlosses, in dem sich das Porträt des verstorbenen Gutsherrn befindet, allerdings zunehmend von Müdigkeit übermannt wird. Nachdem also insgesamt vier ausschließlich männliche Erzählerfiguren die Staffel untereinander weitergereicht haben, klärt der Text seine Leser darüber auf, warum ausgerechnet Neil in seiner Funktion als grobschlächtiger "bone-setter" dazu geeignet ist, dem Spuk ein Ende zu bereiten. Aufgrund von gesundheitlichen Problemen ("the wakeness in my leg"[30]) bittet das Gespenst den Mediziner inständig um Hilfe. Doch anstatt seinen untoten Patienten fachgerecht zu behandeln, reißt Neil ihm das 'lahme' Bein kurzerhand aus: "[H]e let a screech out, you'd think the room id fairly split with it, an' made one chuck that sent the leg clane aff his body in my father's hands."[31] Während Le Fanu die physische Verstümmelung, die er am Ende von "The Ghost and the Bone-Setter" in Szene setzt, ins grotesk Komische verlagert, bleibt Maud Ruthyn, der minderjährigen Ich-Erzählerin seines mehr als 25 Jahre später publizierten Bestsellers *Uncle Silas*, kein blutiges Detail erspart, wenn ihre Cousine Lady Knollys sie über den Zustand jener männlichen Leiche informiert, die lange vor ihrer Geburt im Haus ihres Onkels und Vormunds entdeckt worden war: "Then, although his own razor was found in that dreadful blood (it is shocking to have to hear all this) near his right hand, the fingers of his left were cut to the bone."[32] In "Green Tea," 1872 als erste von insgesamt fünf *horror stories* veröffentlicht, aus denen *In A Glass Darkly*, seine nach wie vor populärste Sammlung von Erzähltexten, besteht, greift Le Fanu das Motiv der verstümmelten Hand erneut auf, wobei er es zugleich, anders als in *Uncle Silas*, mit reflexivem Potential versieht. Um eine Rechtfertigung seiner eigenen narrativen wie auch editorischen Ambitionen bemüht, blickt der Erzähler, der vorgibt, "carefully educated in medicine and surgery"[33] zu sein, zu Beginn der Erzählung auf einen vermeintlich harmlosen Arbeitsunfall zurück. Dieser hat seiner eigenen Auskunft nach zur Folge gehabt, daß er keine der beiden genannten Disziplinen jemals zu seinem Beruf machen konnte:

---

[30] Le Fanu, "The Ghost and the Bone-Setter," p. 24.
[31] Le Fanu, "The Ghost and the Bone-Setter," p. 25.
[32] Le Fanu, *Uncle Silas*, p. 151.
[33] Joseph Sheridan Le Fanu, "Green Tea," *In A Glass Darkly*, by Joseph Sheridan Le Fanu, ed. and with an introd. by Robert Tracy (Oxford and New York, 1993 [1872]), p. 5.

> Neither idleness nor caprice caused my secession from the honourable calling which I had just entered. The cause was a very trifling scratch inflicted by a dissecting knife. This trifle cost me the loss of two fingers, amputated promptly, and the more painful loss of my health, for I have never been quite well since, and have seldom been twelve months together in the same place.[34]

Infolge eines 'Kratzers', den er sich während seiner Studienzeit mit einem Seziermesser versehentlich selbst zugefügt hat, dazu genötigt, seinen ehemaligen Berufswunsch endgültig aufzugeben, arbeitet der gelernte Mediziner statt dessen als Sekretär von Martin Hesselius, einem ebenfalls fiktiven deutschen Arzt, dessen "immense collection of papers"[35] ihm zur Bearbeitung vorliegt. Als Herausgeber von Fallgeschichten, aus denen er eine kleine Auswahl trifft, um sie der Öffentlichkeit in Form der unter dem Titel *In A Glass Darkly* versammelten Erzähltexte vorzulegen, verfolgt er ein Projekt, das ihn in die Lage versetzt, Jahrzehnte nach seinem eingangs geschilderten Unfall ein weiteres Mal, allerdings nicht am eigenen Körper und ohne Zuhilfenahme eines Seziermessers, 'Kürzungen' vorzunehmen:

> I am a faithful, though I am conscious, by no means a graceful translator, and althought here and there, I omit some passages, and shorten others and disguise names, I have interpolated nothing,[36]

beteuert der Erzähler am Ende des Prologs, um auf diese Weise das zu Beginn verwendete Motiv der Fragmentierung in den poetologisch relevanten Bereich der Textbearbeitung und -produktion zu überführen. Ebenfalls lesbare Spuren, allerdings primär in Form von Briefen, hinterläßt das im Titel von *Wylder's Hand* genannte Greif- und Schreiborgan, das im Gegensatz zur Hand jenes medizinisch geschulten Erzählers, mit dessen ungewollter Selbstverstümmelung "Green Tea" einsetzt, bis zuletzt unversehrt bleibt. Bereits im ersten Kapitel des 1864, ein Jahr nach *The House by the Churchyard*, publizierten Romans begegnet die für den gesamten Handlungsaufbau grundlegende Thematik der Handschrift. "The handwriting I knew as one sometimes knows a face, without being able to remember who the plague it belongs to,"[37] merkt der ebenfalls auf

---

[34] Le Fanu, "Green Tea," p. 5.
[35] Le Fanu, "Green Tea," p. 5.
[36] Le Fanu, "Green Tea," p. 6.
[37] Joseph Sheridan Le Fanu, *Wylder's Hand*, ed. and with an introd. by Devendra P. Varma, 3 vols (New York, 1977 [1864]), I, 6.

den Namen Charles de Cresseron getaufte Erzähler an, nachdem er einen Brief zufällig wiederentdeckt hat, der aus der Feder des Protagonisten Mark Wylder stammt. Dessen plötzliches Verschwinden sorgt unter dem übrigen Personal des Romans, das fast ausschließlich auf die topographisch wie dynastisch strikt voneinander abgegrenzten Hauptschauplätze *Brandon Hall* und *Redman's Farm* aufgeteilt ist, nachhaltig für Irritation, zumal innerhalb weniger Monate eine Serie von Briefen, die allesamt mit der Unterschrift "Mark Wylder" versehen sind, aus dem europäischen Ausland im zuerst genannten herrschaftlichen Anwesen eintrifft. Dies nimmt eine Reihe von Figuren zum Anlaß dafür, in kriminalistischer Manier der Frage nachzugehen, ob und inwieweit Handschriften tatsächlich Rückschlüsse auf die Identität des jeweiligen Autors zulassen, wie de Cresseron in der Eingangssequenz behauptet. Josiah Larkin etwa, ein mit detektivischem Spürsinn ausgestatteter Rechtsanwalt, der stets auf seinen eigenen materiellen Vorteil bedacht ist, gelangt nach der Lektüre eines Briefes im dritten und letzten Band zu folgendem Resultat:

> It was not addressed in Mark Wylder's hand – not the least like it. Mark's was a bold, free hand, and if there was nothing particularly elegant, neither was there anything that could be called vulgar in it.[38]

Daß Mark Wylder keine *continental tour* unternimmt, wie mit Hilfe der nachweislich gefälschten Briefe suggeriert werden soll, sondern von seinem Rivalen Stanley Lake kaltblütig ermordet und auf halber Strecke zwischen *Brandon Hall* und *Redman's Farm* an einem Waldsee begraben worden ist (allerdings, entgegen dessen Absicht, nicht tief genug), zeigt sich im vorletzten Kapitel des Romans. Unter der Überschrift "Mark Wylder's Hand," die aufgrund der Doppeldeutigkeit des Semems "mark" auch als an die Leser gerichtete Aufforderung zu verstehen ist, erteilt de Cresseron Auskunft darüber, wie Lake während eines Ritts durch den besagten Wald tödlich verunglückt, als sein Pferd vor einer Hand, die aus dem Boden ragt, scheut und ihn unter sich begräbt:

> It was, indeed, a human hand and arm, disclosed from about the elbow, enveloped in a discoloured coat-sleeve, which fell back from the limb, and the fingers, like it black,

---

[38] Le Fanu, *Wylder's Hand*, III, 1. Im zweiten Band gerät Wylder während seiner Abwesenheit kurzzeitig unter Verdacht, verschleppt, eingesperrt und/oder gegen seinen Willen trepaniert worden zu sein: "Trepanned, kidnapped, hid away in the crypt of some remote madhouse – reduced to submission by privation and misery – a case as desperate as that of a prisoner in the Inquisition" (ebd., II, 273).

were extended in the air. Nothing more of the body to which it belonged, except the point of knee, in stained and muddy trousers, protruding from the peat, was visible.[39]

In Passagen wie dieser entwirft Le Fanu das Verfahren einer potenzierten Deixis, indem er den Blick des Lesers auf eine Hand lenkt, die ihrerseits auf ein Ereignis der Vergangenheit verweist und durch "a character both of menace and appeal"[40] gekennzeichnet ist. Wylders Hand, deren Finger mahnend in die Höhe gestreckt sind, steht in dem nach ihr benannten Roman paradigmatisch für die Wiederkehr des Toten.[41] Ein expliziter Hinweis darauf, daß diese Thematik, die in *The House by the Churchyard* ebenfalls begegnet (dort allerdings auf nahezu sämtlichen Handlungsebenen), findet sich bereits im ersten Kapitel. Darin setzt sich de Cresseron mit der Geschichte der Wylderschen Dynastie auseinander, deren Wappen in kaum verschlüsselter Form auf das Finale des Romans vorausdeutet: "The Wylders of Brandon appear very early in history; and the Wylder arms, with their legend, 'resurgam', stands in bold relief over the great door of Brandon Hall."[42] Mindestens ebenso bemerkenswert wie die Inschrift ("resurgam"), die zudem einem Ring des Protagonisten eingraviert ist, erscheint die Tatsache, daß das piktorale Hauptelement des Wappens, die Waffen ("arms"), derselben Isotopie zuzuordnen ist wie eben jene Hand, die im Finale des Romans aus dem Boden ragt. *Wylder's Hand* mit *The House by the Churchyard* in Relation zu setzen, liegt ferner deshalb nahe, weil das Motiv der Gespensterhand, das im Zentrum der folgenden Überlegungen steht, in dem erzähltechnisch ungleich weniger komplexen Nachfolgeroman ebenfalls (wenn auch nur flüchtig) Verwendung findet. Als er in *Brandon Hall* zu Gast ist und in einem Zimmer des stattlichen Anwesens eine Nacht verbringt, drängt sich de Cresseron im Schlaf plötzlich der Eindruck auf, daß ihm etwas die Kehle zuzuschnüren versucht:

> I felt myself seized by the throat and unable to stir or to breathe. After a struggle with this infernal garotter, I succeeded in awaking myself; and as I did so, I felt a rather cold hand resting on my throat, and quietly passed up over my chin and face.[43]

---

[39] Le Fanu, *Wylder's Hand*, III, 266–67.
[40] Le Fanu, *Wylder's Hand*, III, 267.
[41] Vgl. hierzu Achilles, *Sheridan Le Fanu und die schauerromantische Tradition*, p. 227.
[42] Le Fanu, *Wylder's Hand*, I, 8.
[43] Le Fanu, *Wylder's Hand*, I, 44.

An dieser Stelle erfährt de Cresseron scheinbar am eigenen Leibe, wovon sein Namensvetter im zwölften Kapitel von *The House by the Churchyard* aus sicherer historischer Distanz berichtet. Doch während *The House by the Churchyard* eine Antwort auf die Frage, wie der Spuk überhaupt zu erklären sei, strikt verweigert, löst *Wylder's Hand* das Rätsel schnellstmöglich auf. Noch vor Ort, kurze Zeit nachdem er seinen mutmaßlichen Angreifer erfolgreich abgewehrt hat, erkennt de Cresseron im Halbdunkel des Schlafzimmers, der Tradition des *explained supernatural* entsprechend, anstelle einer Gespensterhand lediglich "the green eyes of a large cat."[44]

Die im zwölften Kapitel von *The House by the Churchyard* erzählte Gespenstergeschichte, an die sich, wie im letzten Abschnitt aufgezeigt wurde, andere narrative Texte des Autors anschließen lassen, ist durch ein dichtes Netz von Verweisen mit fast sämtlichen Handlungsebenen des Romans verbunden. Daß diese Geschichte – entgegen der von McCormack formulierten These, derzufolge sie innerhalb des Textes selbst keine ersichtliche Funktion erfüllt – aus dem narrativen Gefüge des Romans nicht vollständig ausgelagert ist, gibt Le Fanu seinen Lesern bereits im elften Kapitel auf subtile Weise zu erkennen. Durch die Berichte ihrer Zofe Sally gleichermaßen angeregt wie abgeschreckt, beschwört Lilias Walsingham in ihrer Vorstellung ein Bild des *Tiled House* herauf, dessen "peculiar malign, sacred, and *skulking* aspect"[45] (*HC* I, 112) auf das in der Eingangssequenz vorgestellte Zentralmotiv, Sturks trepanierten Schädel ("skull"), indirekt anspielt. Nachdem das Unheimliche im zwölften Kapitel in Gestalt einer Gespensterhand Einzug in den Roman gehalten hat, fungiert es im weiteren Verlauf der Handlung wiederholt, zumal in Zusammenhang mit Archer/Dangerfield, als semantische Bezugsgröße. Um den vorgeblich essentiell bösartigen Sonnenbrillenträger zu charakterisieren, macht de Cresseron im dritten Teil des Romans von Kategorien wie "ghoul" (*HC* III, 214), "vampire" (*HC* II, 175 und III, 215) und "wher-wolf" (*HC* III, 197, 214) Gebrauch, deren Herkunftsort eindeutig die Schauer-, nicht die Kriminalliteratur ist; an einer Stelle apostrophiert er ihn sogar, ohne ausdrücklich auf jene abgetrennte Hand zu rekurrieren, die im *Tiled House* ihr Unwesen treibt, als "off-handed man" (*HC* II, 299). Kein anderer Teil des menschlichen Körpers gerät in *The House by the Churchyard* so häufig ins Blickfeld wie der zuletzt genannte. Wie etwa der Überschrift des 17. Kapitels zu entnehmen ist, erhält Puddock "a rap over the knuckles" (*HC* I, 170), während Black Dillons "bony hand" (*HC* III, 136) einen

---

[44] Le Fanu, *Wylder's Hand*, I, 44.
[45] Meine Hervorhebung, M. B.

markanten Kontrast zur "stumpy, red hand" (*HC* III, 244) des ungleich weniger fingerfertigen Chirurgen Toole bildet; und schließlich verleiht der Erzähler seiner strikten Weigerung, detailliert auf jenes opulente Hochzeitsfest einzugehen, mit dem *The House by the Churchyard*, dem generischen Muster einer Komödie folgend, endet,[46] wie folgt Ausdruck: "The reader's fancy will take the business off my hands" (*HC* III, 311). Anhand der Familie Prosser führt der Roman seinen Lesern vor Augen, wie die im *Tiled House* errichtete bürgerliche Ordnung aufgrund eines ebenso schaurigen wie un(be)greifbaren Störenfrieds, der in sie eindringt, allmählich aus den Fugen gerät. Der von einer Gespensterhand verursachte Destabilisierungsprozeß droht sich auf verschiedenen Ebenen der Haupthandlung in entsprechend modifizierter Form zu wiederholen. Dies ist, ansatzweise zumindest, dort der Fall, wo Sturk während eines Traumes zu seinem eigenen Entsetzen unerwartet Besuch von einem längst verstorbenen Soldaten namens Tom Dunstan erhält, "with whose very knock at the door or thump at the partition-wall he was as familiar as with his own wife's voice" (*HC* I, 262), sowie insbesondere auch dort, wo Mary Matchwell, Charles Nutters erste Ehefrau, in Aktion tritt, um Sally Nutter aus ihrer vertraglich geregelten Position und folglich zugleich aus dem Haus ihres seit Tagen vermißten Mannes zu verdrängen.[47] "I'm Mrs Nutter, which the woman up stairs *is not*. I'm Mrs Nutter, and *you're my* servants, do ye mind?" (*HC* III, 31) Dies verkündet die als "evil spirit" (HC II, 104) klassifizierte, angeblich geisteskranke Frau, als sie sich an die versammelte Dienerschaft jenes Hauses wendet, aus dem Nutter sie nach seiner Rückkehr in der Manier eines Exorzisten wieder vertreibt. Anstatt die Eingangstür zu benutzen, steigt Matchwell, eine von seiten des Erzählers glei-

---

[46] Darauf, daß sich die Narration in *The House by the Churchyard* im Spannungsfeld zwischen zwei konträren christlichen Ritualen, einer Beerdigung und einer Hochzeit, bewegt, ist in der Forschungsliteratur wiederholt hingewiesen worden; vgl. Bown, "Introduction," p. xi; Gates, "'A Dish of Village Chat,'" p. 68.

[47] Julian Moynahan hat darauf aufmerksam gemacht, daß Le Fanus *gothic fiction* in mehreren Fällen (dämonische) 'Besessenheit' und (ökonomischen) 'Besitz' miteinander in Relation setzt: "[I]n Le Fanu's fiction there is a significant interplay, sometimes a willed confusion between the idea of possession, by apparent ghosts or demons, and the idea of dispossession, as in the loss of property, power, status" (Julian Moynahan, "The Politics of Anglo-Irish Gothic: Maturin, Le Fanu and 'The Return of the Repressed,'" *Studies in Anglo-Irish Literature*, ed. Heinz Kosok [Bonn, 1982], p. 50); vgl. dazu ferner: Victor Sage, "Resurrecting the Regency: Horror and Eighteenth-Century Comedy in Le Fanu's Fiction," *Victorian Gothic: Literary and Cultural Manifestations in the Nineteenth Century*, eds Ruth Robbins and Julian Wolfreys (Houndmills, Basingstoke, 2000), pp. 12–30.

chermaßen pathologisierte wie dämonisierte Figur, durch ein Fenster ins Innere des Gebäudes, das sie letzten Endes vergeblich in Besitz zu nehmen versucht. Nachdem sie unter dem Vorwand, eine Händlerin zu sein, mit zwei Hausangestellten ein Geschäft vereinbart hat, macht sie bezeichnenderweise dadurch auf sich aufmerksam, daß sie zunächst lediglich ihre Hände durch die Fensteröffnung hindurchstreckt: "And in came the woman's hard, brown hand, palm open, for her money, and the other containing the jewel, after which the vain soul of Moggy lusted" (*HC* III, 30).

Bevor de Cresseron damit beginnt, die seiner eigenen Auskunft nach bisher ausschließlich mündlich tradierte Gespenstergeschichte erstmals schriftlich zu fixieren, ordnet er sie zu Beginn des zwölften Kapitels in die Rubrik "marvels, fabulae, what our ancestors called winter's tales" (*HC* I, 119) ein. Indem de Cresseron die in der Kapitelüberschrift angekündigte "Authentic Narrative" als "winter's tale" kennzeichnet, macht er von einer ansonsten wenig erprobten Gattungsbezeichnung Gebrauch, mittels derer er sich im Prolog zum aufmerksamen Rezipienten und Sammler von 'Wintergeschichten' stilisiert hatte (vgl. *HC* I, 16). Die erneute Verwendung desselben generischen Etiketts in dem oben skizzierten Kontext ist als unverschlüsselter intertextueller Verweis zu verstehen. *The Winter's Tale*, Shakespeares 1611 uraufgeführte Romanze, ist für *The House by the Churchyard* in zwei Hinsichten von Bedeutung – zunächst und vor allem deshalb, weil sie, ebenso wie Le Fanus mehr als 250 Jahre später verfaßte *sensation novel*, 'Leben' und 'Tod' semantisch kreuzt. Nachdem Leontes sechzehn Jahre lang davon ausgegangen ist, daß seine Frau Hermione, von ihm zu Unrecht des Ehebruchs bezichtigt und eingekerkert, in dem Augenblick, als sie die Nachricht vom Tod ihres Sohnes Mamillius erhielt, vor Kummer selbst gestorben sei, enthüllt Paulina unter dem Vorwand, der Königin posthum ein Denkmal setzen zu wollen, in ihrem Haus vor den Augen des gramgebeugten Königs eine vermeintlich leblose Statue:

> Paulina
>     As she lived peerless,
> So her dead likeness I do well believe
> Excels whatever yet you looked upon,
> Or hand of man hath done; therefore keep it
> Lonely, apart. But here it is: prepare
> To see the life as lively mocked as ever
> Still sleep mocked death. Behold, and say 'tis well!

> Paulina draws a curtain, and reveals Hermione,
> standing like a statue
> (V.2.14–19)[48]

Fast sämtliche Elemente der Konstellation, die Shakespeare in der Schlußszene seines Dramas aufbaut, tauchen in *The House by the Churchyard* in entsprechend modifizierter Form wieder auf, und zwar dort, wo die im zwölften Kapitel (nach-)erzählte Gespenstergeschichte ihren Kulminationspunkt erreicht. Als Mr. Prosser eines Nachts vor das Bett seiner schlafenden Frau tritt, bietet sich ihm ein ähnlich trügerischer Anblick dar wie Leontes in *The Winter's Tale*. Dem Beispiel von Hermione folgend, nimmt Mrs Prosser, allerdings ohne dabei als Kunstobjekt zur Schau gestellt zu werden, kurzzeitig die Gestalt einer Scheintoten an, die hinter einem Vorhang verborgen ist: "He drew the curtain at the side of the bed, and saw Mrs Prosser lying, as he for a few seconds mortally feared, dead, motionless, white, and covered in a cold dew" (*HC* I, 128). Wenn Dangerfield im dritten Band Sturk in dessen Haus besucht, muß auch er, ebenso wie Mr. Prosser, einen Vorhang zur Seite schieben, um einen lebenden Toten betrachten zu können. Dessen Situation vergleicht de Cresseron signifikanterweise mit der eines Figurentyps, wie er ansonsten ausschließlich in dramatischen Texten begegnet: "Then he drew the curtain, and looked on Doctor Sturk. There lay the hero of the tragedy, his smashed head strapped together with sticking-plaster, and a great white fold of fine linen" (*HC* III, 79). Ein weiterer Passus aus *The Winter's Tale*, mit dem *The House by the Churchyard* in Relation zu setzen ist, findet sich in der ersten Szene des zweiten Aktes. Von seiner Mutter dazu aufgefordert, eine Geschichte zu erzählen, entscheidet sich Mamillius auf Anhieb für ein Genre, das Le Fanu nur allzu vertraut ist:

> Mamillius
> > A sad tale's best for winter. I have one
> > Of sprites and goblins.
>
> Hermione
> > > Let's have that, good sir.
> > Come on, sit down; come on, and do your best
> > To fright me with your sprites. You're powerful at it.
>
> Mamillius
> > There was a man –

---

[48] William Shakespeare, *The Winter's Tale*, ed. Stephen Orgel (Oxford and New York, 1996), p. 225.

Hermione
                    Nay, come sit down; then on.
Mamillius
                    Dwelt by a churchyard – I will tell it softly:
                    Yond crickets shall not hear it.
                    (II.1.25–31)[49]

Nachdem Mamillius zunächst den Protagonisten ("a man"), dann den Schauplatz seiner Geschichte ("a churchyard") benannt hat, bricht die im sanften Flüsterton vorgetragene "winter's tale" abrupt ab. Mamillius hat keine Gelegenheit mehr, sie weiterzuerzählen, da er kurze Zeit später stirbt. In *The House by the Churchyard* greift Le Fanu den losen Erzählfaden wieder auf, um darin seine Version eines 'Wintermärchens' zu entwickeln.[50]

Was Le Fanu in seinem Roman schlicht "the ghost of a hand" nennt, stellt eine prekäre Variante der "hand of glory" dar, eines aus abergläubischen Traditionen abgeleiteten literarischen Motivs, dessen Geschichte bis ins achtzehnte Jahrhundert zurückzuverfolgen ist.[51] In seinem *Provincial Glossary*, 1787 erstmals publiziert, legt Francis Grose unter der Überschrift "Of the Hand of Glory, which is made use of by housebreakers, to enter into houses at night, without fear of opposition" dar, welche Maßnahmen einem seinerzeit in England populären Aberglauben zufolge erforderlich sind, um die Hand eines exekutierten Delinquenten in ein Instrument umzufunktionieren, mit dessen Hilfe Einbrecher ungestört zur Tat schreiten können:

---

[49] Shakespeare, *The Winter's Tale*, p. 120.

[50] Neben *The Winter's Tale* sind noch eine Reihe weiterer Shakespeare-Dramen wie zum Beispiel *Hamlet*, *Othello* und *Macbeth* zu nennen, zu denen *The House by the Churchyard* explizite intertextuelle Bezüge herstellt. Zahlreiche dieser Verweise sind über Puddock organisiert, der als Laiendarsteller, ungeachtet seines Sprachfehlers, nicht müde wird, seinen Lieblingsdramatiker zu zitieren. Eine weitestgehend unkommentierte Aufzählung jener Shakespeare-Dramen, auf die *The House by the Churchyard* anspielt, findet sich bei McCormack (*Dissolute Characters*, p. 40).

[51] Jolanta Nalecz-Wojtczak zufolge besteht Le Fanu literaturgeschichtliches Verdienst unter anderem darin, Elemente der irischen Folklore in die Tradition der *gothic fiction* eingebracht zu haben. Auf das Motiv der "Hand of Glory," das innerhalb der zeitgenössischen englischen 'Volkskultur' zu verorten ist, kommt sie in diesem Zusammenhang allerdings nicht zu sprechen (vgl. "Joseph Sheridan Le Fanu and New Dimensions for the English Ghost Story," *Literary Interrelations: Ireland, England and the World*, II: *Comparision and Impact*, eds Wolfgang Zach and Heinz Kosok [Tübingen, 1987], p. 193).

> Take the hand, left or right, of a person hanged, and exposed on the highway; wrap it up in a piece of a shroud, or winding sheet, in which let it be well squeezed, to get out any small quantity of blood that may have remained in it; then put it into an earthen vessel with zimat, salpetre, salt, and long pepper, the whole well powdered; leave it fifteen days in that vessel; afterwards take it out, and expose it to the noontide sun in the dog days, till it is thoroughly dry; and if the sun is not sufficient, put it into an oven heated with fern and vervain: then compose a kind of candle with the fat of a hanged man, virgin wax, and sisame of Lapland. The Hand of Glory is used as a candlestick to hold this candle, when lighted. Its properties are, that wheresoever any one goes with this dreadful instrument, the persons to whom it is presented will be deprived of all power of motion.[52]

Zwischen der "Hand of Glory," über deren Entstehungsprozeß und Nutzen Grose hier detailliert Auskunft erteilt, und jenem mindestens ebenso rätselhaften Greiforgan, von dem *The House by the Churchyard* erzählt, besteht in drei Hinsichten eine entfernte Verwandtschaft. Ausgestattet mit dem Potential, die Ordnung eines bürgerlichen Hausstandes fundamental zu destabilisieren, sind beide durch dieselbe Vokabel (das Substantiv respektive Adjektiv "fat") gekennzeichnet; was Grose zufolge als Mittel zur Herstellung einer Kerze dient, überträgt Le Fanu, ohne explizit auf dessen *Provincial Glossary* zu verweisen, auf die Gespensterhand selbst. Auch die Totenstarre, in die Mrs Prosser fällt, als der nächtliche Besucher sich ihrer Kehle kriechend nähert, ist in Groses *Glossary* – genauer: am Ende des oben zitierten Abschnitts – präfiguriert. Nachdem Grose, in der Absicht, zeitgenössische abergläubische Vorstellungen und Praktiken zu dokumentieren, ein vorgeblich authentisches Portrait der "Hand of Glory" gezeichnet hat, wandert diese in der ersten Hälfte des neunzehnten Jahrhunderts durch die englische Literatur, um in so heterogenen Texten wie Walter Scotts historischem Roman *The Antiquary*, 1816 anonym publiziert, und Richard Harris Barhams *The Ingoldsby Legends*, einer ihrerzeit enorm erfolgreichen Balladensammlung, Spuren zu hinterlassen. Im 17. Kapitel von *The Antiquary* klärt Mr. Dousterwivel, ein gebürtiger Westfale mit Neigung zum Mystizismus, die an Kuriositäten aller Art interessierte Titelfigur Jonathan Oldbuck auf deren ausdrücklichen Wunsch hin darüber auf, wann, wo und zu welchem Zweck die "hand of glory" seines Erachtens zum Einsatz gelangt ist:

---

[52] Francis Grose, *A Provincial Glossary, with a Collection of Local Proverbs, and Popular Superstitions* (London, 1811 [1787]), pp. 74–75.

De hand of glory, my goot Master Oldenbuck, which is a vara great and terrible secrets – which de monksh used to conceal their treasures when they were driven from their cloisters by what you call de Reform.[53]

Statt sich wie Scott, dessen Roman Le Fanu im Vorwort zu *Uncle Silas* als Beleg für seine zu Beginn dieses Kapitels skizzierte These anführt, derzufolge die generischen Grenzen zwischen *historical* und *sensational fiction* fließend sind, mit einem flüchtigen Verweis zu begnügen, macht Barham die "hand of glory" im Rahmen seiner *Ingoldsby Legends* zum Protagonisten einer gleichnamigen Schauerballade. Deren Refrain beschwört die betäubende Wirkung des Zaubers, von dem Grose bereits fünfzig Jahre zuvor zu berichten wußte, ebenso lust- wie effektvoll herauf: "Sleep all who sleep! – Wake all who wake!/ But be as the Dead for the Dead Man's sake!"[54] Indem Le Fanu im zwölften Kapitel seines Romans zur Darstellung bringt, wie eine Gespensterhand Einzug in das Haus einer bürgerlichen Kleinfamilie hält, um darin Unheil zu stiften, nimmt er indirekt auf eine Motivtradition Bezug, mit der er zugleich entschieden bricht. Denn im strikten Gegensatz zu Autoren wie Grose, Scott, Barham oder, um einen prominenten Exponenten der französischen Romantik anzuführen, Gérard de Nerval, dessen 1832 publizierte Erzählung "La Main enchantée"[55] das im ursprünglichen Titel "La Main de la gloire" explizit benannte Motiv – nachweislich zu Unrecht – auf den scholastischen Philosophen Albertus Magnus zurückführt, gibt Le Fanu seinen Lesern auf die naheliegende Frage, woher, genauer: von wem die Hand eigentlich stamme, bis zuletzt keine Antwort.[56] Prinzipiell außerstande, fundierte Angaben über die Herkunft der Hand machen zu können, stuft de Cresseron die Geschichte, die ihr gewidmet ist, als 'eigenartig', 'außergewöhnlich' ein – eine Einschätzung, die nicht zuletzt in literaturgeschichtlicher Hinsicht zutreffend erscheint:

> The singularity of the narrative seems to me to be this, that it describes the ghost of a hand, and no more. The person to whom that hand belonged never once appeared: nor

---

[53] Walter Scott, *The Antiquary*, ed. David Hewitt (London, 1995 [1816]), p. 133.
[54] Richard Harris Barham, *The Ingoldsby Legends or Mirth and Marvels*, with reproductions of the original ills by Cruikshank and Leech (London, 1889 [1840]), pp. 48-49.
[55] Gérard de Nerval, "La Main enchantée," *Contes et Facéties,* eds and notes by Jacques Bony and Jean Luc Steinmetz, *Œuvres complètes*, by Gérard de Nerval, eds Jean Guillaume and Claude Pichois, 3 vols (Paris, 1993 [1832]), III, 355–90.
[56] Dies gilt auch für Maupassants kleine Erzählung "La Main" (1883) sowie für Conan Doyles im frühen zwanzigsten Jahrhundert entstandene *short story* "The Brown Hand."

was it a hand separated from a body, but only a hand so manifested and introduced that its owner was always, by some crafty accident, hidden from view. (*HC* I, 130)

Der Befund, zu dem de Cresseron hier gelangt, gibt Aufschluß darüber, inwiefern Le Fanu von der Erzähltradition, auf die er sich bezieht, abweicht: insofern nämlich, als er der Gespensterhand, von der sein Roman erzählt, kein metonymisches Potential zugesteht. "[N]othing but the hand" (*HC* I, 121) bietet sich den Bewohnern des *Tiled House* von Zeit zu Zeit dar, kein anatomisches Fragment, das sich rückblickend einer verlorenen Totalität zuordnen ließe.[57] Wenn eine Hausangestellte eines Morgens zu ihrem eigenen Entsetzen "the impression of a hand in the dust of the 'little parlour' table" (*HC* I, 126) entdeckt, nimmt sie den Abdruck eines Zeichens wahr, das auf nichts anderes als sich selbst verweist. Am Beispiel der Gespenstergeschichte, die er in seinen Roman eingefügt hat, führt Le Fanu seinen Lesern exemplarisch vor Augen, womit sich der Erzähler von Anfang an permanent konfrontiert sieht: mit der Gefahr, daß die Zeichen, die er, gemäß seiner Funktion als "compiler of this narrative" (*HC* I, 6), zu lesen und deuten versucht, ihre Referenzfunktion verlieren könn(t)en. Mit Hilfe der in der anglo-amerikanischen Literatur vielzitierten Formulierung "signifying nothing" (*HC* I, 207), die Shakespeare Macbeth in den Mund gelegt hat, bringt de Cresseron an einer Stelle zum Ausdruck, daß sich auf der Grundlage von bedeutungslosen, toten Zeichen keine Geschichte (mehr) erzählen läßt; was in *Macbeth* als sinnlose '(Lebens-)Geschichte' ("a tale / Told by an idiot, full of sound and fury, / Signifying nothing" [V. 5, 25–27])[58] gekennzeichnet ist, nimmt in *The House by the Churchyard* die Form einer schaurigen "Winter's Tale" an. Der Formulierung "signifying nothing" entsprechend, die seit Shakespeares *Macbeth* für die Möglichkeit eines Totalausfalls an Bedeutung steht, konfrontiert Le Fanu seinen Erzähler im zwölften Kapitel mit einem übersinnlichen Phänomen, dessen Unheimlichkeit darin besteht, un(be)greifbar zu sein. Was de Cresseron im 18. Kapitel über die Erinnerungsspur schreibt, die Dangerfield alias Archer in Sturks Gedächtnis hinterlassen hat, trifft auf die Erfahrung, die ihm selbst in Zusammenhang mit der Gespensterhand zuteil wird, ebenfalls zu: "He could not seize it" (*HC* I, 191).

---

[57] Vgl. hierzu die Interpretation von McCormack, *Dissolute Characters*, pp. 38–39.
[58] William Shakespeare, *Macbeth*, *The Norton Shakespeare*, ed. Stephen Greenblatt *et al.* (New York, 1997), p. 2613.

## 7. Schluß

Am 9. November 1865 meldet sich Henry James in der Zeitschrift *Nation* mit einer Rezension zur ersten amerikanischen Edition von *Aurora Floyd* zu Wort. In diesem anonym publizierten, ebenso kenntnis- wie aufschlußreichen Artikel schreibt er Wilkie Collins das historische Verdienst zu, gemeinsam mit Mary Elizabeth Braddon, der Verfasserin des genannten Romans, das Genre der *sensation novel* begründet und als weltweit erster Erzähler überhaupt eine bestimmte, innerhalb der Literatur bislang komplett ausgeblendete Form des Geheimnisses motivisch verarbeitet zu haben:

> To Mr. Collins belongs the credit of having introduced into fiction those most mysterious of mysteries, the mysteries which are at our own doors.[1]

James geht davon aus, daß Collins mit den narrativen Konventionen seiner Zeit, insbesondere denen der *gothic novel*, entschieden bricht, und zwar auch und gerade in topographischer Hinsicht. Denn im strikten Gegensatz zu Ann Radcliffe, auf deren klassischen Schauerroman *The Mysteries of Udolpho* James in diesem Zusammenhang verweist, verzichtet Collins prinzipiell darauf, die Geheimnisse, von denen er erzählt, fernab der britischen Heimat, auf einem entlegenen italienischen Schloß etwa, anzusiedeln, und verlagert sie statt dessen in die (allzu) vertraute Sphäre der bürgerlichen Häuslichkeit. Um zu verdeutlichen, wie Radcliffes "everlasting castle"[2] rückblickend, zumal im Vergleich zu den überwiegend urbanen Hauptschauplätzen von Collins' *sensation novels*, seines Erachtens einzuschätzen ist, richtet James an die Leserinnen und Leser seines Artikels die folgende rhetorische Frage: "What are the Apennines to us, or we to the Apennines?"[3]

Indem James Collins bescheinigt, Geheimnisse in den literarischen Diskurs eingeführt zu haben, die direkt 'vor unserer eigenen Haustür' lokalisiert sind, verschränkt er zwei vermeintlich heterogene Konzepte ineinander, zwischen denen, allerdings nur in der deutschen, nicht jedoch in der englischen Sprache, ein enger etymologischer Konnex besteht. Daß 'Heimlichkeit' und 'Häuslichkeit' ur-

---

[1] Henry James, "Rev. Mary Elizabeth Braddon, *Aurora Floyd*," *Nation*, November 9 (1865), 593–95, rpt. in *Wilkie Collins: The Critical Heritage*, ed. Norman Page (London and Boston, 1974), p. 122.
[2] James, "Rev. *Aurora Floyd*," 123.
[3] James, "Rev. *Aurora Floyd*," 123.

sprünglich nah miteinander verwandt gewesen sind, ist am Wortstamm des Adjektivs 'geheim' deutlich abzulesen. Einer Definition zufolge, die im *Grimmschen Wörterbuch* verzeichnet ist, gilt bis weit ins neunzehnte Jahrhundert hinein als 'geheim', was "von der traulichkeit des eigenen hauses und seinem gefühl der behaglichen sicherheit"[4] zeugt. Was James, in die Rolle eines analytisch scharfsichtigen Literaturkritikers versetzt, über Collins und die von ihm mitbegründete Gattung der *sensation novel* schreibt, läßt sich auf so unterschiedliche Romane wie *The Dead Secret*, *Heart and Science* und *The House by the Churchyard* mühelos übertragen. Mit dem innerhalb von *Porthgenna Tower* situierten schwer zugänglichen *Myrtle Room*, dem ebenfalls fest verriegelten Laboratorium des Vivisektionisten Benjulia und dem sogenannten *Tiled House* sind im fünften und sechsten Kapitel dieser Studie drei gleichermaßen geheimnis-volle Häuser und Räume genauer in den Blick geraten, aus denen im Verlauf der jeweiligen Handlung unweigerlich jegliches "gefühl der behaglichen sicherheit" entweder schlagartig oder sukzessive weicht. Von sämtlichen Formen des Geheimnisses, die unter die Kategorie "mysteries which are at our own doors" fallen, stellt das Unheimliche die zweifellos prekärste dar. In *The House by the Churchyard*, einem Roman, der Elemente der *gothic novel* mit denen der *sensation novel* kreuzt, hält das Unheimliche in Gestalt einer Gespensterhand ungehindert Einzug in das herrschaftliche, abseits gelegene Haus der Familie Prosser. Ausgestattet mit dem Potential, bis in die intimsten, 'heimlichsten' Bereiche des bürgerlichen Privatlebens vorzudringen, straft es all diejenigen Lügen, die glauben, in detektivischer Manier herleiten zu können, was sich der Möglichkeit einer rationalen Erklärung entzieht.

Ihrem erklärten Vorsatz entsprechend, eine wissenschaftshistorisch fundierte Archäologie der *detection* entwickeln zu wollen, hat sich diese Studie zum einen darum bemüht, ein möglichst breites Spektrum diskursiver und narrativer Texte zu berücksichtigen, und zum anderen darum, am Beispiel generisch heterogener Romane wie *Louis Lambert*, *Middlemarch*, *Heart and Science* und *The House by the Churchyard* paradigmatische Einzelanalysen zu erarbeiten. Daß dabei eine Vielzahl an Texten nicht oder allenfalls am Rande berücksichtigt worden ist, auf die näher einzugehen sich gelohnt hätte, steht außer Frage. Mit *Bleak House* etwa hat Charles Dickens der viktorianischen Öffentlichkeit zu Beginn der fünfziger Jahre einen ebenso umfangreichen wie vielschichtigen Roman

---

[4] Jakob and Wilhelm Grimm, *Deutsches Wörterbuch*, ed. Deutsche Akademie der Wissenschaften in Berlin in association with der Akademie der Wissenschaften in Göttingen, 16 vols (Leipzig, 1897 [1854]), IV. i, c. 2353.

vorgelegt, der in den Kanon der diskursgeschichtlich relevanten Detektivliteratur ebenfalls unbedingt aufzunehmen ist, auch wenn das mit Lady Dedlock, der Mutter der Protagonistin Esther Summerson, assoziierte Geheimnis lediglich ein (allerdings zentrales) Handlungselement bildet. In der vielzitierten Eingangssequenz stellt Dickens Bezüge zu verschiedenen zeitgenössischen englischen Naturwissenschaften her, indem er zum Beispiel eine vor Urzeiten ausgestorbene Riesenechse mitten in London kurzzeitig wiederauferstehen läßt ("a Megalosaurus, forty feet long or so, waddling like an elephantine lizard up Holborn Hill"[5]). Ebenfalls von Interesse ist die Figur des Inspector Bucket, der sich im Auftrag von Scotland Yard auf Spurensuche begibt, lange bevor Sergeant Cuff, sein melancholischer 'Kollege' aus *The Moonstone*, und Sherlock Holmes in Aktion treten. Doch anstatt noch weitere viktorianische Erzähltexte heranzuziehen, anhand derer aufzuzeigen wäre, wie sich das hier verfolgte Projekt weiter fortschreiben ließe, möchte diese Arbeit abschließend auf eine zeitgenössische amerikanische Autorin, Patricia Cornwell, kurz zu sprechen kommen. Der Text, um den es im folgenden Abschnitt geht, ist als Beleg für die These zu erachten, dass diskursive, in diesem Fall medizinische Praktiken und das vorwiegend im Medium der Erzählliteratur in Szene gesetzte Verfahren der *detection* auch gegenwärtig noch, im frühen einundzwanzigsten Jahrhundert, wechselseitig aufeinander bezogen sein können.[6]

Wer war jener unbekannte Mann, der in den Monaten August bis November des Jahres 1888 im *Whitechapel district* des Londoner *East End* fünf Prostituierte auf brutale Weise ermordet hat, ohne am jeweiligen Tatort irgend welche Spuren zu hinterlassen, anhand derer seine 'wahre' Identität hätte erkannt werden können? Wer war, kurz gesagt, *Jack the Ripper*? *Portrait of a Killer: Jack the Ripper, Case Closed*, 2002 als Resultat intensiver Recherchen publiziert, die dreizehn Monate in Anspruch genommen und insgesamt sechs Millionen Dollar gekostet haben,[7] erhebt den Anspruch, auf diese im viktorianischen *fin du siècle*

---

[5] Charles Dickens, *Bleak House*, ed. and with an introd. by Nicola Bradbury (Harmondsworth, 1996 [1853]), p. 13.

[6] Neben literarischen Texten wie zum Beispiel Barbara Vines 2002 publizierten Thriller *The Blood Doctor*, dessen mysteriöse Titelfigur, ein fiktiver viktorianischer Arzt namens Henry Nanther, medizinische Forschungsarbeit und kriminelle Praktiken miteinander zu verbinden versteht, ist darüber hinaus auf die Virulenz von Arztfiguren und insbesondere Gerichtsmedizinern in zeitgenössischen Film- und Fernsehproduktionen hinzuweisen.

[7] Vgl. hierzu Joe Nickell, "The Strange Case of Pat the Ripper," *The Sceptical Inquirer*, 27, no 2 (2003), p. 55.

wie auch anschließend immer wieder gestellten Fragen eine eindeutige, endgültige Antwort geben zu können. Nachdem sie mit einer Reihe von Kriminalromanen, als deren Protagonistin die fiktive Gerichtsmedizinerin Dr. Kay Scarpetta fungiert, international große kommerzielle Erfolge erzielt hat, schreibt sich Cornwell in diesem vorgeblichen Sachtext selbst die Rolle einer medizinisch geschulten Detektivin zu, die von sich behauptet, den authentischen Fall des europa-, wenn nicht sogar weltweit bekanntesten Serienmörders überhaupt gelöst zu haben. Mit den Methoden und Praktiken der forensischen Medizin aus langjähriger eigener Erfahrung, als Mitbegründerin und Vorstandsvorsitzende des *Virginia Institute of Forensic Medicine and Science*, vertraut, glaubt sie über die notwendigen wissenschaftlichen Voraussetzungen und technischen Mittel zu verfügen, um rückblickend, mehr als hundert Jahre nachdem der Name *Jack the Ripper* in den Schlagzeilen der englischen Tagespresse aufgetaucht ist, beweisen zu können, daß Walter Sickert, ein impressionistischer Maler, die grausamen Morde verübt hat. Ob und inwieweit die Theorie, die Cornwell in *Portrait of a Killer* entwickelt, tatsächlich wissenschaftlich fundiert und plausibel ist, gilt es hier nicht detailliert zu erörtern.[8] Daran, daß das Porträt, das sie von Sickert alias *Jack the Ripper* zeichnet, im hohen Maße literarisch überformt ist, besteht jedenfalls kein Zweifel. Was etwa die Kindheit von Sickerts Mutter betrifft, stellt Cornwell im fünften Kapitel erstaunt fest: "The story of Mrs. Sickert's bizarre childhood has an uncanny resemblance to Charles Dickens's *Bleak House* – Walter's favourite novel."[9] Um Sickert selbst zu charakterisieren, zitiert Cornwell einen weiteren viktorianischen Bestseller, Robert Louis Stevensons 1886 publizierte Erzählung "The Strange Case of Dr Jekyll and Mr Hyde," mehrfach explizit herbei; ihrer Ansicht nach sind "many parallels between Jack the Ripper and Mr Hyde" auszumachen, wie sie anhand einer Reihe von Beispielen ("inexplicable disappearances; different styles of hand-writing; fog"[10] usw.) zu demonstrieren versucht. Bei festlichen Anlässen, gleich welcher Art, stets daran interessiert, "long passages of Shakespeare"[11] auswendig vorzutragen, steht

---

[8] In der Presse ist *Portrait of a Killer* (zu Recht) mit scharfer Kritik bedacht worden. Caleb Carr etwa gelangt zu folgendem Schluß: "*Portrait of a Killer* is a sloppy book, insulting both its target and its audience" ("Dealing With the Work of a Fiend," *The New York Book Review*, 107 [2002], p. 16).

[9] Patricia Cornwell, *Portrait of a Killer: Jack the Ripper, Case Closed* (New York, 2002), p. 40.

[10] Cornwell, *Portrait of a Killer*, p. 61.

[11] Cornwell, *Portrait of a Killer*, p. 107.

Sickert darüber hinaus unter dem (absurden) Verdacht, sein mutmaßliches Pseudonym aus Texten des elisabethanischen Dramatikers abgeleitet zu haben: "The word 'Jack' is found in *Coriolanus*, *The Merchant of Venice*, and *Cymbeline*. Shakespeare doesn't use the word 'ripper,' but there are variations of it in *King John* and *Macbeth*."[12] Wie, welchen tradierten Mustern folgend, Cornwell in *Portrait of a Killer* verfährt, ist anhand ihrer Analyse eines *Ennui* betitelten Gemäldes, die sie im zehnten Kapitel entfaltet, exemplarisch aufzuzeigen. Was auf diesem Gemälde, von dem Queen Elizabeth II eine Version käuflich erworben und im *Clarence House* aufgehängt hat, zu sehen ist, beschreibt Cornwell wie folgt:

> In all five version of *Ennui*, a bored older man sits at a table, his cigar lit, a tall glass of what I assume to be beer in front of him. He stares off, deep in thought and completely uninterested in the woman behind him, leaning against a dresser, her head resting on her hand as she gazes unhappily at stuffed doves inside a glass dome. Central to the picture is a painting of a woman, a diva, on the wall behind the bored couple's heads. Having seen several versions of *Ennui*, I was aware that the diva in each has a slightly different appearance.[13]

Bei ihrer Analyse des Gemäldes blendet Cornwell das augenscheinlich zutiefst gelangweilte Ehepaar, das im Vordergrund dargestellt ist, vollständig aus, um ihren kriminalistisch geschärften Blick statt dessen auf das an einer Wand im Hintergrund angebrachte "painting of a woman" zu konzentrieren. Darauf bedacht, das zuletzt genannte Bild-im-Bild aus der Nähe zu betrachten, glaubt Cornwell "a vertical crescent, rather fleshy-white, above the diva's left shoulder"[14] erkennen zu können, ein scheinbar triviales Detail, das ihre Wahrnehmung des gesamten Gemäldes binnen kurzer Zeit grundlegend verändert (und ihre Behauptung, Sickert sei *Jack the Ripper*, ein weiteres Mal angeblich bestätigt). Was sie zunächst selbst für einen ebenso harm- wie bedeutungslosen Gegenstand ("a thick feather boa thrown around her naked shoulders"[15]) gehalten hat, erweist sich plötzlich als menschliches Gesicht und nimmt sodann die bedrohliche Gestalt eines Mannes an, der sich der Frau, seinem potentiellen Opfer, in der Manier des spätviktorianischen Serienmörders unbemerkt von hinten nähert. Cornwells, gelinde gesagt, kühne Deutung von Sickerts *Ennui* ist im

---

[12] Cornwell, *Portrait of a Killer*, p. 107.
[13] Cornwell, *Portrait of a Killer*, p. 99.
[14] Cornwell, *Portrait of a Killer*, p. 99.
[15] Cornwell, *Portrait of a Killer*, p. 99.

Horizont jener human- und naturwissenschaftlichen Tradition zu verorten, die Ginzburg im Rahmen seiner kulturhistorischen "Spurensicherung" untersucht. Indem sie ein flüchtiges Detail, das einem oberflächigen Betrachter des Gemäldes verborgen geblieben wäre, als kriminalistisch aufschlußreiches Indiz decodiert, setzt sie, offensichtlich ohne sich dessen bewußt zu sein, auf ihre Weise fort, was der Psychoanalytiker Freud, der Kunsthistoriker Morelli und der fiktive Detektiv Holmes zu Beginn des zwanzigsten Jahrhunderts in ihrem jeweiligen Fachgebiet unabhängig voneinander erfolgreich praktiziert haben. Ebenso wie Holmes, in dessen Fußstapfen sie tritt, sobald sie ihren detektivischen Spürsinn am Beispiel von *Ennui* erprobt, so ist auch Cornwell darum bemüht, das Spektrum ihres Wahrnehmungsvermögens den wissenschaftlichen und technologischen Standards ihrer Zeit entsprechend zu erweitern. Anstatt wie ihr Vorgänger eine Lupe zur Hand zu nehmen, entschließt sie sich dazu, eine Kopie des Gemäldes an die Adresse des von ihr mitbegründeten Institutes zu senden, um dort überprüfen zu lassen, "if we could get a sharper look through technology."[16] Doch sämtliche Versuche, mittels modernster Vergrößerungstechniken sicht- und lesbar zu machen, was sie mit bloßen Auge erkennen zu können glaubt, scheitern. Aus diesem Grund gelangt sie – ganz im Sinne von Holmes – zu dem Schluß, "that forensic science does not and will not ever take the place of human detection, deduction, experience, and common sense – and very hard work."[17]

Wie der Untertitel *Jack the Ripper, Cased Closed* bereits signalisiert, weigert sich Cornwell strikt, ihren eigenen Ansatz wie auch ihren Wahrheitsanspruch jemals grundsätzlich in Frage zu stellen. Eine immerhin potentiell selbstreflexive Bemerkung, die nicht nur auf *Portrait of a Killer* zu beziehen ist, sondern auch auf die vorliegende Studie sowie generell auf das Spannungsfeld von Literatur und Wissenschaft, findet sich im 25. Kapitel: "This is only a theory."[18]

---

[16] Cornwell, *Portrait of a Killer*, p. 100.

[17] Cornwell, *Portrait of a Killer*, p. 100.

[18] Cornwell, *Portrait of a Killer*, p. 279.

## 8. Literaturverzeichnis

### A. Literarische Primärtexte

Armeno, Cristofero. *Peregrinaggio di tre giovani Serendippo*, ed. Heinrich Gassner (Erlangen, 1891 [1557]).

Balzac, Honoré de. "La Peau de chagrin," *Œuvres complètes,* by Honoré de Balzac, ed. La Societé des Études Balzaciennes, 28 vols (Paris, 1960 [1831]), XVIII, 69–316.

Balzac, Honoré de. *Das Chagrinleder*, trans. Hedwig Lachmann (Frankfurt a. M. and Leipzig, 1996).

Balzac, Honoré de. "Le Médecin de Campagne," *Œuvres complètes,* by Honoré de Balzac, ed. La Societé des Études Balzaciennes, 28 vols (Paris, 1960 [1831]), XVI, 34–247.

Balzac, Honoré de. "Père Goriot," *Œuvres complètes,* by Honoré de Balzac, ed. La Societé des Études Balzaciennes, 28 vols (Paris, 1957 [1833]), IV, 27–158.

Balzac, Honoré de. "Louis Lambert," *Œuvres complètes,* by Honoré de Balzac, ed. La Societé des Études Balzaciennes, 28 vols (Paris, 1961 [1836]), XX, 503–604.

Balzac, Honoré de. "Louis Lambert," trans., ed., and with an introd. by Ernst Sander, *Die Menschliche Komödie*, 12 vols (München, 1998), XII, 471–602.

Balzac, Honoré de. "Illusions perdues," *Œuvres complètes,* by Honoré de Balzac, ed. La Societé des Études Balzaciennes, 28 vols (Paris, 1958 [1836]), VIII.

Balzac, Honoré de. "Avant-Propos," *Œuvres complètes*, by Honoré de Balzac, ed. La Societé des Études Balzaciennes, 28 vols (Paris, 1956 [1842]), I, 77–90.

Balzac, Honoré de. "Vorrede zur *Menschlichen Komödie*," *Eugénie Grandet*, trans. Gisela Etzel, with an introd. by Hugo von Hofmannsthal (Frankfurt a. M., and Leipzig, 1996), pp. 31–48.

Barham, Richard Harris. *The Ingoldsby Legends or Mirth and Marvels*, with reproductions of the original ills by Cruikshank and Leech (London, 1889 [1840]).

*The Bible: Authorized King James Version*, eds and with an introd. and notes by Robert Carroll and Stephen Pricket (Oxford and New York, 1997).

Braddon, Mary Elizabeth. *Lady Audley's Secret*, ed. and with an introd. by David Skilton (Oxford and New York, 1987 [1861]).

Braddon, Mary Elizabeth. *The Doctor's Wife*, ed. with an introd. and notes by Lyn Pynett (Oxford, 1998 [1864]).

Braddon, Mary Elizabeth. *The Letters of Mary Elizabeth Braddon to Sir Edward Bulwer Lytton, 1862-1873, Harvard Library Bulletin*, 22 (1974), pp. 10–35.

Christie, Agatha. *A Pocket Full of Rye* (New York, 2000 [1953]).

Collins, Wilkie. *Rambles Beyond Railways: Or Notes in Cornwall Taken A-Foot*, ed. and with an introd. by Ashley Rowe (London, 1948 [1851]).

Collins, Wilkie. *Basil: A Story of Modern Life*, ed. and and with an introd. by Dorothy Goldman (Oxford, 1990 [1852; 1862 revised ed.]).

Collins, Wilkie. "The Dead Hand," *Mad Monkton and Other Stories*, ed. and with an introd. by Norman Page with the assitance of Kama Al-Solaylee (Oxford, 1994 [1857]), pp. 195–216.

Collins, Wilkie. *The Dead Secret*, ed. and with an introd. and notes by Ira Bruce Nadel (Oxford, 1997 [1857]).

Collins, Wilkie. *The Woman in White*, ed. and with an introd. and notes by Julian Symons (London, 1985 [1860]).

Collins, Wilkie and Charles Dickens. "No Thoroughfare," *No Thoroughfare & Other Stories*, introd. by Alan S. Watts (Stroud, Gloucestershire, 1990 [1867]), pp. 1–127.

Collins, Wilkie. *The Moonstone*, ed. J. I. M. Steward (Harmondsworth, 1986 [1868]).

Collins, Wilkie. *The Law and the Lady*, ed. and with an introd. and notes by David Skilton (Harmondsworth, 1998 [1875]).

Collins, Wilkie. *The Haunted Hotel: A Mystery of Modern Venice; Miss or Mrs?; The Haunted Hotel; The Guilty River*, eds and with an introd. and notes by Norman Page and Toru Sassaki (Oxford and New York, 1999 [1878]), pp. 85–240.

Collins, Wilkie. *Heart and Science: A Story of the Present Time*, ed. Steve Farmer (Peterborough, Ontario, 1996 [1883]).

Collins, Wilkie. "Letter to Frances Power Cobbe," 23rd June, 1882, *Life of Frances Power Cobbe as Told by Herself*, with additions by the author and introd. by Blanche Atkinson, 6 ills (London, 1904), pp. 558–59.

Conrad, Joseph. "Heart of Darkness," *Heart of Darkness and Other Tales*, ed. and with an introd. by Cederic Watts (Oxford and New York, 1990 [1902]), pp. 133–252.

Cornwell, Patricia. *Portrait of a Killer: Jack the Ripper, Case Closed* (New York, 2002).

Dickens, Charles. *The Pickwick Papers*, ed. James Kinsely (Oxford, 1986 [1837]).

Dickens, Charles. *Bleak House*, ed. and with an introd. by Nicola Bradbury (Harmondsworth, 1996 [1852/3]).

Doyle, Sir Arthur Conan. *The Case Book of Sherlock Holmes*, *The Penguin Complete Sherlock Holmes*, with a preface by Christopher Morley (Harmondsworth, 1981 [1921–27]), pp. 984–1122.

Doyle, Sir Arthur Conan. *Memoirs of Sherlock Holmes*, *The Penguin Complete Sherlock Holmes*, with a preface by Christopher Morley (Harmondsworth, 1981 [1894]), pp. 335–482.

Doyle, Sir Arthur Conan. *The Hound of the Baskervilles*, *The Penguin Complete Sherlock Holmes*, with a preface by Christopher Morley (Harmondsworth, 1981 [1901–2]), pp. 669–768.

Doyle, Sir Arthur Conan. *The Lost World*, ed. and with an introd. and notes by Ian Duncan (Oxford, 1998 [1912]).

Doyle, Sir Arthur Conan. *The Sign of Four*, *The Penguin Complete Sherlock Holmes*, with a preface by Christopher Morley (Harmondsworth, 1981 [1890]), pp. 89–160.

Doyle, Sir Arthur Conan. "The Brown Hand," *The Conan Doyle Stories: The Ring and the Camp, Pirates and Blue Water, Terror and Mystery, Twilight and the Unseen, Adventure and Medical Life, Tales of Long Ago*, 10th ed. (London, 1966 [1929]), pp. 677–94.

Dryden, John. *Poems: The Works of Virgil in English*, *Works*, by John Dryden, ed. Edward Niles Hooker, 20 vols (Berkeley, Los Angeles, and London, 1987 [1697]), V.

Eliot, George. "The Lifted Veil," *The Lifted Veil, Brother Jacob*, ed. and with an introd. and notes by Helen Small (Oxford, 1999 [1859]), pp. 1–44.

Eliot, George: *Middlemarch: A Study of Provincial Life*, ed. and with an introd. by Rosemary Ashton (Harmondsworth, 1994 [1871/2]).

Flaubert, Gustave. *Madame Bovary: Mœurs de province*, ed. and with notes by Béatrice Didier and with an introd. by Henry de Montherlant (Paris, 1983 [1856]).

Haggard, Henry Rider. *She: A History of Adventure*, ed. and with an introd. by Daniel Karlin (Oxford, 1991 [1886/7]).

Hardy, Thomas. *Desperate Remedies: A Novel*, ed. and with an introd. and notes by Mark Rimmer (Harmondsworth, 1998 [1871]).

Hawthorne, Nathaniel. *The Scarlet Letter: A Romance*, with an introd. by Nina Baym and notes by Thomas E. Connolly (New York and London, 1983 [1850]).

Herodotus, *Works*. with an English trans. by A. D. Godley, 4 vols (Cambridge, Massachusetts, and London, 1963).

Joyce, James. *Finnegans Wake*, with an introd. by John Bishop (Harmondsworth, 1999 [1939]).

Le Fanu, Joseph Sheridan. "The Ghost and the Bone-Setter," *The Purcell Papers*, ed. and with an introd. by Robert Lee Wolff, 3 vols (New York and London, [1838]), I, 1–26.

Le Fanu, Joseph Sheridan. *The House by the Churchyard*, ed. and with and introd. by Robert Lee Wolff, 3 vols (New York and London, 1979 [1861–63]).

Le Fanu, Joseph Sheridan. *Uncle Silas*, ed. and with an introd. and notes by W. McCormack, assisted by Andrew Swarbrick (Oxford and New York, 1981 [1864]).

Le Fanu, Joseph Sheridan. *Wylder's Hand*, ed. and with an introd. by Devendra P. Varma, 3 vols (New York, 1977 [1864]).

Le Fanu, Joseph Sheridan. *The Wyvern Mystery*, ed. and with an introd. by Devendra P. Varma, 3 vols (New York, 1977 [1869]).

Le Fanu, Joseph Sheridan. "Green Tea," *In A Glass Darkly*, ed. and with an introd. by Robert Tracy (Oxford and New York, 1993 [1872]), pp. 5–40.

Le Fanu, Joseph Sheridan. "Carmilla," *In A Glass Darkly*, ed. and with an introd. by Robert Tracy (Oxford and New York, 1993 [1872]), pp. 243–319.

Le Fanu, Joseph Sheridan. *The Purcell Papers*, ed. and with an introd. by Robert Lee Wolff, 3 vols (New York and London, 1979 [1880]).

Lucian. "Hermotimus or Concerning the Sects," *Works*, by Lucian, with an English trans. by K. Kilburn, 8 vols (Cambridge, Massachusetts, and London, 1959), VI, 259–415.

Mailey, Chevalier de, trans. *Le voyage et les aventures des trois princes de Sarendip* (Paris, 1719).

Maupaussant, Guy de. "La Main," *Contes du jour et de la nuit: Humble drame* (Paris, 1909 [1883]), pp. 159–70.

Miller, Henry. *The Books in My Life*. London, 1961 (1951).

Nerval, Gèrard de. "La Main enchantèe," *Contes et Facéties,* eds and notes Jacques Bony and Jean-Luc Steinmetz, *Œuvres complètes*, by Gérard de Nerval, eds Jean Guillaume and Claude Pichois, 3 vols (Paris, 1993 [1832]), III, 355–90.

Poe, Edgar Allan. "The Premature Burial," *Poetry and Tales*, by Edgar Allan Poe, selection and notes by Patrick F. Quinn (New York, 1984 [1844]), pp. 666–79.

Poe, Egar Allan. "The Facts in the Case of M. Valdemar," *Poetry and Tales*, by Edgar Allan Poe, selection and notes by Patrick F. Quinn (New York, 1984 [1845]), pp. 833–42.

Publius Ovidius Naso. *Metamorphoses*, with an English trans. by Frank Justus Miller, 2 vols (Cambridge, Massachusetts, and London, 1960).

Radcliffe, Ann. *The Mysteries of Udolpho*, ed. Bonamy Dobrée, with an introd. and notes by Terry Castle (Oxford and New York, 1998 [1794]).

Richardson, Samuel. *Pamela: Or, Virtue Rewarded*, ed. Peter Sabor and with an introd. by Margaret Anne Doody (Harmondsworh, 1980 [1740]).

Schlegel, Friedrich. *Fragmente: kritische Friedrich-Schlegel-Ausgabe*, ed. Ernst Behler, 35 vols (München, 1967 [1798]), II.

Scott, Sir Walter. *Waverley*, ed. Claire Lamont (Oxford, 1998 [1814]).

Scott, Sir Walter. *The Antiquary*, ed. David Hewitt (London, 1995 [1816]).

Scott, Sir Walter. *The Monastery*, ed. Penny Fielding (Edinburgh, 2000 [1820]).

Scott, Sir Walter. *The Prefaces to the Waverley Novels*, ed. Mark A. Weinstein (Lincoln and London, 1978 [1830]).

Shakespeare, William. *Hamlet*, *The Norton Shakespeare*, ed. Stephen Greenblatt *et al.* (New York, 1997), pp. 1659–759.

Shakespeare, William. *Othello*, *The Norton Shakespeare*, ed. Stephen Greenblatt *et al.* (New York, 1997), pp. 2019–174.

Shakespeare, William. *Macbeth*, *The Norton Shakespeare*, ed. Stephen Greenblatt *et al.* (New York, 1997), pp. 2555–618.

Shakespeare, William. *The Winter's Tale*, ed. Stephen Orgel (Oxford and New York, 1996).

Shakespeare, William. *The Tragedy of King Lear*, *The Norton Shakespeare*, ed. Stephen Greenblatt *et al.* (New York, 1997), pp. 2319–478.

Sterne, Laurence. *The Life and Opinions of Tristram Shandy, Gentleman*, eds Melvyn New and Joan New, with an introd. and notes by Melvyn New (London and New York, 1997 [1759–67]).

Stevenson, Robert Louis. "The Strange Case of Dr Jekyll and Mr Hyde," *Dr Jekyll and Mr Hyde and Other Stories*, ed. and with an introd. by Jenni Calder (London, 1979 [1886]), pp. 27–97.

Trollope, Anthony. *The Eustace Diamonds*, ed. and with an introd. and notes by W. J. McCormack, 3 vols (Oxford, 1993 [1871–73]).

Trollope, Anthony. *An Autobiography*, ed. David Skilton and with an introd. by John Sutherland (London, 1999 [1883]).

Verne, Jules. *Reise zum Mittelpunkt der Erde*, trans. Manfred Kottmann, 3rd ed. (Frankfurt a. M, 1999 [1864]).

Vine, Barbara. *The Blood Doctor*. London, 2003 (2002).

Virgil. *Georgics*, with an English trans. by H. Rushton Fairclough, 2 vols (Cambridge, Massachusetts, and London, 1956), I.

Voltaire. *Zadig ou la Destinée: Histoire orientale*, ed. and with an introd. and notes by Georges Ascoli, 2 vols (Paris, 1962 [1747]).

Walpole, Horace. *The Castle of Otranto: A Gothic Story*, ed. W. S. Lewis, with an introd. and notes by E. J. Clery (Oxford and New York, 1998 [1764]).

Wells, Herbert George. *The Island of Doctor Moreau*, ed. Brian Aldiss (London and Vermont, 1993 [1896]).

## B. Wissenschaftliche Primärtexte

Abernethy, John. *Physiological Lectures, Exhibiting a General View of Mr. Hunter's Physiology and of His Researches in Pathological Anatomy: Delivered before the Royal College of Surgeons, in the Year 1817.* London, 1817.

Abernethy, John. *Lectures on Anatomy, Surgery, and Pathology; Including Observations on the Nature and Treatment of Local Diseases, Delivered at St. Bartholomew's Hospital.* London, 1828.

Addison, Thomas and Richard Bright. *Elements of the Practice of Medicine*, 2 vols (London, 1839), I.

Baillie, Matthew. *The Morbid Anatomy of Some of the Most Important Parts of the Human Body.* London, 1830 (1793).

Bernard, Claude. *Introduction à l'etude de la médecine expèrimentale.* Paris, 1865 (1855).

Bernard, Claude. *Leçons de physiologie opératoire, avec 116 figures intercalées dans le texte.* Paris, 1879.

Bichat, Xavier. *Traité des membranes en général, et de divers membranes en particulier.* Paris, 1802 (1800).

Bichat, Xavier. *Abhandlung über die Häute im allgemeinen und über die verschiedenen Häute insbesondere*, trans. E. T. Dörner (Tübingen, 1802 [1800]).

Bichat, Xavier. *Physiological Researches on Life and Death, Significant Contributions to the History of Psychology, 1750-1920*, ed. and with prefaces by Daniel N. Robinson (Washington, D. C., 1978 [1800]), pp. vii–330.

Bichat, Xavier. *Anatomie générale, applicé à la physiologie et la médecine*, 4 vols (Paris, 1801).

Bichat, Xavier. *Traité d'Anatomie descriptive.* Paris, 1801.

Bichat, Xavier. *Anatomie pathologique: dernier cours de Xavier Bichat, d'après un manuscript autographe de B.-A. Baillière.* Paris, 1825.

Bright, Richard. *Reports of Medical Cases, Selected with a View of Illustrating the Symptoms and Cure of Diseases by a Reference to Morbid Anatomy.* London, 1985 (1827).

Broca, Paul. *Sur la trépanation du crâne et les amulettes craniennes.* Paris, 1877.

Burton, Robert. *The Anatomy of Melancholy*, eds Thomas C. Faulkner, Nicolas K. Kiessling, and Rhonda L. Blair, with an introd. by J. B. Bamborough, 6 vols (Oxford, 1989 [1621]).

Carswell, Robert. *Pathological Anatomy: Illustrations of the Elementary Form of Disease.* London, 1838.

Cooper, Astley. *A Series of Lectures on the Most Approved Principles and Practices of Modern Surgery.* London, 1821.

Corvisart, Jean-Nicolas. *An Essay on the Organic Diseases and Lesions of the Heart and Great Vessels*, trans. and with notes by Jacob Gates and with an introd. by Dickinson W. Richards (New York, 1962 [1806]).

Corvisart, Jean-Nicolas. *Essais sur les maladies et les lésions organiques du cœur et des gros vaisseaux.* Paris, 1818.

Cuvier, Georges. *Histoire naturelle des poissons*, 4 vols (Paris, 1828).

Cuvier, Georges. *Leçons d'anatomie comparée*, 5 vols (Paris, 1805).

Cuvier, Georges. *Vorlesungen über vergleichende Anatomie*, trans. and with notes and additions by I. F. Meckel, 4 vols (Leipzig, 1810 [1805]).

Cuvier, Georges. *Essay on the Theory of the Earth*, trans. Robert Kerr, with Mineralogical Notes, and an Account of Cuvier's Geological Discoveries by Robert Jameson (Edinburgh, 1971 [1813]).

Cuvier, Georges. *Recherches sur les ossemens fossiles, où l'on rétablit les caractères de plusieurs animaux dont les révolutions du globe ont détruit les espèces*, 4 vols, 4th ed. (Paris, 1834 [1812]).

Cuvier, Georges. *Discours sur les Révolutions de la surface du Globe, et sur les changements qu'elles ont produit dans le règne animal*, 3rd ed. (Paris, 1825).

Dallas, E. S. *The Gay Science*, 2 vols, *The Victorian Muse: Selected Criticism and Parody of the Period*, eds William E. Fredeman, Ira Bruce Nadel, and John F. Stasny (New York and London, 1986 [1866]).

Darwin, Charles. *The Origin of Species by Means of Natural Selection: Or, the Preservation of Favoured Races in the Struggle for Life*, ed. and with an introd. and notes by Gillian Beer (Oxford, 1996 [1859]).

Eusebius Caesariensis. *Kirchengeschichte*, trans. Philipp Haeuser, *Bibliothek der Kirchenväter*, 2nd series, I: *Des Eusebius von Cäsarea ausgewählte Schriften*, 2 vols (München, 1932).

Ferrier, David. *The Localisation of Cerebral Disease: Being the Gulstonian Lectures of the Royal College of Physicians*. London, 1878.

Geoffroy Saint-Hilaire, Étienne. *Fragment sur la nature*. Paris, 1828.

Geoffroy Saint-Hilaire, Étienne. *Principes de philosophie zoologique*. Paris, 1830.

Geoffroy Saint-Hilaire, Étienne. *Philosophie anatomique*. Bruxelles, 1969 (1818).

Goethe, Johann Wolfgang. "Principes de Philosophie zoologique," *Werke*, by Johann Wolfgang Goethe, ed. Erich Trunz, 14 vols (München, 1981 [1832]), XIII, 219–50.

Horsley, Victor. "Brain Surgery in the Stone Age," *The British Medical Journal*, 1 (1887), 582.

Horsley, Victor. "Trephining in the Neolithic Period" (Abstract), *The Journal of the Anthropological Institute of Great Britain and Ireland*, 17 (London, 1888), 100–6.

Huxley, Thomas Henry. "On the Method of Zadig: Retrospective Prophecy as a Function of Science," *Collected Essays, 1893–1894*, 9 vols, IV: *Science and Hebrew Tradition*, eds Bernhard Fabian *et al.* (Hildesheim and New York, 1970 [1880]), pp. 1–23.

Huxley, Thomas Henry. "Lectures on Evolution," *Collected Essays, 1893–1894*, 9 vols, IV: *Science and Hebrew Tradition*, eds Bernhard Fabian *et al.* (Hildesheim and New York, 1970 [1876]), pp. 46–138.

Huxley, Thomas Henry. *Collected Essays, 1893–1894*, 9 vols, VII: *Man's Place in Nature and Other Anthropological Essays*, eds Bernhard Fabian *et al.* (Hildesheim and New York, 1970 [1894]).

Jameson, Robert. "Preface," *Essay on the Theory of the Earth*, by Georges Cuvier, trans. Robert Kerr, with Mineralogical Notes, and an Account of Cuvier's Geological Discoveries by Robert Jameson (Edinburgh, 1971 [1813]), pp. v–ix.

Kant, Immanuel. *Kritik der Urteilskraft*, ed. Wilhelm Weischedel (Frankfurt a. Main, 1974 [1793]).

Knox, Robert. *Great Artists and Great Anatomists: A Biographical and Philosophical Study*. London, 1852.

Laennec, René Théophile Hyacinthe. *A Treatise on the Disease of the Chest*, with plates, trans. and with a preface and notes by John Forbes, with an introd. by Paul Klemperer, 2 vols (New York, 1962 [1821]).

Lawrence, William. *Lectures on Physiology, Zoology, and the Natural History of Man*. London, 1834 (1819).

Lewes, George Henry. *The Physiology of Common Life*, 2 vols (Leipzig, 1860).

Lubbock, John. *Pre-historic Times, as Illustrated by Ancient Remains, and the Manners and Customs of Modern Savages.* London, 1865.

Lyell, Sir Charles. *The Geological Evidences of The Antiquity of Man with Remarks on Theories of the Origin of Species by Variation*, 2nd ed. (London, 1863).

Lyell, Sir Charles. *Principles of Geology*, ed. and with an introd. and notes by James A. Secord (Harmondsworth, 1997 [1830–33]).

Morgan, T. C. *Sketches of the Philosophy of Life.* London, 1819.

Morgagni, John Baptist. *The Seats and Causes of Diseases Investigated by Anatomy Containing a Great Variety of Dissections, with Remarks, to which are Added very Accurate and Copious Indexes of the Principle Things and Names therein Contained*, trans. Benjamin Alexander, with a preface and introd. and a new translation of five letters by Paul Klemperer, 5 vols (Mount Kisco, New York, 1980 [1761]).

Prichard, James Cowles. *A Review of the Doctrine of Vital Principle, as Maintained by Some Writers on Physiology, with Some Observations on the Causes of Physical and Animal Life.* London, 1829.

Saussure, Horace-Bédedict de. *Voyage dans les Alpes, précédés d'un essai sur l'histoire naturelle des environs de Genève,* 4 vols (Neuchatel, 1776), I.

Tait, P. G. "Geological Time," *North British Review*, 11 (1869), 406–39.

Virchow, Rudolf. "Morgagni und der anatomische Gedanke," Rede, gehalten am 30. März auf dem XI. internationalen medicinischen Congress zu Rom, 2nd ed. (Berlin, 1894).

## C. Forschungsliteratur

Accardo, Pascquale. *Diagnosis and Detection: The Medical Iconography of Sherlock Holmes*. London and Toronto, 1987.

Achilles, Jochen. *Sheridan Le Fanu und die schauerromantische Tradition: zur psychologischen Funktion der Motivik von Sensationsroman und Geistergeschichte*. Tübingen, 1991.

Ackerknecht, Erwin H. *Medicine at the Paris Hospital, 1794–1848*. Baltimore, 1968 (1967).

Ackerknecht, Erwin H. "Primitive Surgery," *Diseases in Antiquity: A Survey of the Diseases, Injuries and Surgery of Early Populations*, eds Don Brothwell and A. T. Sandison, with a Foreword by Warren R. Dawson (Springfield, Illinois, 1967), pp. 635–50.

Ackerknecht, Erwin H. "Death in the History of Medicine," *Bulletin of the History of Medicine*, 42 (1968), 19–23.

Albury, William Randall. "Experiment and Explanation in the Physiology of Bichat and Magendie," *Studies in the History of Biology*, 1 (1977), 47–131.

Albury, William Randall. "Heart of Darkness: J. N. Corvisart and the Medicalization of Life," *Historical Reflections*, 9 (1982), 17–31.

Andres, Sophia. "The Germ and the Picture in *Middlemarch*," *The Journal of English Literary History*, 55 (1998), 853–68.

Appel, Toby A. *The Cuvier-Geoffroy Debate: French Biology in the Decades before Darwin*. New York and Oxford, 1987.

Ariès, Philippe. *Geschichte des Todes*, trans. Hans-Horst Henschen and Una Pfau, 8th ed. (München, 1982 [1978]).

Ashton, Rosemary D. "The Intellectual 'Medium' of *Middlemarch*," *The Review of English Studies*, ed. R. E. Alton, n. s., 30 (1979), 154–68.

Auerbach, Erich. *Mimesis: dargestellte Wirklichkeit in der abendländischen Literatur*, 6th ed. (Bern and München, 1977 [1946]).

Barthes, Roland. *S/Z*, trans. Jürgen Hoch, 3rd ed. (Frankfurt a. Main, 1998 [1970]).

Bates, Richard. "The Italian with White Mice in *Middlemarch*," *Notes and Queries*, 229 (1984), 497.

Beer, Gillian. "Myth and the Single Consciousness: *Middlemarch* and *The Lifted Veil*," *'This Particular Web': Essays on 'Middlemarch'*, ed. Ian Adam (Toronto and Buffalo, 1975), pp. 91–116.

Beer, Gillian. *Darwin's Plots: Evolutionary Narrative in Darwin, George Eliot and Nineteenth-Century Fiction.* London, 1983.

Beer, Gillian. *Arguing with the Past: Essays in Narrative from Woolf to Sidney.* London and New York, 1989.

Beer, Gillian. "Forging the Missing Link: Interdisciplinary Stories," *Open Fields: Science in Cultural Encounter*, ed. Gillian Beer (Oxford, 1996), pp. 115–43.

Begnal, Michael H. *Joseph Sheridan Le Fanu.* Lewisburg, 1971.

Blumenberg, Hans. *Die Legitimität der Neuzeit.* Frankfurt a. M., 1999 (1966).

Bourne Taylor, Jenny. *The Secret Theatre of Home: Wilkie Collins, Sensation Narrative and Nineteenth-Century Psychology.* London and New York, 1988.

Bowler, Peter J. *Fossils and Progress: Paleontology and the Idea of Progressive Evolution in the Nineteenth Century.* New York, 1976.

Bowler, Peter J. *Theories of Human Evolution: A Century of Debate, 1844–1944.* Baltimore, 1989 (1986).

Bowler, Peter J. *The Invention of Progress: The Victorians and the Past.* Cambridge, Massachusetts, 1990.

Bowler, Peter J. *Charles Darwin: The Man and His Influence.* Cambridge, 1996.

Bowen, Elizabeth. "Introduction," *The House by the Churchyard*, by Joseph Sheridan Le Fanu, ed. Elizabeth Bowen (London, 1968), pp. vii–xi.

Bresnick, Adam. "The Origin of the Work of Art? Corporal Fragmentation and Aesthetic Totality in Balzac's *Louis Lambert*," *Discontinuity and Fragmentation*, ed. Henry Freeman (Amsterdam, 1994), pp. 81–90.

Bretschneider, Hubert. *Der Streit um die Vivisektion im 19. Jahrhundert: Verlauf – Argumente – Ergebnisse.* Stuttgart, 1962.

Brooks, Peter. "Narrative Desire," *Style*, 18 (1984), 312–27.

Brothwell, Don and A. T. Sandison, eds. *Diseases in Antiquity: A Survey of the Diseases, Injuries and Surgery of Early Populations*, with a foreword by Warren R. Dawson (Springfield, Illinois, 1967).

Browne, Joseph. "Ghosts, Ghouls and Le Fanu," *The Canadian Journal of Irish Studies*, 8 (1982), 5–15.

Buddemeier, Heinz. *Panorama, Diorama, Photographie: Entstehung und Wirkung neuer Medien im 19. Jahrhundert.* München, 1970.

Bull, Malcom. "Master and Slavery in 'The Lifted Veil,'" *Essays in Criticism*, 48 (1998), 244–61.

Bump, Jerome. "Parody and the Dickens–Collins Collaboration in 'No Thoroughfare,'" *Literary Chronicle of the University of Texas at Austin*, 37 (1986), 38–53.

Bynum, William F. "Charles Lyell's *Antiquity of Man* and Its Critics," *Journal of the History of Biology*, 17 (1984), 153–87.

Bynum, William F. and Roy Porter, eds. *Medicine and the Five Senses*. Cambridge, 1993.

Bynum, William F. *Science and the Practice of Medicine in the Nineteenth Century*. Cambridge, 1994.

Carroll, Lewis. "Some Popular Fallacies about Vivisection," *Fortnightly Review*, 23 (June 1875), 847–54.

Cassiday, Bruce. "Deduction in Literature before Sherlock Holmes: An Introduction," *Roots of Detection: The Art of Deduction before Sherlock Holmes*, ed. Bruce Cassiday (New York, 1983), pp. 1–11.

Castiglioni, Arturo. *A History of Medicine*, trans. and ed. E. B. Krumbhaar. New York, 1958 (1927).

Cline, C. L. "Qualifications of the Medical Practicioners of *Middlemarch*," *Nineteenth-Century Literary Perspectives: Essays in Honour of Lionel Stevenson*, eds Clyede Ryals and John Clubbe (Durham, Noth Carolina, 1974), pp. 271–81.

Cobbe, Frances Power. "Vivisection and Its Two-Faced Advocates," *Contemporary Review*, 41 (April 1882), 610–26.

Coleman, William. *Georges Cuvier, Zoologist: A Study in the History of Evolution Theory*. Cambridge, Massachusetts, 1964.

Coles, F. J. *A History of Comparative Anatomy: From Aristotle to the Eighteenth Century*. London, 1944.

Cooley, Leo Patrick. *Joseph Sheridan Le Fanu: The Struggle of an Irish Imagination*. Ann Arbor, Michigan: University Microfilms, Inc., 1969.

Cooper, Bransby Blake. *The Life of Sir Astley Cooper, Bart.: Interspersed with Sketches from His Note-Books of Distinguished Contemporary Characters*, 2 vols (London, 1843).

Crouzel, Henri. *Origène.* Paris, 1985.

Cunningham, George J. *The History of British Pathology*, ed. G. Kemp McGowan (Bristol, 1994 [1992]).

Curtius, Ernst Robert. *Balzac.* Bern, 1951.

Davin, Félix. "Introduction aux *Études philosophices*," *Œuvres complètes*, by Honoré de Balzac, ed. La Societé des Études Balzaciennes, 28 vols (Paris, 1960), XVIII, 554–69.

Dean, Dennis R. "'Through Science to Despair': Geology and the Victorians," *Victorian Science and Victorian Values: Literary Perspectives*, eds James Paradis and Thomas Postlewait (New Brunswick, New Jersey, 1985 [1981]), pp. 111–36.

DeBois King, Jeri. *Paratextuality in Balzac's 'La Peau de Chagrin.'* Lewiston, Queenston, and Lampeter, 1992.

Demetz, Peter. "Balzac and the Zoologists: A Concept of the Type," *The Disciplines of Criticism: Essays in Literary Theory, Interpretation and History*, eds Peter Demetz, Thomas Greene, and Lowry Nelson, Jr (New Haven and London, 1968), pp. 397–418.

Deresiewicz, William. "Heroism and Organicism in the Case of Lydgate," *Studies in English Literature, 1500-1900*, 38 (1998), 723–40.

Desmond, Adrian. *The Politics of Evolution: Morphology, Medicine and Reform in Radical London.* Chicago and London, 1989.

Desmond, Adrian. *Archetypes and Ancestors: Paleontology in Victorian London, 1850-1875.* London, 1982.

Duffin, Jacalyn M. "The Medical Philosophy of R. T. H. Laennec (1781–1826)," *History and Philosophy of the Life Sciences*, 8, no 2 (1986), 195–219.

Eagleton, Terry. "Power and Knowledge in 'The Lifted Veil'," *Literature and History*, 9 (1983), 52–61.

Eco, Umberto. "Horns, Hooves, Insteps: Some Hypotheses on three Types of Abduction," *The Sign of Three: Dupin, Holmes, Peirce*, eds Umberto Eco and Thomas A. Sebeok (Bloomington, 1983), pp. 207–12.

Ellegård, Alvar. *Darwin and the General Reader: The Reception of Darwin's Theory of Evolution in the British Periodical Press, 1859–1872.* Göteborg, 1958.

Elliott, Paul. "Vivisection and the Emergence of Experimental Physiology in Nineteenth-Century France," *Vivisection in Historical Perspective*, ed. Nicolaas A. Rupke (London, New York, and Sydney, 1987), pp. 48–77.

Ellis, Harold. *A History of Surgery.* London, 2001.

Elston, Mary Ann. "Women and Antivivisection in Victorian England, 1870–1900," *Vivisection in Historical Perspective*, ed. Nicolaas A. Rupke (London, New York, and Sydney, 1987), pp. 259–94.

Evans, Henri. *Louis Lambert et la philosophie de Balzac.* Paris, 1951.

Fischer, Roman. *Die Trepanations-Metapher: über den Literarischen Umgang mit einem medizinischen Thema.* Basel, 1997.

Fissell, Mary E. "The Disappearance of the Patient's Narrative and the Invention of Hospital Medicine," *British Medicine in an Age of Reform*, eds Roger French and Andrew Wear (London and New York, 1992 [1991]), pp. 92–109.

Fleetwood, John F. *The History of Medicine in Ireland.* Dublin, 1983.

Flint, Kate. "Blood, Bodies and 'The Lifted Veil,'" *Nineteenth-Century Literature*, 51 (1997), 455–73.

Forrester, John. "Lydgate's Research Project in *Middlemarch*," *George Eliot – George Henry Lewes Newsletter*, III. 16–17 (1990), 2–6.

Foucault, Michel. *Die Geburt der Klinik: eine Archäologie des ärztlichen Blicks*, trans. Walter Seitter (Frankfurt a. M., 1988 [1963]).

Foucault, Michel. *Die Ordnung der Dinge: eine Archäologie der Humanwissenschaften*, trans. Ulrich Köppen (Frankfurt a. M., 1974 [1966]).

French, Richard D. *Antivivisection and Medical Science in Victorian Society.* Princeton, 1977.

French, Roger and Andrew Wear, eds. *British Medicine in an Age of Reform*. London and New York, 1992 (1991).

Fuchs, Peter and Niklas Luhmann. "Geheimnis, Zeit und Ewigkeit," *Reden und Schweigen*, eds Peter Fuchs and Niklas Luhmann (Frankfurt a. Main, 1989), pp. 101–37.

Furst, Lilian R. "Struggling for Medical Reform in *Middlemarch*," *Nineteenth-Century Literature*, 48 (1993), 341–61.

Gaillard, Françoise. "La science: modèle ou vérité, réflexions sur 'l'avant-propos' à *La Comédie humaine*," *Balzac: L'invention du roman*, eds Claude Duchet and Jacques Neefs (Paris, 1982), pp. 57–83.

Gates, David. "'A Dish of Village Chat': Narrative Technique in Joseph Le Fanu's *The House by the Churchyard*," *The Canadian Journal of Irish Studies*, 10 (1984), 63–9.

Gee, Henry. *Deep Time: Cladistics, The Revolution in Evolution*. London, 2000.

Gelfand, Toby. "The 'Paris Manner' of Dissection: Student Anatomical Dissection in Early Eighteenth-Century Paris," *Bulletin of the History of Medicine*, 46 (1972), 99–130.

Gerhardi, Gerhard C. "Balzac et le modèle biologique: quelques interferences entre le discours scientifique et le discours politique aux XIXe siècle," *Œuvres et Critiques*, 11, no 3 (1986), 263–75.

Ginzburg, Carlo. "Morelli, Freud, and Sherlock Holmes: Clues and Scientific Method," *The Sign of Three: Dupin, Holmes, Peirce*, eds Umberto Eco and Thomas A. Sebeok (Bloomington, 1983 [1979]), pp. 81–118.

Ginzburg, Carlo. "Spurensicherung: Der Jäger entziffert die Fährte, Sherlock Holmes nimmt die Lupe, Freud liest Morelli – die Wissenschaft auf der Suche nach sich selbst," *Spurensicherungen: über verborgene Geschichte, Kunst und soziales Gedächtnis*, trans. Karl Friedrich Hauber (Berlin, 1983 [1979]), pp. 61–96.

Goodfield, G. June. *The Growth of Scientific Physiology: Physiological Method and the Mechanist-Vitalist Controversy, Illustrated by the Problems of Respiration and Animal Heat.* London, 1960.

Goodfield-Toulmin, June. "Some Aspects of English Physiology: 1780–1840," *Journal of the History of Biology*, 2 (1969), 283–320.

Gould, Stephen Jay. *Time's Arrow – Time's Cycle: Myth and Metaphor in the Discovery of Geological Time.* Cambridge, Massachusetts, and London, 1987.

Gray, B. M. "Pseudoscience and George Eliot's 'The Lifted Veil,'" *Nineteenth-Century Fiction*, 36 (1982), 407–23.

Grayson, Donald K. *The Establishment of Human Antiquity.* New York and London, 1983.

Greenblatt, Stephen. "Introduction," *The Power of Forms in the English Renaissance*, ed. Stephen Greenblatt (Norman, Oklahoma, 1982), pp. 3–6.

Grose, Francis. *A Provincial Glossary, with a Collection of Local Proverbs, and Popular Superstitions.* London, 1811 (1787).

Gruber, Jacob W. "Brixham Cave and the Antiquity of Man," *Context and Meaning in Cultural Anthropology [In Honor of A. Irving Hallowell]*, ed. Melford E. Spiro (New York and London, 1965), pp. 373–402.

Haigh, Elizabeth. "The Roots of Vitalism of Xavier Bichat," *Bulletin of the History of Medicine*, 49 (1975), 72–86.

Haigh, Elizabeth. *Xavier Bichat and the Medical Theory of the Eighteenth Century*. London, 1984.

Hall, Thomas S. "On Biological Analogs of Newtonian Paradigms," *Philosophy of Science*, 35 (1968), 6–27.

Hall, Thomas S. *Ideas of Life and Matter: Studies in the History of General Physiology 600 B.C.–1900 A.D. II: From the Enlightenment to the End of the Nineteenth Century*. Chicago and London, 1969.

Haselstein, Ulla. *Entziffernde Hermeneutik: zum Begriff der Lektüre in der psychoanalytischen Theorie des Unbewußten*. München, 1991.

Heller, Tamar. *Dead Secrets: Wilkie Collins and the Female Gothic*. New Haven, Connecticut. and London, 1992.

Henry, Nancy. "George Eliot, George Henry Lewes, and Comparative Anatomy," *George Eliot and Europe*, ed. John Rignall (Hants, 1977), pp. 44–63.

Herbert, Christopher. *Victorian Relativity: Radical Thought and Scientific Discovery*. Chicago and London, 2001.

Hölscher, Lucian. *Öffentlichkeit und Geheimnis*. Stuttgart, 1979.

Hollington, Michael. "'To the Droodstone': Or, From *The Moonstone* to *Edwin Drood* via 'No Thoroughfare,'" *Q/W/E/R/T/Y: Arts, Littératures & Civilisations du Monde Anglophone*, 5 (1995), 141–49.

Hutter, Albert D. "Dreams, Transformations, and Literature: The Implications of Detective Fiction," *Victorian Studies*, 19 (1975), 181–209.

Joung, Michael. "Beginnings, Endings and Textual Identities in Balzac's *Louis Lambert*," *Romanic Review*, 77 (1986), 343–58.

Keele, Kenneth D. *The Evolution of Clinical Methods in Medicine: Being the FitzPatrick Lectures delivered at the Royal College of Physicians in 1960–61*. London, 1963.

King, Henri D. "Balzac's *Tristram Shandy*: Sterne and *La Peau de Chagrin*," *The Comparatist: Journal of the Southern Comparative Literature Association*, 16 (1992), 49–61.

Knecht, Klaus. *Charles Bell, 'The Anatomy of Expression' (1860): die Ausdruckstheorie des Anatomen und Chirurgen Sir Charles Bell (1774–1842) und ihre Beziehung zur Ästhetik des 19. Jahrhunderts*. Köln, 1978.

Knoepflmacher, U. C. "Fusing Fact and Myth: The New Reality of *Middlemarch*," *'This Particular Web': Essays on 'Middlemarch'*, ed. Ian Adam (Toronto and Buffalo, 1975), pp. 44–85.

Kracauer, Siegfried. *Der Detektiv-Roman: Ein philosophischer Traktat, Schriften*, by Siegfried Kracauer, ed. Karsten Witte, 8 vols (Frankfurt a. M., 1978 [1922–25]), I, 103–204.

Küchenhoff, Joachim. "'Aus allen Poren dringt ihm der Verrat': Die Neugierde des Psychoanalytikers und das Geheimnis des Analysanden," *Schleier und Schwelle: Archäologie der Literarischen Kommunikation*, III: *Geheimnis und Neugierde*, eds Aleida and Jan Assmann (München, 1999), pp. 191–208.

Lachmund, Jens. *Der abgehorchte Körper: zur historischen Soziologie der medizinischen Untersuchung*. Opladen, 1997.

Lane, William G. *Richard Harris Barham*. Columbia, Missouri, 1967.

Lansbury, Coral. *The Old Brown Dog: Women, Workers, and Vivisection in Edwardian England*. Madison, Wisconsin, 1985.

Lawrence, Christopher. "Incommunicable Knowledge: Science, Technology and the Clinical Art in Britain, 1850–1914," *Journal of Contemporary History*, 20 (1985), 503–20.

Lawrence, Christopher (ed.) *Medical Theory, Surgical Practice: Studies in the History of Surgical Practice*. London, 1992.

Lawrence, Christopher. *Medicine in the Making of Modern Britain*. London and New York, 1996.

Levine, George. *Darwin and the Novelists: Patterns of Science in Victorian Fiction*. Cambridge, Massachusetts, 1988.

Lichtlé, Michel. "L'Aventure de Louis Lambert," *L'Année balzacienne*, 11 (1971), 127–62.

Lichtlé, Michel. "Histoire du texte," *La Comédie humaine*, by Honorè de Balzac, ed. Pierre-Georges Castex, 12 vols (Paris, 1980), XI, 1470–92 .

Lisowski, F. P. "Prehistoric and Early Historic Trepanation," *Diseases in Antiquity: A Survey of the Diseases, Injuries and Surgery of Early Populations*, comps and eds Don Brothwell and A. T. Sandison, with a foreword by Warren R. Dawson (Springfield, Illinois, 1967), pp. 651–72.

Lock, Peter W. "Origins, Desire, and Writing: Balzac's *Louis Lambert*," *Stanford French Review*, 1 (1977), 289–311.

Lonoffs, Sue. *Wilkie Collins and His Victorian Readers: A Study in the Rhetoric of Authorship*. New York, 1982.

Loudon, Irvine. *Medical Care and the General Practitioner, 1750–1850*. Oxford, 1986.

McCarthy, Patrick. "Lydgate, 'The New, Young Surgeon' of *Middlemarch*," *Studies in English Literature 1500–1900*, 10 (1970), 805–16.

McCarthy, Steve. *The Crystal Palace Dinosaurs: The Story of the World's First Prehistoric Sculptures*. London, 1994.

McCormack, W. J. *Sheridan Le Fanu and Victorian Ireland*. Oxford, 1980.

McCormack, W. J. *Dissolute Characters: Irish Literary History through Balzac, Sheridan Le Fanu, Yeats and Bowen*. Manchester and New York, 1993.

McCormack, W. J. "'Never put your name to an anonymous letter': Serial Reading in the *Dublin University Magazine*, 1861 to 1869," *The Yearbook of English Studies*, 26 (1996), 100–15.

MacEachen, Dougald B. "Wilkie Collins' *Heart and Science* and the Vivisection Controversy," *The Victorian Newsletter*, 29 (1966), 22–25.

McLarren Caldwell, Janis. *Literature and Medicine in Nineteenth-Century Britain. From Mary Shelley to George Eliot*. Cambridge, 2004.

McPhee, John. *Basin and Range*. New York, 1981.

Magner, Lois N. *A History of the Life Sciences*. New York and Basel, 1979.

Maulitz, Russel C. *Morbid Appearances: The Anatomy of Pathology in the Early Nineteenth Century*. Cambridge, 1987.

Melada, Ivan. *Sheridan Le Fanu*. Boston, 1987.

Menke, Richard. "Fiction as Vivisection: G. H. Lewes and George Eliot," *The Journal of English Literary History*, 67 (2000), 617–53.

Meschig, Rolf. *Zur Geschichte der Trepanation unter besonderer Berücksichtigung der Schädeloperationen bei den Kisii im Hochland Westkenias*. Düsseldorf, 1983.

Miller, Hillis. "Narrative and History," *The Journal of English Literary History*, 41 (1974), 455–73.

Mölk, Ulrich. "Honoré de Balzac: Louis Lambert – Ein Fall und seine Deutungen," *Frühe Formen mehrperspektivischen Erzählens von der Edda bis Flaubert: ein Problemaufriss*, eds Armin Paul Frank und Ulrich Mölk (Berlin, 1991), pp. 127–38.

Montgomery Hunter, Kathryn. *Doctors' Stories: The Narrative Structure of Medical Knowledge*. Princeton, New Jersey, 1991.

Morley, John. *Death, Heaven and the Victorians*. Pittsburgh, 1971.

Moynahan, Julian. "The Politics of Anglo-Irish Gothic: Maturin, Le Fanu and 'The Return of the Repressed,'" *Studies in Anglo-Irish Literature*, ed. Heinz Kosok (Bonn, 1982), pp. 43–53.

Nadel, Ira Bruce. "Introduction," *The Dead Secret*, by Wilkie Collins, ed. and with an introd. and notes by Ira Bruce Nadel (Oxford, 1997), pp. vii–xxv.

Nalecz-Wojczak, Jolanta. "Joseph Sheridan Le Fanu and New Dimensions for the English Ghost Story," *Literary Interrelations: Ireland, England and the World*, II: *Comparison and Impact*, eds Wolfgang Zach and Heinz Kosok (Tübingen, 1987), pp. 193–98.

Neale, Catherine. "Torpedos, Tapirs and Tortoises: Scientific Discourse in *Middlemarch*," *Critical Survey*, 2 (1990), 57–62.

Nicholes, Joseph. "Dorothea in the Moated Grange: Millais's *Mariana* & the *Middlemarch* Window-Scenes," *Victorians Institute Journal*, 20 (1990), 93–124.

Nicolson, Malcom. "Giovanni Battista Morgagni and Eighteenth-Century Physical Examination," *Medical Theory, Surgical Practive: Studies in the History of Surgery*, ed. Christopher Lawrence (London and New York, 1992), pp. 101–34.

Nicholson, Malcom. "The Introduction of Percussion and Stethoscopy to Early Nineteenth-Century Edinburgh," *Medicine and the Five Senses*, eds William F. Bynum and Roy Porter (Cambridge, 1993), pp. 134–53.

Nordon, Pierre. *Conan Doyle*, trans. Frances Partridge (London, 1966).

Oettermann, Stephan. *Das Panorama: die Geschichte eines Massenmediums*. Frankfurt a. M., 1980.

Page, Norman. "Introduction," *Mad Monkton and Other Stories*, by Wilkie Collins, ed. and with an introd. by Norman Page with the assitance of Kama Al-Solaylee (Oxford, 1994), pp. vii–xxx.

Peterson, M. Jeanne. *The Medical Profession in Mid-Victorian London*. Berkeley, Los Angeles, and London, 1978.

Pommier, Jean. "Deux moments dans la genèse de Louis Lambert," *L'Annèe balzacienne*, 1 (1960), 87–107.

Porter, Roy. "The Rise of Physical Examination," *Medicine and the Five Senses*, eds William F. Bynum and Roy Porter (Cambridge, 1993), pp. 179–97.

Porter, Roy. *Bodies Politic: Disease, Death and Doctors in Britain, 1650–1900*. London, 2001.

Reader, John. *Missing Links: The Hunt for Earliest Man*. Boston and Toronto, 1981.

Reiser, Stanley Joel. *Medicine and the Reign of Technology*. Cambridge, 1978.

Richardson, Ruth. *Death, Dissection and the Destitue*. London and New York, 1987.

Richardson, Ruth. "'Trading assassins' and the licensing of anatomy," *British Medicine in an Age of Reform*, eds Roger French and Andrew Wear (London and New York, 1992 [1991]), pp. 74–91.

Risse, Guenter B. "'Doctor William Cullen, Physician, Edinburgh': A Consultation Practice in the Eighteenth Century," *Bulletin of the History of Medicine*, 48 (1974), 338–51.

Risse, Guenter B. "A Shift in Clinical Epistemology: Clinical Diagnosis, 1770–1828," *History of Diagnostics: Proceedings of the 9th Symposium on the Comparative History of Medicine East and West*, ed. Ionio Kawakita (Osaka, 1987), pp. 115–47.

Robichon, François. "Die Illusion eines Jahrhunderts – Panoramen in Großbritannien," *Sehsucht: das Panorama als Massenunterhaltung des 19. Jahrhunderts*, eds Marie-Louise von Plessen *et al.* (Bonn, 1993), pp. 52–63.

Rose, Phyllis. "Huxley, Holmes, and the Scientist as Aesthete," *The Victorian Newsletter*, 38 (1970), 22–24.

Rothfield, Lawrence. *Vital Signs: Medical Realism in Nineteenth-Century Fiction.* Princeton, New Jersey, 1992.

Rudwick, Martin J. S. "The Strategy of Lyell's *Principles of Geology*," *ISIS (International Review devoted to the History of Science and Civilisation)*, 61 (1970), 5–33.

Rudwick, Martin J. S. *The Meaning of Fossils: Episodes in the History of Paleontology.* London and New York, 1972.

Rupke, Nicolaas A. "Pro-vivisection in England in the Early 1880s: Arguments and Motives," *Vicisection in Historical Perspective*, ed. Nicolaas A. Rupke (London, New York, and Sydney, 1987), pp. 188–209.

Sachs, Ernest. *The History and Development of Neurological Surgery.* New York, 1952.

Sage, Victor. "Resurrecting the Regency: Horror and Eighteenth-Century Comedy in Le Fanu's Fiction," *Victorian Gothic: Literary and Cultural Manifestations in the Nineteenth Century*, eds Ruth Robbins and Julian Wolfreys (Houndmills, Basingstoke, 2000), pp. 12–30.

Scarlett, E. P. "'What a Piece of Work is Man,'" *Archive of Internal Medicine*, 117 (June 1966), 830–35.

Scarlett, E. P. "The Doctor in Detective Fiction with an Expanded Note on Dr. John Thorndyke," *Archive of Internal Medicine*, 118 (1966), 180–86.

Schiller, Joseph. "Claude Bernard and Vivisection," *Journal of the History of Medicine*, 22 (July 1967), 246–60.

Schipperges, Heinrich. *Rudolf Virchow*. Reinbek bei Hamburg, 1994.

Shuttleworth, Sally. *George Eliot and Nineteenth-Century Science: The Make-Believe of a Beginning*. Cambridge, 1984.

Sievers, Burkhard. *Geheimnis und Geheimhaltung in sozialen Systemen.* Opladen, 1974.

Simmel, Georg. *Soziologie: Untersuchungen über die Formen der Vergesellschaftung*, ed. Otthein Rammstedt (Frankfurt a. M., 1992).

Smadja, Robert. *Corps et Roman: Balzac, Thomas Mann, Dylan Thomas, Marguerite Yourcenar*. Paris, 1998.

Smith, Dan. "Hopeful Monsters: The Crystal Palace Dinosaurs," *Things*, 13 (2001), 29–47.

Stocking, George W., Jr. *Victorian Anthropology*. New York and London, 1987.

Stok, Wilhelm. *Geheimnis, Lüge und Missverständnis: eine beziehungswissenschaftliche Untersuchung*. München, 1929.

Stumps, Reva. *Movement and Vision in George Eliot's Early Novels*. New Haven, 1979.

Sullivan, Kevin. "*The House by the Churchyard*: James Joyce and Sheridan Le Fanu," *Modern Irish Literature: Essays in Honour of William York*

*Tindall*, eds Raymond J. Porter and James D. Brophy (New York, 1972), pp. 315–34.

Swann, Charles. "Déjà vu, Déjà lu: 'The Lifted Veil' as an Experiment in Art," *Literature and History*, 5 (1979), 40–57, 180.

Tambling, Jeremy. "*Middlemarch*, Realism and the Birth of the Clinic," *The Journal of English Literary History*, 57 (1990), 939–60.

Taylor, Jenny Bourne. *In the Secret Theatre of Home: Wilkie Collins, Sensation Narrative and Nineteenth-Century Psychology*. London, 1988.

Temkin, Owsei. "The Role of Surgery in the Rise of Modern Medical Thought," *Bulletin of the History of Medicine*, 25 (1951), 248–59.

Temkin, Owsei. "*The Fielding H. Garrison Lecture*: Basic Science, Medicine, and the Romantic Era," *Bulletin of the History of Medicine*, 37 (1963), 97–129.

Tetzeli von Rosador, Elisabeth. *Kunst im Werke George Eliots: Anspielungen, Figuren, Thematik.* München, 1973.

Thomas, Ronald R. *Detective Fiction and the Rise of Forensic Science*. Cambridge, 1999.

Thoms, Peter. *Detection & Its Designs: Narrative & Power in 19th-Century Detective Fiction*. Athens, 1998.

Tilby, Michael. "A partir d'une allusion à Sterne dans *La Peau de chagrin*," *L'Anné balzacienne*, série 5 (1984), 247–62.

Todorov, Tzvetan. "The Typology of Detective Fiction," *The Poetics of Prose*, by Tzvetan Todorov, trans. Richard Howard, with new foreword by Jonathan Culler (Ithaca, New York 1977 [1966]), pp. 42–52.

Turner, James. *Reckoning with the Beast: Animals, Pain, and Humanity in the Victorian Mind.* Baltimore and London, 1980.

Van Riper, A. Bowdoin. *Men Among the Mammoths: Victorian Science and the Discovery of Human Prehistory.* Chicago and London, 1993.

Vila, Anne C. "Pathological Inversions: Balzac and Bichat," *Romanic Review,* 79 (1988), 422–42.

Weber, Samuel. *Unwrapping Balzac: A Reading of 'La Peau de Chagrin'.* Toronto, 1979.

Wehle, Winfried. "Littérature des Images: Balzacs Poetik der wissenschaftlichen Imagination," *Honoré de Balzac,* eds Hans-Ulrich Gumbrecht, Karl-Heinz Stierle, and Rainer Warning (München, 1980), pp. 57–81.

Westerbarkey, Joachim. *Das Geheimnis: Die Faszination des Verborgenen.* Berlin, 2000.

Wiesenthal, C. S. "From Charcot to Plato: The History of Hysteria in *Heart and Science,*" *Wilkie Collins to the Forefront: Some Reassessments,* eds Nelson Smith and R. C. Terry (New York, 1995), pp. 227–68.

Wilcox, Scott. "Erfindung und Entwicklung des Panoramas in Großbritannien," *Sehsucht: Das Panorama als Massenunterhaltung des 19. Jahrhunderts,* eds Marie-Louise von Plessen *et al.* (Bonn, 1993), pp. 28–35.

Wilson, Katharina M. "The Key to All Mythologies – A Possible Source of Inspiration," *The Victorian Newsletter,* 61 (1982), 27–28.

Wolff, Robert Lee. *Sensational Victorian: The Life & Fiction of Mary Elizabeth Braddon.* New York and London, 1979.

Wormlad, Mark. "Microscopy and Semiotic in *Middlemarch,*" *Nineteenth-Century Literature,* 50 (1996), 501–24.

Young, Michael. "Beginnings, Endings and Textual Identities in Balzac's *Louis Lambert,*" *Romanic Review,* 77 (1986), 343–58.

Youngson, A. J. *The Scientific Revolution in Victorian Medicine*. London, 1979.

Zimmermann, Michael R. *Foundations of Medical Anthropology: Anatomy, Physiology, Biochemistry, Pathology in Cultural Context*. Philadelphia, London, and Toronto, 1980.

## D. Rezensionen

Carr, Caleb. "Dealing With the Work of a Fiend," *The New York Times Book Review*, 107 (2002), 15–16.

Hoggan, George. "Letter to the Editor," *Spectator*, February 6 (1875), 177–78; rpt in Wilkie Collins, *Heart and Science: A Story of the Present Time*, ed. Steve Farmer (Peterborough, Ontario, 1996), pp. 339–41.

James, Henry. "Rev. Mary Elizabeth Braddon, *Aurora Floyd*," *Nation*, November 9 (1865), 593–95; rpt in *Wilkie Collins: The Critical Heritage*, ed. Norman Page (London and Boston, 1974), p. 122.

Nickell, Joe. "The Strange Case of Pat the Ripper," *Skeptical Inquirer*, 27, no 2 (2003), 55–58.

Sweetland Dallas, Eneas [anon.] "Rev. Mary Elizabeth Braddon, *Lady Audley's Secret*," *The Times*, November 18 (1962), 8 (c).

## E. Nachschlagewerke

Albury, W. R. "Ideas of Life and Death," *Companion Encyclopedia of the History of Medicine*, eds William F. Bynum and Roy Porter, 2 vols (London and New York, 1993), I, 249–80.

Booth, Christopher C. "Clinical Research," *Companion Encyclopedia of the History of Medicine*, eds William F. Bynum and Roy Porter, 2 vols (London and New York, 1993), I, 205–22.

Bynum, W. F. and Roy Porter, eds. *Companion Encyclopedia of the History of Medicine*, 2 vols (London and New York, 1993).

Cunningham, George J. "Matthew Baillie," *The History of British Pathology*, ed. G. Kemp McGowan, 2 vols (Bristol, 1992), II, 30–31.

Dustin, Pierre. "Die pathologische Anatomie," *Illustrierte Geschichte der Medizin*, eds Jean-Charles Sournia *et al.* Deutsche Bearbeitung unter der fachlichen Beratung des Instituts für Theorie und Geschichte der Medizin an der Universität Münster, 9 vols (Salzburg, 1982), VI, 2103–47.

French, Roger. "The Anatomical Tradition," *Companion Encyclopedia of the History of Medicine*, eds William F. Bynum and Roy Porter, 2 vols (London and New York, 1993), I, 81–101.

Grimm, Jakob and Wilhelm. *Deutsches Wörterbuch*, ed. Deutsche Akademie der Wissenschaften in Berlin in association with the Akademie der Wissenschaften in Göttingen, 16 vols (Leipzig, 1897 [1854]), IV.i, c 2353.

Hæger, Knut. *The Illustrated History of Surgery.* New York, 1988.

Homann, K. "Einbildung, Einbildungskraft," *Historisches Wörterbuch der Philosophie*, ed. Joachim Ritter, 11 vols (Basel and Stuttgart, 1972), II, 346–58.

Maulitz, Russel C. "The Pathological Tradition," *Companion Encyclopedia of the History of Medicine*, eds William F. Bynum and Roy Porter, 2 vols (London and New York, 1993), I, 169–204.

Neve, Michael. "Medicine and Literature," *Companion Encyclopedia of the History of Medicine*, eds William F. Bynum and Roy Porter, 2 vols (London and New York, 1993), II, 1520–35.

Nicolson, Malcom. "The Introduction of Percussion and Stethoscopy to Early Nineteenth-Century Edinburgh," *Companion Encyclopedia of the History of Medicine*, eds William F. Bynum and Roy Porter, 2 vols (London and New York, 1993), I, 134–53.

Nicolson, Malcom. "The Art of Diagnosis: Medicine and the Five Senses," *Companion Encyclopedia of the History of Medicine*, eds William F. Bynum and Roy Porter, 2 vols (London and New York, 1993), II, 801–25.

*The Oxford English Dictionary*, eds J. A. Simpson and E. S. C. Weiner, 20 vols, 2nd ed. (Oxford, 1989).

Porter, Roy. "Medical Science," *The Cambridge Illustrated History of Medicine*, ed. Roy Porter, 2 vols (Cambridge, 1996), 154–201.

Reiser, Stanley Joel. "The Science of Diagnosis: Diagnostic Technology," *Companion Encyclopedia of the History of Medicine*, eds William F. Bynum and Roy Porter, 2 vols (London and New York, 1993), II, 826–983.

Risse, Guenter B. "Medical Care," *Companion Encyclopedia of the History of Medicine*, eds William F. Bynum and Roy Porter, 2 vols (London and New York, 1993), I, 45–76.

Shorter, Edward. "The History of the Doctor-Patient Relationship," *Companion Encyclopedia of the History of Medicine*, eds William F. Bynum and Roy Porter, 2 vols (London and New York, 1993), II, 783–800.

Tansey, E. M. "The Physiological Tradition," *Companion Encyclopedia of the History of Medicine*, eds William F. Bynum and Roy Porter, 2 vols (London and New York, 1993), I, 120–33.

Tetzeli von Rosador, Kurt. "Wilkie Collins," *Die englische Literatur*, 2 vols, II: *Autoren*, ed. Bernhard Fabian (München, 1997 [1991]), pp. 92–94.

Walton, John, Jeremiah A. Barondess, and Stephen Lock, eds. *Oxford Medical Companion* (Oxford, New York, and Tokyo, 1994).

## F. Bildnachweis

Facsimile title page of Thomas Hardy's own copy of the first ed. of *Desperate Remedies*, 1871; Thomas Hardy. *Desperate Remedies: A Novel*, ed. and with an introd. and notes by Mark Rimmer (Harmondsworth, 1998), p. 1.

## MÜNSTERANER MONOGRAPHIEN ZUR ENGLISCHEN LITERATUR / MÜNSTER MONOGRAPHS ON ENGLISH LITERATURE

Herausgegeben von Prof. Dr. Bernfried Nugel und Prof. Dr. Hermann Josef Real
Westfälische Wilhelms-Universität, Englisches Seminar
Johannisstr. 12-20, 48143 Münster

Band 1  Johannes Bohmann: "No ideas but in things": Untersuchungen zu William Carlos Williams' Lyrik und Poetik vor dem Hintergrund von Imagismus und Objektivismus. 1989.

Band 2  Ute Mohr: Melancholie und Melancholiekritik im England des 18. Jahrhunderts. 1990.

Band 3  Andreas Selling: Deutsche Gelehrten-Reisen nach England 1660-1714. 1990.

Band 4  Sabine Ulrike Bückmann-de Villegas López: Erfahrungen der Rache im englischen und spanischen Drama der Blütezeit. 1991.

Band 5  Theodor Dopheide: "Satyr the true Medicine": die Komödien Thomas Shadwells. 1991.

Band 6  Georg Heinemann: "An All-Disastrous Fight": Empörung und Resignation im Werk James Thomsons (B.V.). 1991.

Band 7  Ralf Stender: "There is no Room for Choice": die Tragödien Nicholas Rowes. 1992.

Band 8  Josef W. Pesch: Wilde, About Joyce: zur Umsetzung ästhetizistischer Kunsttheorie in der literarischen Praxis der Moderne. 1992.

Band 9  Annegret Pago: "Behold, He Comes with Clouds": Untersuchungen zur eschatologischen Dichtung in der englischen Literaturgeschichte des 17. und 18. Jahrhunderts. 1992.

Band 10  Andreas Oehlke: Irland und die Iren in deutschen Reisebeschreibungen des 18. und 19. Jahrhunderts. 1992.

Band 11  Ursula Mühle-Moldon: "Every Prediction is a Twin": säkulare Prophetien im England des 17. Jahrhunderts. 1993.

Band 12  Michael Hiltscher: Shakespeares Text in Deutschland: Textkritik und Kanonfrage von den Anfängen bis zur Mitte des neunzehnten Jahrhunderts. 1993.

Band 13  Christiane Berger: Altenglische Paarformeln und ihre Varianten. 1993.

Band 14  Inglinde Padberg: "A Crocodile before the Chrysalis": die Rolle der *Buffalo Notebooks* für die Genese des lyrischen Frühwerks von Dylan Thomas. 1994.

Band 15  Uwe Pauschert: Joseph Glanvill und die Neue Wissenschaft des 17. Jahrhunderts. 1994.

Band 16  Gabriele Sieweke: Der Romancier als Historiker: Untersuchungen zum Verhältnis von Literatur und Geschichte in der englischen Historiographie des 19. Jahrhunderts. 1994.

Band 17  Martin Kämper: Sir William Temples Essays *Upon Ancient and Modern Learning* und *Of Poetry*: eine historisch-kritische Ausgabe mit Einleitung und Kommentar. 1995.

Band 18  Heike Wagner: Frauendarstellung und Erzählstruktur im Romanwerk Dorothy Richardsons. 1996.

Band 19  Dorit Grugel-Pannier: *Luxus*: eine begriffs- und ideengeschichtliche Untersuchung unter besonderer Berücksichtigung von Bernard Mandeville. 1996.

Band 20  Joachim Frenk: *Myriads of Fantastic Forms*: Formen und Funktionen des Phantastischen in englischen Sozialmärchen des 19. Jahrhunderts. 1998.

Band 21  Paul Hartle: Hunting the Letter: Middle English Alliterative Verse and the Formulaic Theory. 1999.

Band 22  Michael M. Repetzki: John Evelyn's Translation of Titus Lucretius Carus, *De rerum natura*: An Old-Spelling Critical Edition. 2000.

Band 23  Astrid Krake: "How art produces art": Samuel Richardsons *Clarissa* im Spiegel ihrer deutschen Übersetzungen. 2000.

Band 24 Christina Pumpe: Priester – Vater – Ehemann: anglikanische Geistliche in britischen Frauenromanen 1780-1850. 2000.

Band 25 Holger Hanowell: Sir Charles Sedley's *The Mulberry-Garden* (1668) and *Bellamira: or, The Mistress* (1687): An Old-Spelling Critical Edition with an Introduction and a Commentary. 2001.

Band 26 Helga Scholz: *Images of Desire*. Liebe und Eros in der Volkslyrik der Restaurationszeit. 2001.

Band 27 Sabine Baltes: The Pamphlet Controversy about Wood's Halfpence (1722–25) and the Tradition of Irish Constitutional Nationalism. 2003.

Band 28 Mascha Gemmeke: Frances Burney and the Female *Bildungsroman*: An Interpretation of *The Wanderer: or, Female Difficulties*. 2004.

Band 29 Melanie Maria Just: Jonathan Swift's *On Poetry: A Rapsody*. A Critical Edition with a Historical Introduction and Commentary. 2004.

Band 30 Michael Bähr: The Anatomy of Mystery. Wissenschaftliche und literarische Spurensicherungen im 19. Jahrhundert. 2006.

www.peterlang.de

Jürgen Klein

# Schwarze Romantik

### Studien zur englischen Literatur im europäischen Kontext

Frankfurt am Main, Berlin, Bern, Bruxelles, New York, Oxford, Wien, 2005.
290 S., zahlr. Abb.
Britannia. Texts in Englisch. Herausgegeben von Jürgen Klein. Bd. 14
ISBN 3-631-38977-9 · br. € 45.50*

Diese Arbeit zur schwarzen Romantik als Phänomen der europäischen Literatur- und Geistesgeschichte versammelt Studien, welche die Gesamtbewegung an englischen und auch deutschen Beispielen diskutieren. Dabei entstehen Zugänge zur bedeutenden düsteren Dimension der Romantik, die bis heute multimedial lebendig geblieben ist. Schwarze Romantik mitsamt ihrer Relativierung aller eng geführten Formen von Rationalismus und Empirismus setzt das Vermögen der Imagination in das Zentrum von Denken und Gestalten: sie entdeckt die Vorstellungs- und Wunschwelten in den „Hinterräumen" des Ich und begibt sich über die erneute Aneignung des Mythos auf die Suche nach einem umfassenden Bild des Menschen in einer Welt zwischen Nicht-Mehr und Noch-Nicht.

*Aus dem Inhalt*: Die neugotische Burg als symbolische Form des romantischen Denkens · Schrecken und Geschichtlichkeit bei Giovanni Battista Piranesi · Englische und Kontinentale Romantik · Literarischer Schrecken · Mythologie und Romantik

Frankfurt am Main · Berlin · Bern · Bruxelles · New York · Oxford · Wien
Auslieferung: Verlag Peter Lang AG
Moosstr. 1, CH-2542 Pieterlen
Telefax 00 41 (0) 32 / 376 17 27

*inklusive der in Deutschland gültigen Mehrwertsteuer
Preisänderungen vorbehalten
**Homepage http://www.peterlang.de**